V&R

CHRISTUS IN EUCH: HOFFNUNG AUF HERRLICHKEIT

Orthodoxes Glaubensbuch für erwachsene und heranwachsende Gläubige

herausgegeben von
Sergius Heitz

erarbeitet von
Susanne Hausammann
und Sergius Heitz

verbesserte und erweiterte Neuauflage
in Zusammenarbeit mit
der serbisch-orthodoxen Mönchsskite
des heiligen Spyridon in Geilnau

Vandenhoeck & Ruprecht
in Göttingen

1. Auflage 1982 erschienen
als Supplement der Zeitschrift
„Orthodoxie Heute“

Die Deutsche Bibliothek – CIP-Einheitsaufnahme

Hausammann, Susanne:
Christus in euch: Hoffnung auf Herrlichkeit; orthodoxes
Glaubensbuch für erwachsene und heranwachsende Gläubige /
hrsg. von Sergius Heitz. Erarb. von Susanne Hausammann und
Sergius Heitz. – Verb. und erw. Neuaufl. / in Zusammenarbeit mit der
serbisch-orthodoxen Mönchsskite des heiligen Spyridon in Geilnau.–
Göttingen: Vandenhoeck und Ruprecht 1994
ISBN 3–525–56832–0
NE: Heitz, Sergius

Satz: Text & Form, Pohle.
Druck und Bindearbeiten: Hubert & Co., Göttingen.

VORWORT

Dieses Glaubensbuch möchte heranwachsenden und erwachsenen Gläubigen helfen, ihr Sein vom Christusmysterium ergreifen zu lassen. Die christliche Wahrheit stellt nach orthodoxem Verständnis ja nicht primär ein Denkgebäude dar, offenbart sich auch nicht primär als sittliche Unterweisung, vielmehr gibt sie sich zuallererst und zutiefst als sakramentale Vereinigung mit Christus durch den Heiligen Geist in Taufe, Versiegelung, Eucharistie, kirchlichem Gebet und den übrigen Mysterien (Sakramenten) der Kirche. So verstehen wir das Wort des Kolosserbriefes: „Christus in euch“ als eine Zusammenfassung des ganzen Heilsmysteriums.
Was aber besagt die Fortsetzung: „Hoffnung auf Herrlichkeit!“? Wenn hier von Hoffnung die Rede ist, dann wird nicht vertröstend in eine ferne Zukunft verwiesen. Vielmehr verhält es sich so wie bei einer ‚Frau in Hoffnung‘: das Kind ist schon da, wenn auch noch im Mutterschoß verborgen. In diesem Sinne ist unsere ‚Hoffnung auf Herrlichkeit‘ jetzt schon wirkliche Teilhabe an Gottes Schönheit, Güte, Macht, Lichthaftigkeit und Unvergänglichkeit durch die Verbundenheit mit Christus, der in uns wohnt. Daher bedeutet Orthodoxie zuerst und vor allem ‚rechte Gottesverherrlichung‘ im Bekenntnis und Lob der verborgen gegenwärtigen Herrlichkeit Gottes, zu der heranzuwachsen wir berufen sind, um im Lichte Christi das Antlitz Gottes zu schauen. Denn diese Teilhabe an Gottes Herrlichkeit - unsere Theosis – ist die uns verheißene ‚Hoffnung auf Herrlichkeit‘. Dies im einzelnen zu verdeutlichen ist Anliegen dieses Buches.

Unsere Darlegungen folgen dem Glaubensbekenntnis, das die orthodoxen Christen bei der Taufe, der Eucharistiefeier und im täglichen kirchlichen Stundengebet lobpreisend beten. In Entfaltung der Glaubenswahrheiten werden auch die Fest- und Fastenzeiten des Kirchenjahres ausgebreitet, da sich in ihnen das Licht des einen Christusmysteriums bricht wie das eine Sonnenlicht im vielfarbigen Regenbogen.

Es mag auffallen, daß wir in unseren Ausführungen die Konturen der Orthodoxen Theologie und Spiritualität scharf herausgearbeitet und gegenüber den anderen christlichen Konfessionen abgegrenzt haben. Dies geschah in der Überzeugung, daß ein Wachsen im christlichen Glauben und Leben wie auch ein echter ökumenischer Dialog nur möglich ist, wo die Differenzen nicht verwischt und überspielt, sondern ausgehalten werden. So hoffen wir mit diesem Buch dennoch auch den ökumenischen Bestrebungen zu dienen, die, so sie in Christus gründen, der vollen Wahrheit verpflichtet sind.

Düsseldorf, am Hochfest der Verklärung unseres Herrn 1982
Erzpriester Sergius Heitz

VORWORT ZUR ZWEITEN AUFLAGE

Nachdem die erste Auflage unseres Buches vergriffen war und wir uns nach vielfachem Wunsch zu einer Neuauflage entschieden hatten, schien es uns nach der Durchsicht des Buches wünschenswert, einige Fragen neu zu bearbeiten und zu ergänzen. Dabei haben uns Priestermönch Vater Basilius (Grolimund) und Bruder Andreas (Rauer), serbisch-orthodoxe Skite des heiligen Spyridon, Geilnau (Lahn), geholfen, indem Sie mit uns das Manuskript durchgesehen und Neuformulierungen eingebracht haben. Außerdem stammen wesentliche Ergänzungen (z.B. zum Mönchtum, sowie die Tugend- und Lasterkataloge) von Vater Basilius. Wir danken ihm und Bruder Andreas für all ihre Hingabe und Mühe. Zu danken haben wir auch Priester Elias Herter, Zürich, für Hinweise zum Glossar, Diakon Stefan Gross, Wesseling, der sich um die technischen Voraussetzungen für die Neuauflage bemüht hat, sowie Frau stud.theol. Nicole Kuropka, Wuppertal, für die Arbeit am Manuskript. Schließlich danken wir dem Verlag Vandenhoeck & Ruprecht für die Aufnahme dieses Buches in die Reihe seiner Veröffentlichungen.

Düsseldorf, Pfingsten 1994 Erzpriester Sergius Heitz

INHALT

I DER DREIEINE GOTT

DIE LITURGIE BEGINNT MIT DEN WORTEN:

„Gesegnet das Reich
des Vaters und des Sohnes und des Heiligen Geistes,
jetzt und immerdar und in die Äonen der Äonen[1]. Amen“

Auch erklingt in unseren Gottesdiensten und Gebeten immer wieder der Ruf:

„Ehre dem Vater und dem Sohne und dem Heiligen Geiste,
jetzt und immerdar und in die Äonen der Äonen. AMEN.“

FRAGE 1: Warum rufen wir Gott als Vater und als Sohn und als Heiligen Geist an und sprechen von Seiner Dreiheit?

ANTWORT: Gott ist der *eine* Schöpfer und Herr der ganzen Welt. Als den *einen* Gott bekennen Ihn mit uns auch die Juden und Muslime. Aber uns Christen hat Sich Gott nicht nur als Schöpfer und Herr in Geschichte und Wort geoffenbart. In Jesus Christus ist Er vielmehr Mensch geworden, hat auf Erden gelebt, ist gekreuzigt worden, auferstanden und aufgefahren in die Himmel, wo Er zur Rechten des Vaters herrscht, von wo Er kommen wird, zu richten die Lebenden und die Toten. Und nach der Himmelfahrt Christi ist Gott nocheinmal im Heiligen Geist zu uns gekommen, um bei uns zu bleiben, in Seiner Kirche gegenwärtig zu sein und die Gläubigen zu heiligen. So ist Gott uns als Vater, als Erlöser Jesus Christus und als Heiliger Geist in der Kirche faßbar. Dreimal begegnet uns Gott in Person, und ist doch nicht drei Seinem Wesen nach, sondern eins. Jesus Christus hat in den Abschiedsreden an Seine Jünger nach dem Johannes-Evangelium unzweideutig Seine Einheit mit dem Vater bekannt und die Sendung des Heiligen Geistes zur Vereinigung der Jünger mit Ihm und dem Vater verheißen. Und trotz der wesensmäßigen Einheit von Vater und Sohn und Heiligem Geist, sind diese doch in ihrer personalen Dreiheit gleichewig: der Vater als der Ursprung, der Sohn als das Wort (der Logos) und der Heilige Geist als der Lebenspender. Dies aber ist das tiefe Mysterium unseres Glaubens – unsere beschränkte Vernunft kann es nicht fassen –, daß Gott in Seinem Wesen der eine allmächtige Herr ist und doch in den drei Personen (Hypostasen) Vater und Sohn und Heiliger Geist in Liebe existiert.

Biblische Begründung: Dt 6,4; Mal 2,10; Mt 28,18–20; Joh 1,1–5; 10,30; 14,16–26; 17,21–24; 1 Kor 8,6; 12,11; 2 Kor 3,17–18; 13,13.

HALTE FEST: Wir besingen in unseren Gottesdiensten immer wieder die göttliche Dreiheit in der Einheit, wie es in einem Tropar (Strophe) im Anschluß an den Triadischen Kanon des Mitternachtsgottesdienstes heißt[2]:

„Würdig ist es in Wahrheit,
zu besingen die göttliche Dreiheit:
den Vater ohne Anfang, Schöpfer des Alls,
das gleichewige Wort, unaussprechlich gezeugt vom Vater vor allen Äonen,
und den Heiligen Geist,
der zeitlos aus dem Vater hervorgeht."

FRAGE 2: Was bedeutet es, daß wir Gott als den Einen Gott und Herrn bekennen?

ANTWORT: Es besagt, daß allein Gott uns und unserer Welt Leben, Frieden, Freiheit, Schönheit und Glück gibt und wir solches einzig bei Ihm suchen sollen und finden können. Denn worauf wir uns verlassen und wovon wir uns bestimmen lassen, das ist unser Gott. Als das Volk Israel am Sinai sich zum Zeitvertreib das Goldene Kalb machte, es feierte und umtanzte, während Mose die Gesetzestafeln auf dem Berg in Empfang nahm, da verfiel es Gottes Zorn über diesen Götzendienst. Auch bei uns kann das Vergnügen oder das Geld oder die Gesundheit oder die Arbeit und der Erfolg zum Goldenen Kalb werden, um das sich alles dreht und über dem wir Gott vergessen und Seinem Zorn verfallen. Israel hat nach seiner Buße von Gott nicht nur den Dekalog (die Zehn Gebote) erhalten, sondern auch sein Bekenntnis in den Worten: „Höre Israel: Der Herr, unser Gott ist ein Herr. Und du sollst den Herrn, deinen Gott, lieben von ganzem Herzen, von ganzer Seele und mit aller deiner Kraft" (Dt 6,4). Gott als Gott verehren, hieß für Israel fortan, dieses Bekenntnis ernst nehmen. Auch für uns Christen hat es als erstes Gebot volle Gültigkeit behalten, wie der Herr Selbst im Streitgespräch mit den Pharisäern klargemacht hat. In der Bergpredigt aber hat Er uns darüber hinaus ganz konkret vor den Götzen gewarnt, die uns am leichtesten verführen: „Sammelt euch nicht Schätze auf Erden, wo Motte und Rost sie zunichte machen und wo Diebe einbrechen und stehlen! Sammelt euch vielmehr Schätze im Himmel, wo weder Motte noch Rost sie zunichte machen und wo Diebe nicht einbrechen und stehlen! Denn wo dein Schatz ist, da wird auch dein Herz sein!“ (Mt 6,19–21). Das heißt nicht, daß es uns verwehrt wäre, die Güter der Erde zu gebrauchen und zu genießen. Aber wir sollen uns weder an sie verlieren, noch uns von ihnen beherrschen lassen, sondern wissen: „Alle gute Gabe und jedes vollkommene Geschenk kommt von oben herab, von dem Vater der Lichter, bei dem keine Veränderung ist, noch ein Schatten infolge von Wechsel“ (Jak 1,17).

> Biblische Begründung: Ex 32,1–35; 20,2–3; Dt 6,4;
> Mk 12,28–34; Mt 6,19–21; Lk 12,13–21; Jak 1,17–18.

HALTE FEST: Im ‚Kanon am Abend vor der Teilnahme am allreinen Leib und am kostbaren Blut Christi‘ beten wir[3]:

> „Spender des Lichtes und Schöpfer der Zeiten,
> Herr, leite uns im Lichte Deiner Gebote!
> Denn außer Dir kennen wir keinen anderen Gott.“

FRAGE 3: Was bedeutet es, daß wir Gott als Vater anrufen?

ANTWORT: Gott begegnet uns durch Jesus Christus nicht als unerforschliche Schicksalsmacht, sondern als Person, die uns liebt, uns will und auf uns eingeht. ‚Vater‘ ist Gott zunächst als der Ursprung des göttlichen Seins, dem auch wir unser Sein verdanken. In Jesus Christus aber ist Er auch ‚unser‘ Vater, der uns liebt, uns aus unserer Entfremdung erlöst und uns Anteil geben will an Seinem Reich, Seiner Güte und Seiner Herrlichkeit.

> Biblische Begründung: Lk 15,11–32; Joh 17,1–6.22–26;
> Mt 6,5–15.

HALTE FEST: Jesus Christus hat Seine Jünger gelehrt, Gott als Vater anzurufen und zu sprechen[4]:

> „Vater unser, in Himmeln!
> Geheiligt werde Dein Name!
> Dein Reich komme!
> Dein Wille geschehe, wie im Himmel so auf Erden!
> Unser tägliches Brot gib uns heute!
> Und vergib uns unsere Schulden,
> wie auch wir vergeben unseren Schuldigern!
> Und führe uns nicht in Versuchung,
> sondern erlöse uns von dem Bösen! Amen.“

FRAGE 4: Wenn wir so gemeinsam Gott als Vater anrufen und bekennen, hat das auch Folgen für unser Zusammenleben miteinander?

ANTWORT: Notwendigerweise. Denn wir bekennen damit zugleich, daß wir alle untereinander Brüder und Schwestern sind, alle gleichermaßen Gottes geliebte Kinder, und daß wir daher nicht miteinander verfeindet sein können, wenn wir nicht Seiner Liebe verlustig gehen wollen.

> Biblische Begründung: Mt 18,21–35; 24,45–51; Lk 6,27–38; Joh 13,34–35.

HALTE FEST: In der Bergpredigt hat der Herr Seine Jünger gelehrt:

> „Liebet eure Feinde
> und bittet für die, welche euch verfolgen,
> damit ihr Söhne eures Vaters in den Himmeln seid.
> Denn Er läßt Seine Sonne aufgehen über Böse und Gute
> und läßt regnen über Gerechte und Ungerechte.
> Denn, wenn ihr nur die liebt, die euch lieben,
> was habt ihr für einen Lohn?
> Tun nicht auch die Zöllner dasselbe?
> Und wenn ihr nur eure Brüder grüßt,
> was tut ihr Besonderes?
> Tun nicht auch die Heiden dasselbe?
> Ihr nun sollt vollkommen sein,
> wie euer himmlischer Vater vollkommen ist“ (Mt 5,44–48).

FRAGE 5: Was bedeutet es, daß wir Gott als Sohn anrufen?

ANTWORT: Als Sohn bezeichnen wir Christus Selbst. Er ist anfanglos gleich dem Vater und hat als vollkommenes Ebenbild (Eikon) und ewiges Wort (Logos) im Vater Seinen zeitlosen Ursprung, ohne von Ihm getrennt zu sein. Auch das ist ein Mysterium, das unsere Vorstellungskraft und Logik übersteigt. Wir können Christi Gottheit nur in Blick bekommen, weil „als die Zeit erfüllt war“ (Gal 4,4) Sie Sich im Mutterschoß der Jungfrau Maria mit unserer menschlichen Natur verbunden hat und auf diese Weise der ewige Gottessohn und Logos um unseretwillen Mensch geworden ist, ohne Sich zu verändern und ohne aufzuhören, Gott zu sein.

Biblische Begründung: Joh 1,1–14; Gal 4,4–5; Joh 3,16; Phil 2,6–11.

HALTE FEST: Dieses Mysterium besingen wir in der Liturgie nach der Zweiten Antiphon mit dem wohl von Kaiser Justinian kurz vor 535 gedichteten Hymnus:

„O einziggeborener Sohn und Wort Gottes,
Du hast, Unsterblicher, Dich herabgelassen,
um unseres Heiles willen Fleisch zu werden
aus der heiligen Gottesgebärerin und steten Jungfrau Maria,
und bist, ohne Dich zu verändern, Mensch geworden.
Gekreuzigt, Christus unser Gott,
hast Du den Tod durch den Tod zertreten.
Du Einer der heiligen Dreiheit,
gleichverherrlicht mit dem Vater und dem Heiligen Geist,
errette uns!“

FRAGE 6: Warum sprechen wir im Blick auf den anfanglosen Ursprung des Sohnes im Vater von einem unauflösbaren Mysterium?

ANTWORT: Weil wir die Glaubenswahrheit, um die es hier geht, nicht einfach mittels vernünftigem, logischem Nachdenken erkennen oder überprüfen oder auch nur verstehen können. Wir stehen hier vielmehr vor dem undurchdringlichen Dunkel der Unbegreifbarkeit Gottes, wo nur Gott Selbst durch den Heiligen Geist uns vor Verirrungen bewahren und sicher leiten kann. Darum hat Jesus Christus Seinen Jüngern den Heiligen Geist verheißen, der sie in die ganze Fülle der Wahrheit leiten soll, in die Fülle einer Wahrheit, die unsere menschliche Vernunft vielfach übersteigt. Dieser Geist, den der Herr auch Paraklet (Beistand, Tröster) nannte, ist an Pfingsten über die Apostel ausgegossen worden und nun in der Kirche lebendig, in ihren Gottesdiensten und Gebeten, ihrer Glaubenstradition, ihrem Schriftgebrauch, ihrer Verkündigung und ihren Mysterien (Sakramenten). Dieser Geist ist Christi Vermächtnis und Gabe an die Seinen und leitet alle, „die Ohren haben, zu hören“ (Mk 4,9–20), d.h. die in der Kirche für Gottes Wort offen sind. Wer aber mit seiner eigenen Vernunft und Kraft zur Gotteserkenntnis gelangen will, der verfällt Häresien (Sondermeinungen, Irrlehren).

ZWISCHENFRAGE: Am Herrntag vor Pfingsten, dem Gedächtnis der Väter des Ersten Ökumenischen Konzils von Nikäa (325), ist in den Vesper- und Orthrostexten viel von der Häresie des Arius die Rede. Um was geht es dabei?

ANTWORT: Arius war Priester in Alexandrien am Anfang des 4. Jahrhunderts. Aus dem christlichen Bekenntnis zur Gottessohnschaft Jesu Christi folgerte er logisch konsequent, daß der Sohn Gottes, Christus, irgendwann vor endloser Zeit aus dem Vater entstanden sein müsse, daß es also, irgendwann, eine Zeit gegeben habe, in der Er noch nicht existierte. Mit dieser Logik hat Arius Christus aber zum Geschöpf gemacht und Seine Gottheit bestritten. Er hat das Mysterium der Gottheit und Menschheit Christi aufgelöst und verkündigt, Jesus Christus sei nur Mensch, wenn auch der edelste, beste, großartigste, göttlichste Mensch, ein Vorbild für uns alle. Diese Lehre, den Arianismus, haben die Väter des Ersten Ökumenischen Konzils in Nikäa 325 als Häresie (Irrlehre) verurteilt. Denn wenn in Jesus Christus Sich nicht Gott Selbst mit unserer blinden und beschränkten Natur verbunden hat, können wir aus unserer Unwissenheit, Blindheit, Beschränktheit und Verkehrtheit auf keine Weise herauskommen. Darum verknüpft die Kirche mit dem Namen des Arius die Warnung an die Gläubigen, das gottmenschliche Mysterium in Christus nicht auflösen zu wollen.

Biblische Begründung: Joh 16,12–15; 1 Kor 2,1–16.

HALTE FEST: Zu Beginn des zweiten Teils der Liturgie vor der Übertragung der Eucharistischen Gaben auf den Heiligen Tisch (Altar) singt der Chor den ‚Cherubikon' genannten Hymnus:

„Im Mysterium
bilden wir die Cherubim ab
und singen der lebenschaffenden Dreiheit
den Hymnus des dreifachen Heilig."

Wir sollen uns dabei daran erinnern, daß, wie die himmlischen Mächte Gott nicht mit ihrer Vernunft zu ergründen suchen, sondern Ihm anbetend dienen, auch wir berufen sind, das Mysterium Gottes anbetend zu verehren und uns auf diese Weise hineinnehmen zu lassen in das Heilsgeschehen, das uns verwandeln will. Wir erfahren dabei allerdings, daß wir an die Grenze unserer Vernunft stoßen. Vielleicht hilft es uns, wenn wir uns vergegenwärtigen, daß eine Vernunft, die ihre Grenzen nicht kennt und anerkennt, blind und dumm ist. Arius hat die Grenzen der Vernunft überschritten und ist dadurch vom orthodoxen Glauben abgewichen. Auf daß dies nicht auch uns geschehe, beten wir zu Beginn unseres kirchlichen Unterrichtes, unserer Lehrveranstaltungen, unserer Tagungen, unserer Gemeindezusammenkünfte wie auch am Anfang der Stunden- oder Tageszeitengebete:

„Himmlischer König, Tröster, Du Geist der Wahrheit,
allgegenwärtig und alles erfüllend,
Hort der Güter und Spender[5] des Lebens,
komm, wohne in uns,
reinige uns von jedem Fehl
und rette, Gütiger, unsere Seelen!“

FRAGE 7: Was bedeutet es, daß wir Gott als Heiligen Geist anrufen?

ANTWORT: Der Heilige Geist ist Gott, gleichwie der Vater und der Sohn Gott ist, eines Wesens mit Ihnen, unendlich und ewig. Wie der Sohn, so hat auch der Heilige Geist Seinen anfanglosen Ursprung im Vater, von dem Er in Ewigkeit ausgeht, ohne Sich von Ihm zu trennen. Auch Er ist Person (Hypostase), und indem Er uns personal begegnet, erhalten wir unser Personsein, unsere volle persönliche Freiheit von Ihm. Er ist die Kraft (Dynamis) der Liebe und des Lebens. Nachdem Jesus Christus Sein Erlösungswerk auf Erden vollbracht hatte und als Auferstandener zum Vater in die Himmel zurückgekehrt war, sandte Er Seinen Jüngern und mit ihnen der ganzen Kirche den Heiligen Geist, damit Dieser Sein Werk an ihnen vollende, sie reinige, heilige, mit Ihm vereine und ihnen so Anteil am ewigen Leben schenke. Das Wirken des Heiligen Geistes bedeutet für uns also, daß Gott nicht in Seiner unendlichen Ferne, Verborgenheit und Unerreichbarkeit bleibt, sondern in der Kirche immer neu uns heimsucht und Sich mit uns vereinigt.

Biblische Begründung: Lk 24,49; Apg 1,8; 2,1–4.14–24.33.38; 8,14–17; Rm 8,9–17.

HALTE FEST: In der Vesper des Pfingsttages vor den großen Kniebeugegebeten singen wir zu den Luzernariumspsalmen:

„Der Heilige Geist war, ist und bleibt immerdar,
ohne Anfang und ohne Ende.
Stets ward Er zugeordnet und zugezählt
dem Vater und dem Sohn.
Leben ist Er und Leben schenkt Er.
Licht ist Er und Spender des Lichts.

Durch Ihn wird der Vater erkannt;
der Sohn wird verherrlicht durch Ihn.
Durch Ihn wird überall angenommen
die eine Macht,
die eine Ordnung
und die eine Verherrlichung der Heiligen Dreiheit.“

FRAGE 8: Wir sagen im Glaubensbekenntnis vom Heiligen Geist, Er gehe vom Vater aus. In der römisch-katholischen Kirche und in protestantischen Kirchen wird jedoch gesagt und gelehrt, der Heilige Geist gehe vom Vater und vom Sohne (lat. filioque = „und vom Sohn") aus. Wie kommt dieser Gegensatz zustande und wie ist er zu beurteilen?

ANTWORT: So, wie wir bekennen und lehren, ist das Glaubensbekenntnis 381 auf dem Zweiten Ökumenischen Konzil in Konstantinopel beschlossen und von den orthodoxen Kirchen des Ostens und des Westens angenommen worden. Auch in der lateinischen Kirche war daher über Jahrhunderte das Bekenntnis in dieser Form in Geltung. Erst in der zweiten Hälfte des achten Jahrhunderts wurde im Frankenreich eine neue Praxis strittig. Diese bestand darin, daß man in die Aussage: „Ich glaube ... an den Geist, den Heiligen ..., der vom Vater ausgeht“ eine Einfügung machte, so daß es nun hieß: „Ich glaube ... an den Geist, den Heiligen ..., der vom Vater und vom Sohn ausgeht.“ Diese Einfügung ist das sogenannte ‚Filioque‘ („und vom Sohn“), das den Arianismus der spanischen Westgotenkirche bekämpfen und die Gottheit Christi sichern sollte. Seit 767 verbreitete sich diese Version des Glaubensbekenntnisses im Frankenreich und fand hier allgemein Billigung. Als der neue fränkische Brauch aber außerhalb des Landes Anstoß erregte, wurde er 809 auf einer Landessynode in Aachen von Karl dem Großen für die fränkische Kirche verbindlich gemacht, da Karls Hoftheologen meinten, ihn mit Stellen aus den Schriften Augustins theologisch rechtfertigen zu können. Papst Leo III. mißbilligte damals die eigenmächtige Veränderung des Ökumenischen Glaubensbekenntnisses durch Karls Landessynode. Er ließ in St. Peter in Rom zwei silberne Tafeln mit dem unveränderten Bekenntnistext aufstellen. Erst 1014, als sich die Beziehungen Roms zum Osten infolge der politischen Verhältnisse verschlechtert hatten und der Papst völlig auf die fränkischen Herrscher angewiesen war, drang mit anderen fränkischen Elementen auch das ‚filioque‘ in die römische Liturgie ein.

Im Gegensatz zu den Päpsten der Karolingerzeit lehnt die Orthodoxe Kirche das ‚filioque‘ nicht nur deswegen ab, weil es von fränkischen Synoden eigenmächtig in das Ökumenische Bekenntnis eingefügt worden ist. Die Orthodoxe Kirche verwirft das ‚filioque' bis heute in erster Linie aus theologischen Gründen. Denn durch diesen Zusatz wird fälschlicherweise der anfanglose Ursprung des Heiligen Geistes im Vater mit der Sendung des Heiligen Geistes in die Welt durch Vater und Sohn seit Pfingsten gleichgesetzt. Dies hat eine doppelte Folge: Erstens wird damit der Heilige Geist als Hypostase (Person) nicht voll ernst genommen. Es ist kein Zufall, daß der Geist im westlichen Mittelalter zu einer Substanz mit magischen Kräften entwertet wurde. Zweitens werden die Unterscheidungsmerkmale (Proprietäten) der göttlichen Hypostasen verwischt. Denn nur der Vater ist Ursprung des göttlichen Seins; wenn auch der Sohn Ursprung des göttlichen Seins wäre, gäbe es keinen Grund mehr, den Vater Vater zu nennen.

Nun muß man allerdings gerechterweise zugestehen, daß auch in westlichen Kirchen, die das ‚filioque' bekennen, einzelne Theologen in orthodoxer Weise die Sendung des Geistes in die Welt von Seinem anfanglosen Ursprung im Vater unterscheiden (so z.B. Johannes Calvin). Ferner muß man sehen, daß viele Gläubige dieser Kirchen, wenn sie darauf gestoßen werden, das ‚filioque' so deuten, daß sie das Ausgehen des Geistes vom Vater auf die Frage nach dem anfanglosen Ursprung beziehen und das Ausgehen des Geistes vom Sohn auf Seine Sendung in die Welt. Aber dies besagt leider die Formel ‚filioque' nicht. Sie legt eine andere Deutung nahe, in der der Heilige Geist als untergeordnetes Werkzeug von Vater und Sohn erscheint.

Darum muß die Orthodoxe Kirche in ökumenischen Gesprächen auf die Zurücknahme des ‚filioque' drängen, damit die Wahrheit über den Heiligen Geist nicht geschmälert wird. Die Tatsache nämlich, daß die westlichen Kirchen diesen Streitpunkt zumeist herunterspielen, ohne das ‚filioque' preisgeben zu wollen, und daß ihre Theologen oft zugeben, daß sie nichts anfangen können mit der Unterscheidung zwischen dem anfanglosen Ursprung des Geistes im Vater und der Sendung des Geistes in die Welt durch Vater und Sohn, weckt bei Orthodoxen immer wieder den Verdacht, daß man in diesen westlichen Kirchen nicht in der Lage ist, das Personsein des Heiligen Geistes wirklich ernst zu nehmen, was sich letztlich in einer mangelnden Spiritualität auswirken muß. Es ist im übrigen mit Freude zu vermerken, daß in jüngster Zeit sowohl die Altkatholiken als auch die Anglikaner vom ‚filioque' Abstand genommen haben.[6]

Biblische Begründung: Joh 15,26; Joh 14,16.26.

HALTE FEST: Wir bekennen also in unserem Glaubensbekenntnis:

„Ich glaube ... an den Geist, den Heiligen, den Herrn,
den Lebenschaffenden,

der vom Vater ausgeht,
der mit dem Vater und dem Sohn zugleich angebetet
und verherrlicht wird ..."

FRAGE 9: Nach dem bisher Gesagten scheint es, daß orthodoxes Denken das Personensein Gottes besonders betont im Gegensatz zum westlichen Denken, das stärker an der wesensmäßigen Einheit Gottes im philosophischen Sinne interessiert ist. Ist dem so? Wenn ja, wo ist der Grund für diesen Unterschied zu suchen?

ANTWORT: Man kann die wesensmäßige Einheit Gottes verschieden verstehen: beispielsweise als Idee oder Prinzip, woraus die Personen hervorgehen, oder aber als gegenseitiges Sichdurchdringen (Perichorese) der unvermischbaren göttlichen Hypostasen (Personen).

Für den Orthodoxen Glauben ist die göttliche Wesenseinheit (usia) keine Idee und kein Prinzip, sondern die göttlichen Personen bilden diese Einheit durch ihr Zusammenspiel, ihr Beisammensein in Liebe. Der Grund für diese Sicht liegt darin, daß dieses Glaubensverständnis nicht durch spekulatives Denken über Gott zustande kommt, das nach philosophischer Denkweise von der Einheit über die Dreiheit die Vielheit der Welt in Blick nimmt. Vielmehr ist diese Sicht erwachsen aus der unmittelbaren Begegnung der Gläubigen mit Gott Vater, Gott Sohn und Gott Heiligem Geist[7] im Gebet und im Dienst der Kirche. An dieser Begegnung hat nicht nur das Denken Anteil, sondern ebenso Leib und Seele durch die Mysterien (Sakramente), die Proskynese (das Sich-zu-Boden-werfen, d.h. die große Metanie), die Verbeugungen (Kleine Metanien), das Kreuzeszeichen, das Küssen von Kreuz und Ikonen, das Stecken von Kerzen. Damit hängt zusammen, daß man in der Orthodoxen Kirche der Lehre von der Dreiheit Gottes (Trinität) zuerst und zumeist nicht in Lehrtexten begegnet, sondern in poetischen Stücken, in Doxologien (Verherrlichungen, Lobpreisungen).

Das jedoch bedeutet: Nicht die theologische Erkenntnisbemühung wie in den westlichen Kirchen ist der bevorzugte Ort, an dem in der Orthodoxie die göttliche Dreieinheit zur Sprache kommt, sondern die Doxologie des Gebetes und der Hymnen. Denn alle Lehre und alle Theologie hat nur eine zweitrangige, dienende Funktion und soll mithelfen, daß auch unser Verstand in die Gebete und Hymnen einstimmen kann, die wir äußerlich mit unserem Leib und innerlich mit unseren Herzen vollziehen.

Zu Gebet und Hymnus aber gehört ganz notwendig die Doxologie, weil in ihr sich vollzieht, was ein urchristlicher Hymnus im Blick auf den menschgewordenen und gekreuzigten Sohn Gottes singt: „Daher hat Ihn auch Gott über die Maßen erhöht und Ihm den Namen geschenkt, der über jedem Namen ist, damit in dem Namen Jesu sich beuge jedes Knie derer, die im Himmel und auf Erden und unter der Erde sind, und jede Zunge bekenne: Herr ist Jesus Christus in der Herrlichkeit Gottes, des Vaters" (Phil 2,9–11).

Das ist der tiefste Sinn unserer Gottesdienste, daß wir vor Gott niederfallen und Ihn im Lobpreis als Herrn anerkennen und bekennen. Darum ist Orthodoxie zuerst und vor allem anderen „rechte Gottesverherrlichung" und erst in zweiter Linie „rechte Lehre von Gott". Das aber bedeutet: Wir sind nicht orthodox, weil wir eine richtige Lehre vertreten, sondern wir werden in der rechten Lehre bewahrt, sofern wir an der rechten Gottesverherrlichung, die der Heilige Geist in der Kirche lebendig erhält, teilhaben. Zu dieser rechten Gottesverehrung aber gehört, daß wir Gott Vater und Sohn und Heiligen Geist als allheilige Dreiheit in gleicher Weise anbeten und verehren.

> Biblische Begründung: Ps 99(100),2–5; Lk 1,24; Phil 2,6–11; Eph 4,1–16.

HALTE FEST: im Abendgebet (Apodipnon) und im Orthros (Morgengottesdienst) an Wochentagen beten wir die sog. ‚Kleine Doxologie':

> „Herrlichkeit[8] Gott in den Höhen und auf Erden Friede,
> den Menschen Sein Wohlgefallen.
> Dich loben wir; Dich segnen wir; Dich beten wir an;
> Dich verherrlichen wir;
> Dir danken wir ob Deiner großen Herrlichkeit.
>
> Herr, himmlischer König, Gott Vater, Allherrscher;
> Herr, einziggeborener Sohn Jesus Christus
> und Heiliger Geist.
>
> Herr Gott, Lamm Gottes, Sohn des Vaters,
> der Du hinwegnimmst die Sünde der Welt;
> erbarme Dich unser,
> der Du hinwegnimmst die Sünden der Welt.
>
> Nimm auf unser Flehen,
> der Du sitzest zur Rechten des Vaters,
> und erbarme Dich unser.
>
> Denn Du allein bist der Heilige, Du allein der Herr,
> Jesus Christus, in der Herrlichkeit Gottes, des Vaters. Amen.
>
> Ich will Dich segnen[9] Abend für Abend (Tag für Tag)
> und loben Deinen Namen auf ewig
> und in die Äonen der Äonen.

Herr, Du bist unsere Zuflucht von Geschlecht zu Geschlecht.
Ich sage:
Herr, erbarme Dich meiner; heile meine Seele,
denn gegen Dich habe ich gesündigt.

Herr, ich flüchte zu Dir, lehre mich Deinen Willen tun;
denn Du bist mein Gott.

Denn bei Dir ist die Quelle des Lebens,
und in Deinem Lichte schauen wir das Licht.

Breite aus Dein Erbarmen über alle, die Dich kennen.

Würdige uns, Herr, an diesem Abend (an diesem Tag)
sündlos bewahrt zu werden.

Gesegnet bist Du, Herr, Gott unserer Väter;
und gelobt und verherrlicht ist Dein Name in die Äonen.
Amen.

Dein Erbarmen, Herr, komme über uns,
wie wir haben gehofft auf Dich.

Gesegnet bist Du, Herr,
lehre mich Deine Ordnungen!
Gesegnet bist Du, Gebieter,
unterweise mich in Deinen Ordnungen!
Gesegnet bist Du, o Heiliger,
erleuchte mich durch Deine Ordnungen!

Herr, Dein Erbarmen bleibt in die Äonen;
verachte nicht das Werk Deiner Hände.

Dir gebühret Preis,
Dir gebühret Lobgesang,
Herrlichkeit gebühret Dir,
dem Vater und dem Sohne und dem Heiligen Geiste,
jetzt und immerdar und in die Äonen der Äonen. Amen.“

II GOTT DER SCHÖPFER UND DIE SCHÖPFUNG GOTTES

WIR BEKENNEN:

„Ich glaube an den einen Gott,
den Vater, den Allherrscher, Schöpfer Himmels und der Erde,
aller Sichtbaren und Unsichtbaren ..."

FRAGE 10: Gott, der Vater, wird hier Schöpfer von Himmel und Erde genannt. Wir lesen in Gen 1,1–3 jedoch: „Im Anfang schuf Gott den Himmel und die Erde. Die Erde aber war wüst und leer, und Finsternis lag auf dem Abgrund, und der Geist Gottes schwebte über den Wassern. Und Gott sprach: ‚Es werde Licht!' und es ward Licht." Und in Joh 1,1–3 steht: „ Im Anfang war das Wort. Und das Wort war bei Gott. Und Gott war das Wort. Dieses war im Anfang bei Gott. Alles ist durch dasselbe geworden. Und ohne dasselbe ist auch nicht eines geworden, das geworden ist." Nach diesen beiden Zeugnissen der Heiligen Schrift waren der Geist und der Sohn Gottes (das Wort, der Logos) an der Schöpfung mitbeteiligt. Wie ist das zu verstehen?

ANTWORT: Da die Personen der Trinität von Ewigkeit her in Liebe vereint sind, unterstützen Sie Sich in allen Ihren Werken, die Sie nach außen vollbringen, gegenseitig, so daß keine Person der Dreiheit irgendetwas tut ohne die anderen. Daher ist zwar der Vater als Vater der Schöpfer der Welt, aber Er ist es zusammen mit dem Logos (Wort) und dem Pneuma (Heiligen Geist).

Biblische Begründung: Gen 1,1–3; Ps 32(33),6; Joh 1,1–4; Hebr 11,3.

HALTE FEST: Zu Beginn der Vesper wird das Abendlob angestimmt mit Ps 103(104):

„Lobe den Herrn, meine Seele!
O Herr, mein Gott, wie bist Du so groß!
Pracht und Hoheit sind Dein Gewand, der Du in Licht Dich

hüllst wie in ein Kleid, der den Himmel ausspannt wie ein Zeltdach, der Seinen Söller zimmert über den Wassern, der Wolken zu Seinem Wagen macht, der einherfährt auf den Flügeln des Sturmes, der Seine Engel zu Winden macht und Seine Diener zur Feuersflamme, der die Erde auf ihre Pfeiler gegründet, daß sie nimmermehr wanket. Die Urflut deckte sie wie ein Kleid; über den Bergen standen die Wasser. Doch sie flohen vor Deinem Schelten, vor Deines Donners Stimme wichen sie scheu. Da hoben sich die Berge, senkten sich die Täler an den Ort, den Du ihnen wiesest. Du hast eine Grenze gesetzt, die sie nicht überschreiten; sie dürfen nie wieder die Erde bedecken. Du lässest die Quellen rinnen durch die Täler; da fließen sie zwischen den Bergen hin. Sie tränken alle Tiere des Feldes; die Wildesel stillen ihren Durst. An ihren Ufern wohnen die Vögel des Himmels; zwischen den Zweigen hervor erklingt ihr Singen. Du tränkst die Berge aus deinem Söller; aus Deinen Wolken wird die Erde gesättigt. Du lässest Gras sprossen für die Tiere und Gewächse für den Bedarf des Menschen, daß Brot aus der Erde hervorgehe und Wein, der des Menschen Herz erfreue, daß sein Antlitz erglänze von Öl und Brot das Herz des Menschen stärke. Die Bäume des Herrn trinken sich satt, die Zedern des Libanon, die er gepflanzt, wo die Vögel ihre Nester bauen, der Storch, der sein Haus auf Zypressen hat. Die höchsten Berge sind dem Steinbock, die Felsen dem Klippdachs eine Zuflucht. Er hat den Mond gemacht, das Jahr danach zu teilen; die Sonne weiß ihren Niedergang. Du schaffst Finsternis, und es wird Nacht; darin regt sich alles Getier des Waldes. Die jungen Löwen brüllen nach Raub, heischen von Gott ihre Speise. Strahlt die Sonne auf, so ziehen sie sich zurück und lagern sich in ihren Höhlen. Da tritt der Mensch heraus an sein Werk, an seine Arbeit bis zum Abend.

O Herr, wie sind Deine Werke so groß! Du hast sie alle in Weisheit geschaffen!“

FRAGE 11: Die Darstellungen der Schöpfung, wie sie Ps 103(104) oder Gen 1–2 geben, stimmen aber nicht mit den neueren naturwissenschaftlichen Forschungsergebnissen überein, gemäß denen unser Planet und das Leben auf ihm nicht in sechs Tagen entstanden sind, sondern sich in einem sehr langen Zeitraum entwickelt haben. Ist die Schöpfungslehre der Bibel nicht überholt durch die wissenschaftliche Forschung?

ANTWORT: Es gibt genau genommen keine ‚Schöpfungslehre' der Bibel. Man darf aus Texten nicht herauslesen, was sie nicht sagen wollen; das gilt auch für die Heilige Schrift. Die Schöpfungsdarstellungen der Bibel wollen nicht exakte Vorstellungen vermitteln, wann und wie das Weltall, die Erde und das Leben auf der Erde entstanden sind. Es sind vielmehr Dichtungen, poetische Bilder und Gleichnisse, die Vorstellungen ihrer Zeit benutzen, um zu bezeugen, daß alles Sein und Leben der Hand und dem Wort Gottes zu verdanken ist. Man darf daher das, was sie sagen, nicht als Forschungsberichte mißdeuten und mit den naturwissenschaftlichen Forschungsergebnissen vergleichen. Die Wahrheit, die in den Hymnen und poetischen Erzählungen sich ausdrückt, ist eine andere als die den Naturwissenschaften zugängliche Wirklichkeit. So sind auch die Zeitangaben, die Schöpfungstage, nicht als wissenschaftliche Daten zu verstehen. Als solche wären sie von vornherein unsinnig. Denn wie soll es einen Abend und einen Morgen geben, bevor die Sonne da ist, die ja nach Gen 1,14–18 erst am dritten Schöpfungstage geschaffen wurde? Wenn der Verfasser der Schöpfungserzählung von Gen 1,1–2,4a eine wissenschaftliche Darstellung der Entstehung der Erde hätte geben wollen, der genannte Widerspruch wäre ihm nicht unterlaufen. Denn auch nach seinen damaligen ‚wissenschaftlichen' Einsichten war der Morgen mit dem Aufgehen der Sonne und der Abend mit ihrem Untergehen verbunden. Aber er wollte etwas anderes, nämlich in poetischen Bildern davon Zeugnis geben, daß Gott und nicht irgend eine finstere Urmacht der Grund für die Entstehung der Welt ist. Diese Wahrheit aber widerspricht der naturwissenschaftlichen Forschung nicht. Wenn diese nämlich ihre Grenzen ernst nimmt, kann sie keine Aussagen darüber machen, wer oder was Grund und Sinn der Weltentstehung ist. Gott und Sein Wirken kann sie gar nicht in Blick bekommen, also weder bejahen noch verneinen; tut sie es doch, so hat sie ihre Grenzen überschritten und ist als Wissenschaft nicht mehr ernst zu nehmen. Die Wahrheit aber, um die es den biblischen Schöpfungsdarstellungen in ihrer poetischen Form geht, ist sogar jenseits aller wissenschaftlichen Forschungsmöglichkeiten: Es geht ihnen darum, das Weltall und alles, was dazu gehört, aufgrund von Gottes Offenbarung als Gottes Werk anzusagen und damit zugleich Gott als den Herrn der Welt anzuerkennen und zu preisen.

Biblische Begründung: Gen 1,1–2,4a; Gen 2,4b–8;
Ps 94(95),5; Ps 101(102), 25–27; Ps 103 (104);
Ps 135 (136), 1–9.

HALTE FEST: Sinn und Ziel der biblischen Schöpfungsdarstellungen kommt im besonderen auch in Ps 103(104) zum Ausdruck, wo am Schluß ausdrücklich gesagt wird, daß der Verfasser sein Werk als Dichtung versteht (vgl. Ps 103,35). Es ist nicht ohne Bedeutung, daß im Vesperpsalm auch dieser Vers zum Vortrag kommt:

> „Die Erde ist voll Deiner Gebilde: Da ist das Meer, so groß und weit; darin wimmelt es ohne Zahl, kleine Tiere samt großen. Da wandeln Ungeheuer, der Leviathan, den Du gebildet, darin zu spielen. Sie alle warten auf Dich, daß Du ihnen Speise gebest zu seiner Zeit. Wenn Du ihnen gibst, so sammeln sie; tust Du Deine Hand auf, so werden sie mit Gutem gesättigt. Wenn Du Dein Angesicht verbirgst, erschrecken sie; nimmst Du ihren Odem hin, so verscheiden sie und werden wieder zu Staub. Sendest Du Deinen Odem aus, so werden sie geschaffen und Du erneuerst das Antlitz der Erde. Die Herrlichkeit des Herrn währet ewig; der Herr freue Sich Seiner Werke! Der die Erde anblickt und sie erbebt; der die Berge anrührt, und sie rauchen. Ich will dem Herrn singen mein Leben lang, will meinem Gott spielen, solange ich bin. Möge mein Dichten Ihm wohlgefallen; ich freue mich des Herrn. Mögen die Sünder von der Erde verschwinden und die Gesetzlosen nicht mehr sein!
> Lobe den Herrn meine Seele!
> Die Sonne weiß ihren Untergang; Du schaffst Finsternis und es wird Nacht. O Herr, wie sind Deine Werke so groß, Du hast sie alle in Weisheit geschaffen.“

FRAGE 12: Unser Glaubensbekenntnis sagt, daß Gott nicht nur der Schöpfer der sichtbaren Dinge und Wesen dieser Welt sei, sondern auch der unsichtbaren. Was ist damit gemeint?

ANTWORT: Es gibt, wie wir eben gesehen haben, in unserer Welt Wahrheiten und Erscheinungen, die die Wissenschaft nicht objektivierbar wahrnehmen und deuten kann, und die sie daher aus ihrer Forschung und ihrem Weltbild ausblenden muß. Eine solche Erscheinung ist beispielsweise das Wirken des Heiligen Geistes. Aber auch die Gegenwart der Engel und Dämonen gehört dazu. Diese sind mit den ‚Unsichtbaren' in unserem Bekenntnis gemeint.

Wir wissen von Engeln aus der Heiligen Schrift und der Tradition der Kirche. Engel zeigen schon im Alten Testament die unsichtbare Gegenwart Gottes an. So bewirtet Abraham in Gestalt von drei Engeln den dreipersönlichen Gott Selbst. Jakob sieht auf der Himmelsleiter Engel auf- und niedersteigen. Bileam und seiner Eselin tritt ein Engel in den Weg. Tobias wird von einem Engel in die Fremde geleitet. Cherubim und Seraphim umgeben nach den Visionen von Jesaja und Ezechiel anbetend den Thron der Herrlichkeit Gottes.

Doch erst im Neuen Testament und in der Tradition der Kirche werden Wesen und Dienste der Engel deutlicher erkennbar. Wie sie den Thron der Herrlichkeit Gottes anbetend und dienend umgeben, so sind sie auch dem Mysterium Seines Heilswerkes zur Erlösung der gefallenen Schöpfung dienstbar zugeordnet. Die Engel sind daher gegenwärtig bei der Geburt unseres Herrn Jesus Christus, bei Seiner Taufe, Seiner Kreuzigung, Seiner Auferstehung, Seiner Himmelfahrt und Seiner Wiederkunft zum Gericht. Diese Gegenwart der Engel wird von Kyrill von Jerusalem (313–386) in einer Taufkatechese als gehorsame Unterwerfung der himmlischen Geistmächte unter die Herrschaft Christi gedeutet[10]:

> „Herr ist der Sohn Gottes. Herr ist der, welcher zu Bethlehem in Judäa geboren wurde, wie der Engel den Hirten verkündet hatte: ‚Ich verkündige euch eine große Freude; denn Christus, der Herr, ist euch heute in der Stadt Davids geboren' (Lk 2, 10f.). Von Ihm sagt einmal einer der Apostel: ‚Sein Wort hat Er den Söhnen Israels gesandt und ihnen Frieden verkündet durch Jesus Christus; dieser ist der Herr aller' (Apg 10,36). Wenn er sagt ‚aller', dann darfst du nichts von Seiner Herrschaft ausnehmen. Seien es Engel oder Erzengel oder Fürstentümer oder Gewalten oder sonst etwas Erschaffenes, das von den Aposteln erwähnt wird, alles steht unter der Herrschaft des Sohnes. Er ist der Herr der Engel, wie im Evangelium geschrieben steht: ‚Da ließ der Teufel von Ihm ab, und die Engel kamen und dienten Ihm' (Mt 4,11). Nicht heißt es: ‚sie halfen Ihm', sondern: ‚sie dienten Ihm', wie es Pflicht der Knechte ist. Als der Herr aus der Jungfrau geboren werden sollte, da diente Gabriel, der das Dienen als seine eigentliche Würde annahm. Da Jesus nach Ägypten fliehen wollte, ... da war es wiederum ein Engel, der dem Joseph im Traum erschien (Vgl. Mt 2,13). Als Er nach Seiner Kreuzigung von den Toten auferstanden war, verkündete den Frauen ein Engel als guter Diener: ‚Gehet hin und saget Seinen Jüngern: Er ist auferstanden ...!'" (Mt 28,7).

Biblische Begründung: Gen 18,1–16; Gen 28,1–16; Num 22,22–35; Tob 5,5–6,22; Jes 6,2–7; Ez 1,15–21; 1 Tim 3,16; Hebr 1,4–8; Hebr 2,5.

HALTE FEST: Die dienstbare Gegenwart der Engel wird von den orthodoxen Gläubigen im besonderen auch bei der Feier der Göttlichen Liturgie geglaubt und erfahren. So betet der Zelebrant beim Kleinen Einzug mit dem Evangelienbuch:

„Gebieter, Herr, unser Gott,
der Du im Himmel die Ordnungen und Heere der Engel und Erzengel eingesetzt hast zum Dienste Deiner Herrlichkeit,
laß mit unserem Eingang heilige Engel einziehen,
die mit uns die Liturgie vollziehen
und Deine Güte mit verherrlichen!“

FRAGE 13: Die orthodoxe Tradition spricht mit Bezug auf die Engelwelt von ‚himmlischen Hierarchien‘. Was ist damit gemeint?

ANTWORT: Diese Redeweise lehnt sich an Pseudo- Dionysius Areopagita an. Dionysius ist ein Schriftsteller, der um die Wende des fünften zum sechsten Jahrhundert lebte und unter einem Pseudonym nach Apg 17,34 seine Schriften verbreitete. Er hat aufgrund von Andeutungen der Heiligen Schrift die Welt der reinen Geister gegliedert in eine dreistufige dreigliedrige Ordnung: Den Thron der göttlichen Herrlichkeit umgeben die Seraphim, Cherubim und Throne; sie haben an der göttlichen Reinheit, Heiligkeit und Lichthaftigkeit Anteil und bringen Gott den immerwährenden Lobpreis Seiner Heiligkeit dar. Ihnen untergeordnet ist eine zweite Gruppe von Engelwesen: die Herrschaften, Mächte und Gewalten. Sie haben Anteil an der göttlichen Herrschaft und sind Diener Seines Weltregimentes. Die dritte Gruppe der himmlischen Wesen: die Fürstentümer, Erzengel und Engel, stellen nach Gottes Geheiß die Verbindung zwischen der unsichtbaren und der sichtbaren Schöpfung her, wobei Erzengel und Engel den Menschen als Boten Gottes erscheinen können.

Mit dieser Ordnung von dreimal drei Hierarchien soll die Vollkommenheit der himmlischen Welt im Symbol zur Sprache gebracht werden. Das Reden von den ‚himmlischen Hierarchien‘ weist also auf die vollkommene Schönheit und Harmonie jener gottgeschaffenen Geisteswelt hin, welche nicht im Sündenfall ihre Unschuld verloren hat, sondern Gott in Demut dienstbar geblieben ist. Wo die Gläubigen der ‚himmlischen Hierarchien‘

gedenken, kommt daher die Schönheit in Blick, die die Schöpfung dort ausstrahlt, wo sie Gott in selbstvergessener Demut dient.

Biblische Begründung: Jes 6,2–7; Gen 3,24; Ez 10,1–22; Rm 8,38; 1 Kor 15,24; Kol 1,16; Eph 1,21; 1 Th 4,16.

HALTE FEST: Es ist das besondere Vorrecht der Erwählten Gottes, daß sie des Umgangs mit den Engeln gewürdigt werden und insbesondere seit Pfingsten in ihren Gottesdiensten einstimmen dürfen in das immerwährende Gotteslob der himmlischen Welt. Daß Gott mit dem nie endenden Lobpreis der Engel auch den halbherzigen Dienst der Menschen annimmt, wird von den orthodoxen Gläubigen immer wieder als Wunder der Gnade erfahren und erbeten[11]:

„Du erschufest die unstofflichen und himmlischen Ordnungen
als Widerschein Deiner Schönheit,
unteilbare Dreiheit, allein herrschende Macht,
auf daß sie ohne Ende
in Hymnen Dich preisen.
So nimm jetzt auch aus unserem armseligen Munde den
Lobpreis entgegen!"

FRAGE 14: Was bedeutet es für die orthodoxen Gläubigen, daß sie sich von Engeln umgeben und begleitet wissen und ihre Gottesdienstfeiern gemeinsam mit den Engeln begehen?

ANTWORT: Es ist für sie ein Vorgeschmack der künftigen Seligkeit, eine Vergewisserung der göttlichen Gnade und ein Ansporn, vor allem anderen Gottes Reich und Seine Gerechtigkeit zu suchen. Die Engel sind daher für die Gläubigen in ihrem demütigen, selbstlosen und leidenschaftslosen Dienst auch immer wieder Vorbild der Hingabe an Gott, des betenden Verharrens in Seiner Gemeinschaft und damit der ungetrübten Leidenschaftslosigkeit. Mehr noch: Sie vermitteln durch ihre Anwesenheit Geborgenheit in der Hut Gottes. Darum heißt es in der Bittektenie:

„Einen Engel des Friedens, einen treuen Geleiter,
einen Wächter für unsere Seelen und Leiber,
lasset vom Herrn uns erflehen!"

Biblische Begründung: Ex 23,20; Ps 33(34),8; Ps 90 (91),11; Tob 5–12; Apg 5,19; 12,1–11.

HALTE FEST: So bitten die orthodoxen Gläubigen immer neu um den Beistand der Engel, wie dies beispielsweise am Ende des Horengebetes geschieht, wo Christus angefleht wird:

> „Beschirme uns durch Deine heiligen Engel,
> damit wir, durch ihre Schar bewacht und belehrt,
> zur Einheit im Glauben und zur Erkenntnis
> Deiner unaussprechlichen Herrlichkeit gelangen."

FRAGE 15: Was müssen die Gläubigen in bezug auf die Verehrung der Engel beachten?

ANTWORT: Die Volksfrömmigkeit, auch diejenige, die sich im Raum der Orthodoxen Kirchen verbreitet hat, stellt immer wieder die Verehrung der Engel in falscher Weise neben oder über die Verehrung des Dreieinen Gottes. Sie verfällt damit der Kreaturvergötterung und eitlem Aberglauben. Schon der Kolosserbrief mahnt seine Leser, sich nicht auf eine Verehrung der Engel einzulassen, die den Menschen der christlichen Freiheit beraubt und ihn erneut unter vorchristliche Gesetzlichkeit versklavt. Denn in der ausgehenden Antike des ersten bis vierten nachchristlichen Jahrhunderts waren es vor allem jüdisch-synkretistische Strömungen[12] und die Geheimlehren der Gnostiker[13], die den Dienst der Engel propagierten und zugleich die Gläubigen unter eine dem Wesen des Evangeliums fremde Gesetzlichkeit bannten. Diese häretischen Glaubensrichtungen bedienten sich häufig auch fruchtloser Spekulationen über Wesen, Arten und Taten der Engel. So muß beispielsweise auch Kyrill von Jerusalem im letzten Viertel des vierten Jahrhunderts vor einer Engellehre warnen, die Christus die Ehre raubt. Er schreibt in seiner 11. Taufkatechese[14]:

> „Wir glauben an den einzigen Herrn Jesus Christus, den einziggezeugten Sohn Gottes, der als wahrer Gott hervorgegangen ist aus dem Vater vor allen Zeiten. Durch Ihn ist das All geschaffen. Sowohl Throne wie Herrschaften wie Fürstentümer, alles insgesamt ist durch Ihn geworden, und keines der geschaffenen Wesen ist von Seiner Herrschaft ausgenommen ... Verstummen sollen die, welche die Welt als Werk der Engel erklären und den Einziggeborenen seiner Würde berauben wollen! Sowohl das Sichtbare wie das Unsichtbare, seien es Throne, seien es Herrschaften, mögen sie sonstwie heißen, alles ist durch Christus geschaffen worden. Er ist König Seiner Geschöpfe. Nicht hat Er fremdes Gut geraubt, sondern Er herrscht über Seine eige-

nen Werke, wie der Evangelist Johannes sagt: ‚Alles ist durch Ihn geschaffen worden, und ohne Ihn ist auch nicht eines geschaffen‘ (Joh 1,3). Alles ist durch Ihn gemacht worden, da der Vater durch den Sohn wirkt.“

Biblische Begründung: Kol 2,18–19; Hebr 1,13–14; 2,5–9.

HALTE FEST: Für die orthodoxen Gläubigen besagt dies, daß sie sich zwar von Engeln umgeben, bewacht und geborgen wissen dürfen, daß sie in diesen Engeln aber nichts anderes zu sehen haben als Mitgeschöpfe, Diener Gottes ohne eigenen Willen und eigene Macht. Darum ist ein Gebet zu den Engeln nur dann nicht häretisch, wenn diese nicht an die Stelle oder neben Christus treten und das Vertrauen, das allein Christus gebührt, auf sich ziehen. Nur dann ist es erlaubt, wenn die Anrufung der Engel zu Fürbitte und Hilfe verstanden wird als Kommunikation innerhalb des Leibes Christi, in welchem es zwar selbstverständlich ist, daß die stärkeren Glieder den schwächeren Unterstützung und Hilfe gewähren, in dem aber Christus allein Haupt ist und bleibt, dem auch allein Anbetung und göttliche Verehrung zukommt. Nur wo das sichergestellt ist – und zwar nicht nur in der intellektuellen Erkenntnis, sondern in der immer neuen Ausrichtung des Glaubens –, kann man ohne in Götzendienst zu verfallen die Engel anrufen, wie das beispielsweise in einem Tropar aus dem Triodion des Joseph in der zweiten Fastenwoche geschieht[15]:

„Ihr Engel, Mächte, Fürstentümer,
Erzengel, Herrschaften, Throne,
Gewalten, Cherubim und Seraphim,
flehet zu Gott, dem Spender des Guten,
Er möge uns der Schulden Vergebung schenken
und Befreiung von den Leidenschaften!“

FRAGE 16: Gott als Schöpfer der sichtbaren und unsichtbaren Wesen der Welt ist auch Schöpfer der Menschen. Was lehren die orthodoxen Väter in bezug auf die Erschaffung der Menschheit?

ANTWORT: Die orthodoxen Väter gehen bei ihrer Lehre vom Menschen aus von dem Vers der Schöpfungsgeschichte (Gen 1,26): „Und Gott sprach: ‚Lasset uns Menschen machen gemäß unserem Bilde und Ähnlichkeit‘ ...“. Die Aussage in der Mehrzahl: ‚Lasset uns ...‘ wird von den frühchristlichen Exegeten gedeutet auf die drei Hypostasen Gottes, die auch in bezug auf die Erschaffung des Menschen zusammenwirken. Wichtig ist aber in der Väterlehre insbesondere die Auslegung der beiden Begriffe ‚Bild' (gr. eikon = Ikone; lat. imago) und ‚Ähnlichkeit' (gr. homoiosis; lat. similitudo). Hier wird von den meisten griechischen Vätern eine charakteristische Unterscheidung getroffen: Der Mensch ist Bild, oder besser ‚Abbild' (nicht ‚Ebenbild' = Gleichbild, dieser Begriff kommt streng genommen nur Christus zu) durch sein Vermögen, aufrecht zu gehen und mit Hilfe seiner Vernunft sich die Natur dienstbar zu machen. Die Ähnlichkeit des Menschen mit Gott dagegen bezeichnet seine Bestimmung, durch ein stetes geistiges Wachsen in der Gottesnähe am Ende Anteil zu erhalten an Gottes Güte, Lichthaftigkeit und Macht, d.h. an Seiner Herrlichkeit (doxa), und so in freie innere Übereinstimmung mit Ihm zu gelangen. Nach dieser Vorstellung ist also Adam vor dem Sündenfall noch nicht ein vollkommener, reifer Mensch, sondern gleichsam ein Kind, das sein volles Menschsein erst im Wachsen verwirklicht.

Biblische Begründung: Gen 1,26–27 (LXX[16]); Ps 8,5–10.

FRAGE 17: Was bedeutet es, daß nach orthodoxer Lehre der Mensch im Urstand die ‚Ähnlichkeit' mit Gott nicht als Besitz, sondern als Zukunft und Ziel vor sich hat?

ANTWORT: Gott vergewaltigt den Menschen nicht zu seinem Heil, sondern erwählt ihn zu Seinem Mitarbeiter, indem Er ihm die Freiheit gewährt, durch steten Umgang mit Ihm in eigener Zustimmung zu werden, der er sein soll: der vollkommene Mensch, der an Gottes Lichthaftigkeit, Macht und Güte voll Anteil hat. Das ist die ‚Theosis', die nach orthodoxer Lehre das Ziel der menschlichen Bestimmung ist. ‚Theosis' kann man übersetzen mit ‚Vergöttlichung', sofern man darunter das Anteilbekommen an der Herrlichkeit (doxa) Gottes, nicht aber am Wesen (usia) oder der Natur (physis[17]) Gottes versteht. Denn dieser Unterschied muß beachtet werden: Nach orthodoxer Lehre bleibt Gott immer Schöpfer und der Mensch Geschöpf. Dieser unendliche qualitative Unterschied wird im Gegensatz zu manchen Repräsentanten der westlichen Mystik niemals aufgehoben. Es ist daher angemessener, den Begriff ‚Theosis' anstelle einer wörtlichen Übersetzung zu umschreiben als ‚Vollendung des wahren Menschseins'. Niemals aber sollte man von ‚Vergottung' sprechen, da dieser Begriff in unseren Ohren das Mißverständnis hervorruft, als ginge es wie in der westlichen Mystik um ein Einswerden mit der göttlichen Natur.

Biblische Begründung: Lev 19,2; Mt 5,48; Mk 9,1–13;
Rm 5,1–2; 8,17–18; Kol 1,15–27.

FRAGE 18: Was bedeutet der Sündenfall Adams im Blick auf die Verwirklichung der Theosis?

ANTWORT: Der Sündenfall hat nicht nur Adams Abbildlichkeit verletzt und verfinstert. Er hat diesem vor allem auch die Gottesnähe entzogen und ihn auf sich selbst zurückgeworfen. Das hat zur Folge, daß der Mensch von nun an seine Bestimmung, die Theosis, nicht mehr verwirklichen kann; er mag sich abmühen, wie er will.

Biblische Begründung: Gen 3,1–24; Rm 3,10–20; Rm 5,12.

FRAGE 19: Was besagt der Sündenfall der ersten Menschen, wie er in der Heiligen Schrift erzählt wird, für unser Sündersein vor Gott?

ANTWORT: Die Heilige Schrift greift mit der Erzählung von Adam und Eva und ihrer Vertreibung aus dem Paradies nicht ein historisches Ereignis auf. Sie stellt vielmehr in einer Bilderzählung einen Grundsachverhalt dar, der alle Menschen aller Zeiten hier auf Erden betrifft. In dieser Bilderzählung wird der Wahrheit Ausdruck verliehen, daß jeder Mensch – wann immer er sich seiner bewußt wird –, vor Gott als Sünder dasteht und sich in der Finsternis der Gottesferne vorfindet. Dabei weiß er, daß die Ursache dieser Gottesferne nicht Gott, sondern er selbst ist, da er mit Willen etwas nach- und mitvollzieht, in das hinein er geboren ist. Ebendies wird mit dem Begriff der ‚Erbsünde' bezeichnet. Die Erbsünde ist die menschliche Situation der Gottesferne, verbunden mit der fortwährenden Bereitschaft, in dieser Gottesferne sich selbst zu bestimmen und zu verwirklichen, was immer ein Tun gegen die Liebe zu Gott und zum Mitmenschen bedingt.

Biblische Begründung: Ps 50(51),5–7; Rm 1,18–32; 2,1.17–29.

FRAGE 20: Heißt das, daß die ‚Selbstverwirklichung', wie sie vom modernen Menschen als Lebensziel propagiert wird, letztlich Sünde ist?

ANTWORT: Ja, das heißt es. ‚Selbstverwirklichung' ist das Gegenteil von dem, was die Theosis erstrebt. Die ‚Selbstverwirklichung' setzt als Ziel die Autonomie des Menschen; die Theosis dagegen will das Leben des Menschen im Licht Gottes und damit die Heiligung des Menschen in steter Abhängigkeit von Gott und in Unterwerfung unter Seinen Willen der Liebe.

Biblische Begründung: Rm 6,12–20; 1 Th 4,3; 1 Petr 1,14–16.

FRAGE 21: Was ist Sünde?

ANTWORT: Sünde ist die Grundbefindlichkeit der Gottesferne, in der das göttliche Licht nicht mehr wahrgenommen wird. Dies aktualisiert sich im Handeln gegen Gottes Willen und Ordnungen, die recht verstanden lebenerhaltende Funktion haben. Gottes Wille und Ordnungen sind vom Herrn Selbst im Doppelgebot der Liebe zusammengefaßt worden: „Liebe Gott von ganzem Herzen und deinen Nächsten wie dich selbst!" Sünde ist also Mangel an Gottes-, Nächsten- und Selbstliebe.

Biblische Begründung: Mk 12,28–34.

HALTE FEST: Die lebenerhaltende Funktion des Gesetzes und der Ordnungen Gottes haben wir vor Augen, wenn wir in der Kleinen Doxologie beten:

„Gesegnet bist Du, Herr,
lehre mich Deine Ordnungen!
Gesegnet bist Du, Gebieter,
unterweise mich in Deinen Ordnungen!
Gesegnet bist Du, o Heiliger,
erleuchte mich durch Deine Ordnungen!"

FRAGE 22: Was kennzeichnet nach orthodoxer Lehre die Sünde in ihrer individuellen Dimension?

ANTWORT: Wer im Tun oder Lassen, in Gedanken, Worten oder Gefühlen gegen die Liebe zu Gott, zum Nächsten und zu sich selbst verstößt, wird persönlich schuldig, auch wenn er sich dessen nicht bewußt sein sollte. Es gibt also nach orthodoxem Verständnis auch Sündenschuld, wo das Sündenbewußtsein fehlt.

Biblische Begründung: Rm 2,12–16; 1 Kor 13,1–13.

HALTE FEST: Wir beten daher im täglichen Sündenbekenntnis:

„Laß nach, vergib, verzeihe, o Gott, meine Verfehlungen,
die freiwilligen und unfreiwilligen, in Taten oder Worten,
bewußt oder unbewußt,
am Tag oder in der Nacht,
in Gedanken oder Gefühlen,
verzeihe alles,
denn Du bist gut und menschenliebend!“

FRAGE 23: Hat die Sünde neben der individuellen auch eine soziale Dimension?

ANTWORT: Ja, das hat sie. Das Sündenverständnis der Heiligen Schrift und der Tradition der Kirche ist unserem vorwiegend individualistischen neuzeitlichen Sündenverständnis insofern überlegen, als es durch das Reden von der Sünde Adams darauf hinweist, daß die Verführung zur Sünde in der jeweils gegebenen Situation des Menschseins selbst mitbegründet ist. Allerdings ist sie das nicht dergestalt, daß der einzelne Mensch seine Sünde nicht als persönliche Schuld sich anrechnen müßte. Man kann also nicht den sozialen gegen den individuellen Aspekt der Sünde ins Feld führen und damit die Verantwortlichkeit für die Sünde von sich schieben. So wird man von der Sünde nicht frei, sondern gerät durch die Selbstbehauptung nur tiefer in sie hinein. Vielmehr muß das Wissen um die soziale Dimension der Sünde den Blick dafür schärfen, daß die von Gott geforderte Liebe sich nicht beschränken läßt auf den personalen Bereich menschlichen Zusammenlebens, sondern ebenso beansprucht, verbindliche Norm für alle gesellschaftlichen und politischen Ordnungen der Menschen zu sein. Dies muß heute mehr als früher betont werden, weil heute der einzelne Christ mehr und bewußter als früher in der Lage ist, Einfluß zu nehmen auf die gesellschaftlichen und politischen Ordnungen seiner Zeit.

Biblische Begründung: Rm 5,12–21; Mt 19,23–26; Mt 23,13–39.

FRAGE 24: Hat die Sünde neben der individuellen und der sozialen auch noch eine weitergreifende kosmische Dimension?

ANTWORT: Ja. Diese wird vom Apostel Paulus angesprochen, wenn er ausführt, daß wie der Mensch, so auch die übrige Schöpfung seufzt und sich ängstigt auf die Erlösung hin. Und die kirchliche Festtradition anläßlich der Wasserweihe an Theophanien macht deutlich, daß die Natur seit dem Sündenfall ambivalenten Charakter trägt und darum die göttliche Heiligung und Segnung benötigt, um heilsam und nicht zerstörerisch zu wirken. Schließlich macht die frühkirchliche Legende vom Ungehorsam und Fall Luzifers[18] und seiner Engel im Bilde deutlich, daß das Böse, das den Menschen bedrängt, selbst eine kosmische Dimension hat. In ähnlicher Weise ist auch das biblische und altkirchliche Reden von Dämonen, die die Wüste bewohnen und oft in Menschen oder Tiere fahren, ein bildlicher Ausdruck für die zerstörerischen Kräfte in der von Gott abgefallenen Schöpfung, die sich auch der Menschen bemächtigen können, wo diese nicht in Gottes Liebe geborgen sind.

Biblische Begründung: Rm 8,19–22; Lk 8,26–39; 11,24–26.

FRAGE 25: Hat das Wissen um die kosmische Dimension der Sünde eine Bedeutung für unser immer problematischer werdendes Verhältnis zu unserer natürlichen Umwelt?

ANTWORT: Gewiß. Das Wissen um die kosmische Dimension der Sünde bringt uns zu der Einsicht, daß unser Ungehorsam gegen Gottes Liebesgebot nicht nur unser Heil und Leben bedroht, sondern Heil und Leben der ganzen Schöpfung. Wir bekommen so vor Augen geführt, daß wir, Menschen, Verantwortung nicht nur für uns selbst, sondern auch für die uns umgebende Natur tragen. Wir erkennen, daß, so wie wir selbst, auch die Natur in unserer Mitwelt von unserer Gottesferne zerstört wird und nur in

Christus Anfang und Ende ihrer Heilung finden kann. Gerade diese Erkenntnis aber kann uns von der Angst vor drohenden Katastrophen bewahren. Denn auch selbstverschuldete Katastrophen vermögen weder uns noch die übrige Schöpfung aus den Händen Gottes zu reißen.

Biblische Begründung: Rm 8,23–29.

FRAGE 26: Wie kann die Sünde in ihrer individuellen, sozialen und kosmischen Dimension überwunden werden?

ANTWORT: Nicht aus uns selbst. Wir können, einmal in die Sünde verstrickt, durch eigene Anstrengungen nur tiefer ins Sündigen hineingeraten, da wir unsere Selbstsucht und unsere Lieblosigkeit nicht einfach wie ein Kleid abzulegen vermögen! Nur wo Gott Selbst, der in Jesus Christus um unseretwillen Mensch geworden ist, uns einen neuen Anfang gibt, bekommen unsere Anstrengungen neu Sinn und wird die Theosis neu ermöglicht als ein Geschenk der Gnade Gottes zum Heil für uns und unsere Mitwelt.

Biblische Begründung: Rm 3,19–20; Joh 3,16–19;
Phil 2,12–13.

FRAGE 27: Was können wir, die wir in Sünden gefangen sind, tun, daß uns der neue Anfang aus Gottes Gnade zuteil wird?

ANTWORT: Wir können Gott bitten um wahrhafte Buße, Vergebung der Sünden und Erneuerung durch den Heiligen Geist, und wir können die nächste Gelegenheit wahrnehmen, durch die Taufe oder das Bußsakrament und die Teilnahme an der Eucharistie und den Empfang des Leibes und Blutes Christi uns einen Neuanfang schenken zu lassen.

Biblische Begründung: Lk 11,9–13; Apg 2,38–39.

HALTE FEST: Mit Bezug auf Mt 22,1–14 beten wir am Abend vor der Kommunion das Tropar:

„Wie soll ich, Unwürdiger,
in den Glanz Deines Heiligtums eintreten?
Wage ich es, in das Brautgemach mich zu begeben,

so wird mich mein Kleid verklagen,
denn es ist kein hochzeitliches,
und ich werde von den Engeln gebunden
und hinausgeworfen.
Herr, reinige alle Befleckungen meiner Seele
und erlöse mich, Du Menschenliebender!"

FRAGE 28: Was lehrt die Orthodoxe Kirche in bezug auf die Freiheit des menschlichen Willens und in bezug auf seine Fähigkeit, aus der Sünde heraus zu Gott zu finden?

ANTWORT: Die Freiheit des menschlichen Willens ist nach orthodoxem Verständnis nicht gleichzusetzen mit seinem Vermögen, aus der Sünde heraus in eigener Anstrengung und Kraft zu Gott zurückzufinden. Nach orthodoxer Auffassung hat auch der sündige Mensch insofern einen freien Willen, als er einerseits sich in manchen Situationen für das Gute und gegen das Böse entscheiden kann, andererseits aber auch von Gott immer wieder Gelegenheit erhält, mit seinem Willen einzustimmen in die Führung Gottes und gehorsam zu werden wie Maria angesichts der Botschaft des Engels. Diese Freiheit des Willens besagt nach orthodoxem Verständnis aber nicht, daß der Sünder aus eigenem Entschluß und aufgrund seiner naturgegebenen Fähigkeiten, den Weg aus der Sünde heraus zu Gott gehen könnte, wie einst die Pelagianer[19] lehrten. Wäre dies möglich, so hätte der Mensch zu seinem Heil letztlich weder Christi Opfertod noch die sakramentale Heilsvermittlung durch Taufe, Buße und Teilnahme am allreinen Leib und kostbaren Blut des Herrn in Eucharistie und Kommunion nötig. Vielmehr bedarf gerade der freie Wille des sündigen Menschen der göttlichen Gnade und der Kraft des Heiligen Geistes, damit ihm die Freiheit nicht zum Verderben gereicht, sondern heilsam wird. Denn Gott allein kann die verlorene Gemeinschaft zwischen Ihm und dem Sünder wieder herstellen, ohne welche dem Menschen alle Freiheit seines Willens nichts hilft. Denn es gilt das Wort des Apostels Paulus an die Philipper für alle, die sich einfinden auf dem Weg zur Theosis: „Gott ist es, der in euch wirkt beides, das Wollen und das Vollbringen, gemäß seinem Wohlgefallen" (Phil 2,13).

Biblische Begründung: Phil 2,12–13; Rm 8,26–30.

FRAGE 29: Zur Erschaffung des Menschen gehört nach orthodoxer Lehre auch seine Erschaffung als Mann oder Frau. Wie ist die geschlechtliche Verschiedenheit der Menschen zu interpretieren?

ANTWORT: Während bei den Vätern der lateinischen Kirche, wie z.B. Augustinus und Thomas von Aquin, die Frau infolge ihres stärkeren Verhaftetseins an die Leiblichkeit kein so vollwertiges Abbild Gottes darstellt wie der Mann, sind nach orthodoxer Auffassung Mann und Frau als Abbild und Ähnlichkeit Gottes gleichwertig, und zwar nicht nur im Blick auf den Urstand, sondern auch auf ihre Erlösung.[20] Darum sagt auch Paulus in bezug auf die in Christus Erlösten: „Denn ihr alle seid Söhne Gottes durch den Glauben an Christus Jesus. Denn ihr alle, die ihr in Christus getauft seid, habt Christus angezogen. Da ist nicht Jude noch Grieche, da ist nicht Sklave noch Freier, da ist nicht Mann noch Frau; denn ihr alle seid einer in Christus." Wie hier auch der Frau das Sohnsein und damit Mündigkeit vor Gott zugestanden wird, so spiegelt nach orthodoxer Tradition auch der Mann in seiner Seele Eva und Maria, die verführte Verführerin und die gehorsame Gottesgebärerin, ab. Beide, Mann und Frau, haben also in gleicher Weise Anteil an Adam und Eva, an Christus und der Gottesgebärerin, trotz ihrer naturbedingten Verschiedenartigkeit. Die Orthodoxe Kirche hat sich deshalb auch immer gegen die Leibfeindlichkeit des Gnostizismus gewandt, durch die sich in frühchristlicher Zeit eine Verachtung der Frau zusammen mit einer Verachtung der Menschwerdung Christi aus der Gottesgebärerin auch in gewisse kirchliche Kreise eingeschlichen hat.[21] Darum ist nach orthodoxer Auffassung die geschlechtliche Verschiedenheit zwischen Mann und Frau nicht als Verschiedenwertigkeit, sondern als Verschiedenartigkeit zu verstehen. Der Sinn dieser Verschiedenartigkeit ist, die Verbundenheit in Liebe zwischen den Menschen zu festigen, nicht aber Herrschaft über einander und gegen einander zu errichten. Denn nach Gottes Schöpfungsordnung soll der Mensch über Pflanzen und Tiere herrschen; Mann und Frau dagegen sollen sich in Liebe zugetan sein und ergänzen.

Biblische Begründung: Gen 1,26–28; Gen 2,18–25; Gal 3,26–28.

FRAGE 30: Wie kommt es dann, daß gerade auch in der Orthodoxen Kirche von einer Gleichberechtigung von Mann und Frau in bezug auf die kirchlichen Ämter nicht die Rede sein kann?

ANTWORT: Zunächst muß man sich klarmachen, daß nach orthodoxer Auffassung das kirchliche Amt zu den Gnadengaben im Leibe Christi (den Charismata) gehört, nicht zu den natürlichen, schöpfungsmäßigen Lebensäußerungen des Menschen. Daher kann es keinen Rechtsanspruch auf ein kirchliches Amt geben, zumal das Amt nicht Herrschaft, sondern Dienst beinhaltet. Mag nun auch in manchen Fällen die Unterdrückung der Frauen durch die Männer von der kirchlichen Hierarchie begünstigt worden sein, so wird das dahinterstehende mißbräuchliche Amtsverständnis nicht dadurch korrigiert, daß Frauen sich der kirchlichen Ämter bemächtigen, um damit ihre Gleichberechtigung zu realisieren oder zu dokumentieren. Wer auf diese Weise, d.h. um sich selbst zu bestätigen, nach einem kirchlichen Amte greift oder ein solches annimmt, ist von vornherein nicht dazu geeignet, d.h. unwürdig (anaxios). Das gilt im übrigen für Männer und Frauen. Andererseits ist zuzugestehen, daß in der Alten Kirche im gottesdienstlichen Leben die Frauen oftmals auch öffentlich eine vielfältigere Rolle gespielt haben als heute, so daß sie beispielsweise nicht nur als geweihte Witwen und Jungfrauen, sondern auch als Diakonissen und Prophetinnen dienten, allerdings – soviel wir wissen – nicht als Priesterinnen. Ob von diesen Ämtern in Zukunft wieder das eine oder andere zu neuem Leben erweckt werden wird oder gar neue hinzukommen, ist eine Frage danach, ob die Gemeinden dessen bedürfen und ob solche Ämter aus theologisch legitimen Gründen wünschbar sind. Das Bischofs- und Priesteramt hat in der Orthodoxen Kirche in bewußtem Gegensatz zu heidnischen Kulten der Antike und häretischen Strömungen wohl nie eine Frau inne gehabt. Die Abgrenzung gegen heidnische Kulte, die mit Sexualität vermischt waren, ist also einer der wesentlichen Gründe dafür, daß der öffentliche Gottesdienst der frühen Christenheit die Dienste der Frau als Priesterinnen nicht zuließ. Ein anderer Grund war die Analogie zur jüdischen und römischen Familie, wo der pater familias die häusliche Gemeinschaft rechtlich repräsentierte. Da die Christen sich als familia Dei verstanden, übernahm beim Gottesdienst ein von dem Gemeindegründer (Apostel) eingesetzter Presbyter (Ältester) oder Episkopos (Aufseher) den Vorsitz. Dies wurde vor allem wichtig, als gnostizistische Häresien die Einheit der Gemeinden zu zerreißen drohten. Die hierarchischen Strukturen der Kirche sind daher auch historisch bedingt. Doch muß man sich auch hier vergegenwärtigen, daß die hierarchischen Ämter nicht aufgrund einer Delegation von besonderen Funktionen aus dem allgemeinen Priestertum des Volkes Gottes entstanden sind, sondern in Wahrnehmung einer speziellen Berufung in der Amtsnachfolge von Bischöfen, die durch Apostel eingesetzt wurden. Denn das bischöfliche Amt ist nicht primär vom allgemeinen Priestertum herzuleiten, sondern von der besonderen Berufung der Apostel durch Christus selbst. Zudem kann man nach orthodoxer Auffassung die historisch gewachsene Organisation der Kirche und ihrer Gottesdienste nicht einfach auswechseln wie ein aus der Mode gekommenes Kleid. Gott ist nicht nur der Herr und Schöpfer der Natur, sondern auch der Geschichte. Damit sind geschichtliche Strukturen zwar nicht schlechterdings unwandelbar, aber – sofern sie wesentliche Dinge betreffen – nur durch einen Konsens der ganzen Kirche im Heiligen Geist zu verändern. Für eine solche Änderung bedürfte es also eines panorthodoxen Konzils, das als solches nicht nur einberufen, sondern auch von den orthodoxen Gläubigen der ganzen Ökumene rezipiert werden müßte. In bezug auf eine Zulassung von Frauen zum Priester- oder Bischofsamt ist ein positiver Konsens in der Orthodoxen Kirche nicht in Sicht, vielmehr scheint man weithin darin übereinzustimmen, daß es für eine solche Neuerung keine theologisch legitimen schwerwiegenden Gründe gibt. Die orthodoxen Frauen in ihrer überwiegenden Mehrzahl streben eine solche Neuerung auch nicht an. In einigen Gemeinden dringen aber seit einigen Jahren Frauen und Männer darauf, daß in den vorgegebenen kirchlichen Strukturen die unapostolischen judaisierenden Vorstellungen von der Unreinheit der Frau in kultischer Hinsicht und die damit verbundenen diskriminierenden paraliturgischen Bräuche, die sich in die Kirche eingeschlichen haben, aufgegeben werden, sofern diese Bräuche die Frauen als minderwertig erscheinen lassen und so mit dem Wort des Apostels in Widerspruch stehen: „Nachdem aber der Glaube gekommen ist, sind wir nicht mehr unter einem Zuchtmeister. Denn ihr alle seid Söhne Gottes durch den Glauben in Christus Jesus ... Da ist nicht Jude noch Grieche, da ist nicht Sklave noch Freier, da ist nicht Mann noch Frau; denn ihr alle seid einer in Christus Jesus“ (Gal 3,25–28).[22]

> Biblische Begründung: Apg 21,8–9; 1 Kor 7,25–38; 11,2–16; 1 Tim 3,1–7; 5,3–16.

III JESUS CHRISTUS UND UNSERE ERLÖSUNG

WIR BEKENNEN:

„Ich glaube ... an den einen Herrn Jesus Christus, den Einziggeborenen, den aus dem Vater Gezeugten vor allen Äonen, Licht vom Lichte, wahrer Gott vom wahren Gott, gezeugt, nicht geschaffen, eines Wesens mit dem Vater; durch Ihn ist alles erschaffen; der für uns Menschen und um unseres Heiles willen von den Himmeln herniedergestiegen ist und Fleisch angenommen hat aus dem Heiligen Geiste und Maria, der Jungfrau, und Mensch geworden ist; der für uns gekreuzigt worden ist unter Pontius Pilatus, gelitten hat und begraben worden ist; und auferstanden ist am dritten Tag gemäß den Schriften; und aufgefahren ist in die Himmel und sitzet zur Rechten des Vaters; und wiederkommen wird in Herrlichkeit, zu richten die Lebenden und die Toten; dessen Reiches kein Ende sein wird."

FRAGE 31: Was besagt und bedeutet der Name ,Christus'?

ANTWORT: ,Christus' ist ursprünglich nicht ein Name, sondern ein Titel, ein sog. ,Hoheitstitel' und heißt: der ,Messias', der ,Gesalbte'. Gesalbt wurden im Alten Israel Priester und Könige, also Aaron und seine Söhne zu Priestern, zu Königen Saul, David, Salomo und die nachfolgenden Herrscher über Juda und Israel bis zur Zerstörung Jerusalems durch die Babylonier 586 v. Chr. und der damit verbundenen Wegführung der Vornehmen aus dem jüdischen Volk ins Exil. In der Babylonischen Gefangenschaft nun verbreitete sich durch Prophetenworte die Hoffnung auf das Kommen eines ,Gesalbten' (Messias), der das zerstreute Volk sammeln und die Herrschaft Davids wiederherstellen würde. Diese Messiaserwartungen wurden dann unter der Fremdherrschaft der Makedonier, Ägypter, Syrer und Römer im unterdrückten Judenvolk weiter vertieft und verbreitet. Dabei erwarteten die einen diesen ,Gesalbten' als einen nationalen Erneuerer und politischen Anführer im Befreiungskrieg von der Fremdherrschaft. Andere sahen in ihm einen Friedensherrscher über alle Völker, der König und Priester und endzeitlicher Richter zugleich sein und Gottes Gegenwart bei den Menschen wieder herstellen würde. Zur Zeit Jesu findet die politische Messiaserwartung bei den Zeloten (Eiferern, eine nationale Widerstandsbewegung) wachsende Gefolgschaft; die Erwartung des Messias als endzeitlichen Richter und Friedensherrscher aber ist die Hoffnung mancher Stillen im Lande. Von dieser Erwartung spricht auch das Prophetenwort, das nach dem Lukas-Evangelium Jesus in der Synagoge von Nazareth gelesen und ausgelegt hat:

„Der Geist des Herrn ruht auf Mir, da Er Mich gesalbt hat; Er hat Mich gesandt, den Armen frohe Botschaft zu bringen, den Gefangenen Befreiung zu verkünden und den Blinden das Augenlicht, die Zerschlagenen zu befreien und zu entlassen, ein angenehmes Jahr des Herrn zu verkündigen" (Lk 4,18–19; vgl. Jes 61,1–2). Und die Auslegung des Herrn in der Synagoge von Nazareth: „Heute ist dieses Schriftwort erfüllt vor euren Ohren" (Lk 4,21). Aber die Bewohner seiner Vaterstadt wollen davon nichts wissen, so daß Er ihnen sagen muß: „Wahrlich, Ich sage euch, kein Prophet ist willkommen in seinem Vaterland" (Lk 4,24). Der Herr sieht Sich also als ‚Gesalbter' nicht nur in der Reihe der Priester und Könige, sondern auch der Propheten.

Man spricht daher in der Kirche vielfach von einem dreifachen Messiasamt unseres Herrn Jesus Christus[23], nämlich Seinem Amt als Priester, König und Prophet, wobei die Vorstellung die ist, daß Er Urbild und Vollendung eines jeden dieser Ämter darstellt.

Das Priesteramt hat Jesus Christus dadurch zur Vollendung gebracht, daß Er Sich Selbst für ‚alle' (Rm 8,32) aufopferte. Sein Priesteramt ist also Selbsthingabe. Außerdem sprengt es die Grenzen des jüdischen Erwählungsglaubens; es ist universal, gibt also allen, ohne Rücksicht auf Geburt und Rasse, Anteil an Seinem Opfer, sofern sie in der Gemeinschaft des Heiligen Geistes mit Ihm verbunden sind.

Das Königtum hat in Christus seine endgültige und vollkommene Gestalt erreicht, da Er nach Seiner Auferstehung und Himmelfahrt Sich darstellt als Allherrscher (Pantokrator), „damit in dem Namen Jesu sich beuge jedes Knie derer, die im Himmel und auf Erden und unter der Erde sind, und jede Zunge bekenne, Herr ist Jesus Christus in der Herrlichkeit Gottes, des Vaters" (Phil 2,10–11). Das aber bedeutet: Auch die Herrschaft Christi sprengt die Grenzen der jüdischen Erwartung; auch sie ist universal und ohne Ende. Dies gilt schon heute, obwohl sie bis zu Christi Wiederkunft in Herrlichkeit der Welt verborgen bleibt und der Kirche nur im Glauben einsichtig ist.

Das Prophetentum Jesu Christi schließlich bringt alle göttlichen Verheißungen zum Ziel und zur Erfüllung, da Christus Selbst das Wort ist und gibt, was Er zusagt. Daher sind Seine Verheißungen nicht leere Worte, die erst noch erfüllt werden müßten. Sie sind vielmehr das Gnadengeschenk der Selbsthingabe Christi an uns, die wir Sein Volk und Sein Leib sind durch unsere Taufe. Sein Prophetenamt ist daher die Verkündigung Seines Evangeliums in Vollmacht, d.h. so, daß wir durch dieses Wort genesen von unseren Schwachheiten, Krankheiten und Sünden.

Biblische Begründung: Ex 28,41; 30,30; 1 Kön 10,1; 16,12–13; 3 Kön 1,39; Lk 4,14–30; Mk 14,22–24; Hebr 7,1–10,18; Phil 2,9–11; 1 Th 4,16–17; Mt 7,29; 11,1–6; Mk 2,1–12.

FRAGE 32: Für Jesus Christus sind in der Heiligen Schrift und der kirchlichen Tradition aber noch andere Hoheitstitel gebräuchlich, vornehmlich: ‚Menschensohn', ‚Sohn Gottes', ‚Davidssohn', ‚Herr', ‚Gebieter'. Woher kommen diese Titel, und was besagen sie auf Jesus Christus bezogen?

ANTWORT: Der Titel *Menschensohn* hat seinen Ursprung in der Vision aus Dan 7,13, wo dem Seher in den Wolken des Himmels einer erscheint, „der einem Menschen glich". Diesem wurde „Macht und Ehre und Reich verliehen", „daß die Völker aller Zungen und Nationen Ihm dienten" (Dan 7,14). ‚Menschensohn' meint im ursprünglichen Textzusammenhang der genannten Danielstelle schlicht ‚Mensch'. Im Neuen Testament begegnet dieser semitische Ausdruck für ein Individuum aus der Gattung Mensch jedoch als verhüllter Messiastitel, der zur festen Bezeichnung für den in den Wolken des Himmels kommenden endzeitlichen Herrscher und Richter geworden ist. Ob Jesus Christus Selbst den Begriff ‚Menschensohn' in diesem Sinne gebraucht und auf Sich bezogen hat oder erst die Jünger nach Seiner Himmelfahrt, ist in der neutestamentlichen Forschung umstritten. Die im antignostischen Kampf stehenden orthodoxen Väter des 2./3. Jahrhunderts erinnerte dieser biblische Ausdruck dann vor allem daran, daß in Jesus Christus der ‚wahre Mensch' erschienen ist. Sie sprechen vom ‚Menschensohn' darum besonders gerne mit Bezug auf die Geburt des Herrn aus Seiner menschlichen Mutter, der Jungfrau Maria. Wir werden heute beim Gebrauch des Titels uns zu vergegenwärtigen haben, daß der ersten Ankunft Christi im Fleische, durch die Er aus der Jungfrau Maria die menschliche Natur angenommen hat, Seine zweite Ankunft in Herrlichkeit folgen wird.

Der Titel *Sohn Gottes* stammt aus der altorientalischen Vorstellungswelt, wo der König in seiner Thronerhebung als ‚Sohn Gottes' gefeiert wurde. In

Analogie zu altorientalischen Thronerhebungsformularen heißt es in Ps 2,7–8:

> „Kundtun will ich den Beschluß des Herrn: Er sprach zu mir:
> Mein Sohn bist du; heute habe Ich dich gezeuget!
> Heische von Mir, so gebe Ich dir Völker zum Erbe,
> die Enden der Erde zum Eigentum!“

Diese Psalmstelle wurde in die Erzählung der Evangelien von Taufe und Verklärung Jesu aufgenommen, und so verbreitete sich der Titel ‚Sohn Gottes‘ für Jesus Christus im frühsten Christentum. Der Titel bezeichnet Christus zunächst einfach als endzeitlichen Herrscher, in dessen Herrschaft Gott Selbst gegenwärtig ist. Dabei wird für orientalische Ohren jedoch zugleich die göttliche Abstammung betont und damit die durch die Sohnschaft bedingte ‚Wesensgleichheit von Vater und Sohn‘ ausgesagt. ‚Sohn-Gottes-Sein‘ heißt in diesem Zusammenhang also ‚Gott-Sein‘. Das bedeutet: Der Gottessohntitel bezeichnet Jesus Christus als Gott.

Davidssohn ist zunächst Titel für den, der das königliche Erbe Davids antritt und dessen Reich wiederherstellt. Doch dem im Stammesdenken verwurzelten Judenchristentum war unzweifelhaft, daß dieser ersehnte Thronerbe selbst dem Stamme Davids entsprossen sein mußte, zumal ein Prophetenwort dies deutlich kundtat:

> „Ein Reis wird hervorgehen aus dem Stumpf Isais,
> und ein Schoß aus seiner Wurzel hervorwachsen.
> Auf ihm wird ruhen der Geist des Herrn,
> der Geist der Weisheit und der Einsicht,
> der Geist des Rates und der Stärke,
> der Geist der Erkenntnis und der Furcht des Herrn“
> (Jes 11,1–2).

Mk 12,35–37 macht im Rückgriff auf Psalm 109 (110),1 deutlich, daß die Davidssohnschaft Jesu Christi nicht so zu interpretieren ist, daß dadurch Sein göttliches Herrsein ausgeschlossen wird: Christus ist als Davids Sohn zugleich sein Herr, wie dieser Psalm selbst bezeugt. Uns weist der Titel ‚Davidssohn‘ hin auf die konkrete geschichtliche Verwurzelung unseres Erlösers und Gottes Jesus Christus. Sie läßt uns nie vergessen, daß Er Seiner menschlichen Herkunft nach Jude war und daß aller Judenhaß Ihn mittrifft.

Herr ist in den Evangelien und in der Kirche die gebräuchlichste Anrede gegenüber Jesus Christus. Wenn man sie recht verstehen will, muß man sich vor Augen halten, daß dieser Titel viel voller und schwergewichtiger zu nehmen ist als ein ‚Herr‘ in unserem täglichen Sprachgebrauch. Denn, wer in der Antike jemanden als ‚Kyrios‘ (Herr) anspricht, der anerkennt damit auch die Herrschaft dessen, dem er diesen Titel zuerkennt. In diesem

Sinne verehrt die heidnische Umwelt Gottheiten ebenso wie den römischen Kaiser mit dem Titel ‚Kyrios'. Das hellenistische Judentum aber hat in der Septuaginta, der zunächst für Juden und Christen maßgeblichen Übersetzung des Alten Testaments, den Gottesnamen meist mit ‚Kyrios' übertragen. Wenn also Jesus Christus von den Gläubigen als ‚Herr' angerufen wird (1 Kor 16,22), dann tut man das im Wissen darum, daß Gott allein ‚Herr' ist und genannt werden darf. Das aber bedeutet: Jesus Christus ist Gott; Er ist es in der Einheit mit dem Vater (Joh 10,30). Die Formel „Kyrios Jesus Christos" (Herr ist Jesus Christus) ist daher als Grundbekenntnis des christlichen Glaubens (Phil 2,11) zugleich ein Bekennen und Anerkennen der göttlichen Herrschaft Jesu und damit gleichsam ein bedingungsloses ‚Sich-Ihm-zu-Füßen-Werfen'. Wer das tut, wird von Ihm in Besitz genommen. Darum sagt der Apostel Paulus 1 Kor 12,3: „... niemand kann sagen ‚Kyrios Jesus' außer im Heiligen Geiste". Für uns heißt das: Wir müssen uns bewußt sein, daß, immer wenn wir in Wahrheit Christus als Kyrios anrufen, wir das nicht anders tun können, als indem wir uns Ihm ganz und gar, mit Leib und Seele und Geist überantworten.

Gebieter (Despotis) ist in der Septuaginta ein Synonym zu ‚Kyrios'. Schon im Neuen Testament (Lk 2,29; Apg 4,24), dann aber vor allem in der Tradition der byzantinischen Reichskirche findet sich dieser Titel als Gottesprädikat vorwiegend in liturgischen Texten, da er noch eindrücklicher als der Kyriostitel deutlich werden läßt, daß der angesprochene Herr Eigentumsrechte auf den Sprecher geltend macht. Wo wir Jesus Christus so als ‚Gebieter' ansprechen, da müssen wir Ihn auch unseren Gebieter sein lassen, wenn wir uns nicht selbst Lügen strafen wollen.

Biblische Begründung: Dan 7,13–14; Mt 9,6; 16,27–28; 24,30.44; 26,64.
Ps 2,7–8; Mt 3,17; 4,3; 8,29; 16,16; 17,5.
Jes 9,6; 11,1–2; Mt 1,1; 12,23; 21,9; 22,41–46; Rm 1,3.
1 Kor 16,22; Phil 2,11; 1 Kor 12,3; Rm 10,9.12–13.
2 Petr 2,1; Apk 6,10.

FRAGE 33: Was besagt es, daß in unserem Glaubensbekenntnis Christus bekannt wird als der „Einziggeborene, der aus dem Vater Gezeugte vor allen Äonen, Licht vom Lichte, wahrer Gott vom wahren Gott, gezeugt, nicht geschaffen, eines Wesens mit dem Vater"?

ANTWORT: Hier wird mit den Worten der Väter des Ersten Ökumenischen Konzils von Nikäa (325) festgehalten, daß Jesus Christus kein Geschöpf Gottes ist, sondern Gott Selbst, wobei gemäß orientalischem Denken in

Bildern die Wesensgleichheit (das Homousios) von Vater und Sohn zum Ausdruck gebracht wird.[24] Denn so wie der Sohn eines Römers ein Römer ist, so ist der Sohn Gottes Gott.

Biblische Begründung: Joh 1,18; 8,19; 10,30; 14,8–11; 20,28.

FRAGE 34: Wenn Christus nun aber ohne Abstriche Gott ist, kann Er dann zugleich auch wirklich Mensch sein?

ANTWORT: Die Väter des Vierten Ökumenischen Konzils von Chalkedon (451) haben diese Frage klar bejaht. Sie haben gegen Nestorius[25], der Jesu wahres Mensch-Sein auf Kosten Seiner Göttlichkeit zur Geltung bringen wollte, sowie gegen Eutyches[26], dem nur die Gottheit des Herrn wichtig war, festgehalten, Jesus Christus sei als Menschgeborener beides: wahrer Gott und wahrer Mensch in zwei Naturen, die ungetrennt und ungeschieden (gegen Nestorius), unvermischt und unverwandelt (gegen Eutyches) zu einer Person vereint sind. Diese Aussage beinhaltet eine Paradoxie, die der menschlichen Vernunft und Vorstellungskraft widersprüchlich erscheint. Diese Paradoxie ist aber letztlich nichts anderes als das Mysterium der Fleischwerdung Gottes, an dem der christliche Glaube nicht vorbei kommt. Der Versuch freilich, dieses Mysterium in Begriffe zu fassen, führt leicht zu Mißverständnissen; so haben über Jahrhunderte die Nestorianer die chalkedonensische Formel monophysitisch interpretiert und abgelehnt, und die Monophysiten haben dieselbe Formel nestorianisch interpretiert und ebenfalls abgelehnt. Doch für den orthodoxen Glauben hängt alles daran, daß unverrückbar feststeht: In Jesus Christus sind Gott und Mensch so vereint, daß weder die Gottheit abgeschwächt, noch die Menschheit von der Gottheit verschlungen oder ausgelöscht ist. Wäre es anders, unsere Theosis wäre unmöglich. Vielleicht läßt sich dies aber besser in Bildern als in Begriffen deutlich machen. Knapp und klar formuliert ein Troparion aus dem Kanon der hochheiligen Gottesgebärerin diesen Sachverhalt:

„Der jede Gestalt übersteigt,
hat aus der allreinen Jungfrau
unsere menschliche Natur angenommen;
Er wurde Mensch in Gestalt und Wirklichkeit,
ohne Seine Gottheit aufzugeben.“

Biblische Begründung: Phil 2,7; Joh 1,9–14.

FRAGE 35: Ist nicht ein eindrückliches und wirklichkeitsgetreues Bild dieses Sachverhaltes die Ikone der Geburt Jesu Christi aus dem Heiligen Geiste und Maria, der Jungfrau?

ANTWORT: In der Tat, wenn wir an Weihnachten die Geburt Christi feiern, so feiern wir nichts anderes als das Mysterium der wahren Menschheit und der wahren Gottheit unseres Herrn und Erlösers. Ein weiteres Tropar aus dem Kanon der hochheiligen Gottesgebärerin macht uns klar, daß unsere in der Gottesferne erkrankte Natur auf diese Vereinigung von Gott und Mensch angewiesen ist, um wieder heil zu werden[27]:

„Im Schoße der Jungfrau, Gebieter,
hast Du unsere kranke Natur geheilt,
indem Du sie mit Deiner heiligen Gottheit geeint hast,
dem einzig wirksamen Heilmittel,
Du, Wort des Vaters!"

Biblische Begründung: Joh 3,16.

HALTE FEST: Im Eucharistischen Hochgebet der Chrysostomus-Liturgie gedenken wir der göttlichen Menschwerdung und der Selbsthingabe Gottes mit Worten aus Joh 3,16:

„Heilig bist Du und allheilig,
Du und Dein einziggeborener Sohn und Dein Heiliger Geist.
Heilig bist Du und allheilig,
und hoch erhaben ist Deine Herrlichkeit.
So sehr hast Du Deine Welt geliebt,
daß Du Deinen einziggeborenen Sohn dahingabest,
auf daß jeder, der an Ihn glaubt, nicht verloren gehe,
sondern das ewige Leben habe."

FRAGE 36: Bedeutet das nicht, daß Weihnachten in der Orthodoxen Kirche einen deutlich anderen Stimmungsgehalt hat als in den abendländischen Kirchen der Neuzeit?

ANTWORT: Das kann man nur bestätigen. Während die westlichen Kirchen seit dem achtzehnten und neunzehnten Jahrhundert versuchen, diesen Tag mit einem stillen, süßen Lichtzauber zu umgeben, der die rauhe Wirklichkeit hinter einem poetischen Schleier verbergen soll, hat das orthodoxe

Fest der Geburt des Herrn nichts von der milden Romantik an sich. Es ist vielmehr ein Fest, an dem in ganz besonderem Maße Verstand und Vernunft die harten Paradoxien des Glaubens zugemutet werden. Das wird deutlich in jenem Tropar zur Neunten Stunde des Königlichen Stundengebetes am 24. Dezember, wo es heißt:

„Heute wird aus der Jungfrau geboren Er,
der in Seiner Hand die ganze Schöpfung hält! (dreimal)
Wie ein Sterblicher ist in Windeln gewickelt Er,
der Seinem Wesen nach unbegreifbar ist.
In einer Krippe liegt Gott,
der zu Anbeginn die Himmel gründete.
Von Muttermilch nährt sich der,
welcher einst in der Wüste Seinem Volk Manna regnen ließ.
Die Weisen ruft herbei
der Bräutigam der Kirche.
Er nimmt ihre Gaben entgegen,
der Sohn der Jungfrau.
Wir fallen nieder vor Deiner Geburt, Christus! (dreimal)
Laß uns auch Deine heilige Theophanie schauen!“

So kommt im orthodoxen Geburtsfest Christi die umfassende Größe Gottes und Seine unfaßbare Erniedrigung zu uns Menschen ungeschmälert zum Ausdruck.

Biblische Begründung: Lk 1,46–56; 2,1–20.

HALTE FEST: In diesen geistigen Kontext gehört auch das Magnifikat (Lk 1,46–55), das gewöhnlich als Neunte Ode in den Metten gesungen wird und den orthodoxen Gläubigen besonders kostbar ist:

„Hochpreiset meine Seele den Herrn,
und mein Geist frohlocket in Gott, meinem Heiland,

die du geehrter bist als die Cherubim
und unvergleichlich herrlicher als die Seraphim,
die du unversehrt Gott, das Wort, geboren hast,
wahrhafte Gottesgebärerin, dich erheben wir!

Er hat hingesehen auf die Niedrigkeit Seiner Magd;
denn siehe,von nun an
werden mich seligpreisen alle Geschlechter.

Die du geehrter bist ...

Denn Großes hat der Mächtige an mir getan,

und heilig ist Sein Name,
und Seine Barmherzigkeit
währet von Geschlecht zu Geschlecht
über die, so Ihn fürchten.

Die du geehrter bist ...

Er hat Macht geübt mit Seinem Arm;
Er hat zerstreut, die hochmütig sind in ihres Herzens Sinn;

Die du geehrter bist ...

Er hat Gewaltige von den Thronen gestoßen
und Niedrige erhöht.
Hungrige hat Er mit Gütern erfüllt
und Reiche läßt Er leer ausgehen.

Die du geehrter bist ...

Er hat Sich Israels, Seines Knechtes, angenommen,
zu gedenken der Barmherzigkeit,
wie Er geredet hat zu unseren Vätern,
zu Abraham und Seiner Nachkommenschaft, in die Äonen"

FRAGE 37: Auch wenn das orthodoxe Geburtsfest Christi die Menschwerdung Gottes nicht romantisch verkleidet, so benutzt es doch neben historischen Erinnerungen auch poetische Verdichtungen sowie Motive aus Legenden und Märchen, um das Geschehen und seinen Sinn deutlich zu machen. Wird damit nicht die Wahrheit verfälscht und das Erzählte unglaubwürdig?

ANTWORT: Unser eingeschränktes Denken sucht die Wahrheit nur in naturwissenschaftlichen und historischen Fakten. Aber es gibt Wahrheitsmomente, die sich mit Fakten nicht aussagen lassen. Es sind im besonderen die Wahrheiten, die unser geistliches Leben betreffen. Sie sind nur gleichnishaft in Bildern faßbar, wie sie in Metaphern und Gleichniserzählungen, aber auch in Legenden, Märchen und Träumen beheimatet sind. Wer solchen Bildern begegnet, darf sie nicht fragen: „Wann ist das wo und wie geschehen?" Er muß vielmehr die Frage stellen: „Was bedeutet dieses Bild? Worauf weist es hin?" Das heißt: Er darf das Bild nicht historisch auslegen, sondern muß es ‚allegorisch' (gr." etwas anderes sagend") verstehen, denn es geht nicht um vergangene geschichtliche Ereignisse in diesen Bildern, sondern um tiefer liegende geistliche Wahrheiten, die auch uns betreffen und nicht an Zeit und Raum gebunden sind.

In der neueren westlichen Theologie ist die ‚allegorische' oder ‚pneumatische' (geistliche) Auslegung von Schrift und Tradition verpönt. Allein die historische Auslegung gilt und wird anerkannt. Das ist verständlich auf dem Hintergrund der Tatsache, daß durch den beginnenden Individualismus in der westlichen Schultheologie des Mittelalters mit Hilfe der Allegorese jede beliebige Auslegung eines Textes möglich wurde, da die Tradition unverbindlich war und sichere Kriterien für eine richtige Auslegung fehlten. Darum leiteten die humanistischen und reformatorischen Exegeten (Schriftausleger) des 16.Jahrhunderts zu einer streng buchstäblich-historischen Auslegung an. Daraus ist die moderne westliche Bibelwissenschaft entstanden, die einseitig die historisch-kritische Methode der Schriftauslegung pflegt.

Die orthodoxen Gläubigen können diese Einseitigkeit nicht mitvollziehen. Für sie ist die ‚Allegorese', wie sie seit jeher in Synagoge und Kirche geübt wurde, für die Auslegung von Heiliger Schrift und Tradition nach wie vor unverzichtbar. Allerdings überläßt die Orthodoxe Kirche die allegorische Auslegung nicht der subjektiven Willkür, sondern bindet sie streng an die Tradition der Väter. Denn der ‚andere, tiefere Sinn', der bei dieser Auslegung gesucht wird, kann nicht ein beliebiger Sinn sein, sondern ist vielmehr der Sinn, den der Heilige Geist in der Kirche lebendig erhält mittels der ununterbrochenen Verkündigung des Wortes Gottes in der Sukzession (Amtsnachfolge) der Apostel und der großen altkirchlichen Prediger und Lehrer. Darum muß jeder orthodoxe Exeget die Kirchenväter studieren und kennen. Zudem gibt es für den orthodoxen Exegeten Kriterien, an denen er seine ‚allegorische', genau so wie seine ‚buchstäblich-historische' (literale) Auslegung messen muß. Es sind, etwas vereinfacht, deren drei:

1.) Grundsätzliches Kriterium für jede Auslegung ist das Heilsereignis der Menschwerdung Gottes in Jesus Christus, Sein Erdenwandel, Sein Kreuz, Seine Auferstehung, Seine Himmelfahrt, Seine Verheißung der Wiederkunft und Seine Sendung des Heiligen Geistes. Von diesem ‚Christusgeschehen' kann keine Auslegung absehen. Das bedeutet, daß jede Auslegung ‚christologische Auslegung' sein muß. Für vorchristliche, besonders alttestamentliche, Texte besagt das, daß sie wesentlich ‚typologisch' zu verstehen sind. Ein ‚Typos' ist eine Vorabbildung eines noch verborgenen vollkommeneren und größeren Sachverhaltes. Nach Rm 5,14 ist Adam „Typos des Kommenden", nämlich Christi. Nach 1 Kor 10,1–13 sind die Israeliten in der Wüste zu verstehen als Typos des christlichen Gottesvolkes. Die typologische Auslegung des Alten Testamentes ist also seine ‚christologische Auslegung'. Sie wurde in der Kirche von allem Anfang an geübt; und nur weil es sie gab, konnte das Alte Testament zur Heiligen Schrift der jungen Kirche werden.

2.) Mit der Notwendigkeit, jeden Text christologisch auszulegen, ist auch das Kriterium mitgesetzt, bei aller Auslegung das Stehen in der Kirche als dem Leib Christi und dem Volk Gottes mitzubedenken. Jede Auslegung in der Kirche ist also ‚ekklesiologische Auslegung'. Nach Rm 12,6 soll die Auslegung geschehen „nach Maßgabe (Analogie) des Glaubens". Das bedeutet faktisch, daß es gilt, alle Einzelheiten aus dem Ganzen des kirchlichen Glaubens zu verstehen. Denn letztlich sind alle Einzelaussagen nur Beispiele (paradigmata), die das Ziel haben, die Gläubigen zur Ganzheit der Erkenntnis hinaufzuführen (anagogein). So ist die ‚anagogische Auslegung' das exegetische Bemühen, Schrift und Tradition als Hinführung zur Begegnung mit Gott, dem Heiligen Geist, in der Kirche ernst zu nehmen.

3.) Schließlich gilt auch bei aller Auslegung zu bedenken, daß der Hörer von Gottes Wort unablässig zur Buße und zum neuen Wandel im Geiste (Rm 6,4) gerufen wird. Die ‚tropologische Auslegung' (Tropos = Wendung) wendet sich so an den Hörer, daß zur Geltung kommt, daß jeder Text den Hörer in seinem Gewissen vor Gott angeht, seinen freien Willen anspricht und ihn mit Gottes Werk und Willen konfrontiert. Manchmal wird die ‚tropologische Auslegung' auch ‚moralische Auslegung' genannt. Man sollte indes diesen Begriff meiden, da er zu Mißverständnissen führt, als ginge es bei dieser Auslegung bloß um Moral. Das wäre eine Verkürzung des Sachverhaltes, denn es geht um die christliche Existenz des Gläubigen in ihrer Ganzheit.

Wo nun diese drei Kriterien der Auslegung von Schrift und Tradition in der Kirche Geltung haben, braucht man sich vor Motiven aus Märchen und Legenden und vor poetischen Verdichtungen in der kirchlichen Tradition nicht zu fürchten. Man weiß, daß sie nicht historisch, sondern allegorisch auszulegen sind, und es besteht keine Gefahr, von subjektivistischer Willkür irregeleitet zu werden. Daher ist auch in der Orthodoxen Kirche für einen ‚Fundamentalismus' (d.h. buchstäblichen Bibelglauben) kein Raum; wo dieser dennoch anzutreffen ist, beruht er auf Unwissenheit oder westlichem Einfluß und ist als zutiefst unorthodox mit seelsorglicher Sorgfalt aufzulösen.

Biblische Begründung: Gal 4,21–31; 1 Kor 10,1–11; 2 Kor 3,4–18; 6,2; Hebr 4,1–13.

FRAGE 38: Allegorisch auszulegen ist demnach auch das orthodoxe Bild von der Geburt Christi, wie es in der Festikone und den Troparien und Stichiren zum Geburtsfest Christi sichtbar wird und wie es beispielsweise das Festkondakion von Weihnachten besingt:

„Die Jungfrau gebiert heute den,
der vor allem Sein war.
Und die Erde bietet eine Höhle dem Unnahbaren.
Die Engel lobsingen mit den Hirten.
Die Weisen wandern dem Stern nach.
Denn für uns ist geboren der kleine Knabe[28],
vor den Äonen Gott".

Was besagen die einzelnen Motive in diesem Bild?

ANTWORT: Nach der orthodoxen Tradition ist Christus in einer Höhle zur Welt gekommen. So zeigt auch die Weihnachtsikone Christus in einer Krippe zwischen Ochs und Esel in einer schwarzen Höhle inmitten eines Berges, über dem der Stern der Weisen sein Licht aus Gott empfängt und als Lichtstrahl in die Höhle weitergibt. Die Höhle weist auf die Beziehung zwischen Geburt und Tod Jesu Christi hin; denn die Geburt ist gleichsam eine erste Station auf dem Weg zum Tod, einem Weg der beispiellosen Erniedrigung. Die Höhle macht sichtbar, daß die Erde Ihm, dem Allumfassenden, nichts anderes zu bieten hat als die Enge des Grabes, und sie kündigt an, daß der tiefste Punkt des Erdenweges unseres Herrn Sein Abstieg in den Hades nach Seinem Tod am Kreuz sein wird. Die Krippe ist denn auch oft wie ein Sarkophag dargestellt. Christus liegt einsam zwischen Ochs und Esel, was an Jes 1,3 mahnt, wo zu lesen ist: „Der Ochse kennt seinen Meister und der Esel die Krippe seines Herrn; Israel hat keine Einsicht, mein Volk keinen Verstand." Die altkirchlichen Väter haben bisweilen den Ochsen als Symbol der Heidenvölker und den Esel als Symbol des störrischen Volkes Israel interpretiert. Außerhalb der Höhle liegt oder kniet die Gottesmutter. Sie ist als die wichtigste Figur außer dem kleinen Kind überdimensional groß dargestellt. Meist kehrt sie dem Kind den Rücken; jedenfalls schaut sie es nicht an, sondern blickt in die Ferne oder in sich hinein. Sie betet. Dabei zeigt sie oft mit einer Hand in Richtung des Kindes; manchmal legt sie auch eine Hand auf ihr Herz und erinnert so an das Wort: „Maria aber behielt alle diese Worte und erwog sie in ihrem Herzen" (Lk 2,19). Immer jedoch ist sie in sich gekehrt und beschäftigt sich nicht mit dem Kind. Die Deutung dieses zunächst merkwürdigen Sachverhaltes ist aber einfach: Nachdem Christus in der Gottesmutter die menschliche Natur angenommen hat und in die Welt hineingekommen ist, bleibt die Gottesmutter der Welt verbunden und ist für sie da als ihre überragende Fürbitterin und als Hinweis auf Christus. Es ist kein Zufall, daß sie kaum je gemeinsam mit Joseph dargestellt wird, wie das in westlichen Krippenszenen geschieht. Dieser befindet sich vielmehr in orthodoxen Darstellungen abseits von der Krippe, oft am unteren Bildrand, wo er, den Kopf in eine Hand gestützt, in tiefes Nachdenken versunken, sitzt. Er ist ja nicht der Vater des Kindes; sein Verstand versucht vergeblich das Mysterium der wunderbaren Geburt zu erfassen. Vor ihm steht eine sonderbare, in Felle gekleidete, gebeugte Gestalt, mit einem Stock in der Hand. Sie wird verschieden gedeutet. Die einen sehen in ihr den alten Propheten Jesaja im Asketengewand, wie es der größte der Propheten des Alten Testamentes, Johannes der Täufer, trug. Nach Mt 1,20–23 sind es Worte des Propheten Jesaja, die den Zweifel des Joseph gelöst und ihn bewogen haben, den Weg mit der Gottesmutter zu gehen, nämlich die Worte: „Siehe, die Jungfrau wird schwanger und gebiert einen Sohn, und man wird Ihm den Namen Emmanuel (Gott mit uns) geben“ (Jes 7,14). Andere deuten die seltsame Gestalt auf den Satan, der als Hirte verkleidet, Josephs Nachdenken mit Zweifeln erfüllt. Diese Deutung dürfte jedoch sekundär sein und nur dadurch entstanden, daß man die Asketenkleidung des Propheten nicht mehr verstanden hat. Am unteren Bildrand befindet sich meist noch eine schwer deutbare Szene: das neugeborene Kind wird von einer Hebamme und ihrer Magd gebadet. Die Badewanne als Hinweis auf Christi menschliche Natur hat häufig das Aussehen eines steinernen Taufbeckens, was Assoziationen wachruft an die Wasserweihe beim Theophanienfest. Damit ist der geistliche Sinn der Szene angedeutet: Hier schon wird das Wasser und mit ihm alle Elemente der Schöpfung gesegnet und geheiligt durch die Berührung mit dem Herrn. Der obere Bildrand der Ikone ist von Engeln erfüllt, die Gott, den Vater, lobpreisen und danksagen. Einer von diesen Engeln wendet sich Hirten zu, die am Bergeshang Schafe weiden. Er verkündet ihnen die Ankunft ihres Erlösers (Lk 2,8–11), denn ihnen, den Armen, gilt die Erlösungsbotschaft. Aber nicht nur sie werden zum Kind hin in Bewegung gesetzt. Auf der anderen Seite des Berges ziehen aus dem Osten die weisen Sterndeuter heran, meist hoch zu Pferde. Sie stellen als würdige Vertreter die große Welt von damals dar: Wissenschaft, Ansehen und Reichtum. Daß auch sie zum Kinde finden durch die Leitung des Sternes, bedeutet, daß die Erlösung für alle Welt geschehen ist: für Arme und Reiche, für Niedrige und Hochgestellte, für Einfältige und Weise. Sie, die Weisen, suchen das Kind allerdings zunächst am falschen Ort: im königlichen Palast bei den Würdenträgern, statt in der Höhle bei den Armen. Sie haben darum einen weiteren Weg als die Hirten. Die Ikone zeigt sie auf diesem Weg, noch fern vom Ziel. Sie tragen Gaben mit sich, um sie dem Kind darzubringen und weisen mit diesen Gaben auf die Würde des Empfängers hin: das Gold gebührt dem König, der Weihrauch dem Gott und die Myrrhe dem Menschgewordenen, der den Tod auf Sich nimmt für das Heil der Welt.

Biblische Begründung: Mt 1,18 – 2,12; Lk 2,1–20.

FRAGE 39: Ein Moment wurde bei der eben gegebenen Auslegung der Weihnachtsikone ausgeklammert und erscheint doch von nicht geringer Bedeutung für die orthodoxe Theologie und Frömmigkeit: Warum wird die Gottesmutter ‚Jungfrau' genannt? Konnte sie ohne Berührung mit einem Mann schwanger werden und ein Kind gebären?

ANTWORT: Sie hat nicht irgendein Kind geboren, sondern Gott Selbst ist durch sie in die Welt hineingegangen. Die Jungfräulichkeit der Gottesmutter ist dabei Bild für die reine Passivität der menschlichen Natur bei diesem Geschehen. Denn die männliche Willens- und Tatkraft der Menschennatur hat an diesem Erlösungswerk ganz und gar keinen Anteil. Es ist vielmehr allein Frucht der Kraft Gottes im Heiligen Geist und der demütig kindlichen Einwilligung einer jungen Frau, die nicht einfach vergewaltigt wurde. Darum bleibt, was hier geschehen ist, ein dem menschlichen Verstand nicht durchschaubares Wunder, wie dies auch ein Troparion aus dem Kanon der hochheiligen Gottesgebärerin bezeugt:

> „Über alle Vernunft ist dein Gebären, Gottesmutter!
> Denn du hast empfangen ohne Mann
> und geboren als Jungfrau;
> Gott hast du in die Welt gebracht.
> Ihn wollen wir verherrlichen
> und preisend dich erheben."

Biblische Begründung: Jes 7,14; Mt 1,18–25; Lk 1,26–38; Mt 18,3–4.

HALTE FEST: Unser Lobpreis des unvorstellbaren Wunders der Menschwerdung Gottes und unsere Seligpreisung der Gottesgebärerin soll nichts anderes sein als das dankbare Einstimmen in das ‚Ja' der jungfräulichen Mutter. Auch wir können ja unser Heil nicht mit unserer Tatkraft erwirken, sondern nur als Geschenk annehmen. In diesem Sinne heißt es in der Neunten Ode des Kanons der hochheiligen Gottesgebärerin im sechsten Ton:

> „Jungfrau, du bist fürwahr der Webstuhl der Gottheit,
> auf dem das Wort das Gewand Seines Leibes gewoben
> und meine Natur vergöttlicht hat.

Da Er Sich mit ihr bekleidete
erlöste Er alle,
die dich reinen Herzens erheben."

FRAGE 40: Nach orthodoxer Lehre hat die Gottesgebärerin aber nicht nur als Jungfrau den Sohn Gottes empfangen, sondern sie ist auch im Gebären und nach ihrer Geburt Jungfrau geblieben. Was besagt das?

ANTWORT: Ein Tropar aus der ersten Ode des Kanons der hochheiligen Gottesgebärerin im vierten Ton sagt:

„Christus, der über den Himmeln thront
und Sich herabließ zu den Sterblichen,
hat geheiligt Seine Wohnung
und sie uneinnehmbar gemacht.
Denn sie, die den Schöpfer gebar,
blieb auch nach dem Gebären
das Juwel der Jungfräulichkeit."

In diesem Tropar ist von der Jungfräulichkeit der Gottesmutter im Zusammenhang ihrer Erwählung und Heiligung die Rede. Es wird dabei angespielt auf eine der Vesperlesungen vor Hochfesten der Gottesgebärerin, wo es in bezug auf den Tempel heißt: „Da sprach der Herr zu mir: Dieses Tor soll verschlossen bleiben; es soll nicht geöffnet werden, und keiner soll durch dasselbe eintreten, weil der Herr, der Gott Israels, durch dieses eingetreten ist." (Ez 44,2). Der Tempel wird in diesem Zusammenhang verstanden als Typos (Vorabbildung) der Gottesgebärerin. Im Blick auf diese geht es darum, festzuhalten, daß wo immer Gott durch Seine Berührung erwählt, heiligt und reinigt, dies nicht als bloße Episode zu werten ist, die vorübergeht und das Betroffene zurückläßt, als wäre nichts gewesen. Vielmehr wird dem Erwählten gleichsam ein Stempel aufgeprägt, der es für immer zeichnet. Darum trägt auch die Gottesgebärerin auf den meisten orthodoxen Ikonen drei wunderbare, goldene Sterne auf ihrem Purpurmantel, einen über der Stirn und zwei rechts und links handbreit unterhalb der Schultern. Diese Sterne sind die Zeichen ihrer Jungfräulichkeit vor, während und nach der Geburt ihres Sohnes. Sie trägt diese Zeichen nicht um ihrer selbst willen. Es sind keine Auszeichnungen ihrer Tugend oder Askese, sondern Zeugnisse der Zuverlässigkeit der Gnade Gottes. Es geht um die Gewißheit, daß Gott kein Geschöpf, das Er erwählt und geheiligt hat, wie ein altes Spielzeug wegwirft, sondern daß Er Sein Werk der Heiligung und Reinigung, das Er begonnen hat, zur Vollendung bringt. Diese Heiligung brennt;

sie reinigt unter Schmerzen (Lk 2,35), aber sie verbrennt nicht, sondern bewahrt, läutert und heilt. Es gilt die Verheißung des Propheten Jesaja: „Wenn du durch Feuer schreitest, wirst du dich nicht brennen, und die Flamme wird dich nicht versengen“ (Jes 43,2). Im Blick auf die Gottesgebärerin wird dies immer wieder am Bild des brennenden Dornbusches verdeutlicht, jenes Busches in der Wüste, aus dem Gott mit Mose sprach, und der brannte und doch nicht verbrannte (Ex 3,2–6).

Dieser Dornbusch wird in der Orthodoxen Kirche als Typos der Gottesgebärerin immer neu besungen, wie beispielsweise in der ersten Ode des Kanons der hochheiligen Gottesmutter im 5.Ton:

> „Nicht verbrannte der Dornbusch,
> der dich, Allreine, vorabbildete,
> im lodernden Feuer.
> Denn als Jungfrau hast du geboren
> und Jungfrau bist du geblieben,
> über alle Vernunft,
> du, Jungfrau-Mutter!“

Was nun mit der Gottesmutter geschehen ist bei der Geburt ihres Sohnes, das betrifft nicht nur sie, sondern uns alle. So ist auch ihre immerwährende Jungfräulichkeit ein Zeichen für uns, daß Gott durch alles Feuer hindurch heiligt und bewahrt, die Er Sich erwählt hat.

HALTE FEST: Besser als jede Erklärung sagt ein Tropar aus der dritten Ode des Kanons der hochheiligen Gottesgebärerin im vierten Ton, was es für die orthodoxen Gläubigen bedeutet, die Gottesmutter als immerwährende Jungfrau zu verehren:

> „Die Natur der Sterblichen wurde gereinigt,
> als sie in dir mit dem unauslöschlichen göttlichen Feuer
> in Berührung kam.
> Allreine Jungfrau.
> Wie in der Asche gebackenes Brot
> bist auch du vom Feuer unversehrt geblieben,
> dank dem, der dich bewahrt hat.“

Biblische Begründung: Ez 43,27 – 44,4; Ex 3,2–6; Jes 43,2.

FRAGE 41: Bedeutet das, daß gemäß orthodoxer Auffassung die Gottesgebärerin Vorabbildung (Typos) der menschlichen Seele als solcher ist?

ANTWORT: Das ist sie in der Tat. Aber sie ist mehr als nur das. Durch Gottes Erwählen und ihr demütiges Annehmen der Botschaft des Engels mit den Worten: „Siehe, ich bin des Herrn Magd; mir geschehe nach Deinem Worte!", ist sie allein unter allen Menschen zur Mutter des Lebens geworden und hat damit eingelöst, was Eva zu sein verspielte (Gen 3,20). Ihre Einzigartigkeit ist also nicht zu übersehen. Als Werkzeug der Erlösung hat sie auch als erste die Erlösung und vollkommene Theosis an sich selbst erfahren. Davon gibt ihr Entschlafen Zeugnis, von dem es im Festtropar zum 15. August heißt:

„Im Gebären hast du die Jungfräulichkeit bewahrt,
im Entschlafen die Welt nicht verlassen, o Gottesgebärerin.
Du bist übergegangen zum Leben,
die du bist die Mutter des Lebens,
und durch deine Fürbitten
errettest du vom Tode unsere Seelen."

Als vornehmstes Glied der Kirche wird sie so Vorabbildung (Typos) und Vorbild der neuen Menschheit, die in der Kirche Gestalt gewinnt. Als Typos der Kirche aber ist sie zugleich auch Typos der erneuerten Menschennatur und damit der innersten Wirklichkeit jedes einzelnen Getauften. An ihr ist jetzt schon zu erkennen, was durch die Theosis auch jeder Gläubige einst nach Maßgabe seines Vermögens sein wird, sie jedoch in Vollkommenheit darstellt: ein Tempel des lebendigen Gottes. Daher singen wir:

„Du allein unter allen Geschlechtern der Menschen,
allreine Jungfrau,
wurdest die Mutter Gottes,
der Gottheit Wohnung und Zelt ..."

Und:

„Der durch dich zum Gottesahnen gewordene Prophet David,
sprach im voraus über dich zu dem, der Großes an dir tat:
‚Es steht die Königin zu Deiner Rechten!' (Ps 44 (45), 10).
Denn Gott erwies dich
als gastfreundliche Mutter des Lebens (Gen 3,20),
Er, der geruhte, ohne Vater aus dir Mensch zu werden
und wiederherzustellen
Sein durch die Leidenschaften verdorbenes Abbild,
Er, der das in den Bergen verlorene Schaf fand,

auf die Schultern nahm,
um es heimzubringen zum Vater
und es gemäß Seinem Willen zu vereinigen
mit den himmlischen Mächten."

Als Mutter des Lebens, die in ihrem Sohn zu Gott freien Zutritt hat, wird sie in der Kirche als unermüdliche Fürbitterin und Helferin der Schwachen verehrt. Immerwieder ertönt in den orthodoxen Gottesdiensten der Ruf:

„Auf die Fürbitten der Gottesgebärerin,
Erlöser, erlöse uns!"

oder:

„Allheilige Gottesgebärerin, errette uns!"

Diese letztgenannte Formulierung ist aber nicht so zu verstehen, als wäre die Gottesgebärerin in irgendeinem Sinne Miterlöserin. Denn im Gegensatz zu gewissen neueren römisch-katholischen Vorstellungen steht sie nach orthodoxer Tradition immer auf der Seite der erlösten Menschheit, nie aber auf der Seite der erlösenden göttlichen Natur. Denn auch was sie in ihrer Fürbitte und tatkräftigen Unterstützung der Bedrängten tut, ist grundsätzlich nichts anderes, als was auch die anderen Glieder der Kirche nach Maßgabe ihres Vermögens tun und tun sollen: den schwächeren Gliedern des Leibes Christi durch Fürsprache und Hilfeleistungen unter die Arme zu greifen. Um hier keinem Mißverständnis zu erliegen, muß beachtet werden, daß die Begriffe ‚retten, erretten' sorgfältig zu unterscheiden sind von den Begriffen ‚erlösen' und ‚versöhnen', die beide einzig auf Christus zu beziehen sind, da kein Mensch außer Ihm, dem Gott-Menschen, uns ‚erlösen' oder mit dem Vater ‚versöhnen' kann. In neueren griechischen liturgischen Büchern hat man versucht, das Mißverständnis zu verhindern, indem man die Anrufung: „Allheilige Gottesgebärerin, rette uns!" konkretisierend ersetzt hat durch „Allheilige Gottesgebärerin, bitte für uns!" Beides ist sinngleich zu verstehen.

Wie sehr die Gottesgebärerin als Typos der Kirche und jedes einzelnen Gläubigen zu sehen ist, bezeugt auch die Evangeliumslesung aus Lk 10 und 11, die an allen Hochfesten der Gottesgebärerin, die keine eigene biblische Grundlage haben, zum Vortrage kommt. Um diese Lesung zu verstehen, muß man zunächst den Schluß der Perikope betrachten. Jesus geht in ihr auf die Seligpreisung Seiner Mutter durch eine Frau aus dem Volke ein, die gerufen hat: „Selig der Leib, der Dich getragen, und die Brust, die Dich genährt hat!" (Lk 11,27). Der Herr weist diese Seligpreisung nicht zurück, wie viele westliche Exegeten fälschlich schließen. Er führt sie vielmehr weiter: „Ja, selig sind, die Gottes Wort hören und es bewahren!" (Lk 11,38). Denn gerade dies hat ja die Gottesmutter getan: sie hat Gottes Wort gehört, sich darauf eingelassen und es bewahrt (Lk 1,38; 2,19.51). Darum ist sie Mutter des Lebens geworden. Von daher ist nun der erste Teil der Lesung zu verstehen. Er erzählt von einer geistlichen Nachfolgerin der Gottesmutter, die nicht zufällig auch Maria heißt. Auch sie ist Typos aller Hörer des Gotteswortes, da sie unbeirrt zu Jesu Füßen sitzt und Ihm zuhört, während sich ihre Schwester von den Dingen, welche getan werden müssen, beherrschen und von Sorgen, Unruhe und Ungeduld umtreiben läßt (Lk 10,38–40). Wer sich also wundert, daß der erste Teil der Evangeliumslesung an vielen Festen der Gottesgebärerin gar nicht von ihr, sondern von einer Namensschwester Maria handelt, der lernt dies verstehen, wenn er sich vor Augen hält, daß die Gottesmutter ist, was sie ist, weil sie „Gottes Wort hörte und bewahrte".

Auf dem Hintergrund der dargestellten Anschauungen ist schließlich auch das Kondakion des Hochfestes der Verkündigung am 25. März zu verstehen, das auch im Akathistos-Hymnos (Hymnus an die Gottesgebärerin, den man ‚nicht-sitzend' anhört) erklingt. Es preist die Gottesgebärerin als Beschützerin der Stadt Konstantinopel und geht wohl auf das Jahr 626 zurück, als Patriarch Sergios in Abwesenheit des Kaisers Heraklios während einer Belagerung der Reichshauptstadt ihre Verteidigung erfolgreich organisierte. In diesem Kondakion wird die Gottesgebärerin als „für uns kämpfende Heerführerin" angesprochen und ihrem Schutz die Stadt unterstellt. Darin drückt sich der Glaube aus, daß, wer Gottes Wort hört und es bewahrt, allen Nöten und Gefahren gewachsen ist, wenn er in diesem Worte bleibt. Denn der Herr Selbst hat in den Abschiedsreden Seinen Jüngern verheißen: „Wahrlich, wahrlich, Ich sage euch: Wer an Mich glaubt, der wird die Werke, die Ich tue, auch tun und wird größere als diese tun; denn Ich gehe zum Vater" (Joh 14,12). Darum erfährt und preist das orthodoxe Volk die Gottesgebärerin immer wieder als Beschützerin und Retterin in Nöten und Gefahren. Mit diesem Kondakion hält es die Erinnerung an die unzähligen wunderbaren Bewahrungen und Errettungen wach, aber auch an die furchtbare Tatsache, daß Konstantinopel fiel (1453), kurz nachdem seine weltlichen und geistlichen Führer den orthodoxen Glauben verraten hatten (1439). Im Wissen um diese Zusammenhänge und in der Dankbarkeit dafür, daß trotz des Falles der Stadt der orthodoxe Glaube nicht verloren ging, singt das Volk bis heute das Kondakion mit Inbrunst, Furcht und Verehrung:

> „Der für uns kämpfenden Heerführerin als Siegespreis,
> weihe ich, deine Stadt, aus Leiden befreit,
> das Dankeslied dir, Gottesgebärerin.
> Du hast die unbesiegbare Macht;
> so befreie mich aus allen Gefahren!
> Und ich rufe dir zu:
> ‚Freue dich, unvermählte Braut!'"

Biblische Begründung: Hoheslied 4,12; Lk 1,26–38; 2,19.51; 10,38-40; 11,27–28; 15,1–7; Ps 44(45),10–18; 1 Kön 2,10; Rm 8,29; 1 Kor 15,49; Joh 14,12–14.

HALTE FEST: Was die Gottesgebärerin den orthodoxen Gläubigen bedeutet, faßt ein Stichiron (Zwischenstrophe) zu den Luzernariumspsalmen der sonntäglichen Vesper im fünften Ton zusammen:

„Allreine Gottesgebärerin,
wie soll ich dich nennen?
Tempel der Herrlichkeit Gottes.
Ich nenne dich Garten von Eden
und bezeichne dich als Arche Noahs,
die für Gott rettete das königliche Priestertum,
das ganze heilige Volk,
die Schar Christi, unseres Gottes.
Ich vergleiche dich mit dem Zelt des Mose,
wo die Bundeslade und der blühende Stab,
der Leuchter, das Gefäß mit Manna
und das goldene Rauchfaß sich befanden,
das Zelt, zu dem hinflieht jeder Gläubige
und erbittet große Gnade."

FRAGE 42: Wie ist nun aber diese Verehrung der Gottesgebärerin in der Kirche zu rechtfertigen? Verletzt sie nicht das Gebot, allein Gott anzubeten und von ihm Hilfe und Rettung zu erwarten?

ANTWORT: Es besteht gar kein Zweifel, daß auch innerhalb der Orthodoxen Kirche gewisse Ansätze einer falschen Marienverehrung, wie sie sich im Mittelalter im Westen verbreitet hat, zu finden sind. Grundsätzlich aber ist in der Orthodoxen Kirche das Recht und die Grenze der Verehrung der Gottesgebärerin klar. Zunächst gilt festzuhalten, daß im Leibe Christi, den die Kirche darstellt, gegenseitige Verehrung und Fürbitten eine selbstverständliche Aktualisierung der gegenseitigen Verbundenheit im Heiligen Geiste darstellen und der einander geschuldeten Liebe entsprechen, in der einer dem andern in Ehrerbietung zuvorkommt und die Stärkeren den Schwächeren zu Hilfe eilen. An diesem Verhalten innerhalb des Leibes Christi kann auch der Tod nichts ändern; er vermag die Liebesbande nicht zu zerreißen; er ist ja auch durch Christi Tod entmachtet. Von daher gesehen, ist eine Verehrung und Anrufung der Gottesgebärerin nichts, was Anstoß erregen könnte. Dabei ist allerdings zu beachten, daß die Gottesgebärerin nach orthodoxer Lehre bei aller Verehrung, wie sie dem vornehmsten Glied der Kirche zukommt, Kreatur ist und bleibt, und daß der unendliche qualitative Unterschied zwischen Schöpfer und Geschöpf[29] immer respektiert werden muß. Die Väter der Orthodoxen Kirche haben deshalb einen begrifflichen Unterschied festgehalten, den die Theologen im Westen teilweise durch falsche Übersetzungen aus dem Griechischen ins Lateinische nicht verstanden, teilweise aber auch in seiner Bedeutung unterschätzt oder nicht beachtet haben. Anläßlich des Bilderstreites im Byzantinischen Reich (726 – 843) wurde nämlich auf dem Siebten Ökumenischen Konzil in Nikäa 787 festgelegt, daß zu unterscheiden sei zwischen der Verehrung (der duleia, d.h. Dienst, Proskynese, Kuß), die den Bildern, dem Evangelienbuch, dem heiligen Kreuz, den Heiligen und den himmlischen Mächten zukomme, und der wahren Anbetung (latreia), die allein dem Dreieinigen Gott vorbehalten bleibt. Denn ‚Anbeten' heißt: ‚als Gott anerkennen' und ‚sich Ihm in Demut und Liebe als Sein Geschöpf unterstellen'.

Die Gottesgebärerin nun, die „geehrter ist als die Cherubim und unvergleichlich herrlicher als die Seraphim" (-denn sie hat Gott geboren-), ist genau wie alle anderen Kreaturen von der ‚latreia' (Anbetung) ausgeschlossen, auch wenn ihr eine ‚gesteigerte Verehrung' (Hyperduleia) erwiesen wird. Bereits die karolingischen Hoftheologen, die die Konzilsakten im Auftrage Karls des Großen begutachten mußten, haben bewußt oder unbewußt diese grundlegende Unterscheidung zwischen ‚duleia' und ‚latreia' übersehen, um dagegen zu polemisieren, daß die Griechen ‚Bilder anbeteten' (adorare=latreuein). Wortreich haben sie in den sogenannten Karolingischen Büchern die Beschlüsse des Konzils von Nikäa 787 verdammt und die ‚Anbetung der Bilder', die es angeblich lehre, verworfen. Dabei haben sie aber vorausgesetzt, daß man die Heiligen und ihre Reliquien, insbesondere jedoch die Gottesgebärerin anbeten dürfe und solle. Dies nun hat im Westen einem Marienkult Tür und Tor geöffnet, der die Grenzen zwischen Geschöpf und Schöpfer verwischte und gegen das erste Gebot verstieß.

Wie aber ist solchem mißbräuchlichen Marienkult zu begegnen? Nach orthodoxer Auffassung nicht dadurch, daß man der Gottesmutter die Verehrung überhaupt verweigert. Man pflegt ja auch im familiären Bereich der Gefahr einer abgöttischen Liebe zu einem Kind nicht dadurch entgegenzusteuern, daß man diesem Kind jegliche Liebesbezeugung entzieht. Es kommt vielmehr darauf an, Kriterien zu haben und zu gebrauchen, die im Glaubensvollzug selbst eine Unterscheidung zwischen rechter und falscher Verehrung ermöglichen. Die von den orthodoxen Vätern nach dem Bilderstreit festgehaltene begriffliche Differenzierung liefert solche Kriterien. Sie besagt nämlich, daß die Gottesgebärerin nicht so verehrt werden darf, daß sie den Blick auf den Dreieinigen Gott und einzigen Erlöser verstellt. Sie darf nicht an Seine Stelle treten, nicht getrennt von Ihm verehrt werden, wie das im westlichen Mittelalter weithin geschehen ist. Mag man sie mehr als alle Cherubim und Seraphim schätzen, als Königin besingen, als Mutter des Lebens preisen, als Juwel der Jungfräulichkeit rühmen, als Fürbitterin und Helferin anrufen, immer muß deutlich bleiben, daß sie dies nicht aus sich selbst heraus ist, sondern nur durch den und mit dem Ziel der Hinführung zu dem, der auch als ihr Sohn ihr Herr ist und bleibt.

Biblische Begründung: Ex 20,2f.; Mt 8,21–22; 12,46–50; Joh 2,1–11; Rm 12,10; 14,1.

FRAGE 43: Was bewegt die orthodoxen Gläubigen zur Verehrung der Gottesgebärerin?

ANTWORT: Keine formale dogmatische Verpflichtung. Im Dritten Ökumenischen Konzil von Ephesus 431 wurde zwar Maria als Theotokos (Gottesgebärerin) proklamiert, was Anstoß zur Entstehung einer Vielzahl von Kirchen, Festen und Ikonen der Gottesmutter gab, aber ihre Verehrung ist den einzelnen Gläubigen nie zur religiösen Pflicht gemacht worden. Ungezwungen, freudig und spontan haben vielmehr die orthodoxen Völker der Gottesgebärerin ihre Verehrung dargebracht, gemäß dem Wort aus dem Magnifikat: „... siehe, von jetzt an werden mich seligpreisen alle Geschlechter". Denn zur Anerkennung und Annahme des Wunders der Menschwerdung Christi gehört seit alters der Lobpreis Seiner Mutter. Durch ihn wird nach antikem Verständnis einerseits der Sohn geehrt, andererseits die Heilsgabe der Erlösung in Dankbarkeit entgegengenommen.

Biblische Begründung: Lk 1,48.

HALTE FEST: Das Megalynarion der Gottesgebärerin gehört bei allen orthodoxen Völkern zu den beliebtesten Gesängen:

„Wahrlich, würdig ist es,
seligzupreisen dich, Gottesgebärerin,
du allzeit hochselige
und ganz unbefleckte Mutter unseres Gottes.
Die du geehrter bist als die Cherubim
und unvergleichlich herrlicher als die Seraphim,
die du unversehrt Gott, das Wort, geboren hast,
wahrhafte Gottesgebärerin, dich erheben wir."

FRAGE 44: Was bedeuten in diesem Zusammenhang die Hochfeste der Gottesgebärerin?

ANTWORT: Jedes der vier Hochfeste der allheiligen Gottesgebärerin, die im orthodoxen Kirchenjahr gefeiert werden, hat einen besonderen Charakter und Gehalt. Diese Hochfeste sind: die Geburt der Gottesmutter, ihre Einführung in den Tempel, die Verkündigung der Geburt des Herrn durch Gabriel, das Entschlafen der Gottesgebärerin (die Koimesis).

FRAGE 45: Worum geht es bei der Geburt der Gottesmutter?

ANTWORT: Das Geburtsfest der Gottesgebärerin, das auf den 8. September fällt, ist das erste Hochfest des Kirchenjahres. Es weist voraus auf die Geburt Christi, wie das Festtropar bezeugt:

„Deine Geburt, Gottesgebärerin,
hat Freude verkündet der ganzen Welt.
Denn aus dir ist aufgestrahlt die Sonne der Gerechtigkeit,
Christus, unser Gott.
Da Er löste den Fluch, gab Er den Segen.
Da Er überwand den Tod, gab Er das ewige Leben."

Das bedeutet: Die Feier der Geburt der Gottesmutter ist wie jedes Fest der Gottesgebärerin im letzten Grunde ein Herrnfest. Der besondere Sinn der Feier vom 8. September aber enthüllt sich, wenn man die in poetische Form gekleidete Wahrheit beachtet, die als Festlegende (Legende = das im Gottesdienst zu Lesende) dem Protevangelium des Jakobus (Pseudo-Jak 4,1–2) entnommen ist. Danach waren Joachim und Anna, die Eltern von Maria, lange kinderlos geblieben. Sie litten darunter sehr, bis auf ihre Gebete hin ein Engel der Anna im Garten und dem fastenden Joachim in der Wüste gesegnete Nachkommenschaft verhieß. Das bedeutet: Die Tatsache, daß Gott in der Jungfrau Maria die menschliche Natur angenommen hat, wird als Wunder der Gnade geschaut, da in keiner Weise der Natur selbst das Verdienst zugeschrieben werden kann. Denn unsere Natur ist durch die Sünde unfruchtbar geworden. Daß sie dennoch Gott empfangen kann, hat seinen Grund allein darin, daß Gott Selbst in unserem Fleisch das schafft, was Er an Sich zieht. So heißt es in einem Stichiron zu den Luzernariumspsalmen der Vesper vom 8. September:

„Heute ist der Beginn der Freude der ganzen Welt;

heute wehen die Vorboten des kommenden Heils!
Die Unfruchtbarkeit unserer Natur ist behoben,
denn die Unfruchtbare hat sich als Mutter erwiesen von ihr,
die Jungfrau blieb, auch nachdem sie den Schöpfer geboren.
Aus ihr hat Er, der von Natur Gott ist,
die Ihm fremde Natur angenommen
und den Verirrten im Fleische Heil erworben,
Christus, der Menschenliebende und Retter unserer Seelen.“

FRAGE 46: Was bedeutet der Tempelgang der Jungfrau Maria, der als Hochfest am 21. November gefeiert wird?

ANTWORT: Dieses Hochfest der Einführung der Gottesgebärerin in den Tempel schließt sich thematisch an das Fest vom 8. September an. Die Festlegende stammt in ihrem Kern wieder aus dem Protevangelium des Pseudo-Jakobus, wo erzählt wird, Maria sei infolge eines Gelübdes ihrer Mutter nach Vollendung ihres dritten Lebensjahres in den Tempel gebracht und dort bis zu ihrem zwölften Lebensjahr erzogen worden (Ps Jak 7,1–3). Dieses Fest, das, wie schon das Fest vom 8. September, aus dem Mitfest einer Kirchweihe entstanden ist, wurzelt im Symbolisch-Poetischen, nicht im Geschichtlich-Faktischen und lebt ganz davon, daß von uns gesprochen wird, wenn im Bilde von der Gottesgebärerin die Rede ist, jedoch so, daß ihre Einmaligkeit nie außer acht gelassen wird. So heißt es in den Luzernariumsstichiren dieses Festes:

„Ins Allerheiligste
wird die Heilige und Unbefleckte
im Heiligen Geiste eingeführt
und von einem Engel genährt,
sie, die dem Ewigen ist
der Heiligung Tempel unseres heiligen Gottes,
der mit ihr das All heiligt,
da Er einführt und vergöttlicht
die gefallene Natur der Sterblichen.“

Die Heiligung der menschlichen Natur ist also in diesem Fest in besonderer Weise thematisiert. Sie geschieht in einem ununterbrochenen Wachsen in der Gegenwart Gottes. Die Momente aber, die die von Gott angenommene menschliche Natur dahin führen, daß Gott Selbst in ihr Gestalt annimmt, sind: Einführung in die Sphäre Gottes im Zustand kindlicher Empfänglichkeit, das Verweilen in dieser Sphäre über Jahre bis zur Reife, der stufenweise Aufstieg, genährt durch die himmlische Speise, der vertraute Umgang mit Engeln. Dies alles geschieht jedoch nicht aus der Willensanstrengung eines männlichen Geistes, sondern in der Ergebenheit und Hilflosigkeit eines Kindes, das geführt wird und sich führen läßt.

FRAGE 47: Und wie ist das Fest der Verkündigung der Geburt Christi durch Gabriel zu verstehen?

ANTWORT: Die Verkündigung des Evangeliums an die allheilige Gottesgebärerin (griechisch: Evangelismos) vom 25. März ist ein Fest, das meist in den großen Fasten liegt und im Osten bereits Mitte des sechsten Jahrhunderts zu diesem Zeitpunkt gefeiert wurde. Das Festtropar gibt in knappen Worten eine Zusammenfassung des zentralen Festgedankens:

> „Heute ist der Anfang unserer Erlösung
> und die Offenbarung des Mysteriums von Ewigkeit her.
> Der Sohn Gottes wird zum Sohne der Jungfrau;
> und Gabriel bringt das Evangelium der Gnade.
> Deshalb rufen auch wir mit ihm der Gottesgebärerin zu:
> Freue dich, Gnadenerfüllte,
> der Herr ist mit dir!“

Dieses Fest lebt ganz von seinem biblischen Grundgehalt: der Botschaft Gabriels an die Gottesgebärerin und ihrer Antwort (Lk 1,26–38). In den Stichiren und Troparien werden die Worte dieses Dialogs immer neu meditiert und in ihrer Bedeutung zu erfassen versucht. Dabei darf die oft dichterisch-phantasievolle Weiterführung des Gesprächs nicht darüber hinwegtäuschen, daß es hier um die Theosis geht, die dadurch ermöglicht wird, daß in der Gottesgebärerin Gott Selbst unsere Natur angenommen hat. Voraussetzung dafür ist das kindlich gläubige Ja der Gottesmutter. Denn Gott in Seiner unermeßlichen Güte vergewaltigt den Menschen nicht zu seinem Heil. Er will vielmehr, daß dieser in voller Freiheit heranwachse in die Gemeinschaft mit Ihm und in ihr immer mehr gefestigt werde.

FRAGE 48: Es bleibt schließlich noch das Hochfest des Entschlafens der allheiligen Gottesmutter. Worum geht es da?

ANTWORT: Das letzte Hochfest des Kirchenjahres ist dem Gedächtnis des Entschlafens der Gottesgebärerin (griechisch: der Koimesis) am 15. August geweiht und bringt in etwas anderer Weise noch einmal die Theosis zur Sprache. Auch dieses Fest schöpft aus apokryphen Evangelien (Transitus Mariae Kap.6–17), wo erzählt wird, die in alle Welt zerstreuten Apostel seien kurz vor dem Entschlafen der Gottesgebärerin auf wunderbare Weise durch die Lüfte an ihr Lager gebracht worden, so daß sie noch mit ihr wachen und beten konnten. Nach ihrem Hinscheiden hätten sie die Gottesmutter dann nach dem Befehl des Herrn im Tale Josaphat in einem neuen Grab beigesetzt. Doch kaum sei das Grab mit einem großen Stein verschlossen gewesen, sei der Herr Selbst mit Seinen Heerscharen erschienen, habe den Stein wegwälzen lassen und Seine Mutter mit den Worten ins Leben zurückgerufen: „Erhebe dich, Meine Freundin, du, die du nicht versehrt wurdest durch die Berührung eines Mannes, du wirst auch nicht die Zerstörung des Leibes im Grabe erfahren“ (Trans Mar 17). Die Gottesgebärerin wird also vom Tod nicht zerstört, aber das Erleiden des Todes bleibt ihr nicht erspart. Vielmehr war auch sie in ihrer Todesnot der Fürbitte ihrer Brüder im Glauben bedürftig, wie dies die Legende bezeugt, indem sie ihr die Worte in den Mund legt: „Der Herr hat euch hierher geführt, um mich zu trösten in den Ängsten, welche mich bedrängen müssen. Ich bitte euch, daß ihr alle, ohne zu erschlaffen, mit mir wachen möget bis zur Stunde, da der Herr kommen wird und ich diesen Leib verlassen werde“ (Trans Mar 6). Das bedeutet für die Gläubigen: Der Tod ist nach seinem Besiegtwerden durch Christus in der Auferstehung nicht einfach aufgehoben und aus der Wirklichkeitserfahrung der Gläubigen verschwunden. Er gehört vielmehr zur Vollendung der menschlichen Natur. Aber er hat nicht mehr das letzte Wort, sondern ist zum Mittel der Verherrlichung geworden in der Hand dessen, der über Leben und Tod herrscht.

FRAGE 49: Wird nicht am 2. Februar, an ‚Lichtmeß‘, auch noch ein Fest der Gottesgebärerin gefeiert?

ANTWORT: Das Hochfest der Begegnung (Hypapante) unseres Herrn, Gottes und Erlösers Jesus Christus im Tempel mit Simeon und Anna ist in der Orthodoxen Kirche kein Fest der Gottesmutter, sondern ein Herrnfest, auch wenn die Gottesgebärerin neben dem greisen Simeon im besonderen besungen wird. So heißt es etwa im Kondakion des Festes:

„Der Du den jungfräulichen Schoß geheiligt hast
durch Deine Geburt
und die Hände des Simeon gesegnet,
wie es sich gebührte,
Du warst vor uns da und hast auch uns errettet,
Christus Gott ..."

Und in den Stichiren zum Orthros wird gesungen:

„Um meinetwillen
wurde der Alte der Tage ein Kleinkind (Dan 7,9),
nahm die Reinigung auf Sich der allerreinste Gott,
damit Er Sich verpflichte mein Fleisch,
das Er aus der Jungfrau genommen.
Simeon aber wird in dieses Mysterium eingeführt,
da er erkennt Ihn,
den im Fleische erschienenen Gott,
und Ihn als das Leben begrüßt
und mit Freuden im Greisenalter ruft:
Entlasse mich!
Denn ich habe gesehen das Leben des Alls."

An diesem Fest kommt also der Ertrag des Heilsmysteriums für die menschliche Natur (Gottesgebärerin) und den einzelnen Gläubigen (Simeon) thematisch zur Sprache. Der menschlichen Natur wird Heilung und Vergöttlichung verheißen. Vom einzelnen Gläubigen aber wird das als zwiefache Segnung erfahren: zunächst als die Segnung seiner Hände, so daß sein Tun und Lassen fortan ein gesegnetes ist, sodann als das neugeschenkte Vermögen, in Freude und Frieden die Welt zu verlassen, weil der Sinn und das Ziel des Lebens nicht mehr in Frage stehen. Dies bringt die Gelassenheit, die nicht nur zum rechten Sterben, sondern mindestens ebenso zum rechten Leben nötig ist.

Biblische Begründung: Lk 2,22–40.

HALTE FEST: Die Worte des Simeon werden am Ende jeder Vesper als feierliches Gebet gesprochen oder gesungen:

„Nun entlässest Du, Herr,
nach Deinem Worte Deinen Knecht in Frieden.
Denn meine Augen haben geschaut dein Heil,
das Du bereitet hast vor aller Völker Angesicht,
das Licht zur Offenbarung den Heiden,
das Licht zur Verherrlichung Deines Volkes Israel"
(Lk 2,29–32).

FRAGE 50: Wären jetzt nicht ein paar klärende Bemerkungen grundsätzlicher Art zum orthodoxen Kirchenjahr an der Zeit? Wie setzt es sich zusammen? Wann beginnt es? Welche Feste enthält es?

ANTWORT: Das orthodoxe Kirchenjahr besteht aus einem Doppelkranz von Festen, von denen der erste Festkreis mit der Vorfastenzeit beginnt und in Ostern gipfelt – das ist der Kranz des Sonnenjahres –, und der andere Festkreis – der Kranz des Mondjahres – aus den datumsgebundenen Einzelfesten sich zusammensetzt und am 1. September anfängt. Da jeder Tag grundsätzlich an beiden Festkreisen Anteil hat, machen erst beide Kränze ineinander verflochten die unverwechselbare Eigenart eines Jahres aus. Die liturgischen Texte des Osterfestkreises werden für die Vorfastenzeit, die Fastenzeit und die Heilige und Hohe Woche (Karwoche) aus dem Triodion (Fasten-Triod) entnommen. Von der Osternacht bis zum Allerheiligenfest am Sonntag nach Pfingsten ist das Pentekostarion (Blumen-Triod) zuständig. Danach finden sich die benötigten Wechsel-Texte für die Sonntage und die Wochentage im Oktoichos (Acht-Töne-Buch). Für die datumsgebundenen Feste des Mondjahres sind die Menäen (Monatsbücher) zuständig. Eine auszugweise Sammlung der Menäen, angefangen mit dem September, bringt das Menologion.

Was die Zuordnung und Auswahl der Texte aus beiden Festkreisen für einen bestimmten Tag betrifft, so gibt es feste Regeln, die allerdings bei den Slawen etwas anders sind als bei den Griechen. Da das Osterfest nicht immer auf dasselbe Datum fällt, ist die Zuordnung des Osterfestkreises und des Heiligenfestkreises in jedem Jahr anders. Darum ist es nötig, daß für jedes Jahr ein eigener Kalender herausgegeben wird.

Fragt man nach der Gliederung im Kirchenjahr, so muß man zunächst festhalten, daß aufs Ganze gesehen der Sonnenfestkreis dem Mondfestkreis vorgeordnet ist, so wie Christus Selbst, die Sonne der Gerechtigkeit, den Heiligen, die Sein Licht reflektieren, vorgeht. Das bedeutet im einzelnen: Von der Vorfastenzeit an regiert der Sonnenfestkreis, da von nun an die Gläubigen auf Ostern ausgerichtet sind und sich immer mehr dem Mysterium von Kreuz und Auferstehung Christi nähern, zunächst durch ein Wachsen in Sündenerkenntnis und Reue. Nur gerade das Fest der Verkündigung am 25. März ragt aus dem Mondfestkreis herüber. Die Basilius-Liturgie am Heiligen und Hohen Sabbat (nicht etwa die Ostermetten, wie viele Außenstehende meinen) ist das Herz des Kirchenjahres, der Augenblick an dem Christus die Macht des Todes zerbricht. Auch die Zeit der Pentekoste wird vom Sonnenfestkreis beherrscht. Denn bis zum Tag vor Himmelfahrt dauert die Osterzeit, in der die persönliche Aneignung der Auferstehungswahrheit im Mittelpunkt steht. Von Himmelfahrt bis Pfingsten bereitet sich die Kirche vor auf die Ausgießung des Heiligen Geistes und die damit verbundene volle Offenbarung der Dreieinheit Gottes. Die ganze Zeit der Pentekoste ist eine Zeit des Wachsens im Glauben und in der Gotteserkenntnis. Nach Pfingsten folgt dann eine Zeit der Heiligung und des Wachsens im Heiligen Geiste; jetzt geht gleichsam die Führung im Kirchenjahr an das Mondjahr über: die Heiligengedächtnisse prägen die Zeit und erinnern an die Theosis, zu der jeder Gläubige gerufen ist. Nur noch die Sonntage spiegeln im Acht-Wochen-Zyklus den Ostertag wieder. Die wichtigsten Feste nach Pfingsten sind: am 24. Juni die Geburt Johannes des Täufers, am 29. Juni das Gedächtnis der Apostelfürsten Petrus und Paulus, am 20. Juli das Fest des Propheten Elia, am 1. August eine Kreuzesverehrung und das Gedächtnis der Makkabäischen Brüder, am 6. August das Hochfest der Verklärung Christi, am 15. August die Koimesis (Entschlafen der Gottesgebärerin), am 29. August die Enthauptung des Johannes des Täufers. Am ersten September beginnt das neue Jahr; am 8. September wird die Geburt der Gottesmutter gefeiert. Das Hochfest der Kreuzerhöhung am 14. September ist eine Zeitenwende im Orthodoxen Kirchenjahr. Denn hier wird die nachpfingstliche Zeit der Erfüllung erneut zur vorösterlichen Zeit der Erwartung. Zunächst ist es allerdings die Erwartung der Geburt und Erscheinung Christi, die innerhalb des Mondjahres stehen; bereits die Feier der Geburt der Gottesgebärerin war eine erste Hinführung zu diesem Mysterium. Die Vertiefung der Erwartung erfolgt durch das Hochfest des Tempelgangs der Gottesgebärerin und dann durch die vorweihnachtliche Fastenzeit mit den beiden großen Gedächtnis-Sonntagen: dem Herrntag der Gottesahnen und dem Herrntag der Väter, die beide bereits zum eigentlichen Weihnachtsfestkreis gehören. Außer dem Geburtsfest Christi am 25. Dezember und Theophanien, am 6. Januar, dem Höhepunkt des Mondjahres, bestimmen die eigentliche Weihnachtszeit eine Reihe weiterer Feste: am 26. Dezember das Mitfest der Gottesgebärerin, am 27. Dezember das Gedächtnis des ersten christlichen Märtyrers Stephanus, am 29. Dezember das Gedächtnis der Unschuldigen Kinder von Bethlehem, am 1. Januar die Beschneidung des Herrn und das Gedächtnis des hl. Basilius, des Theologen, am 7. Januar das Mitfest Johannes des Täufers, am 2. Februar Hypapante, die Begegnung des Herrn mit Simeon und Anna im Tempel. Von da an beginnt schon wieder die Vorfastenzeit die Aufmerksamkeit der Gläubigen auf Kreuz und Auferstehung des Herrn auszurichten.

Überschaut man das Orthodoxe Kirchenjahr als Ganzes, so fällt zunächst auf, daß die beiden Jahresfestkreise einander zugeordnet sind wie die beiden Naturen in Christus: ungetrennt und ungeschieden, unvermischt und unverwandelt, wobei das Sonnenjahr der göttlichen Natur und das Mondjahr der menschlichen Natur in Christus entspricht. Vielleicht hängt damit auch die weitere Beobachtung zusammen, daß es im Orthodoxen Kirchenjahr keine festlosen Zeiten gibt, Zeiten, wo wie im Westen zwischen Pfingsten und Advent, der Gläubige für sein inneres Leben von der Kirche keine

Zielsetzung und Führung erhält, Zeiten, die von manchen wachen Menschen als Zeiten der Leere und des Stillstandes empfunden werden. Daß es im Orthodoxen Kirchenjahr solche Zeiten nicht gibt, bedeutet, daß der innere Wachstumsprozeß ohne Unterbrechung immer intensiver stattfinden kann. Denn der, der sich auf das Orthodoxe Kirchenjahr einläßt und mit der Kirche es im Gebet, in Fasten und Feiern mit- und nachvollzieht, der erfährt bald, daß er hineingenommen wird in ein geistliches Wachsen, durch welches er, wie ein Baum, gleichsam Jahresringe ansetzt. Solche Jahresringe bedeuten einen Substanzgewinn und sind die unabdingbare Voraussetzung dafür, daß die Zweige sich ausbreiten und die Vögel des Himmels in ihnen nisten können.

Biblische Begründung: Eph 4,15–16; Kol 2,19.

HALTE FEST: Das Festtropar des 1. Septembers, das in unseren Gegenden gerne auch am Neujahr wiederholt wird, spricht vom ‚Jahreskranz der Güte Gottes', für den Gottes Segen erbeten wird:

„Bildner der ganzen Schöpfung,
der Du die Jahresabschnitte und Zeiten
in Deiner eigenen Vollmacht festgesetzt hast,
segne den Jahreskranz Deiner Güte!
Bewahre Dein Volk und Dein Land
auf die Fürbitten der Gottesgebärerin, und errette uns!"

FRAGE 51: Es mag aufgefallen sein, daß neben der Gottesgebärerin Johannes der Täufer eine besondere Rolle im Orthodoxen Kirchenjahr spielt. Auch auf den Ikonen, die die Deesis (Fürbitte) darstellen, erscheint rechts neben dem thronenden Christus die Gottesmutter mit zum Gebet erhobenen Händen, während links Johannes der Täufer in derselben Haltung ihr gegenüber dargestellt ist. Es fragt sich daher, warum Johannes der Täufer diese ausgezeichnete Stellung innerhalb der Heiligen einnimmt und welche Bedeutung er für die Orthodoxe Kirche hat?

ANTWORT: Jesus Christus sagte inbezug auf Johannes nach Mt 11,11–12: „Wahrlich, ich sage euch: unter denen, die von Frauen geboren sind, ist kein größerer als Johannes der Täufer. Doch der Kleinste im Reich der Himmel ist größer als er. Aber von den Tagen Johannes des Täufers an bis jetzt wird das Reich der Himmel mit Gewalt erstrebt und gewaltsam Ringende reißen es an sich."

Und nach Lk 16,16 sagt Christus: „Das Gesetz und die Propheten galten bis zu Johannes; von da an wird das Evangelium vom Reiche Gottes verkündigt, und jeder drängt sich mit Gewalt hinein." Daher gilt Johannes der Täufer in der Orthodoxen Kirche als der letzte und größte der alttestamentlichen Propheten. Auf der Ikone der Deesis symbolisiert er neben Maria, die die Fürbitte der Kirche darbringt, die Fürbitte der Gläubigen des Alten Bundes. Eine weitergehende Deutung aufgrund der Geburtsgeschichte des Täufers sieht in ihm den Freund des Herrn. Zugleich gilt er als Vater aller Asketen und Mönche. Vor allem wird er seliggepriesen, weil er gewürdigt wurde, den Herrn im Jordan zu taufen und damit auf die Erfüllung aller prophetischen Verheißungen hingewiesen hat. Am Tag nach Theophanien, am 7. Januar, wird daher seiner besonders gedacht. Mit ihm werden alle Heiligen des Alten Bundes, die Vorväter, Könige und Propheten hineingenommen in die Gemeinschaft des Neuen Bundes. Als Blutzeuge für die Wahrheit und Gerechtigkeit ist er aber auch Repräsentant aller Märtyrer, ja aller Gerechten, die wissentlich oder unwissentlich für die eine Wahrheit gestorben sind. Darum hat er auch nach orthodoxer Tradition die Gnade erhalten, nach seiner Enthauptung den Verstorbenen die Botschaft vom Erscheinen des Herrn vorweg zu verkünden. Er war ja der erste, der mit dem Trost dieser Kenntnis starb. Es ist bemerkenswert und entspricht sicher den historischen Tatsachen, daß die kirchliche Tradition ihn immer in bewußter Distanz zu den Jüngern Jesu gesehen hat: er wurde nicht von Jesus getauft, ist Ihm nicht nachgefolgt, sondern starb als jüdischer Märtyrer für Gerechtigkeit und Gesetz. Dennoch ist er von der Kirche schon früh verehrt worden im Glauben, daß er als entschiedener und ausdauernder Büßer ein mächtiger Fürbitter für die Welt vor dem Herrn sei.

Biblische Begründung: Mt 3,1–17; 11,1–15; 14,1–12;
Lk 1,5–25.39–80; 16,16; Joh 1,15–34; Apg 19,1–7.

HALTE FEST: Als Festtropar seines Gedächtnisses singen wir:

„Das Andenken der Gerechten wird von Lob begleitet.
Dir aber, Vorläufer, genügt das Zeugnis des Herrn.
Du warst wahrhaft der größte der Propheten;
denn du warst gewürdigt, in den Wassern Jenen zu taufen,
den diese nur vorverkündeten.
Deshalb hast du mutig gekämpft für die Wahrheit
und freutest dich, zu verkünden selbst denen im Hades
die Erscheinung des fleischgewordenen Gottes,
der hinwegnimmt die Sünde der Welt
und uns schenkt das große Erbarmen."

FRAGE 52: Wie versteht die Orthodoxe Kirche das Verhältnis von Altem und Neuem Testament, von Israel und Kirche?

ANTWORT: Sie sieht dieses Verhältnis so von Jesus Christus her, daß beide Teile in Ihm und durch Ihn im Dreieinen Gott eine verborgene Einheit darstellen. Dabei ist das Alte Testament nicht einfach erfüllt und aufgehoben im Neuen Testament, Israel nicht einfach ersetzt durch die Kirche, noch bestehen das Alte Testament und Israel unberührt neben Neuem Testament und Kirche fort, bis sie einst in der Endzeit sich finden werden. Vielmehr ist das Alte Testament Vorabbildung und Teil des Neuen Testamentes und Israel ist Vorabbildung und Teil der universalen Kirche aus Juden und Heiden, was allerdings heute erst dem christlichen Glauben im Heiligen Geist sichtbar ist. Darum sind auf vielen Ikonen im Hintergrund zwei Architekturteile erkennbar, die durch einen roten Vorhang verbunden sind. Dieser rote Vorhang stellt das Band des Heiligen Geistes dar, das Kirche und Synagoge verbindet und eint. Durch diese Einigung im Heiligen Geist gehören alle Gerechten des Alten Bundes als Heilige in den Neuen Bund, auch wenn die Gerechtigkeit im Neuen Bund als eine neue Gerechtigkeit in Erscheinung tritt. An der Gestalt Johannes des Täufers und seinem Jüngerkreis wird sichtbar, daß mit dem Auftreten Jesu Christi auf Erden und der Entstehung Seiner Jüngerschaft Israel nicht in die sichtbare Kirche aufgelöst worden ist. Es wird aber auch deutlich, daß jeder Mensch, der für die Wahrheit und Gerechtigkeit Zeugnis ablegt, leidet oder gar stirbt, für Christus zeugt, leidet und stirbt, mag er sich dessen bewußt sein oder nicht. So ist das Verhältnis Israel – Kirche nach orthodoxem Verständnis nicht ausschließlich durch den Gegensatz bestimmt, wie dies seit den Kreuzzügen im Westen weithin der Fall war. Die Väter Israels von Adam über Abraham, Isaak, Jakob, Joseph, Mose, Aaron, David, Salomon bis hin zu Johannes dem Täufer gehören ja zu den Heiligen der Kirche, auch wenn sie Christus nur in schattenhaften Vorabbildungen geschaut oder mit verhüllenden Worten bekannt haben. Das Verhältnis Israel – Kirche ist aber auch nicht ohne gegensätzliche Aspekte, die deutlich machen, daß ein Fortschreiten auf dem Wege der Gotteserkenntnis und der Theosis der tiefere Sinn der Unterscheidung von ‚alt' und ‚neu' ist. Denn der Neue Bund ist in Gottes Heilsplan deshalb notwendig, weil der Alte Bund durch seine Beschränkung an seine Grenzen kam. Die Grenzen der auf die Zugehörigkeit zum Judentum beschränkten Heilserwartung wurden durch den Heilsuniversalismus der Kirche aufgebrochen, die Grenzen des auf die Volksgemeinschaft bezogenen Rechtes durch eine radikalisierte Nächstenliebe, die Grenzen der Gesetzlichkeit durch Glaubensgerechtigkeit, die Grenzen der politischen Christuserwartung durch das in Kreuz und Auferstehung ermöglichte ganzheitliches Leben in Christus, um nur einige der wichtigsten Momente zu nennen, inbezug auf die das Alte Testament durch das Neue Testament überholt ist. Dieser Tatbestand berechtigt nun allerdings die Christen nicht dazu, mit eitler Selbstgefälligkeit auf die Juden herabzusehen. Denn die Erwählung Israels aus der Völkerwelt ist dadurch nicht verloren gegangen. Gott ist ja treu; Er bricht Sein Wort nicht und läßt nicht zu Schanden werden, die Seiner harren. Er ist auch dann treu, wenn Menschen untreu werden. Darum gilt, was der Apostel Paulus schreibt, auch heute noch für Israel: „Hat Gott Sein Volk verstoßen? Das sei ferne ... Gott hat Sein Volk nicht verstoßen, das Er im voraus ersehen hat ... Ich sage nun: Sind sie etwa gestrauchelt, damit sie zu Fall kämen? Das sei ferne! Sondern infolge ihrer Verfehlungen ist das Heil zu den Heiden gekommen, um sie zur Nacheiferung zu reizen. Wenn aber ihre Verfehlung der Reichtum der Welt geworden ist und ihr Fernbleiben der Reichtum der Heiden, wie viel mehr dann einst ihr vollzähliges Eingehen?“ (Rm 11,1–2.11–12).

Darum haben wir, die aus den Heidenvölkern zum Glauben Gerufenen, Israels Erbe mit Ehrerbietung zu begegnen, indem wir ohne jegliche Überheblichkeit die Hoffnung bezeugen, die uns auch für die blutmäßigen Erben der Verheißung Abrahams in Jesus Christus geschenkt ist. Denn für sie wie für ihre Väter gilt, was der Hebräerbrief im Blick auf die Märtyrer des Alten Bundes sagt: „Und diese alle erlangten, obschon sie durch den Glauben ein gutes Zeugnis besaßen, die Verheißung nicht, weil Gott für uns etwas Besseres vorgesehen hat, damit sie nicht ohne uns zur himmlischen Vollendung gelangen sollten.“ (Hebr 11,39–40).

Biblische Begründung: Dt 7,9; 32,4–5; Rm 9–11; 1 Kor 1,9; 2 Kor 1,18; Hebr 10,23.

FRAGE 53: In der Orthodoxen Kirche kommt der Taufe Christi durch Johannes den Täufer eine besondere Bedeutung zu. Worin besteht diese?

ANTWORT: Nach den Evangelien steht am Anfang der Wirksamkeit Christi Seine Taufe durch Johannes den Täufer, bei der der Heilige Geist in Gestalt einer Taube auf den Herrn hinabkam und eine Stimme aus dem Himmel erscholl: „Du bist Mein geliebter Sohn, an dem Ich Wohlgefallen habe.“ Der Taufe Christi wird im besonderen an Theophanien gedacht. Als im letzten Viertel des vierten Jahrhunderts auch Konstantinopel den neuen römischen Brauch übernahm, das Geburtsfest Christi vom Epiphaniefest zu trennen und auf den 25. Dezember vorzuziehen, da hatte das Hochfest vom 6. Januar im Osten bereits den Namen Theophanien (Gotteserscheinung) und andere Akzente als im Westen erhalten. So stand hier im Gegensatz zum Westen die Taufe des Herrn im Zentrum des alten Festes und damit verbunden die Offenbarung der Dreieinheit Gottes und der Gottessohnschaft Christi durch das sichtbare Herabsteigen des Heiligen Geistes auf den Herrn. Damit verbunden war die Vermittlung der Gotteserkenntnis an die Gläubigen durch die Erleuchtung (photismos) in der Taufe, sowie die Heiligung und Segnung der Materie dadurch, daß der Herr in das Wasser des Jordans hinabstieg und es berührte. An Theophanien findet daher seit alters eine Wasserweihe statt, die nicht nur den praktischen Zweck hat, das Taufwasser zu weihen, sondern außerdem das zeichenhaft anhebende Heilwerden der durch die Sünde verdorbenen Schöpfung symbolisiert. So ist Theophanien als Fest der Taufe und der Offenbarung der Dreieinheit Gottes zugleich auch das Fest einer anfänglichen Verwandlung und Verherrlichung der Schöpfung Gottes.

> Biblische Begründung: Mt 3,13–17; 28,19; Mk 1,9–11; Lk 3,21–22; Joh 1,31–34; Hebr 6,4; 10,32; Joh 1,9; Rm 8,18–22.

HALTE FEST: Als Festtropar von Theophanien singen wir:

> „Als Du, Herr, im Jordan getauft wurdest,
> ward offenbar die Anbetung der Dreiheit.
> Denn des Erzeugers Stimme gab Dir das Zeugnis,
> da Er Dich den geliebten Sohn nannte.
> Und der Geist in Gestalt der Taube
> verkündete des Wortes Untrüglichkeit.
> Der Du erschienen bist, Christus Gott,
> und die Welt erleuchtet hast, Ehre Dir!"

FRAGE 54: Die Evangelien erzählen, daß Jesus Christus nach Seiner Taufe in die Wüste gegangen sei, dort vierzig Tage und vierzig Nächte gefastet habe und vom Teufel versucht worden sei. Was bedeutet dieser Anfang der Wirksamkeit Christi?

ANTWORT: Daß unser Herr Sein öffentliches Wirken mit einer vierzigtägigen Fastenzeit begonnen hat, ist für die Orthodoxe Kirche wegweisend; auch sie beginnt ihr österliches Leben und Wirken mit einer vierzigtägigen Fastenzeit. Des Herrn eigenes Fasten zeigt im übrigen, daß mit Seinem Kommen in die Welt das Fasten nicht einfach seinen Sinn verloren hat, wie manche westliche Theologen aufgrund einer einseitigen Interpretation von Mk 2,18–22 und Mt 11,19–20; 12,1–8 meinen annehmen zu dürfen. In der

Bergpredigt setzt der Herr auch unter Seinen Jüngern Fasten voraus (Mt 6,16–18), hält sie allerdings dazu an, es im Verborgenen zu bewahren. In der Perikope Mk 2,18–22 rechtfertigt der Herr Seine Jünger gegenüber Außenstehenden, weil sie nicht fasten wie die Jünger des Johannes und die Jünger der Pharisäer. Er redet im Bilde von Sich und Seinen Jüngern: „Können etwa die Hochzeitsleute fasten, während der Bräutigam bei ihnen ist? Solange sie den Bräutigam bei sich haben, können sie nicht fasten. Doch es werden Tage kommen, wo der Bräutigam von ihnen genommen sein wird, und dann werden sie fasten, an jenem Tage." (Mk 2,19–20). Der Herr zeigt damit, daß Er das Fasten nicht gesetzlich verstanden haben will. Jeder faste nach seinem Vermögen (vgl. auch Mt 12,1–8). Wer aber fastet, erwirbt sich nicht ‚Verdienste', wie das die westliche Kirche im Mittelalter in ihrem aristotelischen Denken praktizierte, sondern, wer fastet mit ungeteiltem Herzen erhält Kraft und Stärkung zum Leben und Wirken. Als der Herr auf der Rückkehr vom Berg der Verklärung einen Knaben heilte, den Seine Jünger nicht heilen konnten, und sie Ihn danach fragten, antwortete Er: „Diese Art (von Dämonen) kann durch nichts anderes ausgetrieben werden als durch Beten und Fasten."[30] Damit wird deutlich, daß das Fasten eine wunderbare Kraftquelle sein kann, wenn es nicht äußerlich gesetzlich[31] vollzogen wird, sondern mit freier Zustimmung eines reinen Herzens. Sehr oft führt solches Fasten aber zunächst in Versuchungen. Christus Selbst ist in Seiner Fastenzeit in der Wüste vom Satan versucht worden. Die Wüste gilt seit alters als Ort, wo die Dämonen hausen; vielleicht darum, weil man Anfechtungen in der Einsamkeit nicht so leicht entfliehen kann wie unter Menschen. Es sind nun allerdings nicht irgendwelche Anfechtungen, welche der Herr nach Matthäus und Lukas besiegen mußte, sondern drei Versuchungen, die einem auf das Wohl der Menschheit bedachten Gerechten sehr wohl zur Falle werden können. Da ist zunächst die Versuchung, die materielle Lebensgrundlage als das einzig Wichtige zu betrachten und darob zu vergessen, daß der Mensch auf Brot leichter verzichten kann als auf das Wort Gottes. Bei Matthäus folgt danach die Versuchung, geistliche Erfahrungen und Gebetserhörungen als Selbstbestätigungen zu mißbrauchen und zum Ausweis göttlicher Vollmacht zur Schau zu stellen. Die dritte Versuchung nach Matthäus besteht darin, um der Teilhabe an der Macht willen, sich damit abzufinden, nicht mehr Gott allein anzubeten und ihm allein zu dienen. Lukas hat in seiner Perikope von der Versuchung Christi, die zweite und die dritte Versuchung umgestellt, sie inhaltlich aber nicht verändert.

Wer diese Versuchungsgeschichten meditiert, kommt sehr bald zur Erkenntnis, daß wir, heutige Nachfolger des Herrn, den drei genannten Versuchungen immer neu erliegen: Wir schätzen die Macht des Brotes höher ein als die Macht des Wortes Gottes. Wir mißbrauchen unsere geistlichen Erfahrungen und unser geistliches Wissen zur Selbstbestätigung und zur Selbstbehauptung. Wir schließen Kompromisse mit dem Bösen, um Macht zu gewinnen oder zu behalten. Christus hat Seine Wirksamkeit damit begonnen, daß Er diese Versuchungen alle abgewiesen hat. Damit hat Er Selbst Seinen äußeren Lebensweg zum Scheitern verurteilt, aber Er hat die Kraft gewonnen, in ungeteilter Reinheit Seinen Brüdern und Schwestern zu dienen.[32]

Der Ruf zur Leidensnachfolge aber gilt für jeden Christen auch hinsichtlich dieser Versuchungen: „Wenn jemand mit Mir gehen will, verleugne er sich selbst und nehme sein Kreuz auf sich und folge Mir nach! Denn wer sein Leben retten will, der wird es verlieren; wer aber sein Leben verliert um Meinetwillen und um des Evangeliums willen, der wird es retten“ (Mk 8,34–35).

Biblische Begründung: Mk 1,12–13; Mt 4,1–11; Lk 4,1–13.

FRAGE 55: Welche Bedeutung für unseren Glauben hat nach orthodoxer Auffassung die Wirksamkeit unseres Herrn und Heilandes vor Seiner Passion?

ANTWORT: Die Perikopen der Evangelien, die von Seinem Wirken in Galiläa, Samarien und Judäa handeln, verkünden uns die Menschenliebe (philanthropia) und das Erbarmen (eleos) Gottes. In Mt 9,35–36 heißt es als Zusammenfassung der Wirksamkeit des Herrn: „Und Jesus zog umher durch alle Städte und Dörfer, lehrte in ihren Synagogen, predigte das Evangelium vom Reich und heilte jede Krankheit und jedes Gebrechen. Als Er aber die Volksmenge sah, erbarmte Er Sich über sie, denn sie waren abgequält und zerstreut, wie Schafe, die keinen Hirten haben.“ Die Wunderberichte der Evangelien bezeugen uns die Macht des Herrn über die Natur und die Dämonen. Seine Verkündigung des Reiches Gottes und Seine Lehre geben uns Trost und Mut, in den Anfechtungen dieser Welt immer neu ein Leben der Umkehr (Buße), des Gebetes und der Nächstenliebe zu wagen und so auf dem Weg der Theosis voranzuschreiten. Die Perikope von der Verklärung des Herrn (Mk 9,1–13) zeigt uns, was uns auf diesem Weg der Überwindung von Kreuz und Leiden erwartet: die Teilhabe an Christi Herrlichkeit und die Schau Gottes. So geben die Berichte der Evangelien von der öffentlichen Wirksamkeit unseres Herrn vor Seiner Passion unserer Glaubensexistenz Orientierung, Ausrichtung und Mut. Ein Problem des historischen Jesus kennt die orthodoxe Theologie nicht, da ihr deutlich ist, daß die historische Forschung das ‚Leben Jesu‘ nicht aufzuhellen vermag. Denn die Erkenntnis des Mysteriums des Glaubens wird nur dem Glaubenden selbst als Gnadengeschenk zuteil.[33]

Biblische Begründung: Mt 4,23–25; 9,35–36; 14,34–36; Mk 1,32–34; 6,53–56; 9,1–13; 1 Kor 2,6–16.

FRAGE 56: In den Berichten der Evangelisten vom öffentlichen Wirken des Herrn ist oftmals vom Satan und seinen Engeln die Rede. Im westlichen Christentum pflegt man darin eine historisch bedingte, inadäquate Ausdrucksweise zu sehen, durch die die verschiedensten Phänomene bezeichnet werden, die zumeist durch die Wissenschaft erklärbar geworden sind. In der Orthodoxen Kirche jedoch pflegt man wie im Neuen Testament und bei den Mönchsvätern weiterhin vom Satan (Teufel) und von Dämonen zu reden. Wer sind diese? Handelt es sich dabei nicht um veraltete Vorstellungen, die der Wirklichkeit nicht mehr gerecht zu werden vermögen und die man daher besser meiden sollte?

ANTWORT: Die Rede vom Satan und seinen Engeln, den ‚Dämonen', drückt in der Tat uralte Erfahrungen der Menschheit aus, die Erfahrungen nämlich, daß es zerstörende Mächte gibt, denen der Mensch ausgesetzt ist. Diese sind vernunft- und willenbegabte Wesen, zunächst als Engel erschaffen, die dann von Gott abgefallen sind, indem sie sich für Gott hielten. Der Satan (Teufel) ist ihr Anführer und gilt schlechthin als Widersacher Gottes, untersteht aber dessen Allmacht. Er wird im Johannesevangelium ‚Fürst dieser Welt' (Joh 12,31; 14,30; 16,11) und ‚Vater der Lüge' (Joh 8,44) genannt. Als solcher versucht er, die ganze Schöpfung zu zerstören und insbesondere den Menschen von Gott zu trennen. Diesem Bestreben vermag sich der Mensch mit den ihm aus Natur und Vernunft zur Verfügung stehenden Mitteln nicht zu erwehren. Auf die Zusage Christi hin (Mk 9,29) kann jedoch im sogenannten ‚Asketischen Kampf' mit der Gnade Gottes der Sieg über die dämonischen Mächte gelingen, denn nach den Evangelien ist Jesus Christus auch der Herr über diese Mächte. Das wollen die Perikopen besagen, in denen von ‚Dämonenaustreibungen' erzählt wird. Der Herr hat aber nicht nur Selber Dämonen ausgetrieben, sondern auch Seinen Aposteln die Macht verliehen, die Dämonen zu besiegen. So heißt es Lk 9,1–2: „Er (sc. Jesus) rief aber die Zwölf zusammen und gab ihnen Macht und Gewalt über alle Dämonen und zur Heilung von Krankheiten; und Er sandte sie aus, das Reich Gottes zu predigen und zu heilen." Und Lk 10,17 lesen wir: „Die Siebzig aber kehrten mit Freuden zurück und sagten: ‚Herr, auch die Dämonen sind uns untertan kraft Deines Namens.'"

Auch heute noch kennt die Orthodoxe Kirche ‚Dämonenaustreibungen' durch die Anrufung des Namens des Dreieinen Gottes. Ein solcher Exorzismus wird z.B. vor jeder Taufe vollzogen, denn wo in einem Menschen Christus nicht wohnt, hausen in ihm ‚Dämonen'. Viele orthodoxe Gläubige kennen aus eigener Erfahrung die Macht der Dämonen, die gerade dort sichtbar wird, wo Christus Seine Herrschaft aufrichtet oder ausbreitet. Sie wissen auch, daß dagegen nichts hilft als ‚Beten und Fasten' (Mk 9,29).

> Biblische Begründung: Lk 9,1–5; 10,1–12.17–20;
> Mk 9,14–29; Mk 1,21–28; 5,1–12; 7,24–30; Lk 13,31–32.

FRAGE 57: Die Zeit des irdischen Wirkens unseres Herrn Jesus Christus hat nach den Evangelien einen Höhepunkt in der Verklärung des Herrn. Diese ist als ein wichtiges Datum in den Orthodoxen Festkalender eingegangen. Worum geht es bei diesem Fest?

ANTWORT: Das Hochfest der Verklärung Christi am 6. August ist bereits im vierten Jahrhundert als Kirchweihfest der von der Kaiser-Mutter Helena gestifteten Kirche auf dem Tabor entstanden. Es ist noch einmal ein Fest der Dreieinheit Gottes, da wie bei der Taufe auch hier der Vater dem Sohn das Zeugnis gibt, der Heilige Geist aber im Taborlicht gegenwärtig erscheint. Zugleich weist dieses Fest aber auch hin auf die Vollendung des Glaubens und der Gläubigen am Ende der Zeiten; es macht deutlich, daß dann die immerwährende Schau Gottes den Gläubigen geschenkt wird, und zwar in dem Maße, wie ein jeder dazu bereit sein wird. Dies bezeugt auch Ephraim der Syrer (306–373) in seinen Hymnen[34]:

> „Wie ein jeder das Auge im Diesseits gereinigt hat,
> so wird er dort schauen können die
> Herrlichkeit des Allerhöchsten.
> Wie ein jeder das Ohr im Diesseits geöffnet hat,
> so wird er dort fassen können Seine Weisheit.
> Wie ein jeder sein Inneres im Diesseits weit gemacht hat,
> so wird er dort aufnehmen können von Seinen Schätzen."

Im Festtropar zum 6. August heißt es daher:

> „Du wurdest verklärt auf dem Berge, Christus Gott,
> und zeigtest Deinen Jüngern Deine Herrlichkeit,
> soweit sie diese zu ertragen vermochten.
> Laß erstrahlen auch uns Sündern Dein ewiges Licht,
> auf die Fürbitten der Gottesgebärerin,
> Lichtspender, Ehre Dir!"

Was hier jedoch geschaut wird als ewiges Licht, ist schon jetzt und nicht erst in Zukunft die unvergängliche Wirklichkeit. Diese ist eine zwar noch verhüllte, aber darum nicht minder gültige Realität, in und mit der jeder Gläubige leben kann. Um dies festzuhalten, haben die Väter im 14. Jahrhundert gegenüber einem humanistischen Rationalismus im Hesychastenstreit (1341–1351) auf der Aussage beharrt, daß das von den Jüngern auf dem Berg Tabor geschaute Licht nicht nur ein psychologisch erklärbares Phänomen sei, sondern Gottes unerschaffenes Licht, d.h. Er selbst in Seiner Wirkkraft (Energie). Er teilt Sich mit, indem Er für einige Augenblicke den Nebel, der uns hier umgibt, zerreißt und uns in das Licht Seiner Strahlen taucht, damit wir auf dem Weg der Theosis die Geduld in den Anfechtungen nicht verlieren. In diesem Sinne heißt es auch in den Vesperstichiren des Verklärungsfestes:

> „Vor Deinem Kreuz, o Herr,
> ahmte der Berg den Himmel nach;
> die Wolken breiteten sich aus wie ein Zelt.
> Als Du aber verklärt vom Vater bezeugt wurdest,
> war zugegen Petrus mit Jakobus und Johannes als die,
> welche mit Dir zusammen sein wollten
> auch in der Zeit,
> da Du überliefert wurdest,
> auf daß sie, nachdem sie geschaut hatten Deine Wunder,
> nicht verzagen sollten ob Deiner Leiden.
> Diese zu verehren in Frieden,
> würdige auch uns durch Dein großes Erbarmen."

> Biblische Begründung: Mt 17,1–9; Mk 9,2–10; Lk 9,28–36; Kol 1,27.

FRAGE 58: Nach orthodoxem Verständnis gipfelt die Menschwerdung unseres Herrn und Erlösers Jesus Christus in Seinem Leiden und Seinem Tod am Kreuz. Was besagt das?

ANTWORT: Im Apolytikion (Entlassungstropar) des Heiligen und Hohen Freitags heißt es:

> „Du hast uns losgekauft vom Fluche des Gesetzes
> durch Dein kostbares Blut.
> Ans Kreuz genagelt, von der Lanze durchbohrt,
> ließest Du den Menschen die Unsterblichkeit quellen,
> Du, unser Erlöser, Ehre Dir!"

Die Menschwerdung zu unserer Erlösung führte den Herrn und Schöpfer der Welt in die tiefste Erniedrigung, in Leiden, Einsamkeit und in einen schmachvollen Verbrechertod. Daß es sich bei diesem Weg in die Tiefe um eine freiwillige Selbstentäußerung handelt, macht schon ein urchristlicher Hymnus (Phil 2,6–11) deutlich, wo es von Christus heißt:

> „Er entäußerte Sich Selbst,
> indem Er Knechtsgestalt annahm
> und den Menschen gleich wurde.
> Und in der Gestalt als Mensch erfunden,
> erniedrigte Er Sich Selbst
> und ward gehorsam bis zum Tod.[35]"

Man muß sich klar machen, was das bedeutet: Als Gott hätte Christus dem Kreuz entgehen können; als Sündloser war Er dem Tod nicht unterworfen. Das unvorstellbare Paradox, daß Gott, der Leidlose, litt, daß der Unsterbliche starb, daß der Sündlose alle Sünden der Welt auf Sich nahm, wird in den gottesdienstlichen Texten der Heiligen und Hohen Woche immer neu durch Gegensatzpaare hervorgehoben, so etwa im 15. Antiphon des Heiligen und Hohen Freitag, wo es heißt:

> „Heute hängt am Kreuz,
> der die Erde in Wassern hängen läßt. (dreimal)
> Mit einem Kranz aus Dornen wird umwunden
> der König der Engel.
> Zum Spott wird mit einem Purpur umhüllt,
> der die Himmel umkleidet mit Wolken.
> Schläge erhält,
> der im Jordan den Adam befreite.
> Mit Nägeln wird angeheftet
> der Bräutigam der Kirche.
> Mit einer Lanze wird durchbohrt
> der Sohn der Jungfrau.
> Wir fallen nieder vor Deinen Leiden, o Christus.
> Wir fallen nieder vor Deinen Leiden, o Christus.
> Wir fallen nieder vor deinen Leiden, o Christus.
> Zeige uns auch Deine herrliche Auferstehung!"

FRAGE 59: Was bedeutet im Orthodoxen Glauben die ‚Verehrung' von Leiden und Kreuz Christi?

ANTWORT: Die unvorstellbare Selbsthingabe des Schöpfers an Seine Geschöpfe können diese nur angemessen beantworten, indem sie sich willig hineinnehmen lassen in das neugeschenkte Leben in der Gemeinschaft mit ihrem Gott. Die ‚Verehrung' ist das ganzheitliche Sich-Einfinden der Gläubigen zu diesem neuen Leben in Christus durch Einstimmen in die Doxologie aller Himmlischen und Irdischen, die Jesus Christus als Herrn anerkennen (akklamieren) und bekennen (proklamieren). Diese Verehrung ist etwas grundsätzlich anderes als die ‚Andacht', mit der der mittelalterliche westliche Mensch die Passion des Herrn zu betrachten gelernt hat, indem er sie isoliert vom Zusammenhang des Heilsgeschehens und so als isoliertes Moment mit der Konzentration all seiner Kräfte ‚meditiert' und in Sinnen und Gefühl miterlebt, um mit diesem vorgestellten Bild des Leidens und Sterbens seines Herrn gleichgestaltet (conform) zu werden. Denn die orthodoxe ‚Verehrung' von Leiden und Kreuz Christi erlaubt nicht, einzelne Momente des Heilsgeschehens isoliert zu ‚meditieren', sondern setzt voraus, daß immer das Heilsgeschehen als Ganzes in Blick bleibt und der Gläubige sich von ihm als Ganzer verwandeln läßt. Das aber heißt: Leiden und Kreuz Christi können nie losgelöst von Menschwerdung, Auferstehung, Himmelfahrt, Sendung des Heiligen Geistes an Pfingsten und Vollendung der Gläubigen und der Welt am Ende der Zeiten gesehen werden.

Biblische Begründung: Phil 2,6–11; Joh 3,8–21; 16,1 – 17,26.

FRAGE 60: Stellen nicht die Großen Fasten vor Ostern doch in gewissem Sinne eine ‚Meditation' des Leidens und Kreuzes Christi dar?

ANTWORT: Ja, insofern nämlich als es in dieser vierzigtägigen Fastenzeit nicht nur darum geht, sich bestimmter Nahrung zu enthalten, sich nicht voll zu sättigen und das Ersparte Bedürftigen zukommen zu lassen. Vielmehr ist mit diesem äußerlichen Fasten, das in Absprache mit dem Beichtvater im Verborgenen geschehen soll, auch eine Intensivierung des Gebetes und der geistlichen Lektüre verbunden, so daß Christi Leiden und Tod den Gläubigen intensiver als sonst vor Augen stehen. Aber auch hier handelt es sich nicht in erster Linie um ein isoliertes gefühlsmäßiges und sinnenhaftes ‚Miterleben' der Passion Christi, sondern um den Vollzug der durch Christi

Leiden, Sterben und Auferstehen ermöglichten Buße als Umkehr und Erneuerung des ganzen Menschen. Darum spielen in der sechswöchigen Fastenzeit bis zur Heiligen und Hohen Woche auch für jeden einzelnen Gläubigen die Lesung des Bußkanons des heiligen Andreas von Kreta und das tägliche Gebet des heiligen Ephraims des Syrers, eine besondere Rolle.

Biblische Begründung: Mk 2,19–20; Mt 6,1–4.16–18.

HALTE FEST: Während der Fastenzeit wird außer an Liturgie-Tagen jede Gebetszeit erweitert durch das Gebet des heiligen Ephraim:

„Herr und Gebieter meines Lebens,
den Geist der Trägheit, der eitlen Geschäftigkeit,
der Herrschsucht und unnützer Worte nimm von mir."
(Große Metanie).

„Gib mir hingegen, Deinem Knecht (Deiner Magd),
den Geist der Nüchternheit, der Demut,
der Geduld und der Liebe."
(Große Metanie).

„Ja, mein Herr und König, laß mich sehen meine Fehler
und nicht richten meine Brüder und Schwestern,
denn Du bist gesegnet in die Äonen der Äonen. Amen."

(Große Metanie – Zumeist folgen: Zwölf kleine Metanien –
Wiederholung des Gebetes ohne Metanien –
Große Metanie zum Schluß).

FRAGE 61: Welche Bedeutung hat in der Orthodoxen Kirche das Fasten und wie wird es gehandhabt?

ANTWORT: Die Orthodoxe Kirche ist sich der Worte ihres Herrn bewußt: „Nichts kommt von außen in den Menschen hinein, das ihn verunreinigen kann, sondern was aus dem Menschen herauskommt, das ist es, was den Menschen verunreinigt" (Mk 7,15).

Vor Beginn der Großen Fasten erinnert die Kirche daher die Gläubigen an die Worte des Apostels: „Brüder, Speise wird uns nicht vor Gott bestehen machen; weder fehlt uns etwas, wenn wir nicht essen, noch gewinnen wir etwas, wenn wir essen. Doch achtet darauf, daß diese eure Freiheit den Schwachen nicht zur Verführung gereicht" (1 Kor 8,8f.). Das Fasten ist also nicht zu verstehen als ein Werk, das den Menschen vor Gott gerecht machen könnte. Dies unmißverstehbar deutlich zu machen ist mit der Sinn der Vorfastenzeit, insbesondere der Herrntage vom Zöllner und Pharisäer (erster Herrntag der Vorfastenzeit) und vom Gericht (dritter Herrntag der Vorfastenzeit, Sonntag der Fleischenthaltung).

Sinn des Fastens ist es vielmehr, durch eine ganzheitliche Neuausrichtung auf Gott für die wahren Lebensbedürfnisse sensibilisiert zu werden und so die Fähigkeit zu erlangen, voller und tiefer teilzuhaben an der Feier des Heilsmysteriums. Darauf weist auch hin das Wort, das der Herr zur Abwehr des Versuchers nach Seinem vierzigtägigen Fasten in der Wüste sagte: „Der Mensch lebt nicht vom Brot allein, sondern von jedem Wort, das aus dem Munde Gottes hervorgeht" (Mt 4,4).

Daher bereitet die Kirche die großen Feste des Kirchenjahres durch eine Fastenzeit vor: Ostern durch ein vierzigtägiges Fasten bis zur Heiligen und Hohen Woche, das sind die sog. Großen Fasten, Christi Geburt mit Theophanien ebenfalls durch eine vierzigtägige Fastenzeit, die am Abend des Gedächtnisses des hl. Philippus (14. Nov.) beginnt, das Gedächtnis der Apostelfürsten Peter und Paul und aller Apostel durch das Apostelfasten vom Montag nach Allerheiligen bis zum 28. Juni und schließlich das Fest des Entschlafens der Gottesmutter (Koimesis) durch eine kleine Fastenzeit vom 1. – 14. August.

Außerdem wird an jedem Mittwoch und Freitag des Jahres mit Ausnahme der Osterwoche, Pfingstwoche, Christfestzeit und Vorfastenzeit gefastet zum Gedächtnis des Heiligen und kostbaren Kreuzes. An diesen Tagen wird als Tropar wie am 14. September gesungen:

„Rette, Herr, Dein Volk
und segne Dein Erbe!
Verleihe Deinen Gläubigen Sieg
wider ihre Widersacher
und behüte Deine Gemeinde
mit Deinem Kreuz!"

Nur an wenigen Tagen des Jahres bedeutet Fasten vollständige Enthaltsamkeit von Essen und Trinken, so am Heiligen und Hohen Freitag (Karfreitag) und am Weißen Montag, dem ersten Tag der Großen Fasten.

Ansonsten bedeutet Fasten Verzicht auf bestimmte Speisen einerseits und auf die sättigende Menge von Nahrung andererseits. Es gibt, was die Art der erlaubten Speisen betrifft, drei Gruppen von Fasttagen, nämlich Fasttage, an denen nur vegetarische Speisen (also keine Eier und Milchprodukte) ohne Öl und Wein genossen werden: dazu gehören alle Mittwoche und Freitage des Jahres bis auf die bereits genannten Ausnahmen, in den Großen Fasten und vom 1. – 14. August alle Wochentage außer Samstag und Sonntag, die ganze Heilige und Hohe Woche bis und mit dem Heiligen und Hohen Sabbat, der Vorabend von Theophanien, das Fest der Enthauptung Johannes des Täufers (29. August), das Fest von Kreuzerhöhung (14. Sept.). Zur zweiten Gruppe gehören Fasttage, an denen vegetarische Speisen (also keine Eier und Milchprodukte), gewisse Weichtiere (z.B. Tintenfisch, Muscheln usw.) Öl und Wein erlaubt sind: alle Samstage und Sonntage in den Großen Fasten, alle Wochentage außer montags, mittwochs und freitags in den Weihnachts- und Apostelfasten, alle Festtage 3. und 4. Ranges, wenn sie auf einen Fasttag fallen. Die dritte Gruppe besteht aus Fasttagen, an denen außerdem Fisch erlaubt ist: alle Samstage und Sonntage in den Weihnachts- und Apostelfasten, alle Festtage 1. und 2. Ranges, wenn sie auf einen Fasttag fallen. Diese Fastenregeln der Orthodoxen Kirche sind sehr alt und nehmen Bezug auf die Eßgewohnheiten der Mittelmeerländer. Was dort Nahrungsmittel von geringerem Wert sind (z.B. Tintenfisch oder Muscheln) sind für uns westeuropäische Binnenlandbewohner Leckereien. Es versteht sich daher von selbst, daß wir das Fasten an unsere Lebenssituation anpassen müssen. So gehört für uns beispielsweise auch Verzicht auf Genußmittel, aufs Rauchen und auf Süßigkeiten, sowie aufs Fernsehen zum Fasten.

Zum Fasten gehört zudem seit jeher untrennbar eine Intensivierung des Gebetes und das Abgeben des vom Munde Ersparten an die Bedürftigen. Da nach dem strengen Gebot des Herrn und der Tradition der Orthodoxen Kirche, das Fasten im Verborgenen geschehen soll (Mt 6,16–18), kann es im Gegensatz zur mittelalterlichen Praxis des Westens niemals öffentliches Gesetz werden und es bleibt dem Gewissen der einzelnen Gläubigen selbst überlassen, wie sie sich am Fasten der Kirche beteiligen. Im Gegensatz zu den Mönchen erwartet man von den Weltchristen, Priestern und Laien, nicht, daß sie die Fastenregeln vollständig (kat' akribeian) einhalten. Sie sollen tun, was sie können und was in ihrer Lebenssituation sinnvoll ist. Doch ist es wichtig, daß sie nicht zu leichtfertig sich über das gemeinsame Fasten der Kirche hinwegsetzen, sondern mit ihrem Beichtvater absprechen, wie sie daran teilhaben können. Denn irgend ein Enthalten, eine Vertiefung im Gebet und eine Befleißigung in der Ausübung der Nächstenliebe ist jedem Christen möglich. Ohne sie gibt es kein Wachsen auf dem Wege der Theosis.

Zudem ist das Fasten im Verständnis der Orthodoxen Kirche seit jeher Zeichen der eschatologischen Hoffnung auf das Friedensreich Gottes, in dem sich die Geschöpfe nicht mehr gegenseitig töten und fressen werden nach den Worten des Propheten Jesaja:

„Es wird der Wolf mit dem Lamm zusammen weiden und der Panther mit dem Ziegenbock lagern; das Kalb, der Stier und der Löwe werden gemeinsam auf der Weide sein, und ein kleines Kind wird sie führen. Die Kuh und der Bär werden miteinander lagern und ihre Kinder werden zusammen sein. Löwe und Rind werden beide Stroh fressen. Das Kleinkind wird spielen am Schlupfloch der Otter, und in die Höhle der Schlange wird es seine Hand ausstrecken. Nichts Böses und nichts Verderbliches wird man tun auf meinem ganzen heiligen Berg; denn voll ist das Land von Erkenntnis des Herrn, wie von Wassern, die das Meer bedecken" (Jes 11,6–9).

So ist für die Gläubigen der Verzicht auf Fleisch, Eier und Milch eine zeitweise Selbstbeschränkung, die in Erinnerung ruft, daß der Mensch nur heilwerden kann, wo er lernt, mit seiner Umwelt im Frieden zu leben. Recht verstandenes Fasten macht empfindlich für den zerstörerischen Raubbau, mit dem die gefallene Schöpfung sich selbst zu Grunde richtet.

Recht verstandenes Fasten erfüllt nicht einfach ritualistisch irgendwelche unverstandenen Vorschriften, sondern nimmt an einem konkreten Punkt die Buße als ganzheitliche Umkehr an und bewährt sie im Verzicht. Gefährlicher als Mißachtung des Fastens ist daher innerhalb der Kirche der gesetzlich-ritualistische Mißbrauch, der abstumpft statt sensibilisiert. Durch ihn wird das Fasten leicht zum Ruhekissen des Selbstgerechten oder zum Hochleistungssport hochmütiger Prahlerei. Darum singen wir am ersten Vorfastensonntag zu den Luzernariumspsalmen:

„Nicht nach Pharisäerart lasset uns beten, ihr Brüder!
Denn, wer sich erhöht, wird erniedrigt werden.
Erniedrigen wir uns selbst vor Gott!
Wie der Zöllner lasset uns im Fasten rufen:
Erbarme Dich unser, o Gott, die wir Sünder sind!
Der Pharisäer, durch eitle Ruhmsucht besiegt,
und der Zöllner in Buße gebeugt,
traten alle beide vor Dich, den alleinigen Herrn;
jener, wie er hochmütig erzählte sein Tun,
wurde seiner Güter beraubt;
dieser, der keine Worte fand,
wurde gewürdigt Deiner Gnade.
In meiner Reue stärke mich,
Christus Gott, einzig Menschenliebender!"

Biblische Begründung: Mt 6,16–18; Mk 2,18–22; 7,1–23; Mk 9,29; Rm 8,19–22: 1 Kor 8,1–13.

FRAGE 62: Warum sind in unserem Glaubensbekenntnis Pontius Pilatus und das Begrabenwerden Christi ausdrücklich genannt?

ANTWORT: Beides soll deutlich machen, daß Jesus Christus wirklich im Leibe gelitten hat und gestorben ist, also konkret in die Geschichte eingegangen ist. Es ist gerichtet gegen jene, die das Christentum in Mythologie auflösen und rein symbolisch deuten wollen.

Biblische Begründung: 1 Kor 15,4.35–49.

FRAGE 63: Wie geht die Orthodoxe Kirche mit der Tatsache um, daß die kirchlichen Traditionen infolge der Menschwerdung Gottes in Jesus Christus immer auch raum- und zeitbedingt und damit auch einem gewissen geschichtlichen Wandel unterworfen sind?

ANTWORT: Da die Kirche Leib Christi ist und in Christus Gottheit und Menschheit unvermischt und unverwandelt, aber auch ungetrennt und ungeschieden vereint sind, kann die Kirche ihre kreatürliche Geschichtlichkeit annehmen, ohne daß dadurch die göttliche Wahrheit ihrer Tradition in Frage gestellt wird. Denn die Geschichtlichkeit der Kirche ist gehalten durch die göttliche Paradosis, d.h. die Tradition als Selbsthingabe Gottes, die in den Traditionen der Kirche Gestalt gewonnen hat, wobei Göttliches und Menschliches auch hier unvermischt und unverwandelt, ungetrennt und ungeschieden vereint sind, so daß das Göttliche das Menschliche an sich zieht. Damit wird ein gewisser geschichtlicher Wandel innerhalb der Kirche verstehbar als das Wachsen der menschlichen Natur in der Theosis. Von diesem Wachsen spricht Eph 4,16. Es geschieht dadurch, daß immer mehr Glieder des Leibes sich vom Heiligen Geist durchgeistigen und umwandeln lassen zur Transparenz für die göttliche Liebe (Vergöttlichung). Diese Durchgeistigung bedeutet zugleich Befreiung von den knechtenden Begierden und damit die Kraft zur Überwindung jener Gesetze unserer Natur, die uns in der Todesverfallenheit halten. Dies bedeutet, daß auch der Kosmos selbst verwandelt und hineingenommen wird in das Heilsgeschehen, so daß er Christi Königsherrschaft Raum gibt, und die unendliche Liebe Gottes in völliger Freiheit herrschen kann, nicht mehr eingeschränkt durch die Rücksicht auf die widerstrebenden Willenskräfte und die Gesetzmäßigkeiten einer dem Tode verfallenen Natur.

Dieses Wachstum geschieht aber nicht so, daß die nachkommenden Generationen mehr an der göttlichen Wahrheit und Fülle Anteil hätten als etwa die Generationen der ersten Jahrhunderte. Denn die Wahrheit, um die es hier geht ist die eine, unteilbare göttliche Natur, die unverlierbar und unvermehrbar der kreatürlichen Geschichtlichkeit verbunden ist, so daß alle Geschlechter der Gläubigen, die vergangenen, gegenwärtigen und künftigen Glieder am Leibe Christi, einen unmittelbaren Zugang zu ihr haben. Dieser Tatsache tragen die gegenwärtigen Generationen dadurch Rechnung, daß sie weder das Band der Einheit zwischen sich und den Vätern lieblos zerreißen, indem sie die Tradition ohne die Einmütigkeit im Heiligen Geist gewaltsam ändern, noch notwendige Veränderungen durch gewaltsames Beharren in alten Gleisen verhindern. Das ist allerdings eine Gratwanderung, zu der keine Generation von sich aus fähig ist; sie ist nur möglich durch die Leitung des Heiligen Geistes, der der Kirche für alle Zeit und Ewigkeit zugesagt ist. Auf dieser Leitung des Heiligen Geistes beruht nach orthodoxem Verständnis die Unfehlbarkeit der Kirche, die nicht die Unfehlbarkeit eines oder mehrerer Glieder als solcher, sondern des ganzen Körpers ist.

Diese Auffassung des Verhältnisses von kreatürlicher Geschichtlichkeit und göttlicher Wahrheit innerhalb der Kirche unterscheidet sich sowohl von der römisch-katholischen als auch von der protestantischen Sicht. Während die römisch-katholische Kirche in gleichsam monophysitischer Weise göttliche Wahrheit und menschliche Tradition vermischt, werden diese von den Kirchen der Reformation so getrennt, daß die kirchlichen Traditionen wie Kleider bei jeder Modeströmung ausgewechselt werden können.

Biblische Begründung: 1 Kor 15,3–11; Eph 4,4–16.

FRAGE 64: Die Grablegung Christi spielt auch in der orthodoxen Feier des Heiligen und Hohen Freitags eine besondere Rolle. Was geschieht da?

ANTWORT: Am Heiligen und Hohen Freitag, der im Westen Karfreitag heißt, bei den Orthodoxen nach biblischer Tradition oft Rüsttag genannt wird, wird nach der Vesper, die unmittelbar an die Non anschließt, die Grablegung Christi begangen: Der Epitaphios (sl. plaschtschaniza, d.h. das Grabtuch Christi, das während der Ostermetten auf dem Heiligen Tisch liegen wird und da bis zur Himmelfahrt Christi bleibt) wird auf einer Bahre unter Gesang des Kontakions der Grablegung ins Kirchenschiff getragen und schließlich in der Mitte des Kirchenschiffes aufgestellt, mit Blumen und Düften geschmückt und von den Gläubigen verehrt. Später wird anstelle des Nächtlichen Psalmengebetes ein ‚Totengedächtnis' für den Herrn gehalten und zwischen den Versen des 118.(119.) Psalmes in drei Teilen die sog. Enkomia gesungen, die die Totenklage mit dem Osterlob verbinden. Unmittelbar danach werden die Auferstehungs-Evlogitaria angestimmt, die bereits die Osterbotschaft vorwegnehmen. Daran schließen sich die Metten und die Laudes mit der Großen Doxologie. Darauf wird mit einer großen Prozession um die Kirche oder durch die Stadt, begleitet vom Gesang des Trisagions, der Epitaphios in das Kirchenschiff zurückgetragen. Diese Prozession durch die Nacht versinnbildlicht Christi Hinabsteigen in die Finsternis der Unterwelt. Bei den Griechen herrscht die Sitte, nach der Prozession, die als Volksfest fast so populär ist wie die Osternacht, beim Eintritt in die Kirche unter dem Epitaphios durchzugehen, was das Hineingetauchtwerden in den Tod Christi durch die Taufe symbolisiert. Die ganze Feier ist eine festliche Verehrung des sieghaften Todes Christi, welche auch für Menschen die Heilsbotschaft deutlich macht, die den Zugang zur Wirklichkeit nicht über den Intellekt finden.

Anschließend findet eine Synaxis (Wortgottesdienst) statt mit Lesungen aus Ez 37, 1; Kor 5, Gal 3 und Mt 27. Auch hier wird bereits die Auferstehung vorverkündigt.

Biblische Begründung: Mt 27,57–61; Mk 15,42–47;
Lk 23,50–55; Joh 19,38–42; Rm 6,3–11.

FRAGE 65: Es fällt auf, daß im orthodoxen Gottesdienst öfters die Worte des Räubers wiederholt werden, der als Mitgekreuzigter zum Herrn sprach: Gedenke meiner, Herr, wenn Du kommst in Deinem Reich!" (Lk 23,42).[36] Warum?

ANTWORT: Dieser Verbrecher war der erste, der Gottes Liebe am Kreuz erkannte und es wagte, vom Gekreuzigten Verzeihung und Leben zu erbitten und der so auch als erster der Erlösung und des ewigen Lebens teilhaftig wurde. Er ist darum Vorbild der Buße, und seine Worte werden vor allem in den Großen Fasten häufig wiederholt, z.B. auch als Kehrvers zwischen den einzelnen Seligpreisungen. Sie sind Ausdruck der Bußgesinnung, der Demut und der Hoffnung.

Biblische Begründung: Lk 23,42–43.

FRAGE 66: Ein auffälliges Phänomen ist die orthodoxe Kreuzesverehrung. Was ist dazu zu sagen?

ANTWORT: Das Kreuz ist wie die Ikonen und das Evangelienbuch für die orthodoxen Christen eine Abschattung der Wirklichkeit, auf die durch das Bild hingewiesen wird. Die Verehrung einer solchen Abschattung gilt nicht dieser selbst, sondern der Wirklichkeit, die sie darstellt und die nicht anders als im Bild in Erscheinung treten kann. Dahinter steht die Überzeugung, daß das Göttliche für uns nur im Bild begreifbar ist, nicht aber direkt faßbar. Es ist unserem Zugriff entzogen, gibt uns aber Anteil an seinem Sein durch Mitteilung im Abbild. Doch nicht jedes Bild, das wir uns machen, hat die Transparenz auf das Urbild hin. Nur das theologisch wahre, das geoffenbarte, das heilige Bild ist dafür transparent. Dieses heilige Bild (das heilige Kreuz, die heilige Ikone, das heilige Evangelienbuch), zeichnet sich dadurch aus, daß aufgrund einer kirchlichen Anrufung des Heiligen Geistes (Epiklese) und der Verheißung, die dieser Anrufung gegeben ist, im dogmatisch richtigen, der Tradition entsprechenden Bild die Wirklichkeit, die hinter diesem Bild steht, für den Gläubigen verborgen gegenwärtig ist. Die Heiligkeit, von der hier die Rede ist, haftet also nicht an der Materie des Bildes, wie sich das nahe legt gemäß westlichem Denken, das durch die Aristoteles-Rezeption Augustins und des Mittelalters dem Materialismus weithin verfallen ist. Die Wirklichkeit, die das heilige Kreuz darstellt, ist daher nicht das Holz, auch dann nicht, wenn eine angeblich ‚echte' Kreuzespartikel darin eingeschlossen sein sollte. Die Wirklichkeit des heiligen Kreuzes ist vielmehr Jesus Christus Selbst, der am Kreuz unsere Schuld getilgt, den Tod vernichtet und die Dämonen besiegt hat. Wird nicht Er Selbst als die Wirklichkeit des Kreuzes erkannt, so ist die Kreuzesverehrung Götzendienst. Das Kreuz verehren heißt also: Christus als Sieger am Kreuz verehren. Das aber bedeutet, daß das Kreuz im orthodoxen Glauben nie isoliert als Zeichen des bloßen Leidens gesehen werden kann, sondern immer von der Auferstehung her in Blick zu nehmen ist. Zwar weiß auch der orthodoxe Christ, daß Christi Kreuz zur Nachfolge ruft und ins Leiden hineinführt. Aber auch dieses Leiden ist von der Auferstehung her zu sehen als sieghaftes Leiden. Die Orthodoxe Kirche lehnt daher die westlichen Kreuzesdarstellungen, wie die Kruzifixe überhaupt, ab, da diese realistisch, dreidimensional das Leiden vor Augen führen wollen. Solche Darstellungen gehen materialistisch an der Wirklichkeit vorbei. Das Kreuz kann man nur von der Auferstehung her sehen, auch wenn es noch so hart drückt. Von der Auferstehung her aber ist es ein kostbares, lebenspendendes Kreuz. Die Verehrung des kostbaren, lebenspendenden Kreuzes aber ist ein Akt dankbarer Annahme der Heilstat Christi und dessen, was sie uns gebracht hat;

zugleich ist es aber auch ein Akt gehorsamer Unterwerfung unter das Kreuz, das uns in die Nachfolge ruft.

Besondere Zeremonien der Kreuzesverehrung finden in der Orthodoxen Kirche am dritten Herrntag in den Großen Fasten, am 1. August und an Kreuzerhöhung (14. Sept.) statt. Außerdem wird von den Gläubigen am Ende jedes Gottesdienstes und nach der Beichte das Kreuz geküßt.

Biblische Begründung: 1 Kor 13,12; 1 Kor 1,18–2,16.

HALTE FEST: An den Festtagen der Kreuzesverehrung singen wir anstelle des Trisagions:

„Vor Deinem Kreuz, o Gebieter, fallen wir nieder
und Deine heilige Auferstehung verherrlichen wir."

FRAGE 67: Was ist die besondere Bedeutung des Hochfestes der Kreuzerhöhung und woher stammt dieses Fest?

ANTWORT: Die Erhöhung des kostbaren und lebenspendenden Kreuzes am 14. September gedenkt der Auffindung des heiligen Kreuzes, die der Mutter Kaiser Konstantins, der heiligen Helena, zugeschrieben wird und 326 geschehen sein soll. Bereits am Ende des vierten Jahrhunderts wurde dieses Fest nachweislich am Tag nach der Kirchweihe der Grabeskirche von Jerusalem (geweiht am 13. Sept. 335) als Mitfest dieser Kirchweihe begangen. Das Besondere dieses Festes ist die Zeremonie der Kreuzerhöhung nach einer Prozession mit dem blumengeschmückten Kreuz durchs Kirchenschiff. Gemäß dem älteren slawischen Brauch hebt der Zelebrant nach den allgemeinen Fürbitten unter ‚Kyrie-eleison-Rufen' von Chor und Volk ein Kreuz langsam von handbreit über dem Boden nach oben und erteilt damit den Segen, und zwar in alle vier Himmelsrichtungen. Danach folgt eine Verehrung des Kreuzes durch Klerus und Volk. Der Sinn dieser Zeremonie ist deutlich: Es geht um die Verkündigung (Proklamation) von Kreuz und Auferstehung Christi in alle Welt und die Anrufung (Akklamation) des Herrn durch alle Völker, wie auch ein Stichiron zu den Laudespsalmen dieses Festes deutlich macht:

„Heute wird der in der Erde
verborgene Baum des Lebens erhöht,
an den Christus gehängt war.
So wird gefestigt unser Glaube an die Auferstehung.
Hoch erhoben durch des Priesters Hand,
verkündet das Kreuz Seine Auffahrt in die Himmel.

Durch sie wird unsere gefallene Natur erhöht
und in die himmlische Wohnung versetzt.
Lasset uns danksagen und rufen:
O Herr, der Du auf das Kreuz erhoben warst,
Du hast mit Dir Selbst auch uns erhoben.
Würdige der himmlischen Freude,
die Dich in Liebe preisen!“

Dieses Fest der Verkündigung des siegreichen Kreuzes markiert im übrigen eine Zeitenwende im orthodoxen Kirchenjahr, denn hier schlägt die nachpfingstliche Zeit der Erfüllung um in die vorösterliche Zeit der Erwartung. Dies wird auch dadurch signalisiert, daß bis Kreuzerhöhung an den Herrntagen nach Pfingsten Perikopen aus dem Matthäus-Evangelium gelesen, mit Kreuzerhöhung jedoch diese Lesungen abgebrochen werden und eine neue Perikopenreihe aus dem Lukasevangelium beginnt, die bis in die Vorfastenzeit dauert. Diese Zäsur ist tief im Bewußtsein des Orthodoxen Volkes verankert und stellt in vielen orthodoxen Ländern auch eine Zäsur im Alltag des bäuerlichen und städtischen Lebens dar.

Biblische Begründung: Mt 24,30; Joh 3,13–14; 8,28; 12,32.

FRAGE 68: Welche Bedeutung haben die Auferstehung Christi und ihre Feier in der Orthodoxen Kirche?

Die Auferstehung unseres Herrn und Erlösers Jesus Christus ist nach orthodoxem Verständnis der Wendepunkt des Weltgeschehens. Das bezeugt auch der Name Pascha, d.h. Transitus, verstanden als Hinübergang vom Tod zum Leben.[37] Damit ist die Osterfeier für alle Orthodoxen das Fest der Feste. Sie fängt an mit einer Vesper, während der fünfzehn Lesungen aus den Propheten zum Vortrag kommen. In der Zeit dieser Lesungen finden seit alters die Taufen statt. Daran schließt sich die Basilius-Liturgie, die von alten Vätern als die Mitte des Kirchenjahres bezeichnet wird. An ihr teilhaben, heißt unmittelbar an der Auferstehung Christi teilhaben. Das Volk erscheint heute allerdings vielfach erst zu den Ostermetten, die sich daran anschließen; sie sind gleichsam die öffentliche Verkündigung der Auferstehung Christi durch die Lesung des Osterevangeliums vor der Kirchentür.[38] Erst nach dieser Lesung wird das Ostertropar angestimmt:

„Christus ist erstanden von den Toten
und hat den Tod durch den Tod zertreten
und denen in den Gräbern das Leben in Gnaden gebracht.“

Es folgt der Oster-Kanon, die Auferstehungs-Stichiren zu den Laudespsalmen und die Pascha-Stichiren zu den Osterpsalmen, wo es u.a. heißt:

„Pascha, das heilige Pascha
ist heute uns gezeigt,
das neue heilige Pascha,
das Mysterium des Pascha,
das hochhehre Pascha,
das Pascha, Christus, der Erlöser,
das unbefleckte Pascha,
das große Pascha,
das Pascha der Gläubigen,
das Pascha, das uns öffnet die Tore des Paradieses,
das Pascha, das alle Gläubigen heiligt."

Danach wird mancherorts die dem heiligen Johannes Chrisostomus (gest. 407) zugeschriebene katechetische Osterrede stehend angehört. Am Ende der Feier wird der Osterkuß ausgetauscht. In den meisten Gemeinden und Familien schließt sich an die Ostermetten eine Agapefeier, denn nun ist das Fasten beendet.

Am anderen Morgen wird bereits der erste Sonntag nach Ostern gefeiert. Mit ihm beginnt die Pentekoste, d.h. die Fünfzig Tage bis Pfingsten mit der Lichten Woche der Erneuerung. Diese erste Woche nach Ostern ist die eigentliche Osterzeit: Es wird nicht mehr gefastet; es wird nicht gekniet; es werden keine Metanien gemacht. Die Türen der Ikonostase bleiben geöffnet. Wenn Tote zu bestatten sind, so geschieht dies mit einem österlichen Ritus, bei dem die Klagegesänge wegfallen und der Oster-Kanon gesungen wird.[39] Im übrigen werden die Gräber geschmückt und an den Gräbern die österlichen Totengedenken gehalten. Die Gläubigen begrüßen sich – wie in der Osternacht – mit dem Ostergruß und dem Ruf:

„Christus ist auferstanden!" –
„Er ist wahrhaft auferstanden!"

Sie tragen vielerorts helle Kleider, was darauf zurückzuführen ist, daß in der Alten Kirche die Täuflinge ihre weißen Taufkleider eine ganze Woche trugen. Es wird an jedem Tag dieser ‚Lichten Woche der Erneuerung' ein anderer der acht Kirchentöne angestimmt.

Am achten Tag aber wird das Anti-Pascha oder der Thomas-Sonntag gefeiert, gleichsam eine erste Wiederholung der Osterfeier, wo im besonderen des Herrn Erscheinen vor Seinen Jüngern bei verschlossenen Türen und des Bekenntnisses des zweifelnden Thomas gedacht wird, wie es im Festtroparion dieses Sonntags heißt:

„Obgleich das Grab versiegelt war,
gingst Du hervor aus der Gruft,
Christus Gott, unser Leben.
Obgleich die Türen fest verriegelt waren,
kamst Du herein zu den Aposteln,
Du, die Auferstehung aller.
Durch sie erneuerst Du den rechten Geist in uns
nach Deinem großen Erbarmen."

Biblische Begründung: Mk 16,1–8; Joh 20,19–31;
1 Kor 15,3–34.

HALTE FEST: Im Österlichen Stundengebet,[40] das in der Lichten Woche der Erneuerung an die Stelle der Horen tritt, wird die Psalmodie zum Zeichen der Erfüllung des Alten Bundes durch den Auferstehungshymnus ersetzt, der bei den Slaven im 6. Ton gesungen wird:

„Die Auferstehung Christi haben wir geschaut,
so lasset uns anbeten den heiligen Herrn Jesus,
der allein ohne Sünde ist.
Vor Deinem Kreuze fallen wir nieder, o Christus, und
Deine heilige Auferstehung besingen und verherrlichen wir.
Denn Du bist unser Gott,
außer Dir kennen wir keinen anderen.
Deinen Namen rufen wir an.
Kommt, all ihr Gläubigen,
lasset uns niederfallen vor der heiligen Auferstehung Christi.
Denn siehe, durch das Kreuz ist Freude gekommen
in die ganze Welt.
Allezeit lobsingen wir dem Herrn
und preisen Seine Auferstehung.
Er hat die Kreuzigung erlitten
und den Tod durch den Tod zertreten."

FRAGE 69: Was besagt die orthodoxe Vorstellung von der Hadesfahrt Christi?

ANTWORT: Es gibt in der Orthodoxen Kirche zwei Typen der Auferstehungsikone. Der ältere Typus stellt die Frauen am Grab mit dem Engel dar. Der jüngere byzantinische Typus zeigt Christus auf den zertrümmerten und eingerissenen Pforten der Unterwelt (Hades = Totenreich, nicht Hölle), wie

Er Adam und manchmal auch Eva am Handgelenk packt, um sie aus dem Tod zu reißen, während die Könige, Propheten und Heiligen des Alten Bundes sich um Ihn versammeln und die Toten aus den Gräbern herauskommen. Die Darstellung der Hadesfahrt Christi ist also ein Bild für die Überwindung des Todes durch die Auferstehung Christi, wie das die Vesper- und Laudes-Stichiren des Heiligen und Hohen Sabbat mit Worten malen:

„Heute ruft stöhnend der Hades:
Besser wäre mir gewesen,
ich hätte den von Maria Geborenen nicht aufgenommen.
Denn, da Er zu mir kam, hat Er meine Macht gebrochen,
die ehernen Tore zertrümmert,
die Seelen, die ich einst besaß,
hat Er als Gott auferweckt.
Ehre, Herr, Deinem Kreuz und Deiner Auferstehung!"

Biblische Begründung: 1 Kor 15,55; 1 Petr 3,18–22; Mt 27,52–53.

FRAGE 70: Was bedeutet die Feier von Mittpfingsten, die in der vierten Woche nach Ostern auf den Mittwoch fällt?

ANTWORT: Das Fest von Mittpfingsten feiert Christus als göttlichen Lehrer und liest als Evangelium ein Stück aus der Offenbarungsrede Jesu am Laubhüttenfest (Joh 7,14–30). Die Festtagsikone zeigt Christus als Lehrer im Tempel. Aber man darf dieses Bild nicht im Sinne des westlichen Rationalismus und Moralismus verstehen: Er ist Lehrer im mystagogischen Sinne, d.h. nicht indem Er bloßes Wissen vermittelt, sondern indem Er hineinführt in die Mysterien des Heils aufgrund Seiner Auferstehung.

Biblische Begründung: Joh 4,14; 7,14.37.

HALTE FEST: Als Festtropar singen wir an Mittpfingsten im achten Ton:

„In der Mitte des Festes tränke mit den Fluten
der Gottseligkeit meine dürstende Seele!
Denn allen riefest Du, Erlöser, zu:
‚Wen dürstet, der komme zu mir und trinke!'
Quelle des Lebens, Christus, unser Gott, Ehre Dir!"

FRAGE 71: Wie versteht der Orthodoxe Glaube die Himmelfahrt Christi und Sein Sitzen zur Rechten des Vaters?

ANTWORT: Mit der Himmelfahrt Christi ist die österliche Zeit im weiteren Sinne abgeschlossen und es beginnt die Vorbereitung auf Pfingsten. Der Ostergruß und die österlichen Gesänge verstummen. Dennoch ist die Himmelfahrt nicht ein Tag der Trauer oder der Beginn des grauen Alltags, sondern führt erneut in eine freudige Erwartung hinein: Christus geht zum Vater, um uns den Heiligen Geist zu senden. In dieser Verheißung aber ist schon Erfüllung mitgesetzt, wie das Kondakion des Festes deutlich macht:

„Nachdem Du für uns die Heilsordnung erfüllt
und das Irdische mit dem Himmlischen vereint hast,
bist Du aufgefahren in Herrlichkeit, Christus, unser Gott.
Ohne von uns wegzugehen,
ungetrennt, rufst Du denen, die Dich lieben, zu:
Ich bin mit euch, und niemand kann wider euch sein!"

Das Sitzen Christi zur Rechten des Vaters aber weist auf Seine Teilhabe an der göttlichen Königsherrschaft, Macht und Allgegenwart mit Seiner vergöttlichten menschlichen Natur, die mit Seiner Gottheit voll vereinigt ist, wie das ein Tropar aus der Vigil besingt[41]:

„Auf zum Vater steigt Christus empor,
stellt vor Ihn das Fleisch, das Er annahm von uns.
Ihn lasset uns lobpreisen heute und Ihn in Hymnen besingen;
ein Siegeslied lasset uns anstimmen!"

Dieses Geschehen ist auch, aber nicht ausschließlich eschatologisch zu deuten: Es ist ein Unterpfand für unsere künftige Teilhabe an Gottes Herrlichkeit, Macht, Weisheit, Schönheit und Güte, wenn wir in der Theosis zur Vollendung gelangt sein werden. Aber es besagt mehr als nur dies: Hier wird im Bilde deutlich, daß wir durch die das Erlösungswerk abschließende Himmelfahrt Christi jetzt schon mit unserer Natur, die Christus angenommen hat, an den himmlischen Gütern Anteil haben, wie es in einem Kathisma der Himmelfahrtsvigil heißt[42]:

„Wie Du Selbst gewollt, wurdest Du geboren.
Und wieder erschienest Du, wie Du Selbst beschlossen,
und littest als Mensch.
Doch als Gott standest Du auf
und zu den Himmeln in Herrlichkeit stiegest Du empor

und führtest hinauf der Menschen Natur,
und mit Herrlichkeit schmücktest Du sie."

Biblische Begründung: Lk 24,36–53; Apg 1,4–14;
Kol 1,20.27; Mt 28,20; Rm 8,21; Apg 7,55.

HALTE FEST: Von diesem Wissen zeugt unser Stillgebet nach der Kommunion, das wir mit einem Tropar aus der Neunten Ode des Osterkanons schließen:

„O großes, o heiligstes Pascha, Christus,
o Weisheit und Wort Gottes und Kraft!
Gib, daß wir wahrer noch teilhaben an Dir
am abendlosen Tage Deines Reiches!"

FRAGE 72: Wie aber ist die Herrschaft Christi zur Rechten des Vaters zu verstehen in einer Welt, in der allem Anschein nach immer noch Sünde und Tod herrschen?

ANTWORT: Christi Herrschaft ist in dieser Welt eine verborgene Herrschaft, nur dem Glauben in seltenen gnadenvollen Augenblicken erfahrbar. Sonst liegt sie hinter einem dichten Nebelschleier, der die Wirklichkeit verzerrt und die Macht des Bösen und des Todes ins Unermeßliche steigert. Im Gebet und in den Mysterien der Kirche jedoch wird die Herrschaft Christi den Gläubigen erfahrbar als Herrschaft der Liebe, die niemanden vergewaltigt, sondern Leben und Freiheit schenkt. Einst jedoch, am Ende der Zeiten, wird die Herrschaft Christi offenbar werden auch für die Ungläubigen. Dann wird unverhüllt erkennbar, was jetzt nur dem Glauben verstehbar ist: daß Adam befreit, der Tod entmachtet und die Dämonen besiegt sind. Im Glauben an diese Wirklichkeit sind wir Christen befähigt und aufgerufen, in unserer glaubenslosen Welt durch ein Tun der Liebe Zeichen zu setzen für das verborgene Reich und uns so als Mitarbeiter Gottes an diesem Reich zur Verfügung zu stellen.

Biblische Begründung: 1 Kor 15,54–58; Rm 6,4; 8,19–38;
Joh 16,11.33.

HALTE FEST: Zu Beginn jeder Liturgie und aller Mysterienfeiern der Kirche wird das verborgene Reich durch den Segensruf des Priesters angesagt:

„Gesegnet das Reich
des Vaters und des Sohnes und des Heiligen Geistes,
jetzt und immerdar in die Äonen der Äonen. Amen."

IV DER HEILIGE GEIST, DIE KIRCHE UND DIE HEILIGUNG DER SCHÖPFUNG

WIR BEKENNEN:

„Ich glaube ... an den Geist, den Heiligen, den Herrn, den Lebenschaffenden, der vom Vater ausgeht, der mit dem Vater und dem Sohn zugleich angebetet und verherrlicht wird, der gesprochen hat durch die Propheten; an die eine, heilige, katholische und apostolische Kirche. Ich bekenne die eine Taufe zur Vergebung der Sünden. Ich harre der Auferstehung der Toten und des Lebens des kommenden Äons. Amen."

FRAGE 73: Was bedeutet das Pfingstfest nach orthodoxem Verständnis?

ANTWORT: Pfingsten ist das Geburtsfest der Kirche. Denn die Kirche ist, was sie ist, einzig und allein durch die Ausgießung des Heiligen Geistes auf die Apostel. Das Herabkommen des Heiligen Geistes aber brachte zugleich die volle Offenbarung der Dreieinheit Gottes. So ist Pfingsten auch die Vollendung des Auferstehungsglaubens und als Feier der Heiligen Dreiheit die Schlußfeier der österlichen Zeit, wie das auch im Orthros auf Pfingsten zum Ausdruck kommt:

„Die Nachfeier, ihr Gläubigen,
das Schlußfest lasset uns glänzend begehen.
Dies ist Pfingsten,
der Verheißung des vorbestimmten Tages Erfüllung.
Denn an ihm stieg das Feuer des Trösters
wie in Zungengestalt zur Erde hernieder
und erleuchtete die Jünger
und weihte sie ein
in die himmlischen Mysterien.
Des Trösters Licht ist erschienen,
zu erleuchten die Welt."

Am Abend des Pfingsttages, zur Vesper, werden die Kniebeugegebete gehalten, bei denen die Gläubigen zum ersten Mal seit Ostern im Gottesdienst wieder knien.[43] Dieser Brauch ist in allen orientalischen Riten beheimatet, scheint also in die älteste Zeit zurückzugehen. In sechs feierlichen Gebeten (wobei drei aus anderen Diensten übernommen sind) erbittet die Gemeinde als Gabe des Heiligen Geistes den Nachlaß der Sünden für die Lebenden und Toten[44]:

> „Versammle alle in Dein Reich!
> Gewähre Verzeihung denen, die auf Dich hoffen!
> Vergib ihnen und uns die Sünden!
> Reinige uns durch die Kraft des Heiligen Geistes.
> Vernichte die gegen uns gerichteten Anfeindungen des Widersachers!"
>
> Biblische Begründung: Apg 1,8; 2,1–4; Joh 14,26.

HALTE FEST: In der Terz der Tage, an denen im Orthos „Alleluja" gesungen wird gedenkt die Kirche seit alters des Pfingstwunders und bittet:

> „Herr, der Du zur dritten Stunde Deinen allheiligen Geist
> den Aposteln gesandt hast,
> nimm Ihn nicht von uns, Gütiger, sondern erneuere Ihn in uns, die wir Dich darum bitten!"

FRAGE 74: Wie versteht die Orthodoxe Kirche den Heiligen Geist?

ANTWORT: Im Exapostilarion des Pfingstfestes wird dazu gesagt:

> „Licht ist der Vater,
> Licht das Wort,
> Licht auch der Heilige Geist,
> der eben in Feuerzungen den Aposteln gesandt ward.
> Durch Ihn wird alle Welt erleuchtet,
> zu verehren die Heilige Dreiheit."

Und in der Vesper wird gesungen:

> „Alles gibt und bewegt der Heilige Geist:
> Weissagungen läßt Er quellen,
> Priester weist Er ein,
> Unwissende lehrt Er Weisheit,

Fischer macht Er zu Gottesgelehrten,
schmiedet zusammen die ganze Ordnung der Kirche.
Du, gleichen Wesens und auf gleichem Throne
mit dem Vater und dem Sohne, Ehre Dir!"

Der Heilige Geist ist also die lebendige Gegenwart Gottes bei den Menschen nach der Himmelfahrt Christi. Denn der Heilige Geist ist Gott Selbst: eine der drei Personen Gottes. Wo Er Sich gibt, wie in den Mysterien (Sakramenten), da empfängt der Mensch nicht bloß eine geschaffene Gnadengabe Gottes, wie einige westliche Theologen lehrten, sondern Gott Selbst, das ungeschaffene Licht, als göttliche Energie, nicht als Wesen. Die orthodoxe Theologie kennt daher keine geschaffene Gnade (gratia creata) wie der westliche Katholizismus seit dem Mittelalter. Die Folge davon ist, daß sie gegenüber dem Heiligen Geist eine Furcht und Liebe bewahrt hat, die dem Westen weithin abhanden gekommen sind, da dieser den Heiligen Geist teilweise entpersonalisiert und so die Pneumatologie (d.h. die Lehre vom Heiligen Geist) wesentlich verkürzt hat.

Biblische Begründung: Joh 4,24; 14,16–20; 16,5–15;
Rm 8,26–27; 1 Kor 12,8–11; 2 Kor 3,17–18.

HALTE FEST: In den Stufengesängen des Orthros im 5. Ton singen wir:

„Den Heiligen Geist lasset uns preisen,
Seine Gottheit bekennen und sprechen:
Du bist Gott, Leben, Liebe, Licht, Vernunft;
Du bist Güte;
Du herrschest in die Äonen."

FRAGE 75: Wenn der Heilige Geist in dieser Weise Gottes Gegenwart bei den Menschen ist, heißt das dann nicht, daß Gott in Seinem unfaßbaren Wesen für uns doch greifbar geworden ist?

ANTWORT: Nein. Das Wesen Gottes ist und bleibt dem Zugriff der menschlichen Erkenntnis und Erfahrung entzogen. Gott bleibt Gott, auch wenn Er Sich uns gibt. Dies eben ist das göttliche Mysterium, die Offenbarung, die das Geheimnis nicht auflöst. Diese Offenbarung besagt, daß Gott Sich uns in Jesus Christus und im Heiligen Geist ganz in Liebe schenkt und unserem Erkenntnisvermögen und unserer Erfahrung dennoch nicht in Seinem Wesen und Sein begreifbar und faßbar geworden ist. Um dies auszudrücken, haben die orthodoxen Väter die Formel gefunden, Gott sei den Menschen in Seinen Energien (Wirkungen) erfahrbar, nicht aber in Seinem Wesen, so wie die Sonne für uns nur in ihrer Ausstrahlung vorhanden ist.

Biblische Begründung: 1 Kor 2,10–16.

FRAGE 76: Hat dies nicht auch Auswirkungen auf die orthodoxe Weise, von Gott zu reden?

ANTWORT: Allerdings. In der orthodoxen Theologie und Spiritualität werden zwei Weisen von Gott zu reden und Ihn zu erkennen unterschieden: die apophatische und die kataphatische. Die apophatische Rede von Gott ist die Rede in Negationen. Apophasis heißt Verneinung. Es geht um die Gotteserkenntnis mittels der aus Vernunft und Welterfahrung gezogenen Schlüsse. Diese führen nur dazu, von Gott zu sagen, wie Er nicht ist: Er ist nicht begrenzt, nicht endlich, nicht vergänglich, nicht verfügbar usw., also unbegrenzt, unendlich, unvergänglich, unverfügbar (im Griechischen Silbe un = a). Das aber bedeutet, daß der Mensch aufgrund seiner natürlichen Vernunft und Welterkenntnis Gott nicht in Seiner Eigentlichkeit in Blick bekommen kann. Dies ist eine Absage an den erkenntnistheoretischen Realismus der westlichen Scholastik (z.B. Thomismus, Skotismus), der von der Voraussetzung ausgeht, der Mensch vermöge mit seiner natürlichen Vernunft wenigstens bis zu einem gewissen Grade Gott in positiver Weise zu erkennen, was und wie Er ist. Die Konsequenz der dieser westlichen Meinung entgegengesetzten orthodoxen Anschauung ist, daß man sich in der Theologie bewußt bleiben muß, daß wir von Gott nur in Bildern und Gleichnissen reden, auch dann, wenn wir dies abstrakt in Begriffen tun.

Die kataphatische Redeweise von Gott ist die Verkündigung der Heilsereignisse Gottes, durch die Er in unsere Geschichte eingegangen ist und Sich uns in Seinen Energien zu erkennen gegeben hat. Kataphasis heißt Bejahung, Behauptung. Es geht hier also um die positiven Aussagen über Gott aufgrund der Offenbarung Gottes. Auch hier bleibt das Wesen Gottes der menschlichen Erkenntnis unfaßbar verborgen. Wenn wir von diesem Heilshandeln Gottes reden, so reden wir davon, wie Gott Sich uns gibt, nicht wie Er in Sich ist. Die kataphatische Rede hebt also die apophatische nicht auf, sondern schließt sie vielmehr ein. Das ist eine Absage an jeden Fundamentalismus[45] in der Theologie: von Gott reden heißt immer auf menschliche Weise bildlich und gleichnishaft von Ihm reden, auch wo es um die Heilsereignisse Gottes geht. Auch die Heilige Schrift redet nicht anders von Ihm. Aber auch das Umgekehrte gilt: die apophatische Rede von Gott muß die kataphatische einschließen, wenn sie denn wirklich Rede von Gott und nicht von einem Gedankengebilde sein will.

Der Sinn der Unterscheidung von apophatischer und kataphatischer Redeweise von Gott in der orthodoxen Theologie ist, festzuhalten, daß wir von Ihm nicht anders als in Bildern und Gleichnissen reden können, und zugleich sicherzustellen, daß wir von Ihm reden, wenn wir von den Heilsmysterien aufgrund Seiner Offenbarung reden.

Biblische Begründung: 1 Kor 2,10–16; Kol 1,21–23.

FRAGE 77: Wann sind in der orthodoxen Theologie diese Anschauungen einer Differenzierung von apophatischer und kataphatischer Gotteserkenntnis, wie auch von Erkenntnis des Wesens und der Energien Gottes, ausgebildet worden?

ANTWORT: Die ersten Anfänge solcher Differenzierung gehen wohl auf die Alexandrinische Katechetenschule und deren Lehrer Origenes (um 200) zurück. Nach 500 haben dann die mystischen Schriften des Pseudo-Dionysius Areopagita (Pseudonym nach Apg 17,34) die apophatische Redeweise ins Bewußtsein breiterer Schichten von Theologen gebracht. Verschiedene bedeutende Mönchsväter haben dann die areopagitischen Gedanken aufgenommen und mit der Frage der Gottesschau im reinen Gebet verbunden (so Maximus Confessor, gest. 662). Im sog. Hesychastenstreit wurden diese Anschauungen endgültig geklärt und für die Orthodoxe Kirche verbindlich gemacht. Der Anlaß war der folgende: Ein humanistisch gesinnter Mönch, namens Barlaam, hatte mit der thomistischen Theologie gebrochen und war, begeistert von der apophatischen Erkenntnislehre des Dyonisius Areopagita, um 1330 in den Osten gekommen. Bald zu einem am Kaiserhof einflußreichen Theologen aufgestiegen, lebte er eine Zeitlang in Thessaloniki und Konstantinopel unter hesychastischen Mönchen (Hesychasmus von ‚hesychia' = Ruhe, d.h. heilige Ruhe in Gott = Gottesversenkung), die das Herzensgebet pflegten. In seinem Agnostizismus stieß er sich an ihren Gebetspraktiken, die er alsbald als Häresie zu bekämpfen und zu verspotten begann. Er fand Unterstützung bei byzantinischen Humanisten, vor allem am kaiserlichen Hof. Die angegriffenen Mönche wehrten sich und bekamen auch vom heiligen Berg Athos Unterstützung, da es ihnen um die Offenbarungswirklichkeit und die Erfahrbarkeit der Wahrheit des Glaubens ging. Der Streit spitzte sich schließlich zu auf die Frage, ob die Gnade, die von den Heiligen erfahren und geschaut wird, eine subjektive Einbildung oder das ungeschaffene göttliche Licht sei. Der Wortführer der athonitischen

Mönche war der heilige Gregor Palamas (1296 – 1359), der spätere Erzbischof von Thessaloniki. Er bewirkte nicht nur die Verurteilung von Barlaam auf zwei Konzilien in Konstantinopel 1341, sondern auch die Annahme der Unterscheidung zwischen dem unfaßbaren Wesen Gottes und Seinen erfahrbaren Energien. Zwischenzeitlich wurde Gregor Palamas aus politischen Gründen aus der Kirche ausgeschlossen.[46] Doch schon auf dem Konzil von 1351 wurde ein prominenter humanistischer Gegner von Gregor Palamas verurteilt, der Philosoph Nikephoros Gregoras, und die letzte halboffizielle Verteidigungsschrift von Gregor Palamas gegen Barlaam wurde als offizielles Konzilsdokument angenommen und veröffentlicht. Später wurden die Akten dieses Konzils, ergänzt durch gleichlautende Entscheidungen von Lokalkonzilen, im ‚Synodikon der Orthodoxie' gesammelt und in die liturgischen Bücher aufgenommen. Damit hat die Lehre des hl. Gregor Palamas in der orthodoxen Theologie dogmatische Geltung erlangt. Das Gedächtnis dieses Kirchenlehrers wird besonders am zweiten Herrntag in den Großen Fasten gefeiert.

FRAGE 78: Wie verhält sich nach orthodoxem Verständnis das Wirken des Heiligen Geistes zum Heilswerk Christi?

ANTWORT: Der Herr sagt im Johannesevangelium:

> „Der Tröster (Paraklet) aber, der Heilige Geist, den der Vater in Meinem Namen senden wird, der wird euch alles lehren und an alles erinnern (d.h. alles innewerden lassen), was Ich euch gesagt habe" (Joh 14,26).

Wie der Herr Selbst geboren wurde aus dem Heiligen Geist, so nimmt auch die Kirche als Leib Christi aus dem Heiligen Geist Gestalt an. Wie der Herr Selbst Sein dreifaches messianisches Amt ausübt, so partizipiert auch im Heiligen Geist Sein Leib, die Kirche, an diesem Amt.

Aufgrund der Vereinigung von göttlicher und menschlicher Natur in der Person unseres Herrn Jesus Christus (d.h. aufgrund der ‚hypostatischen Union') vereinigt Er Gott mit dem Menschen und den Menschen mit Gott. Er vollzieht dies in Seinem Tod und Seiner Auferstehung als unser Hoherpriester. Das ist das Priesteramt Christi, an dem im Heiligen Geist durch die Kirche alle Gläubigen Anteil bekommen. Was nun Christus als Hoherpriester tut, das verkündigt und lehrt Er in der Kirche im Heiligen Geist durch das Prophetenamt. Durch das königliche Amt aber wird in der Kirche, was Christus tut und lehrt, zur Vollendung gebracht in Erfüllung des Liebesgebotes in der Königsherrschaft Christi, d.h. in ‚Seinem Reich'). So hat die Kirche als Ganze, aber auch ihr einzelnes Glied, durch den Heiligen Geist Anteil am Priesteramt Christi, am Prophetenamt Christi und am königlichen Herrscheramt Christi. Dabei ist nach orthodoxer Sicht das priesterliche Amt und die Sphäre, die ihm zugeordnet ist (Mysterien, ekklesiales Gebet) die tragende Mitte. Um diese Mitte bewegt sich als zweiter Kreis, was dem Prophetenamt Christi zugeordnet ist (Verkündigung des Glaubens, Dogmen). Der äußerste konzentrische Kreis wird gebildet durch das, was dem königlichen Herrscheramt entspricht, wozu auch das Hirtenamt als Leitung der Gläubigen auf dem Weg der Gebote Gottes gehört. Um diesen äußersten Ring zieht sich als Zaun das Kanonische Recht. Gemäß diesen drei Kreisen ist auch das Wort des Herrn zu verstehen: „Ich bin der Weg, die Wahrheit und das Leben" (Joh 14,6). Der Weg weist auf die Sphäre der Ethik (Liebesgebot), die Wahrheit auf die Sphäre der Verkündigung und Lehre, das Leben auf die Sphäre der sakramentalen Wirklichkeit. Das alles bedeutet:

Der Heilige Geist verbindet die Ämter Christi mit Seinem Leib der Kirche. Er setzt das Heilswerk Christi gegenwärtig in den Mysterien (Sakramenten); Er garantiert die Wahrheit der Verkündigung und Lehre; Er bringt die Früchte der Liebe hervor.

Biblische Begründung: Joh 14,16.26; Eph 1,23.

FRAGE 79: Was folgt aus dem Gesagten für das Verständnis von Wesen und Aufgabe der Kirche?

ANTWORT: Die Kirche ist nach orthodoxem Verständnis nicht primär als menschliche Institution und gesellschaftliche Größe zu verstehen. Sie ist der Leib Christi, dessen Haupt Christus Selbst und dessen Seele der Heilige Geist ist. Sie ist das Volk Gottes, das Sich der Dreieine Herr erwählt hat. Darum heißt sie ‚ekklesia', die Herausgerufene, Erwählte. Sie ist die Gemeinschaft derer, die Christus als Gott und Herrn im Heiligen Geist anrufen. Damit ist die Kirche eine zeit- und raumübergreifende Größe: Sie umfaßt die vergangenen Geschlechter von Adam, Noah und Abraham an, die gegenwärtigen Glieder der Christengemeinden und die künftigen Gläubigen, die erst noch geboren werden. Sie vereint Himmlische und Irdische, Heilige und Engel, Lebende und Dahingeschiedene zum Lob des Dreieinen Gottes. Denn das ist ihr Wesen und ihre Aufgabe, den Vater und den Sohn und den Heiligen Geist als den Einen Gott zu verherrlichen, Ihn als Herrn anzuerkennen (zu akklamieren) und zu verkündigen (zu proklamieren), und Ihm so entgegenzuwachsen in gegenseitiger Hilfestellung und Fürbitte, um immer mehr Anteil zu bekommen an Seiner Liebe, Güte, Schönheit, Herrlichkeit und Macht. Das aber bedeutet: Die Kirche ist nicht bloß ein menschliches Gebilde, sondern eine gott-menschliche (theandrische oder besser theanthropische) Größe wie Jesus Christus Selbst, der ja als ihr Haupt auch Teil dieser Kirche ist.

> Biblische Begründung: 1 Kor 12,12–31; Kol 1,15–20;
> Eph 2,13–32; 4,15–16; 1 Petr 2,9–10; Gal 3,29.

HALTE FEST: In der achten Ode des Auferstehungskanons im 4. Ton singen wir:

> „O Herr, als Du die Hände am Kreuz ausgebreitet,
> hast Du alle Nationen gesammelt
> und offenbart die Eine Kirche.
> Sie preist Dich auf Erden und im Himmel
> und singt mit einer Stimme:
> ‚Lobet, alle Seine Werke, den Herrn!'"

FRAGE 80: Welches sind die vier Hauptmerkmale der Orthodoxen Kirche?

ANTWORT: Die Hauptmerkmale der Kirche (notae ecclesiae) sind: Einheit, Heiligkeit, Katholizität und Apostolizität.

FRAGE 81: Worum geht es, wenn von der Einheit der Kirche die Rede ist?

ANTWORT: Die Einheit ist ein Wesensmerkmal der Kirche, d.h. die Kirche ist seinsmäßig die Eine Kirche, oder sie ist überhaupt nicht Kirche. Man kann deshalb nach orthodoxem Verständnis nicht so von ‚der Kirche auf dem Weg zur Einheit' reden, daß man meint, es könne und müsse die Einheit der Kirche durch menschliches Bemühen hergestellt werden, sei es durch Übereinstimmung in der Lehre (Lehrkonsens), sei es durch gemeinsames Handeln in der Welt, sei es gar durch Vereinheitlichung der kirchlichen Bräuche und Ordnungen. Das wäre eine Verleugnung des Wesens der Einheit der Kirche, die eine gottmenschliche (theandrische) Einheit aus dem Heiligen Geist ist, und, wo überhaupt Kirche in Erscheinung tritt, allen kirchlichen Äußerungen vorangeht. Auf der anderen Seite kann man nun aber auch nicht übersehen, daß die Kirche heute als eine vielfach gespaltene erscheint. Diese Gespaltenheit ist gewiß eine Folge unserer Sünde. Wir müssen dafür Buße tun, dürfen aber nicht glauben, ihr dadurch leicht entgehen zu können, daß wir, um uns mit Andersgläubigen zusammenzufinden, unsere kirchlichen Traditionen preisgeben. Damit würden wir uns vielmehr aus der raum- und zeitübergreifenden Gemeinschaft der Heiligen herauslösen. In dieser sind die an einem begrenzten Orte im Augenblick Lebenden nur wie ein paar Sandkörner am Meeresstrand, und es wäre absurd, die Lebensäußerungen der Kirche einseitig nur nach ihrem begrenzten Verständnisvermögen oder Bedürfnis ausrichten zu wollen. Da, wo das versucht wird, geschieht bewußt oder unbewußt eine Isolierung der betroffenen kirchlichen Glieder, die sowohl einer Erfahrung der gesamtkirchlichen Gemeinschaft (sc. dem Pleroma, d.h. der Fülle, Christi) im Wege steht, als auch ein Wachsen über den eigenen Horizont hinaus hindert. Das aber bedeutet, daß unser kirchliches Wachsen zur sichtbaren Einheit in Christus uns als ein getrenntes aufgegeben ist. Denn die historisch verankerte Trennung in Konfessionen und Jurisdiktionen können wir nicht einfach überspringen oder abstreifen wie ein Kleid. Wir müssen sie in geduldigem und demütigem Kampf für die Wahrheit aushalten, wie wir auf dieser Welt Not, Krankheit, Schmerz und Tod im Kampf durchstehen müssen mit der Verheißung des Herrn: „In eurer Geduld werdet ihr eure Seelen gewinnen" (Lk 21,19). In Ungeduld die Einheit vorwegnehmen zu wollen, führt nicht zum Ziel, sondern zur Resignation. Dennoch sind wir angesichts der Gespaltenheit der Christen in der Welt nicht einfach zur Untätigkeit verurteilt.

Es gibt vor allem ein vierfaches Tun, das uns aufgetragen ist:

1. Das wichtigste ist, daß wir in unserer eigenen kirchlichen Tradition immer tiefer verwurzelt werden und sie rein erhalten. Denn sie ist die Form, in der wir Gott begegnen und lieben; formlos kann man Gott nicht lieben und ist man auch nicht fähig, in der Gottesliebe mit anderen eins zu werden. Ohne Form kann man nicht wachsen zu Gott hin; wo die Form vernachlässigt wird, da wird der Inhalt verschüttet.

2. Wenn wir die sichtbare Einheit in Christus wirklich herbeisehnen, dann werden wir als Christen für diese Einheit beten, als Getrennte in unseren getrennten Eucharistiefeiern, und, wo dies möglich ist, in gemeinsamen Bittgottesdiensten.

3. Wenn wir im Glaubensgespräch andersgläubigen Christen begegnen, wenn wir gemeinsam mit diesen uns um tägliche oder besondere Aufgaben in der Welt mühen, dann ist es entscheidend, daß wir auch in ihnen Jesus

Christus erkennen, der uns in jedem Menschen begegnet, welcher in Seinem Namen unsere Gemeinschaft beansprucht (Mt 25,40 und 1 Kor 1,2).

4. Schließlich ist es notwendig, daß wir, orthodoxe Christen, in der Demut und Gotteserkenntnis wachsen und verstehen lernen, daß wir nicht die Grenzen der Kirche mit unserem engen Horizont in Blick bekommen können. Wir müssen uns daher immer neu vergegenwärtigen, daß unsere zeitlich und räumlich begrenzte kirchliche Gemeinschaft zwar an der Kirche voll partizipiert (teilhat), aber nicht schlicht die Kirche selbst ist, zu der ja nach dem Zeugnis der Schrift auch Nichtchristen wie Adam, Noah und Abraham gehören. Dies bedeutet, daß sich die äußeren kanonisch-institutionellen Grenzen der Kirche nicht decken mit den Umrissen des geistlichen Leibes Christi. Hier ist die Perikope aus dem Markusevangelium in Erinnerung zu rufen, nach der der Apostel Johannes zu Jesus sagte: „‚Meister, wir sahen einen, der sich nicht zu uns hält, in Deinem Namen Dämonen austreiben, und wir wehrten es ihm.' Jesus aber sprach: ‚Wehret es ihm nicht; denn niemand wird auf Meinen Namen hin eine machtvolle Tat tun und bald darauf Böses von Mir reden können. Denn wer nicht wider uns ist, der ist für uns!'" (Mk 9,38–40).[47]

Biblische Begründung: Joh 17,20–24.

FRAGE 82: Wie tritt die Einheit der Kirche konkret in Erscheinung?

ANTWORT: Nach orthodoxem Verständnis verwirklicht sich die kirchliche Einheit konkret in der lokalen Kirche, die sich um den Bischof versammelt, der in der Nachfolge der Apostel alle Sakramente verwaltet, der Verkündigung des Evangeliums vorsteht und die oberste seelsorgerliche Verantwortung trägt.[48]

Wie die Apostel jedoch nicht nur für die einzelnen von ihnen gegründeten Gemeinden verantwortlich waren, sondern als Apostelkollegium für das Gesamt der Kirche, so sind auch die Bischöfe gemeinsam die Träger der apostolischen Vollmacht. Dies tritt in Erscheinung in der Konzelebration und in der Feier von regionalen und ökumenischen Konzilen.

Biblische Begründung: Apg 15,1–29; Gal 2,1–10; Eph 2,16–22.

FRAGE 83: Inwiefern kommt der Orthodoxen Kirche, die sich selbst ja Orthodox-katholische Kirche nennt, das Merkmal der Katholizität zu?

ANTWORT: ‚Katholisch' (kat'holon) heißt gemäß dem Ganzen für das Ganze (sc. der Offenbarung und des Menschen). Es geht dabei um eine Gemeinschaft (sobornost), die die Vielfalt nicht auslöscht oder unterdrückt, sondern in Dienst nimmt, wie dies das Sprachenwunder an Pfingsten vor Augen führt.

Das bedeutet: Innerhalb der Kirche hat durchaus auch das in einer Lokalkirche historisch gewachsene Einzigartige, Besondere und Individuelle seinen Platz und sein Recht, aber immer so, daß es nicht isoliert genommen und absolut gesetzt wird, sondern verstanden wird als Teil des Ganzen im Zusammenhang mit dem ganzen Leib Christi. Die Katholizität der Kirche ist also die übergreifende Gemeinsamkeit, in der jeder Gläubige, woher er auch kommen mag, seine Heimat finden kann.

Biblische Begründung: Apg 2,5–11; Eph 4,7.11–16.

FRAGE 84: Inwiefern ist die Orthodoxe Kirche ‚apostolische Kirche'?

ANTWORT: Sie ist nicht nur von den Aposteln gegründet worden, sondern steht in der Apostolischen Tradition und Sukzession. Mit ‚Apostolischer Tradition' wird das kirchliche Leben und die kirchliche Lehre bezeichnet, die über Jahrhunderte in der Kirche weitergegeben worden sind durch die gottesdienstlichen Feiern, die in ununterbrochener Kontinuität mit den Gottesdiensten der Apostel gefeiert werden. Die ‚Apostolische Sukzession' (Nachfolge) bezieht sich auf die Amtsnachfolge der Bischöfe, die durch Handauflegung unter öffentlicher Akklamation der Gläubigen geweiht werden, wobei die sie weihenden Bischöfe selber in der ununterbrochenen Amtsnachfolge der Apostel stehen. Apostolische Tradition und Apostolische Sukzession gehören nach orthodoxem Verständnis unlösbar zusammen. Das bedeutet, daß die Apostolische Sukzession kein mechanischer oder gar magischer Vorgang ist, so daß durch jede Handauflegung eines irgendeinmal gültig Geweihten ‚ex opere operato', d.h. durch die Handlung an sich, eine gültige Weihe zustande käme. Eine gültige Weihe ist nur da vorhanden, wo damit zugleich eine Beauftragung zum Dienst innerhalb der lokalen Kirche, in der sie vollzogen wird, verbunden ist. Die Weihe verleiht nach orthodoxer Auffassung keinen ‚character indelebilis'[49], d.h. keine unauslöschbare Amtsgnade (Augustin), sondern ist gültig nur solange der

Dienst in der Gemeinschaft mit den anderen Amtsträgern der Lokalkirche besteht. Dies gilt es festzuhalten gegenüber allen sog. ‚Vaganten' (d.h. Pseudo-Klerikern, die amtlos ‚umherschweifen' und damit keiner Jurisdiktion unterstellt sind). Sie können von der Orthodoxen Kirche nicht anerkannt werden. Die Apostolische Sukzession ist somit nur da wirklich vorhanden, wo sie innerhalb der Apostolischen Tradition im Dienst an der konkreten Lokalkirche wirksam wird.

Biblische Begründung: Apg 6,6; 13,3; 1 Tim 4,14.

FRAGE 85: Wie versteht die Orthodoxe Kirche die ‚Apostolische Tradition'?

ANTWORT: Die Apostolische Tradition (paradosis) trägt von Anfang an theandrischen (gott-menschlichen) Charakter. Denn Jesus Christus, der Gott-Mensch Selbst, überliefert Sich in ihr in Seiner ganzen Fülle (pleroma), die heute nicht geringer ist als zur Zeit der Apostel. Die Apostolische Tradition kennt daher keine inhaltlichen Entwicklungen oder Abstriche im Laufe der Zeit. Sie bleibt Maßstab, der, an Christus Selbst gemessen, alles mißt (d.h. sie ist norma normata und norma normans), wie Christus Selbst Inhalt und Norm aller Verkündigung ist, gemäß dem Wort der Schrift: „... in Ihm wohnt die ganze Fülle der Gottheit leibhaftig" (Kol 2,9). Was für Christus gilt, gilt auch für Seinen Leib, die Kirche (Kol 1,19). Daher ist die Kirche im Heiligen Geist kontinuierlich mit sich selbst identisch und ist so die Erfüllung der Verheißung Christi: „Siehe, Ich bin bei euch alle Tage bis an der Welt Ende" (Mt 28,20).

Biblische Begründung: Kol 1,17–19; Eph 4,1.3–7.13.

FRAGE 86: Wie sieht die Orthodoxe Kirche das Verhältnis von Schrift und Tradition?

ANTWORT: Die Göttliche Tradition ist die Anamnese, d.h. das Gedächtnis und die Vergegenwärtigung des ganzen Christusmysteriums, durch und im Heiligen Geist. Der Heilige Geist belebt und inspiriert also auch die Bezeugung des Christusmysteriums in der Kirche. Er inspiriert die schriftliche Niederlegung der mündlichen Tradition der Apostolischen Kirche. Diese erkennt in ebendemselben Heiligen Geist die Auswahl und Zusammenstellung der Bücher der Heiligen Schrift durch Kanonisierung als rechtmäßig und gültig an.[50] Denn sie erkennt in diesen Büchern ihre Predigt. Sie liest und deutet die Heilige Schrift aus der Göttlichen Überlieferung auf das Heilsgeschehen hin. So ist die Heilige Schrift Herzstück der Tradition. Die Orthodoxe Kirche kennt mithin keine zwei Quellen der Offenbarung, noch entnimmt sie die Offenbarung allein aus der Schrift. Die Schrift ist vielmehr Teil der einen Tradition, die der Heilige Geist in der Kirche lebendig erhält, so daß wir als Hörer Zeitgenossen Christi werden.

Der Heilige Geist läßt den ganzen Leib Christi die Göttliche Tradition festhalten, welche von den Bischöfen definiert, d.h. gegen Irrlehren abgegrenzt, wird in den negativ formulierten Glaubensentscheidungen der Konzile.[51]

Biblische Begründung: Joh 14,16–20; Apg 15,28; 1 Kor 15,3.

FRAGE 87: Was bedeutet die ‚Heiligkeit' inbezug auf die Orthodoxe Kirche?

ANTWORT: „Die Heiligkeit ist nicht nur ein äußerliches oder zufälliges Kennzeichen der Kirche, sondern der Ausdruck ihres eigentlichen Wesens als Göttliches Leben in uns. Die Heiligkeit ist die grundlegende Eigenschaft Gottes, die Eigenschaft aller übrigen Eigenschaften, die sie in sich schließt, wie das weiße Licht alle Farben des Regenbogens. Das Leben in Gott, die Vergöttlichung (Theosis), ist Heiligkeit; ohne sie kann es in der Kirche keinerlei geistliche Gaben geben. So ist die Heiligkeit ein selbstevidentes Kennzeichen oder ein Synonym der Kirche überhaupt", schreibt Vater Sergej Boulgakow.[52]

Die Heiligkeit der Kirche manifestiert sich zunächst äußerlich in ihrer Gestalt in Raum und Zeit: in der Feierlichkeit der Gottesdienste, im Schmuck des gottesdienstlichen Raumes, in der Ehrfurcht, die die Gläubigen der gottesdienstlichen Feier und dem Gotteshaus entgegenbringen. Dies sind zwar nur Äußerlichkeiten; aber sie prägen das Klima, in dem das Eigentliche sich vollzieht, entscheidend mit. Dieses Eigentliche besteht im wesentlichen darin, daß die Kirche die Gläubigen heiligt, indem sie ihnen in den gottesdienstlichen Feiern und in den Mysterien (Sakramenten) Sündenvergebung und neues Leben aus Gott vermittelt und so ihre Theosis ermöglicht.

Biblische Begründung: Jes 6,1–8; Joh 17,17–19; Rm 15,16; 1 Kor 6,11; Eph 5,26; 1 Tim 4,5.

FRAGE 88: Inwiefern schließt die Heiligkeit der Orthodoxen Kirche ihre Sündlosigkeit und Irrtumsfreiheit ein?

ANTWORT: Nicht in dem Sinne als könnten kirchliche Amtsträger oder Verwaltungen oder Versammlungen keine Fehler und Sünden begehen. Ein unfehlbares Lehramt kennt die Orthodoxe Kirche nicht. Auch ihre Synoden und Konzile sind nicht an sich unfehlbar; die hier deklarierten Wahrheiten müssen von der Gesamtkirche angenommen (rezipiert) werden und sich so erst als Wahrheiten bewähren. Es ist also nicht möglich, daß das Konzil selbst oder ein oberster Bischof von sich aus (ex kathedra) die gefällten Entscheidungen durchsetzt.

Doch in dem Sinne ist die Kirche sündlos, als die Sünden sie nicht zu Fall bringen können, sondern in ihr durch die lebendige Gegenwart des Heiligen Geistes immer neu vergeben werden. Und insofern ist die Kirche auch frei von Irrtum (= passive Irrtumsfreiheit), als in ihr durch die Gnade und Führung Gottes Irrwege immer wieder zu heilsamen Umwegen werden, die mithelfen, daß der Leib Christi „in allen Stücken" hinanwächst „zu Ihm, der das Haupt ist, Christus" (Eph 4,15).

Biblische Begündung: Gen 50,20; Lk 22,31–34.

FRAGE 89: Wer sind und was bedeuten die Heiligen für die Orthodoxe Kirche?

ANTWORT: In der Eucharistischen Liturgie ruft der Zelebrant vor der Brotbrechung: „Das Heilige den Heiligen!" und die Gläubigen antworten: „Einer nur ist heilig, Einer nur Herr: Jesus Christus in der Herrlichkeit Gottes des Vaters, Amen." Von ‚Heiligen' kann man in der Kirche also nur reden, weil der Herr der Kirche heilig ist und durch Seine Herrschaft die heiligt, die Er Sich auserwählt hat. Das aber bedeutet, daß grundsätzlich jeder Getaufte ein Heiliger ist, weil er in der Taufe Christus angezogen hat und fortan Ihm gehört. Denn nur in diesem Sinne ist Heiligkeit dem sündhaften Menschen überhaupt zuzuschreiben: nicht als eigene Qualität, sondern als gnadenhaftes Anteilerhalten an der Heiligkeit des Dreieinen Gottes. Aber nicht alle Gläubigen lassen in gleicher Weise die Heiligung an sich geschehen; nicht alle vermögen gleichermaßen in dieser Heiligkeit ihres Herrn zu stehen und sie auszustrahlen. Diejenigen aber, die so von der Gemeinschaft und Heiligkeit Christi erfüllt sind, daß sie diese ausstrahlen wie die Erde nach einem Sonnentag im Sommer die Wärme, die werden in der Kirche als Heilige verehrt. Das aber heißt: ihrer wird in besonderer Weise gedacht, in Dank und Liebe zur Ermutigung der Gläubigen, die der „großen Wolke von Zeugen“ bedürfen, um „mit Ausdauer zu laufen in dem Wettkampf, der vor ihnen liegt“ (Hebr 12,1).

Die orthodoxen Gläubigen kämen sich ohne die erfahrbare Gemeinschaft mit den Heiligen in der Kirche überfordert, allein und einsam vor. Sie sind daher dankbar für das Band der gegenseitigen Fürbitte im Leibe Christi, das sie nicht nur mit den lebenden, sondern auch mit den durch den Tod hindurchgegangenen Heiligen verbindet. Denn der Tod hat seit Christi Tod und Auferstehung nicht mehr die Macht, die Liebesgemeinschaft im Leibe Christi, wo die stärkeren für die schwächeren Glieder eintreten, zu unterbinden. In der Erfahrung dieses gegenseitigen vor Gott Einstehens wird sichtbar, daß der Tod entmachtet ist. Es gilt nur immer wieder darauf zu achten, daß nicht die Gemeinschaft der Glieder untereinander die Gemeinschaft mit ihrem Haupte, Christus, vergessen macht oder zurücktreten läßt. Denn nur in der Gemeinschaft mit Christus ist die Gemeinschaft der Heiligen in der Kirche keine Illusion.

Biblische Begründung: 1 Kor 12,12–27; Kol 3,12–16; Eph 6,18.

HALTE FEST: An manchen Heiligengedächtnissen wird als Prokimenon gesungen:

„Wunderbar ist Gott in Seinen Heiligen: der Gott Israels.
Er gibt Kraft und Stärke Seinem Volk“ (Ps 67 (68),36).

FRAGE 90: Zur Heiligenverehrung gehört in der Orthodoxen Kirche auch die Verehrung der Ikonen und Reliquien. Was ist ihr Sinn und wie ist sie entstanden?

ANTWORT: Nach orthodoxem Verständnis sind die Ikonen (symbolhaltige Abbilder des Urbildes) der Heiligen, der Gottesmutter und des Herrn Selbst transparent für die Gegenwart ihrer Person. Die Verehrung, die diesen Abbildern dargebracht wird, geht über auf deren Urbilder, gilt also den Personen, nicht den Bildern selbst.

Seit dem 5./6. Jahrhundert hat sich die Ikonenverehrung zusammen mit der Reliquienverehrung zunehmend ausgebreitet.[53]

Im Bilderstreit (726–843) wurde die Ikonenverehrung zum Anlaß für einen Versuch des Staates, den Einfluß der Kirche im Byzantinischen Reich zu brechen. Die Ursachen für den Ausbruch des Bilderstreites waren verschiedenartig: einerseits war die Kirche, und vor allem das Mönchtum, zu einer Kraft im Byzantinischen Reich geworden, an der der Staat nicht einfach vorbei kam. Andererseits mußte der Kaiser als Feldherr von seinen islamischen Gegnern immer wieder hören, die Christen seien Götzendiener, da sie Bilder anbeteten. Zudem kamen inbezug auf die Bilderverehrung tatsächlich auch zunehmend Mißbräuche vor, gegen die die Bischöfe einschreiten mußten. Dies nun nahm Leon III., der Isaurier, der auf allen Gebieten eine absolute Herrschaft anstrebte und den Einfluß der Mönche zu brechen suchte, zum Anlaß, 726 ein erstes Edikt gegen die Bilderverehrung zu erlassen. Dieses Edikt und seine Verschärfungen in den folgenden Jahren führte nicht nur zur Zerstörung von unzähligen Ikonen und Bildern in den Kirchen und in Häusern, sondern auch zu Aufständen in Griechenland und Italien und vor allem zu einer allgemeinen Verfolgung der Mönche im ganzen Byzantinischen Reich. Es scheint, als sei für Leon III. und seinen Nachfolger Konstantin V. Kopronymos die Bilderfrage vor allem ein Vorwand gewesen, das Mönchtum auszurotten und damit den Einfluß der Kirche auf das Volk zurückzudämmen. Die bilderfreundliche Kaiserin Irene stellte die Verfolgungen ein und ließ 787 das Siebte Ökumenische Konzil von Nikäa in Freiheit über die Bilderfrage verhandeln, worauf die Bilderverehrung wieder hergestellt wurde mit der Bestimmung, daß den Bildern, wie dem Heiligen Kreuz, dem Evangelienbuch, den Reliquien und allen Heiligen nur die ehrfürchtige Verehrung (timitike proskynesis) nicht aber die wahre Anbetung (alithine latreia) zukomme. Doch unter den folgenden Kaisern flammte die Verfolgung der bilderfreundlichen Opposition gegen den Staatsabsolutismus erneut auf. Erst unter Kaiserin Theodora wurde am ersten Fastensonntag 843 in einem feierlichen Akt in der Hagia Sophia zu Konstantinopel die Entscheidung von 787 wieder in Kraft gesetzt. Seither feiert die Orthodoxe Kirche jedes Jahr am ersten Fastensonntag das Gedächtnis des Sieges der Orthodoxie durch eine Prozession mit den Bildern und das Verlesen der Konzilsbeschlüsse (Synodikon).

FRAGE 91: Gilt also das Bilderverbot des Alten Bundes für die Orthodoxe Kirche nicht mehr?

ANTWORT: Es gilt für die Christen nicht mehr in gleicher Weise wie für die Juden. Denn Christus ist des Gesetzes Ziel (Rm 10,4). Das aber heißt: Mit Christus ist die äußerliche, buchstäbliche Befolgung des Gesetzes einem freieren, verinnerlichten Tun Seines Willens gewichen. Das Bilderverbot im Judentum hatte im wesentlichen zwei Gründe: Es war verboten, Gott abzubilden, weil Gott der menschlichen Vorstellungskraft nicht faßbar ist.

Es war ferner verboten, Bilder (d.h. Menschen- und Tierdarstellungen) zu verehren, weil sie dadurch an Gottes Stelle treten.

Auch im orthodoxen Christentum ist es nicht erlaubt, Gott als Vater und Schöpfer anders als in der Gestalt Christi darzustellen. Denn durch die Menschwerdung Gottes in Jesus Christus ist der Unsichtbare uns erschienen und hat eine menschliche Gestalt angenommen, zu der es gehört, daß sie auch im Bilde dargestellt werden kann. Dabei ist es nach orthodoxem Verständnis wichtig, daß mit dieser Darstellung auf die ganze Person Christi, d.h. auf Seine Menschheit und Seine Gottheit, hingewiesen wird. Dies aber ist nur möglich, weil seit dem 3./4. Jahrhundert die christliche Kunst allmählich eine Symbolsprache entwickelt hat, in der deutlich zum Ausdruck kommt, daß das Bild nicht als solches der verehrungswürdige Gegenstand ist, sondern vielmehr auf diesen hinweist. Das Bild ist also nach orthodoxem Verständnis als Symbol zu verstehen, und nur so kann es ohne Gefahr, Götzenbild zu werden, verehrt werden.

Wichtigstes Merkmal des symbolhaften Bildes ist seine Zweidimensionalität (d.h. das Fehlen der Perspektive oder auch die ‚umgekehrte Perspektive'). Durch das Fehlen der Wirklichkeitsillusion wird sichtbar, daß das Bild nicht selbst die Wirklichkeit darstellt, um die es geht, sondern diese lediglich abbildet. Es gibt daher in orthodoxen Kirchen keine Statuen oder dreidimensionale Darstellungen (Kruzifixe), die verehrt werden. Nach orthodoxer Auffassung sind diese bis heute dem Volk Gottes verboten, weil sie der Verführung zum Götzendienst keinen Widerstand entgegensetzen.

> Biblische Begründung: Ex 20,4–6; Lev 26,1; Jer 10,2–16; Rm 1,18–32; 5,12–21; 2 Kor 3,12–18; Joh1,18; 6,46; 12,45; 14,9.

HALTE FEST: Als Festkondakion zum Gedächtnis des Sieges der Orthodoxie singen wir am ersten Herrntag in den Großen Fasten:

> „Das unbegrenzte Wort des Vaters
> ward begrenzt durch die Fleischwerdung aus dir,
> Gottesgebärerin.
> In dir wurde das befleckte Abbild verwandelt
> in den ursprünglichen Zustand
> und erfüllt mit der göttlichen Schönheit des Urbildes.
> Wir aber, indem wir das Heil bekennen,
> stellen dies dar in Werken und Worten."

FRAGE 92: Worin besteht die Heiligung der Gläubigen, die in der Kirche geschieht?

ANTWORT: In der Heiligung erhalten die Gläubigen in der Kirche Anteil am Heiligen Geiste, d.h. an Gott Selbst. Sie werden so eingegliedert in den Leib Christi und das Volk Gottes. Mit diesem vereint, vermögen sie ihrem Herrn Jesus Christus entgegenzuwachsen, erfüllen so ihre schöpfungsmäßige Bestimmung und bekommen schließlich Anteil an der Herrlichkeit, Güte, Macht, Schönheit Christi in der Vergöttlichung, d.h. der Theosis.

Biblische Begründung: Kol 1,18–22; 1,27; Eph 2,19–22; 4,15–16.

HALTE FEST: An hohen Herrnfesten (Herrntag der Palmen, Ostern, Osterzeit, Pfingsten, Christi Geburt, Theophanien) singen wir anstelle des Trisagion:

„Alle, die ihr in Christus getauft seid,
habt Christus angezogen, Alleluja" (Gal 3,27).

FRAGE 93: Dann ist also die Taufe der entscheidende Akt, durch den die einzelnen Gläubigen der Heiligung zugeführt werden?

ANTWORT: Ja, aber die Taufe kann nach orthodoxem Verständnis nicht isoliert gesehen werden. Sie ist zusammen mit der Myronsalbung und der Teilnahme an Leib und Blut Christi der Anfang eines dornenreichen Weges der Reinigung und Erneuerung, der vornehmlich in Gebet und liebender Selbsthingabe besteht und immer wieder auf die Sündenvergebung und Erneuerung durch die sakramentale Buße und die Teilnahme am allheiligen Leib und am kostbaren Blut unseres Herrn angewiesen ist.

In der Taufe geschieht auch die Befreiung von der Erbsünde[54], die Aufnahme in den Leib Christi und die Bereitung des Tempels für den Heiligen Geist, der mit der Myronsalbung verliehen wird. Taufe und Myronsalbung vermitteln gemeinsam die Gotteskindschaft.

Biblische Begründung: Mt 7,13–14; Joh 3,5–6; Rm 6,3–11.

FRAGE 94: Wie wird in der Orthodoxen Kirche die Taufe verstanden und vollzogen?

ANTWORT: Die orthodoxe Taufe besteht in ihren wesentlichen und notwendigen Stücken in einem dreimaligen Untertauchen in Wasser im Namen des Vaters und des Sohnes und des Heiligen Geistes. Dieses Untertauchen versinnbildlicht das Hineingetauchtwerden in den Tod Christi. Darum wird die Übergießung mit Wasser anstelle des Untertauchens nur im Notfall bei Krankheit des Täuflings als ‚Klinische Taufe' angewandt. Eine solche Nottaufe kann in Abwesenheit eines Priesters jeder Christ und jede Christin aufgrund der Myronsalbung, die das allgemeine Priestertum vermittelt, vollziehen. Die Nottaufe beschränkt sich auf die genannten notwendigen Elemente des Ritus.

Die feierliche Taufe dagegen, die vor der Gemeinde in der Kirche zelebriert werden soll, benutzt einen angereicherten Taufritus, der daran erinnert, daß in der Alten Kirche der Erwachsenentaufe ein ein- bis dreijähriges Katechumenat voranging. Am Ende dieses Katechumenates waren Riten, die teilweise in den Taufritus selbst eingegangen sind, wie die Absage des Täuflings an den Satan, die Überlieferung und Rückgabe (Rezitation) des Glaubensbekenntnisses, die Weihe des Taufwassers und des Katechumenenöls und die Salbung vor der Taufe zum Athleten (Kämpfer) Christi. Auch die Bekleidung des Täuflings nach der Taufe mit dem weißen Taufgewand, dem Lichtgewand, wird in die Zeremonie einbezogen. Denn die Taufe ist nicht nur ein der Sünde Absterben und Begrabenwerden mit Christus, sondern auch schon jetzt und hier ein Anfang der Erneuerung im Heiligen Geist und der Vereinigung mit Christus. Daher wird die Taufe auch ‚Erleuchtung' (photismos) genannt, was darauf hinweist, daß mit ihr der Gläubige aus der Finsternis der Unwissenheit in die göttliche Lichtsphäre tritt, wie der Apostel Paulus bezeugt: „Denn Gott, der gesagt hat: ‚Aus der Finsternis soll Licht aufstrahlen!', Er ist es, der es in unseren Herzen hat aufstrahlen lassen, so daß wir erleuchtet wurden durch die Erkenntnis der Herrlichkeit Gottes auf dem Angesicht Christi" (2 Kor 4,6).

Die Taufformel selbst ist in der Orthodoxen Kirche analog den anderen sakramentalen Spendeformeln in der dritten Person: „Getauft wird der Knecht (die Magd) N.N. im Namen des Vaters, Amen, und des Sohnes, Amen, und des Heiligen Geistes, Amen", wobei die ‚Amen' vom Täufling oder seinem Paten oder der ganzen anwesenden Gemeinde gesprochen oder gesungen werden sollen.

Unmittelbar an die Taufe schließt sich die Myronsalbung an.

Biblische Begründung: Joh 3,1–7; Rm 6,3–11; Hebr 6,4; 10,32.

FRAGE 95: Worum geht es bei der Myronsalbung?

ANTWORT: Die Myronsalbung, d.h. die Salbung mit einer Mischung von Olivenöl, Balsam und anderen Essenzen, die am Heiligen und Hohen Donnerstag in jeder autokephalen Kirche von konzelebrierenden Bischöfen geweiht wird, ist vermutlich aus einer Handauflegung nach der Taufe (Apg 8,17; 19,6) entstanden. Der altchristliche Ritus der Salbung mit Öl nach der Taufe (postbaptismale Salbung) ist erst am Ende des zweiten Jahrhunderts sicher bezeugt (vgl. Theophilus von Antiochien, Ad Autolycum 1,12; Tertullian, De baptismo 7; Origenes, Selecta in Ezech 16); es ist aber durchaus möglich, daß er bereits in 1 Joh 2,20.27 und vielleicht sogar in 2 Kor 1,21 vorauszusetzen ist. Handauflegung wie Salbung nach der Taufe dienen der Mitteilung des Heiligen Geistes, die schon von Paulus als ‚Versiegelung' bezeichnet wird (vgl. 2 Kor 1,22). Der Begriff der ‚Versiegelung' greift Vorstellungen aus dem antiken Eigentumsrecht (sc. Markierung des Eigentums), aber auch aus der jüdischen Eschatologie (Lehre von den Letzten Dingen) auf. In Anlehnung an die Einsetzung des Pascha (Ex 12) wird vom Propheten Ezechiel eine Vision berichtet (Ez 9,4–10), in der vom Blutgericht verschont wird, wer vorher mit einem Zeichen (wohl Kreuzeszeichen) an der Stirn markiert worden ist. Entsprechend wird auch im frühen Christentum die ‚Versiegelung' verstanden als Übereignung an den Herrn Jesus Christus (den Gesalbten) und als Markierung für den Tag des künftigen Gerichtes. Im nachexilischen Judentum ist oft auch die Beschneidung als ‚Versiegelung' bezeichnet worden, was auch Paulus in Rm 4,11 bezeugt. Damit ergibt sich eine Analogie zwischen der Versiegelung als Beschneidung im Alten Bund und der Versiegelung im Zusammenhang der Taufe im Neuen Bund. Wie man in Israel, aus dem Samen Abrahams geboren, durch die Beschneidung in den Bund mit Gott getreten ist, so wird man in der Kirche wiedergeboren durch die Taufe und in den Neuen Bund mit Gott aufgenommen durch die ‚Versiegelung' im Heiligen Geist. Die Versiegelung befähigt den Christen als Glied des Neuen Bundesvolkes das Opfer des Neuen Bundes, die Eucharistie, darzubringen und zu empfangen. Als Akt der Übermittlung des Heiligen Geistes an den Neugetauften begründet sie das ‚Allgemeine Priestertum' der Gläubigen, welches neben dem besonderen ‚Apostolischen Priestertum' besteht und konstitutiv ist für die Feier der Mysterien Christi. Daher ist auch die Myronsalbung für die Zugehörigkeit zur Orthodoxen Kirche unverzichtbar, während die Firmung für die Gliedschaft in der Römisch-katholischen Kirche nicht in gleicher Weise notwendig ist. Die Myronsalbung kann im Gegensatz zur Taufe wiederholt werden, so z.B. nach einem Abfall vom Glauben bei der Wiederaufnahme in die Kirche. Auch bei Konversionen zur Orthodoxen Kirche aus der Römisch-katholischen Kirche oder aus Kirchen, die dem Weltkirchenrat angehören, wird, falls die Taufe formal richtig (rite) auf den Vater und den Sohn und den Heiligen Geist vollzogen worden ist, kat' oikonomian (d.h. auf Grund des Liebesgebotes, nicht nach strengem Recht) der Aufzunehmende entsprechend dem Konzil von Moskau 1667 und dem sog. ‚Zweiten Trullanum' oder ‚Quinisextum' (das 692 das fünfte und sechste Ökumenische Konzil ergänzte) durch Myronsalbung in die Kirche aufgenommen, da es nach Eph 4,5 nur eine Taufe gibt. Es wird dabei vorausgesetzt, daß durch die Versiegelung mit dem Heiligen Geist die außerhalb der Orthodoxen Kirche formal gespendete Taufe geistlich belebt wird.

Was den Ritus der Salbung betrifft, so bezeichnet der Priester in Kreuzesform den Täufling oder den in die Kirche Aufzunehmenden mit dem heiligen Myron an Stirn, Augen, Nasenflügeln, Mund, Ohren, Brust, Händen und Füßen und spricht dazu jedesmal: „Siegel der Gabe des Heiligen Geistes", und der Täufling oder der Pate oder die Gemeinde antworten: „Amen" .

Auch diese Zeremonie ist angereichert: zunächst durch eine Synaxis (d.h. einen Wortgottesdienst mit Apostel- und Evangeliumslesung und einer Ektenie). Unmittelbar vor dieser Synaxis erfolgt ein dreimaliger Umgang von Täufling und Taufpaten um das Taufbecken, geführt durch den Zelebranten. Die Bedeutung des dabei vollzogenen dreifachen Kreises ist der Hinweis auf die Endgültigkeit und Vollendung der Taufgnade. Es folgt eine Abwaschung der Salbung, die ursprünglich acht Tage nach der Taufe geschah und die Entfernung des Myrons bezweckte. Damit verbunden ist ein symbolisches kreuzförmiges Abschneiden eines Büschels vom Haupthaar als erstes Haarschneiden. Beide Zeremonien geschehen zum Zeichen, daß der Getaufte und Gesalbte ganz, mit Haut und Haar, sich Christus übereignet hat, und nun nicht mehr sich selbst, sondern Christus gehört.

In unmittelbarem Anschluß an Taufe und Myronsalbung wird dem Täufling in der nachfolgenden Liturgiefeier die Kommunion gereicht. Manchmal wird bei Säuglingstaufen, die aus praktischen Gründen nach der sonntäglichen Liturgiefeier vollzogen werden, die erste Kommunion auf einen etwas späteren Zeitpunkt verschoben. Die grundsätzliche Einheit von Taufe, Salbung und Teilnahme am allheiligen Leib und am kostbaren Blut des Herrn ist jedoch damit nicht aufgehoben. Diese Einheit ist für das orthodoxe Taufverständnis konstitutiv.

Biblische Begründung: Ex 12,7.12–13; Ez 9,4–10;
Gen 17,11; Rm 4,11; Apg 8,14–18; 19,6; 2 Kor 1,21–22;
Eph 1,13–14; 4,30; Hebr 6,2; 1 Joh 2,20.27.

FRAGE 96: Aus welchen Gründen wird in der Orthodoxen Kirche auch Kleinkindern die Taufe, Myronsalbung und Kommunion gespendet?

ANTWORT: Die Anfänge der Kindertaufe in der Alten Kirche liegen im Dunkeln. Aller Wahrscheinlichkeit nach wurde sie aber schon in neutestamentlicher Zeit geübt, wenn man Taufanwärter mit ihrem ‚ganzen Haus' taufte (Apg 16,15). In der Zeit der Christenverfolgungen des 3./4. Jahrhunderts mag die Kindertaufe gegenüber der Erwachsenentaufe etwas zurückgetreten sein, doch wissen wir aus dieser Zeit, daß kleinmütige Gläubige auch Kleinkinder, die man vordem zur Kommunion gebracht hatte, nun zum Kaiseropfer aufs Kapitol mitschleppten. Diese Kinder mußten getauft sein. Nach der Konstantinischen Wende scheint der Brauch der Kindertaufe weiterbestanden zu haben neben der anderen Sitte, die Kinder wohl als Katechumenen eintragen und einsegnen zu lassen, die Taufe aber hinauszuschieben, oft bis zum Sterbebett, um so den strengen kirchlichen Lebensregeln entgehen zu können. Seit dem 5./6. Jahrhundert ist die Kindertaufe im Osten allgemein vorauszusetzen.

Die spärlichen und meist nur zufälligen Angaben zur Geschichte der Kindertaufe in der Alten Kirche sind ein Zeugnis dafür, daß diese in der Orthodoxen Kirche nie umstritten war. Es gibt nach orthodoxer Auffassung auch keinen theologischen Grund, Kinder von der Taufgnade auszuschließen. Da aber Taufe, Myronsalbung und Kommunion an Leib und Blut Christi nicht zu trennen sind, kann man den getauften und mit dem Heiligen Geist versiegelten Kindern auch die Teilnahme an der Kommunion nicht versagen, umso weniger als nach orthodoxem Verständnis der menschliche Entschluß und die Bußgesinnung nicht als Vorleistung für das Erbarmen und die Gnade Gottes verstanden werden, sondern umgekehrt: der unbeständige menschliche Wille muß erst durch die Gnade des Heiligen Geistes und die Vereinigung mit Ihm gefestigt werden, ehe er zu wirklicher Buße fähig ist. Die Buße aber, auch wenn sie bei Erwachsenen schon vor der Taufe als Zeichen der Ernsthaftigkeit des Taufbegehrens angestrebt werden soll, bleibt für jeden Christen eine lebenslange Aufgabe, die erst durch die Taufe recht in Angriff genommen werden kann. So sind die Worte des Petrus nach der Apostelgeschichte: „Tut Buße, und jeder von euch lasse sich taufen auf den Namen Jesu Christi zur Vergebung eurer Sünden, so werdet ihr die Gabe des Heiligen Geistes empfangen" (Apg 2,38), nicht so zu verstehen, daß man zuerst seine Buße vollenden und erst dann zur Taufe kommen müsse. Vielmehr: Die Buße besteht gerade darin, daß man zur Taufe kommt. Entsprechendes ist zum Verhältnis von Glaube und Taufe zu sagen: Auch der Glaube ist nicht in dem Sinne Vorbedingung für die Taufe, daß er als Vorleistung aus sich selbst erbracht werden müßte, ehe die Taufe geschehen könnte. Vielmehr: Die Taufe ermöglicht erst den rechten Glauben, der, solange der Mensch lebt, die Hilfe des Heiligen Geistes und die Fürbitte der Heiligen nötig hat, um wachsen zu können. Die Kinder aber, die wir zur Taufe bringen, fügen wir damit dem Leibe Christi ein, wo ihnen die Hilfe des Heiligen Geistes und die Gebete der Heiligen zuteil werden, so daß sie in Glauben und Buße wachsen können.

Jesus Christus Selbst hat gesagt: „Wenn ihr nicht umkehrt und werdet wie die Kinder, so werdet ihr nicht ins Reich der Himmel kommen" (Mt 18,3) und Er hat die Kinder zu Sich bringen lassen (Mk 10,13–16). Daher sind auch nach orthodoxer Auffassung die Kinder die einzigen würdigen Teilnehmer am allheiligen Leib und kostbaren Blut unseres Herrn; sie sind die einzigen, die ohne Furcht zur Kommunion herantreten dürfen. Dies wird in unseren Gemeinden dadurch zeichenhaft zum Ausdruck gebracht, daß die Erwachsenen den Kindern bei der Kommunion den Vortritt lassen.

> Biblische Begründung: Mt 18,1–5; Mk 10,13–16; Apg 11,14; 16,15; 1 Tim 3,15; Tit 3,5–7.

FRAGE 97: Was bedeutet die Teilnahme am allheiligen Leib und kostbaren Blut unseres Herrn Jesus Christus im Verständnis der Orthodoxen Kirche?

ANTWORT: In den Stichiren zur Kommunion des Symeon Metaphrastes (10. Jhdt) heißt es:

> „Erschaudere, Mensch,
> der du das vergöttlichende Blut erblickest!
> Denn Feuer ist es, das Unwürdige versengt.
> Der Leib Gottes vergöttlicht und ernährt mich.
> Den Geist vergöttlicht Er
> und Gemüt und Verstand ernährt Er wunderbar."

Für den orthodoxen Christen ist die Teilnahme am allheiligen Leib und am kostbaren Blut unseres Herrn Jesus Christus ein Mysterium, dem man sich nur mit ausgezogenen Schuhen nähern kann, wie Moses dem brennenden Dornbusch (Ex 3,6). Dieses Mysterium ist darum furchtbar, weil es ein zweischneidiges Schwert ist. Man kann sich auch verstocken und verhärtet werden, wie sich das Herz Judas verstockte, der hinausging, Jesus zu verraten, nachdem er mit Ihm vom Brot gegessen und aus dem Kelch getrunken hatte (Lk 22,14–23).

Darum heißt es in der achten Ode des Kommunionskanons:

„Furcht hat mich ergriffen,
daß das Feuer mich verzehre wie Wachs und Heu.
O, der furchtbaren Mysterien!
O, der Barmherzigkeit Gottes!
Wie kann ich, Staub, Unverweslichkeit erlangen
und Anteil bekommen
an Deinem göttlichen Leib und Deinem göttlichen Blut?“

Diese Frage nimmt ein weiteres Tropar aus dem Kommunionskanon auf und beantwortet sie zugleich:

„Wie kann ich, Unwürdiger, es wagen,
an Deinen heiligen Mysterien teilzunehmen?
Wage ich es, mich mit den Würdigen
gemeinsam Dir zu nahen,
so wird mich mein Kleid verklagen,
denn es ist kein Hochzeitsgewand.
So wird es mir zur Verdammnis meiner sündigen Seele.
Reinige, Herr, die Befleckung meiner Seele
und errette mich, Du Menschenliebender!“

Wenn ich mich also auf dem Weg zur Kommunion als Unwürdiger erkenne, gibt es nur eine Hilfe: den Herrn Selbst anzurufen und um das Hochzeitsgewand zu bitten, jenes Gewand, das der Mann von der Straße sich nicht selbst erwerben kann, das ihm aber vom Bräutigam mit der Einladung zum Fest geschenkt wird (vgl. Mt 22,1–14).[55]

So gibt es denn keine heilsame Kommunion ohne anhaltendes Gebet in Demut und Glaube. Was aber erbittet dieses Gebet? Wir entnehmen die Antwort wieder aus dem bereits zitierten Kommunionskanon:

„Zum Brote des ewigen Lebens
möge mir Dein heiliger Leib
und Dein kostbares Blut gereichen,
barmherziger Herr!
Sie mögen heilen mich von vielfältiger Krankheit!

Dein allreiner Leib und Dein kostbares Blut
gereiche mir zur Vergebung meiner Sünden,
zur Gemeinschaft des Heiligen Geistes
und zum ewigen Leben,
zur Verwandlung allen Leides und aller Trübsal!

Zu Deinem Erbarmen flehe ich, Allguter,
und rufe voll Ehrfurcht: Bleibe in mir,

und laß mich, wie Du verheißen, in Dir sein!
Denn, siehe, im Vertrauen auf Deine Barmherzigkeit
esse ich Deinen Leib und trinke Dein Blut."

Auf die Frage nach der Bedeutung der Kommunion für die Orthodoxen muß man also antworten: Sie ist das innerste Mysterium der Vereinigung mit Christus, das nur dort heilsam ist, wo es die Menschen, die dazu fähig sind, tiefer in Gebet, Demut und Buße hineinführt. In diesem Sinne heißt es in der dritten Ode des oben zitierten Kanons:

„Ströme der Tränen gewähre mir, Christus,
von meinem Herzen abzuwaschen alle Flecken,
daß ich mit gereinigtem Gewissen
in Glauben und Ehrfurcht
zum Empfang Deiner göttlichen Gaben hinzutrete,
Gebieter!"

Biblische Begründung: Mt 22,1–14; 25,1–12; 26,20–29; 1 Kor 11,17–34.

FRAGE 98: Gibt es nach orthodoxem Verständnis auch eine Teilnahme an der Vereinigung mit Christus in der Eucharistischen Liturgie ohne zu kommunizieren?

ANTWORT: Gewiß, jedes im Heiligen Geist versiegelte Glied der Kirche, das in aufrichtigem und demütigem Gebet an der Göttlichen Liturgie teilnimmt, nimmt an der Vereinigung mit Christus in der geistlichen Kommunion teil.

In jeder Liturgiefeier zu kommunizieren, ist für orthodoxe Christen nicht so selbstverständlich wie weithin im westlichen Christentum. Die Kommunion ist für einen orthodoxen Gläubigen nichts, was man beiläufig mitnehmen kann. Sie erfordert vielmehr eine Vorbereitungszeit zur Buße (oft auch eine Beichte) und zum Gebet, zum Lesen des Kommunionskanons und der Kommunionsgebete, ohne das man als Erwachsener nicht zur Kommunion gehen sollte. Sie erfordert ferner leibliche und geistige Nüchternheit, aber auch Muße zum Gebet nach der Feier. Denn die Vertiefung des Gebetes ist ja mit eine Frucht der Kommunion, diese aber wächst nicht, ohne daß ihr Raum gegeben wird. Für jeden orthodoxen Christen ist die Kommunion ein Höhepunkt des geistlichen Lebens, den man nicht ohne Schaden in Ungeduld vorwegnehmen kann und der einen Weg vorher und nachher voraussetzt, den im übrigen jeder mit seinem Beichtvater absprechen muß.

Daher nehmen viele erwachsene orthodoxe Christen vielfach ohne zu kommunizieren an der Liturgiefeier teil. Um so mehr stellt sich die Frage, wie ihre Teilnahme mehr als eine bloß äußerliche Anwesenheit sein kann?

Hier gibt es nur eine Antwort: durch den betenden Mitvollzug der Liturgiefeier, die als solche ihren Höhepunkt in der Epiklese hat, wo die Herabkunft des Heiligen Geistes auf die Gemeinde und Gaben erfleht wird. Durch die Epiklese in der Liturgiefeier und die geistliche Kommunion im Gebet erhalten alle an der Liturgie Beteiligten, im Heiligen Geist versiegelten Glieder des Leibes Christi Anteil am Herrn, Seiner Gegenwart und Seinen Gaben.

Wer in einer fremden Gemeinde an der Kommunion teilnehmen will, meldet sich vorher beim Zelebranten.

Biblische Begründung: 1 Kor 10,16–17; 11,27–30.

HALTE FEST: Während der Austeilung der Kommunion, auch gerade da, wo wir selbst nicht kommunizieren, beten wir stehend:

„Gedenke unser, Herr,
wenn Du kommst in Deinem Reich!
Gedenke unser, Gebieter,
wenn Du kommst in Deinem Reich!
Gedenke unser, o Heiliger,
wenn Du kommst in Deinem Reich!“

„Vom Throne der Herrlichkeit Deines Reiches komme,
uns zu heiligen!
Du thronst oben mit dem Vater,
und hier bist Du unsichtbar in unserer Mitte.
Gib mit Deiner mächtigen Hand in Gnaden auch mir Anteil
an Deinem allreinen Leib und Deinem kostbaren Blut!“

Dieses Gebet kann wiederholt werden bis der Zelebrant mit dem Austeilen der Kommunion zu Ende ist. Dann folgt das Schlußgebet, das auch von den Kommunikanten nach der Kommunion zu sprechen sich empfiehlt:

„Ehre Dir, o Gott, Ehre Dir!“ (dreimal)

„O großes, o heiligstes Pascha, Christus,
o Weisheit und Wort Gottes und Kraft!
Gib, daß wir wahrer noch teilhaben an Dir
am abendlosen Tage Deines Reiches!“

FRAGE 99: Wie wird in der Orthodoxen Kirche die Eucharistiefeier verstanden?

ANTWORT: ‚Eucharistie' heißt ‚Danksagung'. Sie wird von der Orthodoxen Kirche gefeiert als ‚Göttliche Liturgie', wobei der Begriff der ‚Liturgie' ausschließlich für die Eucharistiefeier benutzt wird und nicht für andere gottesdienstliche Stücke. Als ‚Liturgie' bezeichnet man im antiken Sprachgebrauch eine öffentliche Dienstleistung. Die Göttliche Liturgie ist sowohl der in der Öffentlichkeit erbrachte Dienst Gottes in Jesus Christus an uns, wie auch unser Dienst in Jesus Christus Gott gegenüber. Das Moment der Öffentlichkeit besagt dabei, daß das Bekenntnis, das hier geleistet wird, einen öffentlich-verbindlichen Charakter hat.

Das Bekenntnis Gottes zu uns besteht darin, daß Gott Sich uns durch Gesetz, Propheten und das Evangelium Seines Sohnes zugesagt und durch Kreuz und Auferstehung Christi und die Sendung des Heiligen Geistes auf die Kirche nach Seiner Himmelfahrt diese Verheißung eingelöst hat. Wenn wir dieses Bekenntnis feiern, lassen wir uns hineinnehmen in Gottes Heilshandeln für uns im Opfer Seines menschgewordenen Sohnes.

Unser Bekenntnis zu Gott ist die öffentliche Akklamation (Anerkennung) Seiner Königsherrschaft, und diese Akklamation ist als Unterwerfung unter die Herrschaft Gottes zugleich auch Proklamation (Verkündigung) Seines Herr-Seins. Dies geschieht in der Anamnese (Gedächtnis) der Heilstaten Gottes, die mehr als ein bloßes Erinnern ist, das im Denken geschieht; sie ist ein ‚Inne-werden', das Geist, Seele und Leib Anteil am Heilswerk nehmen läßt aufgrund der damit verbundenen Epiklese (Herabrufung des Heiligen Geistes). In diesem Vorgang erfüllt sich als Antizipation (Vorwegnahme), was der urchristliche Hymnus in Phil 2,9–11 vom gekreuzigten Christus sagt: „Daher hat Ihn auch Gott über die Maßen erhöht und Ihm den Namen geschenkt, der über jeden Namen ist, damit in dem Namen Jesu sich beuge jedes Knie derer, die im Himmel und auf Erden und unter der Erde sind und jede Zunge bekenne: ‚Jesus Christus ist Herr, in der Herrlichkeit Gottes des Vaters!'"

In den Liturgiefeiern unserer Gemeinden und Kirchen stimmen wir ein in die eine Zeit und Raum überschreitende eschatologische (endzeitliche) Liturgie der Kirche, an der alle Engel und Heiligen, die Lebenden, Dahingeschiedenen und noch Ungeborenen teilhaben. Darum glauben und erfahren wir, daß in unseren bescheidenen und mangelhaften Feiern die Engel und Heiligen unsichtbar anwesend sind und mitfeiern, wenn wir uns mit unserer Feier an die Tradition der heiligen Väter halten.

In diesen Feiern aber werden wir durch die Gegenwart des Dreieinen Gottes im Heiligen Geist und durch unsere Hingabe an Ihn verwandelt. Und wenn wir uns so verwandeln lassen, erhalten wir immer mehr die Kraft, auch unsere Welt in Liebe zu verändern.

Biblische Begründung: 1 Kor 11,26; Phil 2,5–11; Eph 4,1–16.

FRAGE 100: Welches sind die Hauptmerkmale der orthodoxen Feier der Göttlichen Liturgie?

ANTWORT: Zunächst gilt zu beachten, daß die Liturgiefeier in der Orthodoxen Kirche eingebunden ist in das öffentliche Gebet der Tages- und Nachtzeiten, angefangen mit der Vesper bei Sonnenuntergang. Daran schließen sich das Apodipnon (das Gebet nach dem Abendessen), das Mesonyktikon (Mitternachtsgebet), der Orthros (das Frühgebet) mit seinen drei Teilen: dem Nächtlichen Psalmengebet, den Metten und der Laudes (Morgenlob) bei Sonnenaufgang. Dazu kommen die Gebetszeiten des Tages: die Prim (ca.6 Uhr), die Terz (ca. um 9 Uhr), die Sext (ca. um 12 Uhr), die Non (ca. um 15 Uhr). Zwar sind diese Gebetszeiten, wie wir sie heute kennen, in Bischofskirchen nach synagogalem Vorbild ausgebildet und monastisch angereichert worden, und sie werden vollständig nur in Kathedralen und Klöstern gehalten. Aber die Gemeinden und die einzelnen Gläubigen versuchen doch nach Kräften, so gut es ihnen immer möglich ist, daran teilzuhaben, im Wissen darum, daß das Wort des Apostels „Betet ohne Unterlaß!" (1 Th 5,17) auch ihnen gilt. Alle diese Gebetszeiten werden an Festtagen überhöht und gekrönt durch die Göttliche Liturgie.

Was nun die Liturgiefeier selbst betrifft, so zerfällt sie, nach der Vorbereitung der Zelebranten und der Gaben in der Proskomidie (Zurüstung), in zwei Hauptteile: den Wortgottesdienst (die Synaxis) und den eigentlichen Eucharistischen Gottesdienst.

Die wesentlichen Momente des Wortgottesdienstes sind: Die Große Friedensektenie mit den anschließenden drei Antiphonen und zwei Kleinen Ektenien, der Kleine Einzug mit dem Evangelienbuch, das Trisagion, die Apostellesung (Epistel) und die feierliche Verkündigung des Evangeliums des Tages.

Danach wurden in der Alten Kirche die Katechumenen entlassen nach dem Großen Kirchengebet (Dringende Ektenie).

Mit dem Gebet für die Gläubigen beginnt die Eucharistische Liturgie. Die Übertragung der Heiligen Gaben vom Rüsttisch (der Prothesis) auf den

Heiligen Tisch im Heiligtum (d.h. Altarraum) geschieht heute im Großen Einzug mit den Heiligen Gaben. Nach der Bitt-Ektenie, dem Opfergebet, dem Friedenskuß und dem Glaubensbekenntnis folgt das Eucharistische Hochgebet, vor dem der Zelebrant ruft: „Lasset uns Dank sagen dem Herrn!“ und das Volk antwortet: „Würdig ist es und gerecht!“

Das Eucharistische Hochgebet, das in die Kommunion einmündet, besteht aus der Danksagung (Eucharistie), der Anamnese (=Gedächtnis als Inne-Werdung) und der Epiklese (Herabrufung des Heiligen Geistes).

Die Anamnese ist das Gedächtnis des ganzen Christusmysteriums nach 1 Kor 11,24: „Tut das als Mein Gedächtnis“. Im Gedächtnis erhalten wir Anteil an Gottes erschaffendem und erlösendem Gedenken und bringen so das dar, was wir von Ihm empfangen haben, wie es im priesterlichen Darbringungsgebet heißt: „Eingedenk also ... all dessen, was für uns geschehen ist ..., bringen wir Dir dar das Deine vom Deinigen gemäß allem und für alles.“ Diese Übereignung ist schon seit neutestamentlicher Zeit als Opfer verstanden worden (vgl. Hebr 13,15; 1 Kor 10,20–21). Opfer meint hier wie K. Gamber formuliert: „unter Danksagung und als Zeichen der Hingabe Gott eine sichtbare Gabe, konkret Brot und Wein, darbringen ... Die Gaben von Brot und Wein werden dabei nicht zerstört, sondern lediglich aus dem menschlichen Eigentumsbereich ausgesondert und zum Zeichen der Hingabe und des Dankes der durch den Priester opfernden Gemeinschaft gemacht.“[56] Auf diese Weise ist nicht nur die Darbringung im engeren Sinne, sondern die ganze Eucharistiefeier als Opfer zu verstehen. Bei der Darbringung nun wird im besonderen des Heilswerkes Christi gedacht: „des Kreuzes, des Grabes, der Auferstehung am dritten Tag, der Auffahrt in die Himmel, des Sitzens zur Rechten und der zweiten, neuen Ankunft in Herrlichkeit“, wie es in der Chrysostomus-Liturgie heißt. Auf diese Weise kommt das Opfer Christi in Blick. Es geht dabei aber nicht um eine Wiederholung des Kreuzesopfers Christi in irgend einer Form, sondern um die Gegenwärtigsetzung des ganzen Heilsgeschehens von Tod und Auferstehung Christi durch den Heiligen Geist in den Abbildern (Antitypoi = wörtlich: Gegenbildern) Brot und Wein. Unmißverständlich deutlich wird dies in der Basilius-Liturgie, wo der Priester zur Einleitung der Epiklese betet: „Deshalb nahen wir uns Deinem heiligen Opfertisch, und indem wir die Abbilder (Antitypoi) des heiligen Leibes und Blutes Deines Christus darbringen, flehen und rufen wir zu Dir, Heiliger der Heiligen, der Heilige Geist komme nach dem Wohlgefallen Deiner Güte auf uns und diese Gaben hier ...“

Somit ist die Epiklese der eindeutige Höhepunkt des Eucharistischen Hochgebetes. Mit dieser Feststellung aber sind wir bei einem für die orthodoxe Auffassung der Eucharistie entscheidenden Faktum: Nicht das Aussprechen der Einsetzungsworte, wie im lateinischen Christentum, sondern die ganze Anaphora mit der Epiklese als Zielpunkt ist unerläßlich für den orthodoxen Glauben an die Präsenz von Leib und Blut Christi in den Abbildern Brot und Wein. Es geht also nicht um die Alternative, ob die Wandlung beim Sprechen der Einsetzungsworte oder beim Sprechen der Epiklese geschehe. Diese scholastische Fragestellung samt ihrer Terminologie ist nach orthodoxer Auffassung inadäquat. Es geht vielmehr darum, daß der Epiklese der ihr zukommende Ort und Rang eingeräumt wird. Das heißt nun aber für das Gespräch mit der Römisch-katholischen Kirche: Ein Eucharistisches Hochgebet ist nicht schon dann orthodox, wenn es eine Epiklese hat. Denn auch die meisten westlichen Darbringungsgebete haben an irgendeiner Stelle eine Epiklese oder einen Ansatz dazu. Es kommt aber auf die Stellung dieser Epiklese innerhalb der ganzen Anaphora und speziell zu den Einsetzungsworten an. In der orthodoxen Anaphora ist die Epiklese den Einsetzungsworten, die ihren Rechtsgrund darstellen, über- und nachgeordnet. Das jedoch heißt: Der Zelebrant steht beim Sprechen der Anaphora nicht vor dem Volk an Christi Statt (in der symbolischen Haltung dem Volk zugewendet: versus populum), sondern als Repräsentant des Volkes Gottes steht er als Bittender vor Gott (in der symbolischen Haltung: nach Osten gewandt). Die Einsetzungsworte aber sind in dieser Sicht insofern echte Verheißungsworte, als sie die ‚Rechtsgrundlage' darstellen für die Gewißheit, daß die Epiklese, d.h. die Bitte des Zelebranten und der Gemeinde um den Heiligen Geist, erfüllt wird. Aber eben: diese Bitte um das Kommen des Heiligen Geistes ist nach orthodoxer Theologie unerläßlich. Damit ist ein Riegel vorgeschoben, daß nicht das menschliche Reden und Tun an Gottes Statt treten kann oder unter bestimmten Bedingungen magischen Charakter erhält.

Nach der Epiklese folgt ein Gebetsteil mit dem Vater-Unser als Tischgebet und darauf der eigentliche Kommunionsteil, der sich in drei Abschnitte gliedert: Brotbrechung und Vermischung im Kelch, Kommunion der Zelebranten und Kommunion der Gläubigen.

In der Kommunion geschieht die Vereinigung mit Christus durch die seinsmäßige Verwirklichung dessen, was die Anamnese beinhaltet und die Epiklese bewirkt. Auch die nicht kommunizierenden im Heiligen Geist versiegelten Gemeindeglieder nehmen im Gebet an der geistlichen Kommunion teil.

Mit den abschließenden Gebeten und der Entlassung wird die öffentliche Liturgie beendet, wonach alle Teilnehmer an der Liturgie zum Küssen des Kreuzes herantreten und vom Gesegneten Brot (Antidoron) erhalten. Das Antidoron hat nichts mit den geweihten Gaben, die in der Kommunion empfangen werden, zu tun, auch nichts mit dem nicht-geweihten Brot und Wein, das sich die Kommunikanten nach der Kommunion nehmen. Es handelt sich beim Antidoron vielmehr um die Reste der Prosphoren (Opferbrote), aus denen die konsekrierte Gabe (Lamm) geschnitten wurde. Manche sehen in Seiner Verteilung einen Überrest des frühchristlichen Liebesmahles (der Agape). Das Gesegnete Brot, das hier ausgeteilt wird, kann vielerorts von allen Anwesenden, Gemeindegliedern und Fremden, empfangen werden.[57] Es sollte nüchtern gegessen werden.

> Biblische Begründung: 1 Th 5,17; Lk 11,9–13; Mt 18,18–20; Mt 26,26–29; Mk 14,22–25; Lk 22,14–20; 1 Kor 11,23–26.

HALTE FEST: Nach der Austeilung der Kommunion singen wir:

> „Wir haben das wahre Licht geschaut,
> den himmlischen Geist empfangen,
> den wahren Glauben gefunden,
> da wir anbeten die unteilbare Dreiheit,
> denn Sie hat uns erlöst."

FRAGE 101: Wie ist der Ritus der Brotbrechung, der Vermischung im Kelch und des Zeon nach orthodoxer Auffassung zu verstehen?

ANTWORT: Zur Brotbrechung sagt der Priester:

> „Gebrochen und geteilt wird das Lamm Gottes,
> (der Sohn des Vaters),
> das gebrochen und nicht zerteilt,
> stets genossen und nicht verzehrt wird,
> aber alle, die daran teilhaben, heiligt."

Dabei bricht der Zelebrant das Brot in vier Teile und legt diese kreuzförmig auf den Diskos (Teller). So wird am Abbild des Geheiligten Brotes, das im Gegensatz zur Römisch-katholischen Kirche und armenisch-monophysitischen Kirche gesäuert ist, auf den Kreuzestod des Herrn hingewiesen, zugleich aber schon die lebenspendende, heiligende und einende Kraft des gebrochenen Leibes zum Ausdruck gebracht. Die Antithesen „gebrochen, (aus-)geteilt – nicht zerteilt –; genossen – nicht verzehrt" lassen an das Brotwunder denken (Mk 6,35–44; 8,1–10), das ja schon in der frühen Kirche als Bild des Eucharistischen Mahles verstanden wurde.

Die Vermischung von Brot und Wein im Kelch wird bereits von Theodor von Mopsuestia am Anfang des fünften Jahrhunderts bezeugt: „... Daher ist es Vorschrift, daß wir stückweise das lebenspendende Brot in den Kelch werfen, um anzuzeigen, daß Leib und Blut untrennbar miteinander verbunden sind."[58] In späterer Zeit wird dieser Gedanke dahingehend ausgearbeitet, daß nun Brotbrechen und Vermischung symbolisch auf Kreuz und Auferstehung Christi bezogen werden: Das Brechen des Brotes soll den Tod des Herrn darstellen, die Vermischung von Brot und Wein im Kelch aber wird als das Bild der Auferstehung genommen. Diese Bedeutung wird unterstrichen durch die die Handlung begleitenden Worte: „Fülle des Kelches, des Glaubens, des Heiligen Geistes!“ (Slawische Version: „Die Fülle des Heiligen Geistes!“). Denn der Heilige Geist ist es, der das Leben gibt und die Auferstehung bewirkt.

Im 6.Jahrhundert wird diese Deutung bekräftigt durch die Beigabe des Zeon (d.h. von heißem Wasser), das den Heiligen Geist symbolisieren soll, der die Kraft des Feuers in Sich hat und belebt. Den Gläubigen führt dieser Ritus des Zeon vor Augen, daß sie in der Eucharistie nicht bloß an dem für das Heil der Menschen geopferten Menschen Jesus und den durch Ihn erworbenen Heilsgütern Anteil bekommen, sondern am lebendigen gottmenschlichen Herrn Selbst und mit Ihm auch am lebenspendenden Heiligen Geist. Darum wird die Eingießung des Zeon von den Worten des Zelebranten begleitet: „Glut des Glaubens, voll des Heiligen Geistes!“

> Biblische Begründung: Jes 6,6; Joh 19,34; Apg 2,4; Rm 12,11.

FRAGE 102: Was sind und bedeuten die Diptychen?

ANTWORT: Die Diptychen sind die doppelreihigen Tafeln (heute Büchlein oder einfach zwei Zettel) mit den Namen der lebenden und verstorbenen Gläubigen, derer in der Liturgie gedacht werden soll. Dieses Gedenken kann an verschiedenen Stellen der Liturgie stattfinden: in der Proskomidie dadurch, daß für jeden Namen eine Partikel einer Prosphore auf den Diskos gelegt wird. Diese Teilchen werden nicht geweiht. Das Gedenken kann aber auch mündlich geschehen: durch Namensnennung bei der Dringenden Ektenie nach dem Evangelium, beim Großen Einzug durch Namensnennung in der Fürbitte der Gemeinde als ganzer, schließlich auch durch Namensnennung beim Gedächtnis der Heiligen nach der Epiklese. Der Brauch im einzelnen ist in jeder Gemeinde je nach Herkunft und Größe etwas verschieden.

In unseren franco- und germanophonen Gemeinden slawischer Herkunft schreibt jeder Gläubige am Anfang der Liturgie (spätestens bis zur Verkündigung des Evangeliums) die Namen der lebenden und verstorbenen Personen, derer er in der Liturgie zu gedenken bittet, gesondert auf je ein Blatt Papier oder in ein Büchlein und läßt diese Diptychen mit einer Prosphore, für die er eine kleine Opfergabe entrichtet, in die Prothesis bringen. Am

Ende der Liturgie erhält er die Prosphore, aus der die Gedenkteilchen entnommen sind, mit dem Büchlein oder den Zetteln, wieder zurück.

Mit diesem Brauch nimmt die private Fürbitte der Gläubigen sichtbare Gestalt an und fügt sich in die Fürbitte der Kirche ein.

Biblische Begründung: Eph 6,18; Kol 1,3.9; 4,3; 1 Tim 2,1.

FRAGE 103: Gibt es in der Orthodoxen Kirche außer Taufe, Myronsalbung und Eucharistie noch weitere Sakramente? Wieviele und welche?

ANTWORT: Das lateinische Wort ‚sacramentum' für die Mysterien, von denen wir hier sprechen, ist unangemessen und irreführend. Dies zeigt sich auch daran, daß man die Zahl der ‚Sakramente' nicht festlegen kann wie in den westlichen Kirchen. Zwar reden manche Lehrbücher davon, es gebe auch in der Orthodoxen Kirche ‚sieben Sakramente', aber das ist eine Angleichung an die Römisch-katholische Kirche, die letztlich dem Sachverhalt nicht gerecht wird. Der auf aristotelischem Denkhintergrund entstandene lateinische Begriff ‚Sakrament' (sacramentum = urspr. Fahneneid) schließt eine rechtliche Komponente ein und läßt sich genau definieren. Anders das ihm zugrunde liegende griechische Wort ‚mysterion' (von ‚myein' = Schließen von Mund und Augen, Einweihung in ein Heilsgeheimnis). Das Mysterium bezeichnet eine ‚verborgene Offenbarung', die sich darbietet ohne sich zu entbergen. Es geht also um eine Paradoxie, die sich nicht auflösen läßt. Denn beides gehört wesensmäßig zum Mysterium: das enthüllende Offenbaren und das verhüllende Sich-dem-Zugriff-Entziehen. Daher ist auch die Übersetzung „Geheimnis" für ‚Mysterium' unzutreffend und irreführend. Es ist daher besser, den Ausdruck ‚Mysterium' unübersetzt zu lassen und inbezug auf die Orthodoxe Kirche weder von Geheimnissen noch von Sakramenten zu reden.

Im Mysterium kann nicht ‚forma' und ‚materia' unterschieden werden, wie beim lateinischen Sakrament. Nicht ‚signum' (Zeichen) und ‚res' (bezeichnete Sache) sind die entscheidenden Kategorien, sondern ‚Abbild' und ‚Urbild' im platonischen Sinne. Denn das Mysterium gibt am Urbild Anteil durch ein wirkungskräftiges Abbild. Voraussetzung dafür ist nach orthodoxem Verständnis die in Jesus Christus festgemachte Zusage Gottes und das Kommen des Heiligen Geistes. Darum haben die Mysterien der Heilsübermittlung durch die Kirche (die ‚Sakramente') eine Epiklese, so Taufe, Myronsalbung, Eucharistie, Buße, Krankenölung, Ehekrönung, Weihe von Klerikern und Mönchen, Wasserweihe, Bereitung des Myrons,

Weihe einer Kirche, Weihe eines Antimins (Antemensium=Tischtuch, Altartuch). Aber der Begriff ‚Mysterium' läßt sich nicht auf diese kirchlichen Handlungen beschränken. Denn einerseits wird auch das Reich Gottes und sein Kommen, die Menschwerdung Jesu Christi, das Evangelium und seine Verkündung in der Heiligen Schrift ‚Mysterium' genannt, andererseits haben die altkirchlichen Väter auch von der gottesdienstlichen Evangelienlesung und vom Gebet als von Mysterien gesprochen. Es gibt in der Orthodoxen Kirche also keine feste Zahl von ‚Mysterien', sondern – wie allein schon die Rede von den ‚Festmysterien' zeigt – eine unüberschaubare Fülle. In all den einzelnen vielfältigen Mysterien aber bricht sich das eine Licht des einen Heilsgeschehens in Jesus Christus, wie sich das Sonnenlicht in den Farben des Regenbogens bricht. Dies alles muß man bedenken und berücksichtigen, wenn man von den ‚Mysterien' redet oder gar in Analogie zu den westlichen Kirchen gelegentlich den Begriff ‚Sakrament' gebraucht.

Biblische Begründung: Mt 13,11; Mk 4,11; Lk 8,10;
1Kor 4,1; Kol 1,26–27; Kol 2,2; 4,3; Eph 5,32; 6,19.

FRAGE 104: Wie wird die kirchliche Buße in der Orthodoxie vollzogen und verstanden?

ANTWORT: Es gab in der Alten Kirche im Osten eine bestimmte Klasse von Büßern, die die Anaphora darbringen, aber nicht kommunizieren durften. Sie wurden vor der Brotbrechung entlassen, wovon noch das Hauptbeugungsgebet nach den Fürbitten, die auf die Epiklese folgen, zeugt. Die Vollmacht, Sünder als Büßer zu binden und sie durch die Absolution wieder zu lösen, kommt den Nachfolgern der Apostel, den Bischöfen und sie vertretenden Priestern, aufgrund der apostolischen Schlüsselgewalt zu, die der Herr nach Mt 18,18 den Aposteln mit den Worten übereignet hat: „Wahrlich, Ich sage euch: ‚Was ihr auf Erden binden werdet, das wird im Himmel gebunden sein, und was ihr auf Erden lösen werdet, das wird im Himmel gelöst sein'."

Diese Worte gelten nach orthodoxer Auffassung allen Aposteln gleichermaßen, nicht nur Petrus. In Mt 16,18f. ist Petrus nur als Sprecher der Apostel besonders hervorgehoben. Diese Interpretation wird dadurch bestätigt, daß wie in Mt 18,18 auch in Joh 20,23 alle Apostel angesprochen sind. Die Orthodoxe Kirche kennt daher im Gegensatz zur Römisch-katholischen Kirche keine ‚vorbehaltenen Fälle': jeder Priester kann alle Sünden absolvieren.

Die Absolution geschieht korrekterweise in der Einzelbeichte. Dabei gilt jedoch zu beachten, daß das orthodoxe Verständnis der Beichte ein anderes ist als das römisch-katholische, wo dem Priester richterliche Funktion zukommt und er die Schwere der Sünden beurteilen muß, um das rechte Strafmaß aufzuerlegen. Die Orthodoxe Kirche kennt die Vorstellung nicht, daß der Büßer für die begangenen Sünden Satisfaktion (Genugtuung) zu leisten habe und er dies im Fegefeuer leisten müsse, wenn er sie auf Erden nicht vollständig erbringe. Zwar kann auch der orthodoxe Priester dem Beichtenden eine Buße (Epitimios) auferlegen, ihm z.B. für eine bestimmte Zeit die Kommunion verbieten. Aber er tut es aus seelsorgerlichen Gründen. Denn er ist nicht Richter an Gottes Statt, sondern als Repräsentant der apostolischen Kirche bevollmächtigter Fürbitter und Seelenarzt; darum erteilt er die Absolution korrekterweise neben dem Büßenden stehend nach Osten gewendet, legt ihm nach dem Sündenbekenntnis das Epitrachil (‚Stola‘) aufs Haupt und spricht ein Absolutionsgebet in epikletischer deprekativer Form, d.h. er bittet Gott über dem Sünder für diesen um Vergebung der Sünden, Versöhnung, Wiedervereinigung des Sünders mit dem Leib Christi und Erneuerung durch den Heiligen Geist. Wenn in gewissen Westrussischen Gemeinden von den Priestern anstelle der deprekativen Absolutionsformel eine indikative Form im Ich-Stil gebraucht wird, so ist dies auf römischen Einfluß zurückzuführen und widerspricht dem orthodoxen Geist der Beichte, was aber letztlich das orthodoxe Beichtverständnis als solches auch da nicht weiter beeinflußt hat. Während in der Alten Kirche das Bekenntnis vor allem der öffentlich bekannten, schweren Sünden vor der ganzen Gemeinde abgelegt wurde und es einen eigenen Stand der Büßer gab, in dem die bereuenden Sünder oft jahrelang Buße taten und sich bewähren mußten, bis sie die Absolution bekamen und wieder zur Kommunion zugelassen wurden, verbreitete sich in den späteren Jahrhunderten unter dem Einfluß des Mönchtums die geheime Einzelbeichte. Das Sündenbekenntnis beschränkt sich nun nicht mehr auf die Todsünden, sondern umfaßt alle Sünden, da die Beichte jetzt gleichzeitig Mittel der persönlichen Seelenführung ist. Anders als in der römisch-katholischen Kirche kennt die orthodoxe Kirche keine Beichtstühle. Die Beichte geschieht in der Form eines Gespräches, das vor dem Evangelienbuch und dem Kreuz stattfindet – Symbole der Gegenwart Christi, vor dem das Sündenbekenntnis abgelegt wird – und endet mit einem Zuspruch und der Absolution durch den Priester. In vielen Gemeinden vor allem griechischer Tradition findet die Beichte in einem eigens dazu bestimmten Raum (Seitenkapelle, Sprechzimmer) statt. Da es oft zu einem ausgedehnten seelsorgerlichen Gespräch kommt, sitzen der Beichtvater und das Beichtkind und erheben sich bzw. knien nur zur Absolution. In der Beichte müssen prinzipiell alle, vor allem aber die schweren Sünden bekannt werden. Die Beurteilung, ob eine Sünde schwer sei oder nicht, hängt von den verschiedenen inneren und äußeren

Umständen ab und soll nicht leichtfertig vom Beichtkind selbst, sondern vom Beichtvater vorgenommen werden. Je offener das Sündenbekenntnis ist, desto tiefer kann die göttliche Gnade reinigen und heilen. Da wir oft trotz besten Willens uns nicht aller Sünden erinnern können, schließt das Absolutionsgebet alle freiwilligen und unfreiwilligen, bewußten und unbewußten Sünden in Gedanken, Worten und Werken ein. Sünden, die aus falscher Scham nicht gebeichtet werden, werden auch nicht nachgelassen, sondern durch das Verschweigen zusätzlich belastet. Aus diesem Grunde ist es sehr wichtig, einen Beichtvater zu suchen, zu dem man absolutes Vertrauen haben kann, und ihm dann seine ganze Seele zu öffnen, so wie man einen Arzt wählt und mit ihm über alle körperlichen Krankheiten und Probleme in aller Offenheit spricht; deshalb soll man ohne schwerwiegenden Grund seinen Beichtvater nicht wechseln; denn je besser der Seelenführer uns kennt, desto besser kann er uns beraten und leiten. Voraussetzung für die Wirksamkeit der Beichte ist neben dem Sündenbekenntnis die aufrichtige Reue, die metanoia, über die begangenen Sünden und der feste Wille, sie nicht mehr zu begehen, bzw. sie wieder gutzumachen, wo dieses möglich ist. Dazu gehört z.B. die Versöhnung nach Streitigkeiten, die Ablegung von Haß und Groll, die Rückerstattung von Diebesgut, die Auflösung einer der christlichen Ethik widersprechenden Beziehung. Gegebenenfalls muß der Priester die Lossprechung verweigern, bis der Sünder seine Umkehr durch die Tat bewirkt hat.

In neuerer Zeit wurde – vor allem in Rußland – die Gemeinschafts- oder die Allgemeine Beichte eingeführt, bei der der Priester für eine ganze Gruppe von Beichtkindern ein allgemeines Sündenbekenntnis ablegt, das die häufigen Alltagssünden enthält, deren wir immer wieder schuldig werden. Die darauf folgende Absolution befreit dann von diesen Sünden. Schwere Sünden müssen jedoch dem Priester einzeln gebeichtet werden, entweder gleich anschließend, wozu meist Gelegenheit geboten wird, oder anläßlich eines ausführlichen Beichtgespräches. Diese Form der Gemeinschaftsbeichten ist da sinnvoll, wo aus Mangel an Priestern keine Einzelbeichten abgenommen werden können.

In der Alten Kirche gab es keine allgemeine Beichtpflicht, da nur die Todsünden gebeichtet werden mußten. Im Mittelalter wurden im Westen die österliche Beichte und der Kommunionempfang allgemein vorgeschrieben. Die Kanones der orthodoxen Kirche machen keine Angaben über die Pflicht oder die Häufigkeit der Beichte. Es versteht sich von selbst, daß die Beichte auf jeden Fall notwendig ist, wenn Sünde vorliegt, vor allem schwere. Als Akt der Buße, der Selbstdemütigung und der Selbstbesinnung ist sie besonders sinnvoll während der verschiedenen Fastenzeiten des Kirchenjahres und zur Vorbereitung auf die Eucharistie. Jeder Christ sollte die Häufigkeit der Beichte den Bedürfnissen seiner Seele anpassen und mit seinem geistlichen Vater den entsprechenden Rhythmus festlegen.

Die unter westlichem Einfluß vor allem in Rußland eingeführte Praxis, vor jeder Kommunion obligatorisch zu beichten, ist bei häufigem Kommunionempfang sicher übertrieben und führt dann dazu, daß die Beichte oft in höchster Geschwindigkeit vor der Liturgie vollzogen und dadurch zu einem rein mechanischen Routinegeschäft erniedrigt wird. Besser wäre, weniger häufig, aber gründlicher und tiefgehender zu beichten. Als allgemeine Richtlinie könnte man ein- bis zweimal im Monat empfehlen.

Biblische Begründung: Mt 18,18; 16,18f.; Joh 20,19–23.

HALTE FEST: Zu den einleitenden Gebeten des kirchlichen Bußritus gehört das Tropar:

„Erbarme Dich unser, o Herr, erbarme Dich unser!
Jeder Entschuldigung bar,
bringen wir, Sünder, Dir, Gebieter, dieses Gebet dar:
Erbarme Dich unser!"

FRAGE 105: Was ist nach orthodoxem Verständnis die Krankensalbung?

ANTWORT: Sie ist nicht gleichzusetzen mit der bis vor kurzem sogenannten ‚Letzten Ölung' der Römisch-katholischen Kirche. Denn sie ist kein Sterbesakrament. Das orthodoxe Sterbesakrament ist die Kommunion als ‚Wegzehrung'. Die Krankenölung wird auch nicht nur in Todesgefahr gespendet, sondern sie wird vollzogen zur Gesundung von an Leib oder Seele oder Geist Kranken. Erstmals bezeugt wird sie im Jakobusbrief: „Ist jemand unter euch krank, so lasse er die Presbyter der Gemeinde zu sich rufen, und sie sollen über ihm beten und ihn im Namen des Herrn mit Öl salben; und das Gebet des Glaubens wird den Kranken retten, und der Herr wird ihn aufstehen lassen, und wenn er Sünden getan hat, wird ihm vergeben werden" (Jak 5,14–15).

Aufgrund dieser Weisung des Apostels und einer symbolhaften Deutung von alttestamentlichen Krankenheilungen wird in der Orthodoxen Kirche die Krankensalbung korrekterweise von einer Versammlung von sieben Priestern (Presbytern) gefeiert. Notfalls kann aber auch ein einzelner Priester die Handlung ausführen, unter der Bedingung, daß er alle Priestergebete liest.

Bei Todesgefahr des Kranken ist jedoch das Sakrament bereits nach der ersten Salbung vollzogen.

Da dieses Mysterium auch die Wunden der Sünde heilt, wird es mancherorts in der Heiligen und Hohen Woche der ganzen Gemeinde angeboten.

In unseren Gemeinden wird außer in der Heiligen und Hohen Woche die Krankensalbung wenig in Anspruch genommen. Das ist zu bedauern, besonders im Hinblick auf die hohe Zahl psychosomatischer Erkrankungen in unserer Gesellschaft.

> Biblische Begründung: Jak 5,14–15; 3 Kön 18,43 LXX; 4 Kön 4,35 LXX; 4 Kön 5,14 LXX.

FRAGE 106: Welche Form und Bedeutung hat die Ehekrönung in orthodoxer Sicht?

ANTWORT: In der Orthodoxen Kirche wird die kirchliche Trauung als Ehekrönung vollzogen, das heißt: Im Mittelpunkt der Zeremonie steht die Krönung, bei der der Priester als der Spender des Ehemysteriums Bräutigam und Braut je eine Krone oder einen Blumenkranz aufsetzt mit den Worten: „Gekrönt wird der Knecht Gottes N.N. (die Magd Gottes N.N.) für und durch die Magd Gottes N.N.(den Knecht Gottes N.N.) im Namen des Vaters und des Sohnes und des Heiligen Geistes. Amen." Dann: „Herr, unser Gott, mit Herrlichkeit und Ehre kröne sie!". Der Krönung vorgeschaltet ist die Verlobung im Narthex der Kirche, bei der der Priester den Brautleuten die Ringe an die Finger steckt.

Bei der Schließung einer zweiten oder dritten Ehe, die bei strenger Beobachtung der kirchlichen Vorschriften (kat'akribeian) nicht gekrönt werden dürfte, aber seit alters her aufgrund der Milde und Menschenliebe Christi (kat'oikonomian) doch zugelassen wird, wird in der gekürzten und der Krönung unmittelbar vorangehenden Verlobung ein Bußgebet und ein Absolutionsgebet eingeschoben.

Als dritter Teil der Zeremonie schließt sich an die Krönung ein Wortgottesdienst (eine Synaxis) für die Brautleute und die Ihrigen an, bei welcher als Evangelium die Perikope von der Hochzeit zu Kana vorgetragen wird und der Priester den Brautleuten einen Becher mit Wein reicht, wozu das Volk singt: „Ich will den Kelch des Heils erheben und den Namen des Herrn anrufen" (Ps 115[116],13). Danach folgt ein dreimaliger Umgang der Brautleute um das Analogion (Pult mit dem Evangelienbuch). Dieser liturgische Tanz weist durch den dreifachen Kreis, den er beschreibt, auf die künftige Vollendung der hier geschlossenen Gemeinschaft hin. Schließlich erfolgt nach der Abnahme der Kronen noch eine Handauflegung mit einem

Priestergebet: „O Gott, unser Gott, Du warst in Kana in Galiläa zugegen und hast dort die Hochzeit gesegnet, segne auch diese Deine Knechte, die nach Deiner Vorsehung zur Ehegemeinschaft verbunden sind. Segne ihr Anfang und Ende; mache ihr Leben voll guter Dinge! Hebe auf ihre Kronen in Deinem Reich, indem Du sie unbefleckt und untadelig und sicher vor Nachstellungen bewahrst, in die Äonen der Äonen." Und das Volk singt: „Amen".

In diesem Gebet leuchtet der tiefere Sinn der Krönung auf: Bereits in der Heiligen Schrift wird der Siegeskranz, mit dem die Wettkämpfer in der Antike gekrönt wurden, zum Symbol für den Preis, den die Glaubenskämpfer nach der Vollendung ihres Kampfes vom Herrn erhalten werden. Es wird ein unverwelklicher Kranz sein. In der Alten Kirche sind die Märtyrer, Männer und Frauen, mit diesem Kranz dargestellt worden, zum Zeichen ihres sieghaften Lebens und Sterbens. Die Eheleute nun sind dazu bestimmt, ihren Siegeskranz in der Ehe zu erhalten. Sie sind schon jetzt, am Anfang ihres Weges, gekrönt. Gottes Hilfe und Segen für den Weg ist ihnen zugesagt. Er wird ihre Kronen aufheben und sie ihnen zurückgeben, wenn sie einst zur Siegerehrung vor Ihn geführt werden.

Biblische Begründung: Joh 2,1–11; 1 Kor 9,25; 1 Th 2,19; 1 Petr 5,4.

FRAGE 107: Wie sieht die Orthodoxe Kirche die Ehe?

ANTWORT: Um die orthodoxe Eheauffassung zu verstehen, muß man sich vergegenwärtigen, daß die Antike keine freie Partnerwahl kannte und damit auch keine Liebesheirat. Die Liebe mußte sich in der Ehe selbst entwickeln. Dies war unter den gegebenen gesellschaftlichen Verhältnissen nur möglich, wenn die Einehe geschützt war, d.h. wenn die Frau nicht wegen Kinderlosigkeit, Ungeschicklichkeit, Schwierigkeiten mit den anderen Frauen der Familie oder sonstwelchen Gründen kurzerhand verstoßen werden konnte. In diesem Kontext sind auch die Stellungnahmen Jesu Christi zur Ehe, wie sie uns die Evangelien vermitteln, zu verstehen. Was daran besonders auffällig ist, ist zweierlei: einerseits sein Eintreten zum Schutz der rechtlosen Frau, andererseits sein Bestreben, die Ehe als echte, dauerhafte Gemeinschaft verstehen zu lehren. So heißt es Mt 19,3–9: „Da traten Pharisäer zu Ihm, versuchten Ihn und sagten: ‚Ist es erlaubt, seine Frau aus beliebiger Ursache zu entlassen?' Er aber antwortete und sprach: ‚Habt ihr nicht gelesen, daß der Schöpfer sie von Anfang an als Mann und Frau geschaffen und gesagt hat: Darum wird ein Mann Vater und Mutter verlassen und seiner Frau anhangen, und die zwei werden ein Leib sein? (Gen 2,24). Somit sind sie nicht mehr zwei, sondern ein Leib. Was nun Gott zusammengefügt hat, soll der Mensch nicht scheiden.‘ Sie sagen zu Ihm: ‚Warum hat dann Mose im Gesetz gestattet, einen Scheidebrief zu geben und die Frau zu entlassen?‘ Er sagt zu ihnen: ‚Mose hat euch mit Rücksicht auf die Härte eures Herzens erlaubt, eure Frauen zu entlassen; von Anfang an aber ist es nicht so gewesen. Ich sage euch aber: Wer seine Frau entläßt, außer wegen Unzucht, und eine andere heiratet, begeht Ehebruch“ Ein schuldhaftes Verhalten des einen Partners zu einer Drittperson wird als einziger legitimer Grund für eine Scheidung des anderen angegeben, weil dadurch die Grundlage der Beziehung zwischen den Partnern, auf der die Gemeinschaft der Liebe wachsen kann, zerstört ist.

In diesem Sinne hält die Orthodoxe Kirche, wie die ganze frühe Christenheit, grundsätzlich an der Einehe fest, erlaubt aber die Ehescheidung bei Zerrüttung der Grundlagen der ehelichen Gemeinschaft. Dagegen erlauben die Kanones in ihrer strengen Anwendung keine Wiederverheiratung geschiedener oder verwitweter Partner, nach dem Wort des Apostels Paulus: „Den Verheirateten aber gebiete nicht ich, sondern der Herr, daß eine Frau sich von ihrem Manne nicht trennen soll, – wenn sie sich aber doch getrennt hat, so bleibe sie unverheiratet oder versöhne sich wieder mit ihrem Manne – und daß ein Mann seine Frau nicht entlassen soll“ (1 Kor 7,10–11). Dahinter steht die Anschauung, daß jede Ehe, unabhängig von der unmittelbaren Anziehungskraft der Partner, auf Dauer angelegt ist. Denn Liebe ist nach orthodoxer Auffassung etwas völlig anderes als emotionale oder erotische Zuneigung. Liebe ist Selbsthingabe für den anderen, wie das im sog. Hohelied der Liebe 1 Kor 13 beschrieben ist: „Die Liebe ist langmütig; sie ist gütig. Die Liebe eifert nicht. Die Liebe prahlt nicht; sie bläht sich nicht auf. Sie tut nichts Unschickliches. Sie sucht nicht das Ihre. Sie läßt sich nicht erbittern; sie rechnet das Böse nicht an. Sie freut sich nicht über die Ungerechtigkeit; sie freut sich aber der Wahrheit. Sie erträgt alles; sie glaubt alles; sie hofft alles; sie erduldet alles. Die Liebe vergeht niemals“ (1 Kor 13,4–8).

Die Ehe als Gemeinschaft, in welcher Liebe gewachsen ist, überdauert den Tod. In diesem Sinne wird die Ehe auch als Abbild des Verhältnisses von Christus und Kirche verstanden, gemäß der Apostellesung der Synaxis der Ehekrönung, wo es u.a. heißt: „Ihr Männer, liebet eure Frauen, wie auch Christus die Kirche geliebt und sich für sie dahingegeben hat“ und „Wie nun aber die Kirche Christus untertan ist, so sollen es auch die Frauen ihren Männern sein“ (Eph 5,25.24).

Man muß nun allerdings diesen Text recht verstehen. Er will nicht die Überordnung des Mannes über die Frau lehren – die ist in der damaligen Gesellschaft selbstverständlich –, sondern er schärft die gegenseitige Selbsthingabe füreinander ein und bricht gerade damit die patriarchalische

Weltanschauung, in der der Mann sich durchsetzt und die Frau die Lasten trägt. Wenn wir daher heute viele Ehen zerbrechen sehen, weil jeder Teil, Frau und Mann, rücksichtslos sich selbst zu verwirklichen sucht, dann liegt das Heil nicht darin, daß wir zu den vergangenen patriarchalistischen Strukturen zurückzufinden uns bemühen, sondern vielmehr darin, daß wir uns in den heute gegebenen gesellschaftlichen Strukturen in gegenseitiger Achtung und Selbsthingabe üben und darin dem Vorbild von Christus und der Kirche nacheifern.

ZWISCHENFRAGE: Wie aber ist die Dauer der ehelichen Gemeinschaft über den Tod hinaus zu verstehen angesichts des Wortes des Herrn, im Himmel werde weder geheiratet noch verheiratet, sondern da werden alle sein wie die Engel?

ANTWORT: Auch hier ist es notwendig, die Perikope, die zur Diskussion steht, in ihrem Kontext zu sehen. Es geht dabei um eine Frage der Sadduzäer, die die Auferstehung als solche leugneten und mit einer Beispielgeschichte ad absurdum führen wollten. Sie fragten Jesus: „Meister, Mose hat gesagt: ‚Wenn jemand ohne Kinder stirbt, soll sein Bruder dessen Frau heiraten und seinem Bruder Nachkommen schaffen‘ (Dt 25,5). Es waren aber bei uns sieben Brüder. Der erste starb, nachdem er geheiratet hatte, und weil er keine Nachkommen hatte, hinterließ er seine Frau seinem Bruder. Ebenso auch der zweite und der dritte bis zum siebenten. Zuletzt aber von allen starb die Frau. Welchem nun von den sieben wird sie in der Auferstehung als Frau angehören? Sie haben sie ja alle gehabt?“ „Da antwortete Jesus und sprach zu ihnen: ‚Ihr irrt, indem ihr die Schriften nicht kennt noch die Kraft Gottes. Denn in der Auferstehung heiraten sie nicht und werden nicht verheiratet, sondern sie sind wie Engel im Himmel‘ “ (Mt 22,24–30).

Man muß beachten, daß in dieser Beispielerzählung der Sadduzäer weder die Ehe als Liebesgemeinschaft noch die Frage nach ihrer Dauer in Blick kommt, sondern vielmehr die Frau als rechtloser Besitz von sieben Männern. Jesus nun macht in Seiner Antwort unmißverständlich klar, daß diese Frau nach der Auferstehung nicht erneut verschachert wird. Niemand mehr hat ein Recht auf sie; sie wird keinem Mann mehr dienen, sondern wie die Engel frei sein, Gott allein zu dienen.

Man kann daher diese Perikope nicht dazu benutzen, die Dauer der ehelichen Liebesgemeinschaft über den Tod hinaus zu bestreiten. Denn, auch wenn die Ehe nicht als Zwangsinstitution zur Versklavung eines Partners über den Tod hinaus bestehen bleibt, wie hier deutlich wird, so ist sie doch auch nicht als bloße Episode des menschlichen Lebens zu betrachten. Sie ist vielmehr ein Verhältnis, das uns ganz und auf Dauer gegenüber unserem

Partner verpflichtet. Nur wo wir das annehmen, kann wachsen, was den Tod überdauert, nämlich die Liebe, die keineswegs gleichzusetzen ist mit der Verliebtheit, die am Anfang einer Ehe da ist. Daß Menschen an der Ehe scheitern, wie sie auch sonst am Leben scheitern können, daß ihnen in Ausnahmefällen, um sie nicht ganz verlorengehen zu lassen, kat'oikonomian ein neues Eheverhältnis gewährt wird, ändert nichts an der grundsätzlichen Sicht der Ehe. Man versteht das, wenn man sieht, daß Gesetzlichkeit dem orthodoxen Glauben fremd ist und daß das Wort des Herrn über den Sabbat für jede schöpfungsgemäße Institution und Ordnung gilt: „Der Sabbat ist um des Menschen willen geschaffen und nicht der Mensch um des Sabbats willen. Somit ist der Sohn des Menschen (d.h. Christus) Herr auch über den Sabbat" (Mk 2,27–28).

Biblische Begründung: Mt 5,27–28.31–32; 19,3–9; 22,24–30; 1 Kor 7,10–17; Eph 5,20–33; Mk 2,23–28.

FRAGE 108: Inwiefern hat die Orthodoxe Kirche die rechtliche Möglichkeit, in einer kirchenrechtlichen Frage wie der Krönung einer zweiten oder dritten Ehe vom strengen Rechtsgrundsatz abzugehen und doch bei den Satzungen der Väter zu bleiben, ohne sie aufzuweichen?

ANTWORT: Das oberste Gebot in der Orthodoxen Kirche ist das Gebot der Liebe. Ihm hat sich jedes andere Gebot unterzuordnen. Wenn daher in einem konkreten Fall die strenge Befolgung der Kanones der Väter, d.h. ihre Befolgung kat'akribeian, das Gebot der Liebe verletzen würde, so daß ein Mensch an Leib oder Seele zu Schaden käme, dann ist es nicht nur erlaubt, sondern geboten, vom strengen Rechtsgrundsatz abzuweichen und gemäß der Liebe, d.h. kat'oikonomian, das in diesem besonderen Falle Gebotene zu tun. Dabei ist jedoch darauf zu achten, daß der Rechtsgrundsatz selbst nicht aufgehoben wird und daß der Einzelfall nicht als Präzedenzfall neues Recht setzt. Darum kann man solche Einzelfälle nicht allgemeinverbindlich regeln, sondern muß sie dem seelsorgerlichen Gewissen des Bischofs oder Priesters, der im konkreten Fall mit der Verwaltung des Mysteriums betraut ist, anheimstellen.

Biblische Begründung: Mt 12,1–21; Joh 13,34–35; Rm 13,8–10; Gal 2,1–21.

FRAGE 109: Was ist der Unterschied der orthodoxen und der westlichen Eheauffassung?

ANTWORT: Da ist zunächst zu beachten, daß der Spender des Ehesakramentes der Priester ist, während in der Römisch-katholischen Kirche sich die Eheleute selbst das Sakrament spenden durch den Vertrag, den sie gegenseitig schließen und mit dem Ja-Wort besiegeln.

In der Orthodoxen Kirche wird das Ja-Wort bei der Verlobung ausgetauscht, die bezeichnenderweise im Narthex geschieht. Die Verlobung schafft die soziologischen Voraussetzungen für eine Eheschließung.

Die Eheschließung selbst ist als Abbild des Bundes Christi mit der Kirche ein Mysterium, das vom Priester als dem Repräsentanten der apostolischen Kirche gespendet wird.

Außerdem gilt für die Römisch-katholische Kirche, daß der Tod, und nur der physische Tod, das sog. ‚eheliche Band' durchschneidet. In der Orthodoxen Kirche zerstört der Tod das eheliche Band nicht, da er durch Christi Tod entmachtet ist. Das eheliche Band, nämlich die Liebe, bleibt über den Tod hinaus eine vereinigende Kraft. Aber in bestimmten Situationen des Lebens kann eine Ehe sündhaft so zerrüttet werden, daß eine Auflösung durch die Kirche kat'oikonomian geboten scheint (z.B. bei Ehebruch, Abfall vom Glauben, Verschollenheit des einen Ehepartners, Kriminalität, chronischer Geistesumnachtung u. dergl.). Grundsätzlich bleibt dennoch die orthodoxe Ehe auch über den Tod hinaus einmalig. Deshalb verlangt die Kirche eine Buße vor jeder neuen Eheschließung, auch wo sie diese kat'oikonomian gewährt und der betroffene Ehepartner ‚schuldlos' geschieden sein sollte. Wo ein Mensch seinen Partner aufgibt, ist immer Schuld vorhanden. Im übrigen gilt in jedem Fall: Hatte ein Partner eine außereheliche Beziehung, so kann er nach einer Scheidung die betreffende Person nicht ehelichen, obwohl ihm eine zweite Ehe gewährt werden kann.

Der tiefste Unterschied aber ist: die westliche Auffassung der Ehe ist primär eine rechtliche, während das orthodoxe Eheverständnis im Mysterium gründet und die Ehe als Abbild des Verhältnisses von Christus und der Kirche sieht. Es gibt mancherlei Zeugen, daß im ersten Jahrtausend auch im Westen die orthodoxe Sicht in Geltung stand.

Biblische Begründung: Eph 5,32.

FRAGE 110: Wie wird in der Orthodoxen Kirche die kirchliche Hierarchie in ihrem Verhältnis zum Volk Gottes gesehen?

ANTWORT: Nach orthodoxem Verständnis haben alle Gläubigen als heiliges Volk Anteil am königlichen Priestertum Christi. Dieses allgemeine Priestertum aller Gläubigen, zu dem man durch die Myronsalbung ‚geweiht' wird, ist der Grund dafür, daß die Göttliche Liturgie nicht als ‚Privatmesse' gefeiert werden kann, daß das Volk bei allen Mysterienfeiern das ‚Amen' sagen soll, daß die Hierarchie unter Akklamation des Volkes geweiht wird, daß im Notfall jeder Christ (jedoch kein Nichtchrist) die Taufe spenden kann. Doch dieses allgemeine Priestertum des ganzen Volkes Gottes verhindert nicht, sondern setzt geradezu voraus, daß es im einen Volk und Leib Christi eine Vielfalt von Aufgaben und Gaben gibt. Dazu gehören im besonderen die Ämter, die zum Dienst am Heiligen Tisch (d.h. am Altar) berufen sind: die Bischöfe, Presbyter (Priester) und Diakone. Sie machen die Hierarchie, d.h. den heiligen Anfang des priesterlichen Geschlechtes aller, aus. Mit dem Dienst am Heiligen Tisch und an den heiligen Mysterien ist ihnen auch das Verkündigungs- und Hirtenamt anvertraut, sowie die spezielle Sorge dafür, daß die Gemeinden in ihrem Feiern, Verkünden und Verhalten sich nicht ungewarnt von der lebendigen kirchlichen Gemeinschaft und ihrer Tradition entfernen.

Diese Leitungsaufgaben der Hierarchie sind aber nicht dazu gegeben, die Laien zu entmündigen und zur Passivität zu verurteilen, denn sie entheben diese nicht ihrer Mitverantwortung am Gottesdienst und am geistlichen Leben der Gemeinden. Dies ist schon allein daran ersichtlich, daß orthodoxe Gottesdienste nur ‚schön' werden, wenn alle Beteiligten mithelfen, und daß es nicht allein auf die Zelebranten ankommt, wie der Gottesdienst ‚gelingt'. Im übrigen sind alle Ämter in der Kirche zu verstehen als Dienstleistungen, nicht als Herrscherbefugnisse derer, die dazu erwählt sind.

Biblische Begründung: 1 Petr 11,5.9; 1 Kor 12,4–11.28–30; Eph 4,11–13; Mk 10,42–45.

FRAGE 111: Worin bestehen die besonderen Dienste der Bischöfe, Priester und Diakone, und wie sind sie entstanden?

ANTWORT: Der Vollzug des Gottesdienstes bedurfte wie in der Synagoge so auch in der Kirche seit jeher eines Vorstehers. In neutestamentlicher Zeit hat sich zunächst wohl ein Kollegium im Vorsitz abgewechselt. In Jerusalem beispielsweise scheinen zuerst die Zwölf, dann im besonderen Petrus, Jakobus und Johannes (die drei Säulen) diese Aufgabe übernommen zu haben. Wir hören von Presbytern (Ältesten) aus judenchristlichen Gemeinden und von Episkopen (Aufseher) aus heidenchristlichen (paulinischen) Gemeinden, die alle offenbar zunächst in ihrer Stellung und Aufgabe gleich sind. Doch als die Geheimlehren der Gnosis die Gemeinden zu beunruhigen begannen und deren Anhänger sich zu Geheimzirkeln zusammenfanden, als Spaltungen inbezug auf das Verständnis des Gesetzes sich ergaben, zeigte sich die Notwendigkeit, den Vorsitz im öffentlichen Gottesdienst, die Verwaltung der Mysterien, die Lehrgewalt und die Seelsorge fest in die Hand eines Mannes zu legen, der seine Vollmacht zurückführen konnte auf die Beauftragung (Handauflegung) durch den Gemeindegründer (Apostel) oder durch einen von diesem bestellten Nachfolger. So entstand der sogenannte ‚monarchische Episkopat'. Nachweisbar ist er zuerst in Jerusalem, wo der Herrenbruder Jakobus nach dem Tod von Jakobus dem Älteren (um 62) und dem Weggang von Petrus und Johannes die Gemeinde allein leitete. Um 110 finden wir dann auch in den uns bekannten Gemeinden Syriens und Kleinasiens einen Bischof als Gemeindeleiter, während in Rom, aller Wahrscheinlichkeit nach, erst gegen Mitte des zweiten Jahrhunderts ein Bischof der Gemeinde vorstand. Doch auch da, wo ein Bischof nun die Gemeinde leitete, war das Kollegium nicht einfach verschwunden. Man nennt seine Mitglieder jetzt in heidenchristlichen wie in judenchristlichen Gemeinden Presbyter. Sie sind jetzt dem Bischof untergeordnet, amtieren als seine Stellvertreter und versorgen vor allem auch neuentstandene Gemeinden, die nicht von einem Apostel oder Apostelschüler entstanden sind und daher keinen Bischof haben. So ergibt sich die Aufgabenteilung zwischen Bischof und Priestern: Der Bischof ist der verantwortliche Verwalter der Mysterien, der Lehrer und Hirte der Gemeinden. Er allein kann Weihen erteilen, allerdings nur für den Bereich seiner lokalen Zuständigkeit. In diesem Bereich hat er die Apostolische Vollmacht, und niemand kann diese ihm beschneiden. Der Bischof ist in jeder Kirche seiner Eparchie (seines Bistums) gegenwärtig dadurch, daß der Bischof bei jedem Gottesdienst kommemoriert wird, aber auch durch das Antimins, d.h. durch das mit Myron gesalbte und von ihm unterschriebene Reliquien-Altartuch und häufig auch durch den Thron im Altarraum oder (bei Griechen) im Kirchenschiff. Damit der Bischof in seinem Amt von Staats- und Familienpolitik unabhängiger sei, weiht man seit dem 6. Jahrhundert nur im Zölibat lebende, meist dem Mönchsstand angehörende Männer zu Bischöfen. Heute besteht bei vielen orthodoxen Gemeindegliedern und Priestern der Wunsch, wieder zur frühkirchlichen Sitte der verheirateten Bischöfe zurückzukehren. Die Bischofswahl geschah ursprünglich überall durch Klerus und Volk; später haben Staat und Synode dieses Recht an sich gerissen. Heute kehrt man allmählich wieder dazu zurück, die Wahl von Vertretern des Klerus und der Laien eines Bistums vollziehen zu lassen, wobei der Synod die Ernennung erteilt und konzelebrierende Bischöfe die Weihe vornehmen.

Was die Stellung und Funktion des Priesters betrifft, so kann er als Stellvertreter des Bischofs, außer Weihen, alle bischöflichen Amtshandlungen vollziehen (auch die Myronsalbung). Er kann vor seiner Weihe heiraten und als Verheirateter seinen Dienst tun, jedoch ist ihm, wenn er in den Witwerstand kommt, eine zweite Ehe untersagt.

Der Diakon ist seit neutestamentlicher Zeit Diener am Heiligen Tisch (Altar) und bei der Verwaltung der sozialen Gemeindeaufgaben. Er singt die Ektenien und verkündet das Evangelium, kann aber die priesterlichen Gebete und Dienste nicht vollziehen, daher auch der Göttlichen Liturgie nicht vorstehen. Wie der Priester kann er vor seiner Weihe heiraten und als Verheirateter dienen; aber auch ihm ist die zweite Ehe untersagt.

Biblische Begründung: Apg 1,13–26; 6,2; Gal 2,9; Apg 12,2; Gal 1,19; Phil 1,1; Jak 5,14; Apg 14,23; 20,17–35; 1 Tim 3,1–13; 4,12–18; 5,17–23; Tit 1,5–9.

FRAGE 112: Wie werden in der Orthodoxen Kirche die Weihen zu den kirchlichen Ämtern vollzogen?

ANTWORT: Die Weihen zum Diakon, Priester und Bischof werden seit neutestamentlicher Zeit durch Handauflegung (cheirotoneia) vollzogen, und zwar bei Diakonen und Priestern durch die Handauflegung eines Bischofs, bei Bischöfen durch die Handauflegung mehrerer (dreier) Bischöfe. Dazu gehört nach orthodoxem Ritus aber die Präsenz und Mitwirkung des Volkes. Daher geschieht diese Handauflegung in der Göttlichen Liturgie. Die Mitwirkung des Volkes besteht nicht nur im Gebet, sondern auch durch eine öffentliche Zustimmung mit dem vom Klerus angestimmten Ruf: „Axios, axios, axios“ (würdig, würdig, würdig). Wird von einer Stimme „Anaxios!“ (unwürdig) gerufen, so muß die Weihe abgebrochen werden. Zum Ritus gehört ferner nach einem epikletischen Gebet und der Handauflegung auch die Bekleidung des Neugeweihten mit den liturgischen Gewändern. Dabei ist charakteristisch, daß die Weihe eines Bischofs am Anfang der Liturgie vor den Lesungen vollzogen wird, da früher der neue Bischof das Evangelium gelesen hat. Die Weihe eines Priesters findet nach dem Großen Einzug statt, damit er konzelebrieren kann. Die Weihe eines Diakons hat ihren Platz nach der Epiklese der Liturgie, damit er bei der Austeilung der Heiligen Gaben an die Gläubigen helfen kann.

Von diesen Weihen durch Chirotonie zu unterscheiden sind die Weihen zum Hypodiakon (Subdiakon) und zum Lektor durch Chirothesie (cheirothesia). Es handelt sich hier um Weihen, die die Geweihten nicht aus dem Laienstand herausnehmen. Ihre Funktionen im Gottesdienst können auch nichtgeweihte Gläubige übernehmen. Die Weihe des Hypodiakons wird vor der Liturgie vollzogen, da es seine Aufgabe ist, dem Bischof in der Liturgie zu dienen. Nach der Chirothesie und dem epikletischen Gebet wird er mit dem Orarion bekleidet, das er gekreuzt über dem Sticharion trägt. Auch die Weihe des Lektors geschieht vor Beginn der Liturgie, damit er in der Liturgie als Lichtträger dienen und den Apostel lesen kann. Der Weiheritus enthält außer der Chirothesie und dem epikletischen Gebet eine kreuzförmige Beschneidung des Haupthaares und die Bekleidung mit dem kurzen Phelonion (casula plicata).

Jede höhere Weihe setzt die nächst niedere voraus, so daß ein Anwärter aufs Bischofsamt alle anderen Weihen durchlaufen haben muß. Damit ist die Gefahr vermindert, daß Personen geweiht werden, die der kirchlichen Praxis fern stehen.

Biblische Begründung: Apg 1,13–26; 6,6; 1 Tim 4,14; 2 Tim 1,6.

FRAGE 113: Kennt die Orthodoxe Kirche eine Weihe für Mönche?

Das früheste Mönchtum kannte keine kirchenrechtlichen Bestimmungen, sondern war eine rein „charismatische“ Bewegung: Als Einsiedler konnte jeder einzelne unter der Leitung eines geistlichen Vaters seinen eigenen Weg der Askese gehen. Bewußtes Zeugnis von dieser Vielfalt legen die Sammlungen der Vätersprüche (Apophthegmata patrum) ab. Als der hl. Pachomius die ersten zönobitischen Klöster gründete, wurden die Regeln für das Gemeinschaftsleben geschaffen. Ein Engel erschien dem Heiligen bekleidet mit dem Mönchsgewand, das für alle Brüder verbindlich werden sollte und dem früheren Individualismus ein Ende setzte. Der Einkleidung des Mönches geht das Ablegen der Gelübde der Keuschheit, des Gehorsams und der Armut voraus, wodurch der Kandidat sich von der Welt lossagt und sein Leben ganz Gott weiht. Diese Weihe wird bestätigt und vollendet durch die Tonsur des Haupthaares. Zum Zeichen, daß der alte Adam gestorben ist, erhält der Mönch bei seiner Weihe einen neuen Namen. Die Mönchsweihe wird deshalb als 2. Taufe betrachtet. Für Dionysius Areopagita ist sie eines der Mysterien (Sakramente) der Kirche. Das Mönchtum ist der Stand der Buße und der Umkehr zu Gott. Somit ist es allen offen im Gegensatz zum Priestertum, für dessen Zutritt bestimmte kanonische Anforderungen gestellt werden, vor allem die Reinheit des bisherigen Lebenswandels. Das Mönchtum steht auch ehemaligen Verbrechern und großen Sündern offen, sofern sie wahre Reue bekunden. Voraussetzung für den Eintritt in den Mönchsstand sind natürlich physische und psychische Gesundheit und ein Mindestalter von ca. 18 Jahren. Seit frühester Zeit traten auch Frauen in den Mönchsstand, was von der Kirche mit Selbstverständlichkeit aufgenommen und anerkannt wurde. Ursprünglich gab es nur ein Mönchsgewand oder S'chema (S'chima) und folglich nur eine einzige Mönchsweihe. Da sich im Laufe der Zeit die strenge Disziplin der Klöster lockerte, wurde dem Rechnung getragen und das eine Mönchsgewand in zwei Profeßstadien geteilt. Man unterscheidet jetzt das Kleine Mönchsgewand (mikron s'chema), dessen Träger Mantelträger oder Kreuzträger (Mandyophoros oder Staurophoros) genannt wird, vom Großen Mönchsgewand (mega s'chema), dessen Träger Mönch des Großen Gewandes oder S'chima-Mönch (Megaloschemos oder s'chimonach) heißt. Der hl. Theodor der Studite und andere Theologen lehnten diese Unterscheidung ab; denn wie es nur eine Taufe gibt, gibt es nur eine Mönchsweihe. Außerdem sind die liturgischen Texte beider Weihen fast identisch.

Seit der Zeit des Kaisers Justinian wurde ein obligatorisches Noviziat von 3 Jahren eingeführt, das vom Konzil von 861 bestätigt wurde. Frühestens seit dem 10. Jahrhundert wurden auch die Novizen mit einem Einkleidungsritus und einer Tonsur, aber ohne Gelübde, aufgenommen. Daraus entwickelte sich dann eine eigene Stufe des Mönchstums, der Rasophoros oder Rasonträger. Nach einigen Kirchenrechtlern kann der Rasonträger vom Bischof von seinen monastischen Verpflichtungen entbunden werden, wenn gewichtige Gründe vorliegen, da er keine Gelübde abgelegt hat, während bereits der Träger des Kleinen Gewandes die gleichen ewigen Gelübde ablegt wie der Träger des Großen Gewandes.[59]

In der heutigen Praxis gibt es Unterschiede betreffs der Länge des Noviziates und des Verbleibens auf einer der Weihestufen. In den meisten zönobitischen Athosklöstern werden die Novizen nach einer Probezeit von einem Jahr zu Rasophoren, und nach drei weiteren Jahren direkt zu Mönchen des Großen Gewandes geweiht . In vielen anderen Klöstern wird nach etwa ein bis drei Jahren das Kleine Gewand gegeben und das Große auf viel später verschoben. Viele Mönche empfangen es erst im reifen oder gar vorgerückten Alter kurz vor dem Tode, da es ein sehr strenges Leben mit zusätzlichen, vermehrten Gebetsregeln erfordert, die sehr ernst genommen werden, besonders in den slawischen Klöstern. Aus diesem Grunde gibt es in den meisten Klöstern außerhalb des Hl. Berges Athos nur sehr wenige Träger des Großen Mönchsgewandes.

Das Mönchtum wird in vielen liturgischen Texten oft als „engelgleiches Leben“ (bios angelikos, angelike politeia) bezeichnet, da die Mönche wegen ihrer Enthaltsamkeit und ständigen Gottesverbundenheit durch das Gebet den Engeln ähnlich sind. Dies illustriert eine fromme Überlieferung, wonach die Zahl der gefallenen Engel im Himmel von Mönchen ersetzt werden soll. Bis zum Jüngsten Gericht sollen die Lücken ausgefüllt sein.

FRAGE 114: Was ist und was bedeutet das Mönchtum für die Orthodoxe Kirche?

ANTWORT: Ein Mönch ist ein Christ, der aus Sehnsucht und Liebe zu Gott äußerlich und innerlich der Welt entsagt, um in Armut, Reinheit und Gehorsam sich rückhaltlos dem Gebet hinzugeben und so ein Einsamer (ein Monachos) zu werden, um einzig (monos) Gott zu leben. Der monastische Weltverzicht ist jedoch keine Weltflucht um ihrer selbst willen. Die Welt wird nicht als solche abgelehnt wie in dualistischen Häresien (z.B. bei den Messalianern). Sie ist und bleibt gute Schöpfung Gottes, die vom Menschen mit Dank genossen werden darf, soweit sie ihn nicht zur Selbstsucht und Gottesvergessenheit verführt. Sinn und Zweck des Weltverzichtes ist es aber, sich zu lösen von allen Fesseln und Bindungen, die der radikalen Christusnachfolge im Wege stehen. Schon beim großen Wüstenvater Antonius von Koma (um 300) und später immer wieder hat die Evangelienperikope vom reichen Jüngling (Mt 19,16-26) eine entscheidende Rolle gespielt für die Aufnahme des monastischen Weges. Dieser Weg gibt nach orthodoxem Verständnis kein Leben in sicherer Geborgenheit, sondern bringt einen lebenslangen Kampf mit Dämonen, den unreinen Gedanken und Einbildungen und dem Hochmut. Dabei erfährt der Mönch beides: wunderbare Erfahrungen der Gnade und Nähe Gottes und Zeiten entsetzlicher Gottverlassenheit und scheinbar fruchtlosen Mühens. Solche Zeiten der Trockenheit und inneren Wüste sind für viele Mönche Zeiten der Intensivierung der Askese und des Gebetes. Sie können nur dadurch überwunden werden, daß der Mönch sich nicht abbringen läßt vom anhaltenden Gebet. Denn dies ist die eigentliche Aufgabe der monastischen Existenz: das ununterbrochene Gebet, nach den Worten des Apostels: „Betet ohne Unterlaß!“ (1 Th 5,17).

Das monastische Gebet hat im wesentlichen zwei Komponenten: Die eine besteht darin, das kirchliche Gebet in allen seinen Teilen (Vesper, Apodipnon, Mesonyktikon, Orthros, Liturgie, Prim, Terz, Sext, Non) möglichst vollständig zu halten. Die andere Komponente ist das private Gebet um Gottes Erbarmen für sich und die Welt. Es geschieht vor allem in der möglichst ununterbrochenen Übung des ‚Namen-Jesu-Gebetes' oder kurz: ‚Jesus-Gebetes', das in der Wiederholung der Worte: „Herr Jesus Christus, Sohn Gottes, erbarme Dich meiner, des Sünders" (Kyrie Jesou Christe, Yie Theou, eleison!). Es gibt Mönche, bei denen das Jesus-Gebet zum Herzensgebet geworden ist, das sie nicht mehr verläßt, wo sie auch sind und was sie auch tun. Die Übung des Jesus-Gebetes und das möglichst vollständige Halten der Gottesdienste ist der besondere Beitrag des Mönchtums für die Kirche und die Welt.

Die Formen des Mönchtums tragen auch im Osten die Züge ihrer Entstehung und Entwicklung:

Allgemein gilt Antonius von Koma (gest. 356) als erster Mönchsvater, obwohl es vor und neben ihm schon Mönche gab. Er hat die bekannte Anachoretenniederlassung in der Thebais (Ägypten) gegründet. Die Anachoreten (Zurückgezogenen) oder Eremiten (Wüstenväter) lebten dort allein oder in Gruppen in individueller Askese und im Gehorsam unter einem Abbas, ihrem geistlichen Vater. Die Ausbreitung dieser Anachoretensiedlungen fällt in die Zeit der Konstantinischen Wende, als mit dem ersten christlichen Kaiser Konstantin das Martyrium für den Glauben nicht mehr gefordert wurde und viele Opportunisten in die Kirchen strömten, so daß die strenge christliche Ethik mehr und mehr aufgeweicht wurde. In den Kreisen dieser Anachoreten sind die Sprüche der Väter entstanden (die ‚Apophthegmata patrum').[60]

Der Kopte Pachomius (gest. 346) gründete wenig später, um 320, in Tabennisi am Nil das erste eigentliche Kloster (gr. monasterion) unter der Leitung eines Abtes (Abbas = Vater, gr. Igumenos = etwa Oberer, Vorsteher) mit einer verbindlichen Regel und einer Mauer um die Niederlassung, die das Koinobion (d.h. das ‚gemeinsame Leben') vor der eindringenden Welt schützte. Dieses Koinobitentum wurde hervorgerufen durch die Massen der Mönche, die in der Wüste Zuflucht suchten und den Anforderungen der Anachorese nicht gewachsen waren.

Fast gleichzeitig wie in Ägypten sind, auch in Ost- und Westsyrien Anachoreten- und Koinobitensiedelungen entstanden, und wenig später auch in Palästina und Kleinasien. Von Syrien aus verbreiteten sich auch gewisse Sonderformen des Mönchtums. Die häretischen Messalianer oder Euchiten (Beter), die seit 350 bekannt und von Synoden und Bischöfen bekämpft wurden wegen ihres materialistischen Dualismus, kamen aus Mesopotamien und lehrten das immerwährende Gebet mit dem Ziel, die dem Menschen seit dem Sündenfall von Natur einwohnenden bösen Dämonen zu vertreiben. Die Arbeit und die kirchlichen Mysterien und Gottesdienste verachteten sie wie die Materie überhaupt. Diese dualistische Häresie war eine Zeitlang dem orthodoxen Mönchtum sehr gefährlich. Die Akoimeten (Schlaflosen) übernahmen das immerwährende Gebet und gossen es in kirchlichere Formen. Aus Syrien kamen mit den Messalianern und Akoimeten auch immer wieder Vaganten (Umherschweifende), die die Heimatlosigkeit zu ihrer Askese gemacht hatten. Das Vagantentum wurde von der Kirche schließlich verboten, weil es zu anfällig war für Häresien und verschiedenste Ausschweifungen. Auf dem Vierten Ökumenischen Konzil von Chalkedon 451 hat die Kirche das Mönchtum der Aufsicht der Bischöfe unterstellt.

Die auffälligste Ausprägung des Mönchtums syrischer Herkunft, die sich seit der Mitte des 5. Jahrhunderts im Osten verbreitete, wurde durch Symeon Stylites (gest. 459) bekannt, der 30 Jahre lang auf einer Säule nahe bei Antiochien unter freiem Himmel lebte und vielen Ratsuchenden Weisung und Hilfe gab. Während die Styliten (Säulensteher) eine Episode im Mönchtum darstellten, hat es durch die ganze Geschichte des Mönchtums hindurch Inklusen (Eingeschlossene) gegeben, d.h. Mönche, die für eine gewisse Zeit oder ihr Leben lang ihre Zelle nicht verließen und jeden Kontakt mit der Außenwelt abbrachen, um Gott nicht ausweichen zu können. Bereits Antonius von Koma hatte sich eine Zeitlang in einem Grab eingeschlossen, bevor er in der Wüste sich Schülern als Abbas zur Verfügung stellte. Ebenso lebte Symeon Stylites, ehe er auf die Säule stieg, wiederholt während der ganzen Fastenzeit als Inkluse. Aber auch in der Neuzeit finden wir diese Form der Askese, z.B. bei Serafim von Sarow und manchen anderen russischen Starzen (gr. Geronten = Altvätern), die sehr oft lange Zeit als Inklusen leben, bevor sie den Novizen und dem Volk als Seelsorger und Ratgeber dienen.

Das kleinasiatisch-griechische Mönchtum hat das Koinobitentum in eine engere Bindung zur Kirche und zur Theologie gebracht. Bereits Basilius der Große (gest. 379) verpflichtete die Mönche in seinen koinobitischen Regeln zum Studium und ordnete sie dem gottesdienstlichen Leben der Kirche ein. Theodor Studites (759 – 826) baute diese Tendenzen weiter aus. In seinen Regeln ordnete er die Einzelheiten des monastischen Lebens im Geiste des basilianischen Koinobitentums, wobei er den Mönchen das Studium der Philosophie und der Schriften der Kirchenväter vorschrieb und sie zum gemeinsamen Tages- und Nachtzeitengebet in der Kirche heranzog.

Im Jahre 963 gründete der Mönch Athanasius auf dem Berg Athos die erste Lawra (gr. Laura), eine befestigte Eremitensiedlung um eine gemeinsame Kirche, wandelte sie jedoch bereits nach sieben Jahren in ein Koinobion nach dem Modell des Studitenklosters zu Konstantinopel um. Die schon seit Jahrhunderten auf dem Hl. Berg lebenden Einsiedler und Asketen empfanden die Gründung eines Gemeinschaftsklosters als eine Bedrohung für die Stille und eine gefährliche Neuerung, ebenso die Exemtion der kaiserlichen Stiftung von der Jurisdiktion des Protos (Ersten), dem alle Mönche des Athos unterstanden. Die Schwierigkeiten wurden schließlich behoben durch den sogenannten Tragos (= Bock, da auf Pergamentrolle geschrieben), den der Kaiser Johannes Tsimiskes 971 oder 972 verfaßte. Der Kompromiß bestätigte zwar die Existenz eines Gemeinschaftsklosters, verbot diesem aber Ackerbau und Viehzucht, um die Ruhe der Eremiten nicht zu stören. Die ganze Athoshalbinsel blieb ausschließlich den Mönchen vorbehalten, verwaltete sich selbst und unterstand nur der Aufsicht der byzantinischen Kaiser. Unter diesen günstigen Voraussetzungen konnte sich der „Garten der Gottesmutter", die dieses Landstück der Legende nach selbst besucht und zugeteilt bekommen hatte, unter ihrem besonderen Schutz – sie ist die Äbtissin des Hl. Berges – trotz aller historischen Katastrophen zu einer panorthodoxen „Mönchsrepublik" mit 20 Großklöstern und zahlreichen Anachoretensiedlungen entwickeln, wo die verschiedenen Lebensformen und Traditionen des orthodoxen Mönchstums lebendig geblieben sind. Bis heute gibt es hier Einsiedler, die ganz allein leben. Daneben gibt es kleine „Familien" von Mönchen, wenn sich um einen geistlichen Vater ein oder mehrere Schüler gesammelt haben und zusammen in einem Kellion (Haus mit Kapelle) oder einer Kalybe (Einsiedelei ohne Kapelle) wohnen. Seit dem 14. Jahrhundert gibt es auch Skiten auf dem Hl. Berg, Einsiedlerdörfer um eine gemeinsame Kirche, in der samstags und sonntags die gemeinsamen Gottesdienste gefeiert werden, während die Woche über die Mönche das Offizium in ihren Hauskapellen halten und mit Handarbeit (oft Ikonenmalerei) ihren Lebensunterhalt verdienen.

Diese nach der ägyptischen Wüste Sketis benannten Klausnersiedlungen gibt es auf dem Athos etwa seit dem 14. Jahrhundert. Die Verbindung von klösterlicher Gemeinschaft und Einsiedlertum bietet die Vorteile beider Lebensformen und mindert die Gefahr der Verirrungen beim geistlichen Alleingang. Sie entsprach auch dem Bedürfnis nach mehr Ruhe für das Jesus-Gebet, das in dieser Zeit besonders gepflegt wurde. Gregor der Sinaite (ca. 1290–1346) brachte die sogenannte psychophysische Methode des Gebetes auf den Athos, die das Jesus-Gebet mit dem Atem und dem Herzschlag verbindet und dadurch zum ständigen Herzensgebet wird. Wenn der Intellekt (nus) sich ins Herz versenkt und sich mit dem Herzen vereinigt, kann er durch Gottes Gnade der Schau des ungeschaffenen Taborlichtes gewürdigt werden, wie die Jünger Christi es bei Seiner Verklärung sahen. Die Hesychasten (von hesychia=Ruhe) wurden jedoch von teils humanistisch, teils scholastisch-rationalistisch beeinflußten Theologen[61] angegriffen, sodaß es zu jahrzehntelangen theologischen Kämpfen kam, die unter dem Namen Hesychasten-Streit bekannt sind und das ganze spätbyzantinische Reich erschütterten. Gregor Palamas (1296–1359), selbst ein

Mönch auf dem Hl. Berg und später Erzbischof von Thessaloniki, machte sich zum Verteidiger der Hesychasten und formulierte die Lehre von der Unerschaffenheit der Göttlichen Energien und der Möglichkeit der Schau des Göttlichen Lichtes.

Nach dem Fall von Konstantinopel (1453) machte sich – durch die schweren Umstände der Türkenherrschaft bedingt – ein Niedergang des Mönchtums bemerkbar: In den bisher zönobitischen Klöstern breitete sich die Idiorhythmie aus, d.h. die Auflösung des Gemeinschaftslebens zugunsten der individuellen Freiheit des Einzelmönches in Bezug auf Wohnung, Verköstigung, Kleidung und privates Eigentum. Dem Zerfall der Disziplin folgte ein Niedergang des geistlichen Lebens, der im 18. Jahrhundert seinen Tiefstand erreichte. Dank der bewußten Rückkehr zur Tradition der Hesychasten des 14. Jahrhunderts durch Nikodemos vom Hl. Berg Athos (1749–1809), seine Freunde, die Kollybaden und den hl. Makarios Notaras, Metropoliten von Korinth, kehrte die Mehrzahl der Klöster wieder zur Gemeinschaftsregel zurück. Die unermüdliche publizistische Tätigkeit des hl. Nikodemos, vor allem die Herausgabe seiner berühmten Philokalia (sl. Dobrotoljubie), einer Sammlung der wichtigsten Texte der Kirchenväter über das geistige Gebet, das geistige Wachen (nepsis) und den Kampf der Seele gegen die Leidenschaften und die bösen Gedanken allgemein, führten dazu, daß diese hesychastische Erneuerung des Mönchtums nicht auf den Athos allein beschränkt blieb, sondern auch in Rumänien und Rußland mannigfache Früchte trug. Paisij Velitschkowskij (1722–1794) lebte selbst viele Jahre auf dem Hl. Berg, mußte ihn wegen verschiedener Schwierigkeiten[62] verlassen und ließ sich in der Moldau zuerst in Dragomirna, dann in Njametz nieder, wo er mit seinen Schülern ein Kloster gründete und die Philokalie auf Kirchenslawisch übersetzte (1793). Die geistige Strahlkraft seines Klosters und die Verbreitung der Dobrotoljubie trugen wesentlich zur Erneuerung des durch den geistlichen Niedergang und die von der westeuropäischen Aufklärung inspirierte Kloster-Säkularisation unter Katharina II. sehr geschwächten russischen Mönchtums bei, das durch das Starzentum im 19. Jahrhundert eine neue Blüte erlebte. Stellvertretend für viele andere seien hier nur das Kloster von Sarow mit dem Starzen Serafim (1759–1833), einem der populärsten Heiligen des neueren Rußlands, und das Einsiedlerkloster von Optina (‚Optina pustyn‘), das eine ganze Reihe von berühmten Asketen und Seelenführern hervorgebracht hatte, zu denen auch bedeutende Vertreter des russ. Kulturlebens wie Dostojewskij und Tolstoj auf der Suche nach Rat und geistlicher Hilfe pilgerten.

Bis heute ist der Hl. Berg Athos trotz aller historischen Widrigkeiten das bedeutendste Zentrum des orthodoxen Mönchtums geblieben. Als panorthodoxe Stätte des gemeinsamen Lebens und Betens der Vertreter verschiedener Lokalkirchen und Nationen demonstriert er die tiefe Einheit der Orthodoxen Kirche. Im Garten der Gottesmutter wird diese gelebt und erlebt.

Gelegentliche Streitigkeiten in zweitrangigen Dingen bestätigen bloß die prinzipielle Einheit. Durch den vermehrten Zustrom von Novizen und die kaum mehr zu verkraftenden Scharen von Pilgern wachsen die Bedeutung des Hl. Berges für die Gesamtorthodoxie und seine Ausstrahlung über die Grenzen der Kirche hinaus. Wir dürfen dankbar hoffen, daß dem auch in Zukunft so sein wird: Eine alte Athosüberlieferung berichtet, daß der Hl. Berg als solcher bestehen bleiben wird, so lange die über das Meer gekommene Ikone der Gottesgebärerin vom Iberer-Kloster (Portaitissa oder Iwerskaja Ikona) dort bleiben wird. Das Verschwinden des Gnadenbildes wird kurz vor dem Ende der Welt das Ende des Hl. Berges ankünden.

In all diesen Formen des östlichen Mönchtums ist das monastische Leben kein Leben in der Selbstgenügsamkeit und der eigensüchtigen Suche nach dem Seelenheil, sondern vielmehr ein Leben der Selbsthingabe und des Dienstes, geleitet vom Bewußtsein, daß die Welt nur verwandelt wird, wenn wir uns selbst verwandeln lassen und daß dies nicht ohne große Anstrengung geschehen kann.

Biblische Begründung: Mt 8,19–21; 18,7–8; 19,11–12.16–26; Mk 1,12–13; 2,35; 6,46; 9,29; 1 Th 5,17.

FRAGE 115: Inwieweit ist nach orthodoxer Anschauung die monastische Spiritualität auch maßgebend für die Spiritualität der Christen in der Welt?

Da, wo das kirchliche Leben intakt und von Einflüssen der Säkularisation und des Modernismus unversehrt geblieben ist, spielt das Mönchtum eine wichtige Rolle. Die Klöster sind die geistlichen Oasen, in denen die Tradition und Spiritualität der Orthodoxie in ungeschmälerter Fülle gelebt und den kommenden Generationen weitergegeben werden. So ist es nicht erstaunlich, daß diese Bollwerke des Glaubens den Feinden der Kirche zu allen Zeiten ein besonderer Dorn im Auge sind und entsprechend verfolgt wurden und werden, andererseits aber sich der Liebe des gläubigen Volkes erfreuen.

Schon seit frühester Zeit genossen die Mönchsväter die Zuneigung und Verehrung der in der Welt lebenden Christen. In den Mönchen sahen sie nicht nur ihre ständigen Fürbitter, sondern auch ihre geistlichen Väter und Lehrer und somit auch ihre Vorbilder. Dadurch ist die Spiritualität der orthodoxen Kirche stark asketisch und monastisch geprägt: Die frommen Gläubigen lesen eifrig die Mönchsviten, die Sprüche der Mönchsväter, und die asketischen Schriften des orthodoxen Mönchtums, z.B. die Himmelsleiter des hl. Johannes Klimakos (= von der Leiter), die Philokalie („Schönheitsliebe“ = Unterweisungen der Mönchsväter zum geistigen Gebet oder Herzensgebet und zur Bewahrung der Seele von Zerstreuungen und vom Ansturm der Leidenschaften). Da das Ziel des Christenlebens die Vergöttlichung, die Vereinigung des Menschen mit Gott ist, und der Mönch nichts anderes ist als ein Christ, der sich gegen die Verbürgerlichung des Christentums auflehnt und die radikale Nachfolge Christi sucht, wie sie in der Urkirche gelebt wurde, kann es nicht zwei verschiedene Spiritualitäten geben für die Mönche und für die Weltchristen, sondern die eine Spiritualität wird mit verschiedenen Akzenten gelebt, da die in der Welt lebenden Christen natürlich nicht so viel Zeit für das Gebet aufwenden können wie die Mönche, weil sie zahlreiche familiäre und berufliche Pflichten zu erfüllen haben, die ihnen wiederum die Möglichkeiten geben, sich mehr in der Nächstenliebe und in den praktischen Tugenden zu üben. Aber das Gebot des Apostels: „Betet ohne Unterlaß!“ (1 Th. 5, 17) gilt prinzipiell für alle. Wie die Heiligenviten und das kirchliche Leben zeigen, kann die eine Spiritualität auf sehr verschiedene Weisen gelebt werden, entsprechend den Charismen und der persönlichen Berufung des Einzelnen, gemäß dem Wort des Völkerapostels: „Es gibt verschiedene Zuteilungen von Geistesgaben, doch nur *einen* Geist; es gibt verschiedene Dienste, doch nur *einen* Herrn; es gibt verschiedene Wirkungen, jedoch nur *einen* Gott, der alles in allen wirkt.“ (1 Kor 12,4–6)

Charakteristisch für die in der Orthodoxen Kirche so typische Verbundenheit von Mönchtum und Volk ist die Tatsache, daß die an den Bischofskirchen ausgebildeten und von den Mönchen erweiterten Gebetszeiten und liturgischen Texte heute für Kloster- und Parochie-Kirchen identisch sind, wobei natürlich in den Gemeinden notgedrungen gewisse Kürzungen vorgenommen werden. Dasselbe gilt für die allgemein verbindlichen Fastenregeln, die in der Gemeinde nach dem Oikonomia-Prinzip gehandhabt werden, wo dies nötig ist. Die Orientierung der Laien am Mönchsideal bewahrt sie vor einem Aufgehen in einem rein sozialen und humanitären Aktivismus oder im Genuß des materiellen Wohlstandes und führt sie zu einem Leben der Betrachtung und des Gebetes.

Wenn es in neuerer Zeit in der orthodoxen Kirche gelegentlich Tendenzen gibt, die Spiritualität der Laien von der monastischen Spiritualität abzutrennen, so sind diese bedauerlichen Erscheinungen auf den Einfluß des antimonastischen Gedankengutes der Aufklärung und der Verweltlichung zurückzuführen, dessen Einfluß sich die Orthodoxe Kirche nicht ganz zu entziehen vermochte. Mit dem Hinweis auf gelegentliche Übertreibungen in der Askese schaffen sich diese antimonastischen Tendenzen eine leicht zu widerlegende Legitimität; denn nach der Lehre der hl. Väter ist die Askese nie Selbstzweck, geistlicher Hochleistungssport, sondern ein Mittel zur Heiligung, das jedem Menschen individuell angepaßt werden muß, entsprechend seinen Bedürfnissen, Kräften, Möglichkeiten und Berufung. Sache des geistlichen Vaters ist es, für jeden das richtige Maß zu finden.

FRAGE 116: Was lehrt die Orthodoxe Kirche über das Gebet?

ANTWORT: Jedes Beten, auch das private, ist in der Orthodoxen Kirche Mit- oder Nachvollzug des Gebetes von Christus selbst und Seinem Leib, der Kirche, in der der Heilige Geist die Gläubigen vertritt und die Glieder gegenseitig füreinander eintreten. Das orthodoxe Gebet ist daher primär Dank und Hingabe an Gott, der in Jesus Christus uns nahe gekommen und unser Vater geworden ist. Wir hören in den Evangelien von Christus, daß Er die Jünger beten lehrte und Selbst gebetet hat, auch am Kreuz, als Er mit den Worten von Psalm 21(22),2 rief: „Mein Gott, mein Gott, warum hast Du Mich verlassen ..." und dadurch anzeigte, daß der Verlust der Gottesnähe die tiefste und härteste Not ist, durch die der Mensch auf dem Weg der Erlösung hindurch muß. So hat die Kirche von Christus nicht nur das Vater-Unser beten gelernt, sondern auch die Psalmen und diese von Anfang an so verstanden, daß sie in Christus ihren ersten Beter sah und Seine Mysterien als innersten Kern ihres Zeugnisses erkannte. So sind um dieses Kerngehäuse von Vater-Unser und Psalmen die Gebete der gottesdienstlichen Gebetszeiten gewachsen, und zwar in weitgehender Übernahme der synagogalen Ordnung und der jüdischen Gebetssitten, in denen auch Jesus Christus Selbst gestanden hat. Neu aber gegenüber dem Judentum ist in der Kirche, daß sie immer die Menschwerdung Gottes in Jesus Christus, immer Seinen Tod und Seine Auferstehung und Himmelfahrt im Blick hat und darum alle Gebete, auch die aus dem Alten Bund entnommenen, auf das Heilsgeschehen in Christus bezieht. Das Gebet wird so zur Anamnese (Gedächtnis) der Heilsereignisse im Herrn und zur Proklamation (Verkündigung) Seiner Herrschaft, Güte, Schönheit und Macht. Zugleich ist das Gebet aber immer auch Bittruf, wobei die Gläubigen, die noch nicht vollendet, sondern immer noch auf dem Weg sind, in dem immer wiederkehrenden Ruf: „Kyrie eleison!" (Herr erbarme Dich! Gospodi pomiluj!) nicht in erster Linie ihrer unzähligen Gebetsanliegen, sondern schlicht ihrer Bedürftigkeit und Sehnsucht nach Gottes Nähe, Hilfe und Rettung Ausdruck geben, gemäß den Worten des Herrn: „Wenn ihr aber betet, so sollt ihr nicht viele Worte machen wie die Heiden; denn sie meinen, daß sie um ihrer vielen Worte willen Erhörung finden werden. Seid ihnen nun nicht gleich; denn euer Vater weiß, wessen ihr bedürft, ehe ihr Ihn bittet" (Mt 6,7–8).[63] So geht es auch in der Aufnahme des öffentlich kirchlichen Gebetes durch das private tägliche Gebet des einzelnen Gläubigen nach orthodoxem Verständis nicht primär um das Ausschütten des Herzens und aller seiner Wünsche vor Gott, sondern um die Weiterführung des kirchlichen Gebetes in Dank, Anbetung, Anamnese und Bitte um Rettung für sich und andere, sowie um die Bezeugung der Herrschaft des Kyrios Jesus Christus, also letztlich darum, ‚in Christus' zu ‚bleiben', damit Er in uns bleibe und Frucht bringe (Joh 15,4–5).

Dies geschieht einerseits durch feste Gebetszeiten. Schon früh war es in der Kirche Brauch, daß die Gläubigen dreimal am Tage mit Psalmen, Hymnen und Gebeten Gott lobten und außerdem um Mitternacht zum Gebet sich erhoben. Das sind die Anfänge unserer Stundengebete, die in wesentlichen Teilen schon um 220 bei Hippolyt von Rom bezeugt sind. Auch heute kann man von einem orthodoxen Christen erwarten, daß er wenigstens zweimal im Tag ein verkürztes Stundengebet sich angelegen sein läßt. Andererseits aktualisiert sich das ‚Bleiben in Christus' durch die Übung einer möglichst häufigen Wiederholung des Jesus-Gebetes:

„Herr Jesus Christus, (Sohn Gottes),
erbarme Dich meiner, des Sünders"

Dieses Gebet, samt seinen Varianten enthält zwei Teile: zuerst eine Anrufung des Herrn durch die ausführliche Nennung Seines Namens als Gedächtnis (Anamnese) und Anbetung (Proskynese); sodann den Bittruf in einer so grundsätzlichen Gestalt, daß die ununterbrochene Wiederholung Sinn hat. Die hesychastischen Mönchsväter weisen dazu an, den ersten Teil mit dem Einatmen und den zweiten Teil mit dem Ausatmen zu verbinden im Rhythmus des Herzschlages. Doch wenn man sich darum bemüht, dann darf man nicht vergessen, daß das rechte Beten keine Frage der Technik ist und daß die großen orthodoxen Beter, wie etwa Serafim von Sarow (gest. 1833) und Siluan vom Berg Athos (gest. 1938), beide das immerwährende Herzensgebet nicht mühsam erlernt, sondern als Gnadengeschenk von der Gottesmutter erhalten haben. Es gilt außerdem zu beachten, daß dieselben Mönchsväter, die zu diesen Gebetstechniken anleiten, den dringenden Rat erteilen, solche Wege nicht ohne einen kundigen geistlichen Vater zu beschreiten. Es ist in jedem Fall ratsamer und der Sache angemessener, statt nach Gebetstechniken Ausschau zu halten, den Heiligen Geist um Hilfe zu bitten und das Gebet so häufig und so innig zu wiederholen, wie es eben nur geht. Wenn Gott dann die Gnade gibt, daß es in Fleisch und Blut übergeht, dann verbindet es sich von selbst mit Atem und Herzschlag.

Bei all dem aber geht es letztlich darum, den Worten des Herrn Folge zu leisten, der gesagt hat: „Bleibet in Mir, und Ich bleibe in euch. Wie die Rebe nicht von sich aus Frucht tragen kann, wenn sie nicht am Weinstock bleibt, so auch ihr nicht, wenn ihr nicht in Mir bleibt. Ich bin der Weinstock; ihr seid die Reben. Wer in Mir bleibt und Ich in ihm, der trägt viel Frucht; denn ohne Mich könnt ihr nichts tun"(Joh 15,4–5).

Zu diesem ‚Bleiben in Christus', das den Gläubigen aufgetragen ist, gehört nach orthodoxer Auffassung außer der Teilnahme an den kirchlichen Mysterien, den Gebetszeiten und deren Weiterführung im privaten Gebet auch die regelmäßige Lesung von Apostel und Evangelium des Tages. Diese Lesungen dienen nicht nur zur vertieften Begegnung mit dem Wort Gottes, sondern lassen ebenso die Verbundenheit mit der Kirche, ihrem Fasten und Feiern, erfahrbar werden. Dieser Verbundenheit aber bedürfen wir, wenn wir in den Anfechtungen und Zerstreuungen dieser Welt uns nicht verlieren wollen. Denn nur durch die Einbindung in die Kirche, durch die Hilfe der gegenseitigen Fürbitte in ihr und durch die Verheißung, die ihrem Gebet gilt, hat auch unser Gebet an der Zusage teil:

„Bittet, so wird euch gegeben werden ...
Wenn nun ihr, die ihr böse seid,
euren Kindern gute Gaben zu geben wißt,
wieviel mehr wird der Vater im Himmel
den Heiligen Geist geben denen,
die Ihn bitten." (Lk 11,9-13)

Biblische Begründung: Mt 6,5–14; 7,7–11; 27,46;
Lk 5,16; 11,1–13; 18,1–8; Joh 15,1–8; 16,23–28;
Apg 16,25; Rm 8,15.26–27; Kol 4,2–3.

HALTE FEST: Schluß und Höhepunkt der Ektenien ist die ‚Hingabeformel', die zeigt, wie das Gebet gegenseitig verbindet und alle und alles Christus unterwirft:

„Unserer allheiligen, allreinen, über alles gesegneten
und ruhmreichen Herrin,
der Gottesgebärerin und steten Jungfrau Maria,
mit allen Heiligen eingedenk,
lasset uns einer den anderen,
und uns selbst und unser ganzes Leben
Christus Gott, befehlen:
Dir, o Herr!"

FRAGE 117: Das Herrengebet, das Jesus Christus, unser Herr, Seine Jünger gelehrt hat, nimmt im Beten der Orthodoxen Kirche und ihrer Gläubigen einen herausragenden Platz ein. Welche Bedeutung hat es, und was bitten wir in diesem Gebet?

ANTWORT: Das Herrengebet ist in der Orthodoxen Kirche gleichsam das eucharistische Tischgebet, in dem wir, bevor wir in der Kommunion leiblich und geistlich mit dem Herrn vereinigt werden, unsere Wünsche und unsere Erwartungen Seinem Willen und Seiner Verheißung unterwerfen.

Der Anruf ‚*Vater*' steht am Anfang des Gebetes. Daß wir Gott ‚Vater' nennen dürfen, ist keine Selbstverständlichkeit; als Schöpfer ist Er unser Herr und Gebieter. Nur in und mit Christus können wir uns als Seine Söhne und Töchter wissen und Ihn als *unseren Vater* erkennen und lieben.

Wir rufen Ihn an als ‚unseren Vater' und bezeugen damit, daß wir Gott nur zum Vater haben können, indem wir einander als Brüder und Schwestern annehmen und ins Gebet einschließen.

‚*in den Himmeln*': Die Himmel sind nicht zu verstehen als geographischer oder kosmischer Ort, sondern als Hinweis darauf, daß Gott in einem unzugänglichen Lichte wohnt, d.h. in Seinem Sein unsere Erkenntnis und Erfahrung unendlich übersteigt (transzendiert), und doch uns ohne Ende umgibt.

‚*Geheiligt werde Dein Name*': Gott ist heilig. Wir bitten aber in diesem Gebet, an Seiner Heiligkeit Anteil zu bekommen, dadurch daß wir Ihn mit Worten und Taten und unserem ganzen Sein preisen und verherrlichen und uns so als Seine Söhne und Töchter erweisen.

‚*Dein Reich komme!*': Gottes Reich kommt auch ohne unser Zutun. Es ist Seine jetzt noch verborgene, einst aber offenbare Herrschaft und Macht über die ganze Schöpfung. Doch da Gott Liebe ist und Seine Herrschaft ein Reich der Liebe, vergewaltigt Er uns nicht zu unserem Heil, sondern will, daß wir in Freiheit dem Kommen Seines Reiches zustimmen und so Anteil an Ihm erhalten. Dabei müssen wir wissen, daß wir dieses Reich nicht schaffen und nicht herbeiführen können mit unserem Wollen und Tun. Wir können es nur ersehnen und erbitten und in unserem Sein und Handeln zu ihm umkehren in der Buße. So kommt es durch seine Gnade zu uns im Mysterium, daß wir es finden und schauen und in ihm Mitarbeiter der Güte Gottes werden.

‚*Dein Wille geschehe wie im Himmel so auf Erden*': Der Wille Gottes geschieht auch ohne unser Zutun. Wir bitten aber in diesem Gebet, daß wir, wie die himmlischen Heiligen und Engelmächte, freudig, in Glauben und Vertrauen einzustimmen vermögen in Gottes Willen und Werk, auch dort, wo wir Ihn nicht zu verstehen vermögen und Er uns durch Leiden führt. Denn durch das sieghafte Leiden unseres Herrn Jesus Christus bekommt auch unser Leiden einen neuen Sinn und Wert.

‚*Unser tägliches Brot gib uns heute*': Wenn wir Gott, den Vater, im Namen Jesu Christi um Brot bitten, dann nicht allein und nicht zuerst um die tägliche Nahrung und Kleidung unseres Leibes, sondern zuallererst um das Brot der Eucharistie, d.h. um die Teilhabe am allreinen Leib und am kostbaren Blut unseres Herrn. Das ist das Brot ‚für den kommenden Tag', wie es im griechischen Urtext wörtlich heißt. Wir bitten also um die Vereinigung mit Christus, ohne die wir nicht in Wahrheit am Leben bleiben können. In diese Bitte ist dann aber auch eingeschlossen all das, was für uns, unsere Nächsten und unsere Welt zum Leben notwendig und förderlich ist.

‚*Und vergib uns unsere Schulden, wie auch wir vergeben unseren Schuldigern*': Was wir gefehlt haben oder Gott, unseren Mitmenschen und uns selbst schuldig geblieben sind, können wir selten wieder gut machen. Es bleibt zurück als Schuld und belastet unser Verhältnis zu Gott, zur Welt und zu uns selbst. Darum müssen wir immer wieder Gott um Vergebung bitten, daß Er den Schutt wegräume und uns frei mache von unserer bewußten und unbewußten Schulden. Vor allem bevor wir uns zum Tisch des Herrn begeben, ist diese Bitte um Vergebung unerläßlich, damit wir nicht als Heuchler erfunden werden und unser Essen und Trinken uns nicht zur Verdammnis gereicht. Wir können aber nur Verzeihung erwarten, wenn wir auch unseren Mitmenschen vergeben, was sie an uns gefehlt haben oder uns schuldig geblieben sind. In dieser Hinsicht ist Gott unerbittlich gerecht und ohne Nachsicht.

‚*Und führe uns nicht in Versuchung*': Gott Selbst versucht niemanden, aber Er läßt es zu, daß wir durch das Böse in und um uns versucht werden und daß wir leiden müssen, damit wir in uns selbst bewährt und fest werden. Und dennoch dürfen wir, wie Christus selbst in Gethsemane, darum bitten, daß der Leidenskelch an uns vorübergehen möge, wenn wir gewillt sind, uns wie Er dem Willen Gottes zu fügen. Mit diesem Bitten werden wir zwar nicht von allen Versuchungen verschont bleiben; wir sind diesen aber nicht mehr hilflos ausgeliefert, da wir uns in Gottes Hand wissen und da auch uns die Verheißung gilt: „Gott aber ist getreu, der euch nicht über euer Vermögen wird versucht werden lassen, sondern mit der Versuchung auch den Ausgang schaffen wird, so daß ihr sie ertragen könnt" (1 Kor 10,13).

‚*Sondern erlöse uns von dem Bösen*': Mit dieser Bitte erflehen wir mehr als nur kurzfristige Verschonung von Anfechtung und Not. Wir erflehen unsere Befreiung von der Macht des Bösen, von Sünde und Tod, wie das uns durch Christi Tod und Auferstehung verheißen ist. Denn diese Befreiung beginnt schon hier und jetzt wirksam zu werden, auch wenn sie erst am Ende der Tage voll in Erscheinung tritt.

‚*Amen*‘ ist ein hebräischer Ausdruck der Bekräftigung: ‚Das ist und sei wahr!‘ Er bezeugt den Glauben und das Vertrauen des Betenden und macht zugleich deutlich, daß das Erbetene auf dem unerschütterlichen Felsen von Verheißung und Wort Gottes steht und darum furchtlos als Wahrheit bekannt werden kann. Bei öffentlichen Gebeten ist es Sache des ganzen Volkes Gottes das ‚Amen‘ zu sprechen; bei Mysterien, Sache des Empfängers des Mysteriums.

‚*Denn Dein ist das Reich und die Kraft und die Herrlichkeit des Vaters und des Sohnes und des Heiligen Geistes, jetzt und immerdar und in die Äonen der Äonen*‘ ist nach orthodoxem Verständnis eine priesterliche Ekphonese (Ausrufung), die wegfällt, wenn das Gebet privat gesprochen wird oder kein Priester zugegen ist. Denn hier wird, wie in allen gottesdienstlichen Ekphonesen des Zelebranten der Grund für unser Beten angegeben, die Gegenwart Gottes verbindlich und gültig verkündet und durch die Verherrlichung des Dreieinen Gottes unser Gebet in Seine Gegenwart gehoben.

Biblische Begründung: Mt 6,9–13; Lk 11,2–4; Joh 14,6.

HALTE FEST: Als Einleitung zum Vater-Unser, das nach orthodoxem Brauch in der Liturgie von der ganzen Gemeinde gesungen oder von einem ihrer Vertreter gelesen wird, sagt der Zelebrant:

„Und würdige uns, Gebieter,
mit Vertrauen und ohne Schuld es zu wagen,
Dich, den Gott über den Himmeln,
als Vater anzurufen und zu sprechen: ...“

FRAGE 118: Gibt es neben den Anweisungen zum rechten Beten in der Orthodoxen Kirche auch Anweisungen zum rechten und gerechten Handeln?

ANTWORT: Gewiß, und die Kirche kann sich dabei auf den Herrn Selbst berufen, der nach ethischer Weisung gefragt auf den Dekalog (d.h. die Zehn Gebote) des Alten Bundes verwiesen hat:

„Willst du aber in das Leben eingehen, so halte die Gebote! Er (sc. der reiche Jüngling) sagte zu Ihm: ‚Welche?‘ Jesus aber sprach: ‚Du sollst nicht töten; du sollst nicht ehebrechen; du sollst nicht stehlen; du sollst nicht falsches Zeugnis reden; ehre deinen Vater und deine Mutter' und ,du sollst deinen Nächsten lieben wie dich selbst'" (Mt 19,17–18.)

Biblische Begründung: Ex 20,12–14; Lev 19,18.

FRAGE 119: Dann sind also die Gebote des Alten Testamentes auch für orthodoxe Christen verpflichtend?

ANTWORT: Nicht unmittelbar. Die Gebote des Alten Testamentes sind ja göttliches Recht und Gesetz für das Volk des Alten Bundes, Israel. Dabei sind sie einerseits orts- und zeitbedingter Ausdruck des bleibenden Wortes und Willens Gottes, andererseits jedoch Vorabbildung des freien innerlichen Gehorsams des Neuen Bundes in Jesus Christus. Denn Christus ist des Gesetzes Ziel (Rm 10,4); in Ihm sind wir nicht mehr als Unmündige dem Gesetz und seinem Segen und Fluch untertan, sondern freie Söhne und Töchter Gottes, denen zwar alles erlaubt, aber nicht alles heilsam ist (1 Kor 6,12) und die als Glieder am Leibe Christi das Gesetz Christi erfüllen. Das Gesetz Christi aber ist die Liebe; wie Er Sich uns aus Liebe hingegeben hat, so sollen auch wir in der Liebe leben.

Daher besteht in Christus der bleibende Sinn des alttestamentlichen Gesetzes im Doppelgebot der Liebe, wie Er zu dem Pharisäer sagte, der Ihn fragte: „,Meister welches ist das größte Gebot im Gesetz?' Er aber sprach zu ihm: Du sollst den Herrn, deinen Gott, lieben aus deinem ganzen Herzen und aus deiner ganzen Seele und mit deinem ganzen Denken. Dies ist das größte und erste Gebot. Das zweite ist ihm gleich: Du sollst deinen Nächsten lieben wie dich selbst. An diesen zwei Geboten hängt das ganze Gesetz und die Propheten" (Mt 22,36–40).

Diese Sicht ist nicht ohne Entsprechung im Judentum; Jesus hat das Gesetz nicht völlig neu interpretiert. Neu aber ist die Radikalität und Universalität der geforderten Liebe.

Biblische Begründung: 1 Petr 1,25; 2 Kor 3,4–18; Rm 10,4; Gal 3,23–5,6; 1 Kor 6,12–20; 1 Tim 1,5; Joh 13,34–35; Mt 22,34–40; Mt 5,43–48; 15,21–28; Apg 10,28.

FRAGE 120: Damit ist der Dekalog des Alten Testamentes für den orthodoxen Christen also nicht einfach erledigt, sondern er erscheint als vorabbildende Konkretion des Liebesgebotes in einem neuen Licht. Was besagen, so gesehen, die einzelnen Gebote des Dekaloges für uns?

ANTWORT: Der Dekalog dient in der Orthodoxen Kirche manchen Gläubigen als Beichtspiegel, weil er eine Konkretisierung des Gebotes der Gottesliebe und der Nächsten- und rechten Selbstliebe darstellt. Die folgende Auslegung kann daher auch zur Vorbereitung auf die Beichte gelesen werden:

1. Gebot: „Ich bin der Herr, dein Gott, der Ich dich aus dem Lande Ägypten, aus dem Sklavenhause herausgeführt habe; du sollst keine anderen Götter neben Mir haben“ (Ex 20,2–3; Dt 5,6–7).

Bevor Gott etwas von uns fordert, schenkt Er Sich uns; bevor Er uns das Gesetz auferlegt, gibt Er uns das Evangelium (die frohe Botschaft) Seiner Liebe zu uns. Nicht nur Israel hat Er aus dem Sklavenhaus herausgeführt, auch uns hat Er in Jesus Christus aus der Sklaverei der Sünde und des Todes befreit. So gilt auch uns das Gebot, keine anderen Götter außer Ihm zu haben. Die fremden Götter, denen wir heute immer wieder nachlaufen, sind nicht nur Ideologien und Wunschträume aller Art, sondern ebenso Süchte, Leidenschaften und Ängste, kurz: alles, was unser Herz gefangennimmt und uns hindert, uns ganz Gott hinzugeben.

Biblische Begründung: Joh 3,16–17; 1 Kor 10,1–7.

2. Gebot: „Du sollst dir kein Gottesbild (eidolon = Idol) noch Gleichbild (homoioma) machen, all dessen, was oben im Himmel, noch dessen, was unten auf Erden, noch dessen, was in den Wassern unter der Erde ist; du sollst sie nicht verehren noch anbeten. Denn Ich, der Herr, dein Gott, bin ein eifersüchtiger Gott, der die Schuld der Väter heimsucht bis ins dritte und vierte Geschlecht an den Kindern derer, die Mich hassen, der aber Gnade übt bis ins tausendste Geschlecht an den Kindern derer, die Mich lieben und Meine Gebote halten“ (Ex 20,4–6; Dt 5,8–10).

Hier wird nicht nur den Götzenbildern (Idolen) aus Holz und Stein der Kampf angesagt, sondern jedem Versuch des Menschen, die Wirklichkeit des Lebens in Griff zu bekommen. Auch Ideologien, Zukunftsvorstellungen, Wissenschaft, Philosophien, ja selbst die Theologie, können solche Versuche sein, wenn sie dazu dienen sollen, die Wirklichkeit dem Menschen verfügbar zu machen. Wir erfahren heute deutlicher als je, daß darunter dann vor allem die Kinder und kommenden Generationen leiden müssen, weil ihre Welt auf diese Weise zerstört und unbewohnbar gemacht wird. Dieses Gebot beinhaltet aber nach orthodoxer Auffasssung auch in seinem radikalsten Verständnis kein absolutes Bilderverbot. Ohne Bilder in Werken, Worten, Gedanken und Träumen können wir in dieser Welt nicht leben.[64] Bildlosigkeit wäre Verzicht auf Phantasie und Kreativität. Jesus Christus Selbst hat in Bildern und Gleichnissen das Volk gelehrt und Sich Selbst als Bild des Vaters und des neuen Menschen (des zweiten Adam) dargeboten. Er hat uns den rechten Gebrauch der Bilder gelehrt: sie als bloße Abbilder (eikones = Ikonen) und Gleichnisse zu verstehen, die, wenn sie transparent bleiben, an der Wirklichkeit Anteil geben, wie ein Fenster am Licht Anteil gibt. Daher gilt es, darauf zu achten, daß unsere Bilder, Vorstellungen, Gedanken und Träume ihre Transparenz auf Gott hin nicht verlieren.

Biblische Begründung: Mk 4,9–13.33–34; Joh 12,45; 14,9–10; Rm 5,12–21; 1 Kor 13,12; 2 Kor 3,12–18.

3. Gebot: „Du sollst den Namen des Herrn, deines Gottes, nicht mißbrauchen. Denn der Herr wird den nicht ungestraft lassen, der Seinen Namen mißbraucht“ (Ex 20,7; Dt 5,11).

Mißbrauch des göttlichen Namens geschieht nicht nur durch Fluchen oder Schwören in Zorn oder Gedankenlosigkeit, sondern überall dort, wo sich in Kirche und Theologie frommes Geschwätz breit macht oder wo wir Gott für unsere Zwecke, unser Bedürfnis nach Anerkennung und Ehre, unser persönliches oder berufliches Vorankommen einspannen wollen. Aber auch jedes Abschweifen der Gedanken beim Gebet ist ein Mißbrauch des Namens Gottes; denn Gott beansprucht uns ganz und ungeteilt. Die schlimmste Strafe für diesen Namensmißbrauch liegt dann wohl darin, daß Gott Sich uns entzieht und unser Reden und Handeln gottlos werden, wie einst das vieler Pharisäer.

Biblische Begründung: Mt 5,34–37; Jak 3,1–12; Mt 23,1–36.

4. Gebot: „Beobachte den Sabbattag, daß du ihn heiligst, wie dir der Herr, dein Gott geboten hat. Sechs Tage sollst du arbeiten und all dein Werk tun. Aber der siebente Tag ist ein Ruhetag, dem Herrn, deinem Gott, geweiht. Da sollst du keine Arbeit tun, weder du, noch dein Sohn, noch deine Tochter, noch dein Sklave, noch deine Sklavin, noch dein Rind, noch dein Esel, noch all dein Vieh, noch der Proselyte, der mit dir zusammen lebt, damit dein Sklave und deine Sklavin ruhe wie du. Und sei dessen eingedenk, daß du Ausländer gewesen bist im Lande Ägypten und daß der Herr, dein Gott, dich von da herausgeführt hat mit starker Hand und ausgestrecktem Arm. Darum hat dir der Herr, dein Gott geboten, den Ruhetag zu halten und zu heiligen" (Dt 5,12–15 vgl. Ex 20,8–11).

Der Ruhetag ist schon im Alten Bund ein Tag des Gedächtnisses an die Vollendung der Schöpfung durch Gott und an das Heilshandeln Gottes mit seinem Volk. Daher feierten auch die ersten Christen den Auferstehungstag des Herrn, den Tag nach dem jüdischen Sabbat, als den Ruhetag des neuen Gottesvolkes, der Kirche. Unter Kaiser Konstantin ist dann dieser Tag, der Herrntag (gr. Kyriake, lat. Dominica), zum allgemeinen Feiertag im römischen Reich erhoben worden. In der Orthodoxen Kirche kennt man inbezug auf den Kirchgang nicht die ‚Sonntagspflicht' wie in der Römisch-katholischen Kirche. Dennoch gehört auch nach orthodoxem Verständnis dieser Tag vor allem anderen dem Gedächtnis des erlösenden Handelns Gottes in Jesus Christus, dem Gebet, der Ruhe in Gott (hesychia = Gottesversenkung), aber auch den Werken der Nächstenliebe, wie Besuch von Kranken, Einsamen und den Gräbern. So wird das Gedächtnis des göttlichen Heilshandelns jeden Sonntag mit der göttlichen Liturgie gefeiert wie an Feiertagen; denn jeder Herrntag ist im orthodoxen Verständnis ein österlicher Feiertag; darum wird auch an Herrntagen nicht gefastet und nicht gekniet. Ein selbstverschuldetes Fernbleiben von der sonntäglichen Liturgiefeier der Gemeinde, sei es aus Nachlässigkeit, Bequemlichkeit oder Vergnügungssucht schadet dem geistlichen Wachsen des Glaubens und der Liebe. Darum bemüht sich jeder orthodoxe Christ, so oft er nur irgend kann, der Göttlichen Liturgie an Sonn- und Festtagen beizuwohnen.[65] Aber auch der alttestamentliche Sabbat hat in der Orthodoxen Kirche die Würde eines Ruhetages noch in mancher Hinsicht behalten. Auch er ist im Gegensatz zum Westen kein Fasttag. Selbst in den Großen Fasten wird an ihm die Göttliche Liturgie gefeiert. Am Heiligen und Hohen Sabbattag wird in Feierlichkeit der verheißungsvollen Grabesruhe Christi gedacht und davon ist jeder Sabbat des Kirchenjahres geprägt: am Sabbat gedenkt man der ruhenden Dahingeschiedenen in Totengedenken (sl. Pannychida, gr. Parastasis bzw. Mnemosynon), wobei der Kanon der Entschlafenen wenigstens auszugsweise gesungen wird. Am Sabbat erinnert sich die Orthodoxe Kirche aller Märtyrer und schaut aus auf den Tag, da dem Volk Gottes die große Feiertagsruhe beschieden sein wird. So ist also in der Orthodoxen Kirche der alte Sabbat nicht einfach abgetan, sondern tritt zurück gegenüber dem Herrntag, als dessen Vorabbildung er verstanden und aufgenommen ist. Durch die Vesperfeier am Samstagabend, mit der der Sabbat ausklingt und der Herrntag beginnt[66], und die als Vorbereitung auf die sonntägliche Liturgie, wo immer es möglich ist, gefeiert wird[67], bekommt der Samstagabend für den orthodoxen Gläubigen ein besonderes Gepräge. Lustbarkeiten und gesellschaftliche Anlässe werden von diesem Abend ferngehalten. Darum finden in der Orthodoxen Kirche Hochzeiten auch nicht am Samstag, sondern am Sonntagnachmittag statt. In unseren wie in vielen slawischen Gemeinden gehen die Gläubigen am Samstagabend nach der Vesper zur Beichte und verbringen dann den späteren Abend mit Gebet, geistlicher Lektüre und der Vorbereitung auf die Kommunion. In vielen orthodoxen Familien wird am Samstagabend das Fernsehen nicht eingeschaltet. Dies alles geschieht ohne Gesetzlichkeit, aber mit dem Wissen darum, daß die Feier der Göttlichen Liturgie keine Sache ist, die beiläufig geschehen kann, sondern Zeit zur Vorbereitung und Selbstbesinnung erfordert.

Was aber das alttestamentliche Gebot der Arbeitsruhe am Sabbat betrifft, so werden wir dadurch auch daran erinnert, daß Muße und Zeit, zu sich selber zu finden, für jeden Menschen ein hohes Gut ist, das man weder sich noch anderen vorenthalten darf. Es ist daher ein Verbrechen, die Arbeitskraft von Menschen auszubeuten, von wem und unter welcher ideologischen Flagge es auch immer geschehen mag. Und ebenso ist es Sünde, sich selbst so in der Arbeit und Hektik des Alltags zu verlieren, daß für das geistliche Leben keine Muße mehr bleibt.

Biblische Begründung: Hebr 4,1–16.

5. Gebot: „Ehre deinen Vater und deine Mutter, auf daß du lange lebest in dem Lande, das der Herr, dein Gott, dir geben will“ (Ex 20,12 vgl. Dt 5,16).

Auch dieses Gebot ist im christlichen Verständnis ausgeweitet und vertieft worden: Nicht nur die Kinder sollen ihre Eltern achten, sondern auch die Eltern ihre Kinder. Nicht nur das Volk soll die Regierung achten, sondern auch die Regierung das Volk. Nicht nur die Jungen sollen die Alten achten, sondern ebenso die Alten die Jungen. Denn wo Generationen sich nicht mehr gegenseitig zu achten und zu lieben vermögen, sondern sich nur noch gegenseitig ablehnen und sich gegeneinander verschließen, da geht das Leben zugrunde in dem Lande, das der Herr uns gegeben hat.

Dieses Gebot ist in der Kirche seit alters auch auf das Verhältnis der einzelnen Privatpersonen zu den in Öffentlichen Ämtern für das Gemeinwohl Verantwortlichen bezogen worden (Rm 13,1–7; 1 Petr 2,13–17). Dabei ist aber zu beachten, daß das Gebot, der ‚Obrigkeit‘ (d.h. den für das Gemeinwohl Verantwortlichen) ‚untertan‘ zu sein, seine Grenze findet in dem Wort des Apostels Petrus, der vor dem Hohen Rat in zivilem Ungehorsam sagte: „Man muß Gott mehr gehorchen als den Menschen“ (Apg 5,29). Der ‚Gehorsam gegenüber der Obrigkeit‘ kann darum recht verstanden niemals ein blinder, unkritischer sein. Ein Volk, das einer verbrecherischen Obrigkeit blind gehorcht, macht sich ihrer Vergehen mitschuldig. Wer die Augen zudrückt und Ungerechtigkeit, Raub und Mord toleriert, gerade wenn sie im Namen des Volkes geschehen, wird sie mitverantworten müssen. Es besteht kein Zweifel, daß man auch durch Nichtstun und den Dingen ihren Lauf lassen, sündigen kann. Wohl die meisten von uns sündigen mehr durch das, was sie zu tun versäumen, was sie nicht sehen und nicht angreifen wollen, als durch ihre Taten. Dies muß man sich inbezug auf alle Gebote vor Augen halten.

Biblische Begründung: Kol 3,20–21; Eph 6,1–4; 1 Tim 5,8.

6. Gebot: „Du sollst nicht töten!“ (Ex 20,13; Dt 5,17).

Jedes Töten ist Mord, auch das Töten des Feindes, auch das Töten des Ungeborenen, auch das Töten des eigenen Lebens. Es gibt Fälle der Notwehr, die das Töten nicht entschuldigen, aber als das kleinere Übel erscheinen lassen. Nur, solche Fälle sind viel seltener, als wir annehmen möchten. Das gilt für einzelne wie für Völker. In der frühen Christenheit mußten die Soldaten an manchen Orten ihren Beruf aufgeben, wenn sie sich taufen lassen wollten. Später wurde ihnen auferlegt, Befehle zum Mord zu verweigern. Deshalb gab es im 3./4. Jahrhundert so viele Soldatenmärtyrer. Aber auch hier gilt, daß nicht nur der, der selbst tötet, sondern auch der, der dem Morden nicht wehrt, zur Verantwortung gezogen wird. Ja, mehr noch: In der Bergpredigt hat der Herr deutlich gemacht, daß nicht nur das Töten mit einer Waffe, sondern auch schon der Zorn und der Haß und das Töten mit der Zunge Mord sind. Damit hat Er das Gebot nicht verharmlosen wollen, sondern vielmehr dargetan, daß dem Morden nur gewehrt werden kann, wenn der Haß und der Zorn und die bösen Worte aufhören. Unsere Mitschuld an den vielen schrecklichen Kriegen und Völkermorden in dieser Welt durch Haß, Zorn, böse Worte und liebloses Schweigen läßt sich nicht leugnen. Unsere Friedlosigkeit ist die Folge davon. Frieden schaffen können wir aber nicht, wenn wir unsere Maßnahmen oder Aktionen in Zorn, Haß und Lieblosigkeit unternehmen oder bei unseren Gegnern durch liebloses Ausnutzen der eigenen Überlegenheit Haß und ohnmächtige Wut hervorrufen.

Aus dem Gesagten geht ganz klar hervor, daß auch Abtreibungen nach christlicher Auffassung Mord und somit schwere Sünde sind, auch wenn sie von der staatlichen Gesetzgebung, die sich nicht an den Geboten Gottes, sondern an einem praktischen Humanismus orientiert, erlaubt und leider sehr verbreitet sind. Da auch Gläubige oft vom Zeitgeist verwirrt werden, muß diese Wahrheit hier ausdrücklich betont werden. Dasselbe gilt natürlich auch in Bezug auf die Euthanasie und die aktive Sterbehilfe. Gott allein ist der Herr über Leben und Tod. Er allein entscheidet, ob ein Leben „lebenswert“ oder „erwünscht“ ist.

Das 6. Gebot gilt nicht nur im Hinblick auf die Menschen, sondern auch auf die Tiere. Der Mensch im Paradies lebte in Harmonie mit der Schöpfung und ernährte sich nur von Früchten. Erst nach dem Sündenfall wurden die Tiere wild und die Natur dem Menschen feindlich. Der Mensch hat nun das Recht, sich gegen die gefährlichen Raubtiere zu verteidigen und sich von Fleisch zu ernähren. Er darf aber Tiere nicht willkürlich und ohne Notwendigkeit töten oder quälen, sondern muß sie als Geschöpfe Gottes nach Möglichkeit schonen und erhalten, wie er auch allgemein die Schöpfung Gottes schützen und mit Ehrfurcht benützen soll.

> Biblische Begründung: Ps 140(141),3; Mt 5,21–22; Rm 12,17–21; Jak 3,3–18.

7. Gebot: „Du sollst nicht ehebrechen“ (Ex 20,14; Dt 5,18).

Auch inbezug auf dieses Gebot bezeugt die Bergpredigt, daß seine Übertretung nicht erst dort beginnt, wo sie als vollendete Tatsache sichtbar geworden ist. Schon ein Blick, ein Sich-Einlassen auf ein Spiel, das den anderen zum Objekt unlauterer Wünsche macht, ist daher Ehebruch. Denn die eheliche Gemeinschaft fordert entschiedenes Für-einander-dasein und Beisammen-bleiben-wollen, das auch Verzichte miteinschließt. Das bedeutet nicht, daß der orthodoxe Weltchrist seine Sexualität unterdrücken müßte. Diese ist nichts Schlechtes oder an sich Unreines. Aber sie ist auch kein Spielzeug oder Mittel der Selbsterfahrung und des Selbstgenusses, sondern die von Gott geschenkte Möglichkeit, sich dem Ehepartner in Liebe so hinzugeben und mit ihm eins zu werden, wie Christus Sich der Kirche hingegeben hat und mit ihr in Liebe eins geworden ist. Nur wo die Sexualität als Teil der ganzheitlichen leiblich-geistlichen Kommunion in der Ehe gesehen wird, erfüllt sie ihren Zweck und ist davor geschützt, zur Selbstbefriedigung mißbraucht zu werden. Denn dies ist das Unreine und Dämonische an der mißbrauchten Sexualität, daß in ihr der Partner zum Objekt der eigenen Befriedigung entwürdigt wird. Wo dies geschieht, sei es in der Ehe, sei es außerhalb der Ehe, da ist der Ehebruch faktisch schon vollzogen, denn der Ehepartner ist in seiner Menschenwürde verletzt.

Gerade wegen der Bedeutung und Wichtigkeit, die die Orthodoxe Kirche im Einklang mit dem Evangelium der Liebe und der Sexualität beimißt, indem sie sie mit der Beziehung Christi zur Kirche vergleicht, muß sie dieses Mysterium vor Profanierung schützen. Damit die Sexualität mit der Liebe verbunden bleibt, verbietet die Kirche in Übereinstimmung mit dem Evangelium sexuelle Beziehungen aller Art außerhalb oder vor der Ehe. Damit steht sie im offenen Widerspruch zum Zeitgeist, der die „freie Liebe“ propagiert. Diese oft voreilig als Prüderie, Puritanismus oder Engstirnigkeit abgestempelte Haltung der Kirche ist in Wahrheit Liebe; denn dadurch werden die Gläubigen zur wirklich großen Liebe fähig gemacht und vor Enttäuschungen und Krankheiten, die der heutige Sexrummel verursacht, bewahrt.

> Biblische Begründung: Mt 5,27–28.31–32; 19,3–11; Mk 10,1–12; 1 Kor 6,15–20; 7,1–17; Eph 5,22–33.

8. Gebot: „Du sollst nicht stehlen" (Ex 20,15; Dt 5,19).

Nach orthodoxem Verständnis gehört zum Stehlen auch das Anhäufen von Gütern, die nicht zum Lebensunterhalt nötig sind, sowie Habsucht, Geiz und Hartherzigkeit gegenüber der Not des Nächsten. Wer der materiellen Not des Mitmenschen nicht abhilft, wo er das kann, hat gestohlen. In diesem Sinne sind wir Bürger von reichen Industrienationen alle des vielfachen Diebstahls schuldig gegenüber den Armen der Dritten Welt. Schon Basilius der Große und Johannes Chrysostomus lehren, daß die Gesamtheit der kulturellen und materiellen Güter dem Gesamt der Menschen gehören. Daher ist es Sünde, den gerechten Lohn oder den gerechten Preis Menschen vorzuenthalten. Ebenso sind Wirtschaftsdelikte Sünde.

Doch auch hier beginnt das sündhafte Verhalten, das im Großen das menschliche Zusammenleben zerstören kann, mit alltäglichen Kleinigkeiten: dem lieblosen Nur-für-sich-selbst-schauen ohne Rücksicht auf den Nachbarn, dem Nationalsozialismus und dem Fremdenhaß oder auch der herzlosen Gleichgültigkeit gegenüber Fremden, der kalten Begehrlichkeit, wenn Vorteile auf Kosten anderer zu erhaschen sind. Man muß also dieses Gebot weit genug fassen: Auch wer seinen Mitmenschen nicht in Freigiebigkeit und Güte begegnet, der bestiehlt sie, selbst wenn er ihnen äußerlich nichts nimmt; er raubt ihnen ihre Menschenwürde, die ihr kostbarster Besitz ist.

> Biblische Begründung: Mt 6,19–20; Lk 12,13–21.33–34; 16,19–31; Apg 2,44–45; 4,32–37; 5,1–11; Eph 4,28.

9. Gebot: „Du sollst kein falsches Zeugnis reden wider deinen Nächsten" (Ex 20,16; Dt 5,20).

Das falsche Zeugnisablegen vor Gericht, das zur Verurteilung eines Unschuldigen führen kann, steht nach orthodoxem Verständnis für jede Lüge, die den Mitmenschen Schaden bringt. Doch es geht nicht nur und nicht in erster Linie darum, solche Lügen zu vermeiden, sondern vielmehr darum, mit dem ganzen Sein und Wesen aus der Lüge herauszukommen und wahr zu werden. Denn nur auf diese Weise vermögen wir, auch in unserem Verhältnis zum Nächsten der Wahrheit hilfreich Raum zu geben. Christus aber ist die Wahrheit; wenn wir in Ihm leben, sind wir der Wahrheit verpflichtet.

Das aber wird konkret in der Art und Weise, wie wir von unseren Mitmenschen reden. Nicht nur falsche Nachrede und Verleumdungen sind eines Christen unwürdig, sondern auch das Sprechen über die Fehler anderer Menschen und das Aufdecken ihrer Schwächen, wo es ohne Not geschieht. Leider sind in unseren Gemeinden diese ‚Zungensünden' sehr verbreitet und werden von manchen nicht in ihrer Schwere erkannt. Sie vergiften aber das Klima und stellen ein großes Hindernis dar für die gesammelte einmütige Feier der Göttlichen Liturgie.

Biblische Begründung: Gen 9,20–27; Apg 5,1–11; Joh 8,32.44; 14,6; 17,17.19; 1 Kor 13,6; Kol 3,9–10; Eph 4,25.

10. Gebot: „Du sollst nicht begehren nach der Frau deines Nächsten. Du sollst nicht begehren nach dem Hause oder Acker deines Nächsten, nach seinem Sklaven oder seiner Sklavin, nach seinem Rinde oder seinem Esel, nach irgendetwas, was dein Nächster hat" (Ex 20,17; Dt 5,21).

Dieses Gebot hat schon nach alttestamentlichem Verständnis verschiedene Tiefenschichten. Zunächst ist es ein Verbot, sich unrechtmäßig den Besitz des Nächsten anzueignen. Dann aber ist schon im Alten Testament und im Judentum dieses Gebot verstanden als abschließende Zusammenfassung, Radikalisierung und Verinnerlichung der vorangehenden drei Gebote, was dann im christlichen Gesetzesverständnis zum Tragen kommt. Denn die Kirche faßt dieses Gebot noch tiefer und noch grundsätzlicher. Für sie ist die Begierde (epithymia) die Sünde schlechthin in der Gestalt der leidenschaftlichen Selbstsucht, der seit dem Fall Adams das ganze menschliche Sein verfallen ist. Nur Christus kann uns davon erlösen. In Ihm aber sind wir auch wirklich der Begierde gestorben, d.h. wir sind ihr nicht mehr verfallen. Wir erhalten im Heiligen Geist immer neu die Möglichkeit, Hingabe statt Selbstsucht zu üben. Darum sind wir aufgerufen, gegen alle Leidenschaften zu kämpfen, die uns versklaven wollen.

Diesen Kampf führt vor aller Augen das Mönchtum, dadurch daß der echte Mönch sich innerlich und äußerlich jede leidenschaftliche Bindung an die Welt und jedes Streben nach weltlichen Dingen und nach Macht versagt. Doch nicht nur die Mönche, vielmehr jeder Christ ist nach orthodoxer Auffassung dazu berufen, seine Freiheit von den Leidenschaften und Begierden zu bewahren und zu festigen. Dazu dient das Fasten, wenn es nicht nur äußerlich geschieht, sondern als Akt der Hingabe an Gott. Dazu dient aber auch die zu den Dingen dieser Welt bewußt eingehaltene Distanz, die es den Sorgen, Ängsten, Freuden und Genüssen verwehrt, uns ganz in Besitz zu nehmen. Dazu dient schließlich vor allem das Gebet, das das ‚Bleiben in Christus' im Alltag aktualisiert. Und wenn wir im Kampf mit den Leidenschaften und Begierden unterliegen, dann ist wichtig, dennoch weiter zu beten und zu kämpfen. Serafim von Sarow verweist in seinen geistlichen Unterweisungen auf „jenen Anachoreten, der beim Wasserschöpfen am Brunnen eine Frau getroffen hatte, mit der er sündigte. Doch, wieder in seine Zelle zurückgekehrt, fuhr er dennoch fort, als Asket zu leben, obwohl er sich seines begangenen Fehlers bewußt war und der Teufel versuchte, ihn von seinem Weg abzubringen unter dem Vorwand, daß er gesündigt habe. Dies tat Gott einem Altvater kund und beauftragte ihn, hinzugehen und den jungen Mönch zu loben für seinen Sieg über den Teufel."[68] Dies wird vom Starzen später noch erläutert mit den Worten: „Man muß geduldig sein mit sich selbst und seine eigenen Fehler ertragen, wie man die Fehler seines Nächsten erträgt, aber ohne sich in die Trägheit fallen zu lassen und im Bestreben, immer besser zu werden. Wenn wir zuviel gegessen haben oder in menschlicher Schwäche etwas Bedauerliches getan haben, so wollen wir uns nicht aufregen und nicht dem Übel ein anderes hinzufügen, sondern wir wollen völlig den inneren Frieden wahren und uns tapfer bemühen, uns wieder aufzurichten. Die Tugend ist keine Birne, die man in einem Mal aufißt."[69]

Biblische Begründung: Mk 4,19; Rm 1,24; 6,4–14; 7,7–8; 13,14; Gal 5,1.16.24; Eph 2,3; 4,22.

FRAGE 121: Müßte man jetzt anschließend nicht noch etwas zum grundsätzlichen Verhältnis von Israel und Kirche, Juden und Christen nach orthodoxer Sicht sagen?

ANTWORT: Die Berichte der Evangelien, daß der Rat und das Volk der Juden den Tod Jesu Christi forderten und schließlich von den Römern erzwangen, hat über Jahrhunderte vielen zum Vorwand gedient, die Juden zu hassen, zu verleumden, zu unterdrücken, zu verfolgen und zu morden. Urteilslose fanatisierte oder gleichgültige Gläubige haben das widerspruchslos hingenommen. Sie trifft Mitschuld. Sie haben vergessen, daß Jesus Christus Selbst nicht nur Mensch aus der Jungfrau Maria geworden ist, sondern dadurch auch Jude, und daß die Gottesmutter und alle Apostel von Geburt Juden waren. Sie haben ebenso vergessen, daß die Kirche die alttestamentlichen Patriarchen zu ihren Vorfahren zählt und daß sie von den Propheten bekennt, daß diese im Heiligen Geist gesprochen haben.

Dagegen möchten manche einwenden, Gott habe, nachdem die Juden Jesus Christus als Messias ablehnten, Seine Verheißungen von ihnen genommen und auf das Neue Israel, die Kirche übertragen. Doch es ist nicht so, daß Gott Seinen Bund mit diesem, Seinem erwählten Volk, gebrochen hätte. Wie könnten wir auf die Verheißungen Gottes bauen und zugleich annehmen, Er sei Israel gegenüber wortbrüchig geworden. Daher antwortet auch der Apostel Paulus auf die Frage, ob Gott Sein Volk verstoßen habe mit den Worten: „Das sei ferne ... Gott hat Sein Volk nicht verstoßen, das Er zum voraus ersehen hat ... Ich sage nun: ‚Sind sie etwa gestrauchelt, damit sie zu Fall kämen?' Das sei ferne! Sondern infolge ihrer Verfehlung ist das Heil zu den Heiden gekommen, um sie zur Nacheiferung zu reizen. Wenn aber ihre Verfehlung der Reichtum der Welt geworden ist und ihr Fernbleiben der Reichtum der Heiden, wieviel mehr dann einst ihr vollzähliges Eingehen ... Ich will euch nämlich, ihr Brüder, über dieses Mysterium nicht in Unkenntnis lassen, damit ihr euch nicht selbst klug dünkt: daß über Israel einem Teil nach Verstockung gekommen ist, bis die Vollzahl der Heiden eingegangen sein wird, und daß in der Weise ganz Israel gerettet werden wird, wie geschrieben steht: ‚Kommen wird aus Sion der Erlöser, hinwegschaffen wird Er die Gottlosigkeit von Jakob. Und dies ist von Mir aus der Bund mit ihnen, wenn Ich ihre Sünden hinwegnehmen werde'" (Rm 11,l–2.11–12.25–27).

Wir können daraus nur einen Schluß ziehen: Die Juden gehen zwar ihren eigenen Weg, fern unserer kirchlichen Gemeinschaft, und wir haben diesen Weg zu respektieren. Dennoch gehören sie für uns zur Kirche, weil Gott sie einst mit uns vereinen wird und die Kirche ja keine raumzeitlich beschränkte Größe ist. Darum sind sie auch jetzt schon unsere Brüder und Schwestern, denen wir in Achtung und Liebe zu begegnen haben.[70]

Biblische Begründung: Rm 9–11.

V DIE CHRISTLICHE HOFFNUNG

WIR BEKENNEN:

„Ich glaube ... an den einen Herrn Jesus Christus ..., der ... wiederkommen wird in Herrlichkeit, zu richten die Lebenden und die Toten; dessen Reiches kein Ende sein wird ... Ich harre der Auferstehung der Toten und des Lebens des kommenden Äons. Amen."

FRAGE 122: In unserem Glaubensbekenntnis wird von Jesus Christus gesagt, daß Er einst zum Gericht über Lebende und Tote kommen werde. Wie ist das zu verstehen?

ANTWORT: Nach orthodoxem Verständnis ist Gott vollkommene Liebe und will, daß alle Menschen gerettet werden und zur Erkenntnis der Wahrheit kommen (1 Tim 2,4). Aber es gibt keine Rettung und keine Gotteserkenntnis ohne das Ablegen der Gottlosigkeit, Lieblosigkeit, des Hasses, der Bosheit und der Begierden. Denn wer der Bosheit und den Begierden verfallen ist, kann Gottes Licht nicht in sich aufnehmen, hat dafür kein Organ, ist für dieses Licht nicht transparent. Sein Herz und sein Wille müssen zuerst gereinigt werden. Darum gibt es auch keine Barmherzigkeit und Gnade ohne Gerechtigkeit und Gericht. Die Liebe ist Gerechtigkeit; die Gnade ist Gericht. Sie ist ein Feuer, das reinigt. Von diesem Feuer reden die Gleichnisse des Herrn im Bilde, wenn von der Gehenna (der ‚Hölle') die Rede ist, deren Feuer nicht verlöscht, oder von der Finsternis, in der Heulen und Zähneklappern sein wird, und wo jene hingestoßen werden, die in ihrem Tun die Liebe gegen Gott und Menschen verletzt haben.

Man muß allerdings diese Gleichnisse Jesu von Gericht und Strafe recht verstehen. Sie sind über Jahrhunderte hinweg von Theologen und Laien in Selbstgerechtigkeit und Lieblosigkeit mißdeutet worden, so nämlich, als würden wir nicht alle gegenüber der geforderten Liebe schuldig werden, aber auch so, als sei der Richter ein herzloser Jurist oder gar ein kleinlicher Buchhalter, der ohne tiefere Einsicht in die Zusammenhänge Gesetzesparagraphen anwenden würde. Das aber heißt in Selbstgerechtigkeit blasphemisch von Christus denken und reden. Vielmehr gilt es, sich zu vergegenwärtigen, daß die Scheidung, um die es im Gericht geht, mitten durch uns alle hindurch schneidet. Denn wir alle sind jene Übeltäter, die es verdienen, in die Finsternis geworfen zu werden, aber uns allen gilt auch: „Gott ist die Liebe. Darin ist die Liebe Gottes zu uns offenbar geworden, daß Gott Seinen einzigen Sohn in die Welt gesandt hat, damit wir durch Ihn leben. Darin besteht die Liebe, nicht daß wir Gott geliebt haben, sondern daß Er uns geliebt und Seinen Sohn als Sühnopfer für unsere Sünden gesandt hat" (1 Joh 4,8–10). So ist das Gericht Gottes erlösende Liebe; es ist ja nicht Zufall, daß in dem großen Gleichnis vom Endgericht (Mt 25,31–46) der Richter niemand anderes als Jesus Christus Selbst ist, Er also, dessen menschenliebendes Antlitz die Gläubigen kennen. In Jesus Christus nämlich sind Gerechtigkeit und Barmherzigkeit, Gericht und Gnade nicht zwei verschiedene Dinge, sondern eines. Darum brauchen wir in Christus das Gericht nicht zu fürchten. Es wird uns offenbar werden lassen, wie wir sind, aber gerade dadurch werden wir gerettet werden, wenn auch wie durch Feuer hindurch (1 Kor 3,15). Denn die Wahrheit wird uns frei machen; ihr können wir nicht ausweichen, wenn wir zu Gott kommen. Wir können uns jedoch jetzt schon ihr in Jesus Christus mehr und mehr öffnen und damit das Gericht vorwegnehmen und mit dem wahren Leben beginnen (Joh 5,24). Wir können uns aber auch der Liebe und der Wahrheit verschließen und so einer Scheinwirklichkeit verfallen, aus der wir uns unter Schmerzen zurückholen lassen müssen durch den Tod hindurch. Denn Gericht bedeutet Tod. Jesus Christus aber hat den Tod überwunden. Darum gilt das Wort des Evangelisten Johannes, das wir in der Anaphora der Chrysostomus-Liturgie immer neu hören: „So sehr hat Gott die Welt geliebt, daß Er Seinen einziggeborenen Sohn dahingab, damit jeder, der an Ihn glaubt, nicht verloren gehe, sondern das ewige Leben habe" (Joh 3,16). „Denn", so fährt der Evangelist fort, „Gott hat Seinen Sohn nicht in die Welt gesandt, damit Er die Welt richte, sondern damit die Welt durch Ihn gerettet werde. Wer an Ihn glaubt, wird nicht gerichtet; wer nicht glaubt, ist schon gerichtet, weil er an den Namen des einziggeborenen Sohnes Gottes nicht geglaubt hat. Darin aber besteht das Gericht, daß das Licht in die Welt gekommen ist, und die Menschen liebten die Finsternis mehr als das Licht; denn ihre Werke waren böse" (Joh 3,17–19).

Wenn nun Christus nicht in die Welt gesandt ist, damit Er die Welt richte, dann steht es auch Seiner Kirche nicht zu, vor der Zeit Gottes Urteil über die Verstorbenen vorwegzunehmen. Deshalb hebt die Orthodoxe Kirche (im Gegensatz zur heutigen Römisch-katholischen Kirche) in der kirchlichen Begräbnisfeier eines Menschen jeden Fluch auf, der über diesen ausgesprochen worden ist, sei es durch sie selbst, sei es durch andere (z.B. die Eltern). Diese Fluchaufhebung in einem feierlichen Absolutionsgebet gehört daher zum Ritus des Begräbnisses für alle Gläubigen mit Ausnahme der Kleinkinder. Damit hängt zusammen, daß die Orthodoxe Kirche nicht das

‚Fegefeuer' kennt, in welchem über den Tod hinaus für begangene Sünden Genugtuung (Satisfaktion) geleistet werden müßte. Mit dem Fegefeuer jedoch ist auch der Ablaß gegenstandslos; die Orthodoxe Kirche weiß daher nichts von Ablässen. Sie betet aber für alle Verstorbenen, daß diese in die Ruhe und den Frieden des Dreieinen Gott eingehen mögen. Gemäß dem Wort des Herrn am Kreuz: „Vater vergib ihnen, denn sie wissen nicht, was sie tun!" (Lk 23,34) versteht sich die Kirche als Fürbitterin für alle Menschen, Freunde wie Feinde, Gläubige wie Ungläubige. Darum hat auch die frühe Kirche in den Zeiten der Christenverfolgungen immer für die heidnischen Kaiser, auch wenn diese ihre Verfolger waren, gebetet. Was für die Lebenden gilt, gilt aber auch für die Toten: die Kirche kennt keine Feinde, für die sie nicht beten müßte. Dies bezeugt auch ein Wort von Starez Siluan, Mönch vom Berg Athos (gest. 1938), der in seinen nachgelassenen Schriften schreibt[71]: „Es gibt Menschen, die ihren Feinden und den Feinden der Kirche Untergang und Qual im ewigen Feuer wünschen. Sie kennen die Liebe Gottes nicht, und darum denken sie so. Nur wer die Liebe und Demut Christi hat, weint und betet für die ganze Welt. Du sagst vielleicht: Dieser oder jener ist ein Übeltäter und muß darum im ewigen Feuer brennen. Ich frage dich aber: Angenommen, der Herr gibt dir einen Platz in Seinem Reich, und du siehst denjenigen im höllischen Feuer, dem du ewige Qual gewünscht hast, wirst du nicht Mitleid mit ihm haben, selbst wenn er ein Feind der Kirche war? Oder hast du ein Herz aus Stein? Aber im Himmelreich ist kein Platz für Steine. Demut braucht man dort und die Liebe Christi, die für alle Mitleid hat."

> Biblische Begründung: 1 Tim 2,4; Joh 16,8–11; 1 Kor 3,15; Mk 9,43–44; Mt 8,12; 13,42.49–50; 18,21–35; 22,13; 24,51; 25,30.31-46; Lk 13,28; 1 Joh 4,8–10; 2 Kor 5,10.

FRAGE 123: Darf man also Hoffnung haben, daß die Hölle am Ende der Zeiten leer sein wird und nur noch Tod und Teufel selbst darin zurückbleiben?

ANTWORT: Wir kennen den Ratschluß Gottes nicht. Wir wissen aber, daß Christus am Kreuz für alle Menschen gestorben ist, für die Nahen und die Fernen. Wir wissen auch, daß Er gütig gegen die Undankbaren und Bösen ist und will, daß alle Menschen gerettet werden. Wir wissen ferner, daß Sein Wille nicht kraftlos ist wie der unsere, der oft kapitulieren muß vor von außen gesetzten Realitäten. Andererseits wissen wir ebenso, daß Bosheit, Unreinigkeit, Begierden und Selbstsucht in Seinem Reich nicht bestehen können und daß kein Unreiner und Selbstsüchtiger Sein Angesicht schauen kann, er werde denn zuvor gereinigt im Feuer Seiner Liebe. Daß dies allen Menschen widerfahre, dürfen wir erbitten und erhoffen aufgrund Seiner Verheißung: „Bittet, so wird euch gegeben werden ..." (Lk 11,9–13). Auf diese Weise werden wir als Kinder Gottes und Glieder am Leibe Christi Mittler zwischen Gott und den Menschen, die Ihm ferne stehen. So ist die Kirche, und in ihr alle Gläubigen, gewürdigt, Mitarbeiter im Reiche Gottes zu sein.[72]

> Biblische Begründung: 2 Kor 5,14–15; Eph 2,12–18; 1 Tim 2,4; Ps 134(135),6; Lk 6,35; 11,9–13; Rm 8,12–39; 11, 32; 14,9–12; 1 Kor 3,9–17.

FRAGE 124: Wie aber und wann vollzieht sich das Endgericht über die Menschen?

ANTWORT: Die Heilige Schrift gibt zwei verschiedene Antworten auf diese Frage. Im Gleichnis vom reichen Mann und vom armen Lazarus (Lk 16,19–31) wird vorausgesetzt, daß jede Seele unmittelbar nach dem Tod eines Menschen an den Ort der Ruhe oder den Ort der Qual gelangt. Diese Voraussetzung klingt auch in den Kanones und Gebeten der Totengedenken der Orthodoxen Kirche an. Anders in verschiedenen anderen Gleichnissen des Herrn, wie z.B. im Gleichnis vom Unkraut unter dem Weizen (Mt 13,36–43) oder vom großen Endgericht (Mt 25,31--46), aber auch in den Reden des Herrn über die Endzeit (Mk 13 und Mt 24). Hier wird deutlich, daß am Ende der Zeiten Jesus Christus Selbst kommen wird, zu richten die Lebenden und die Toten, wie ja auch unser Glaubensbekenntnis sagt. Beide Vorstellungen schließen einander nicht aus und sind ja auch in der Kirche immer nebeneinander tradiert worden. Denn in der Perspektive der Ewigkeit Gottes fällt das individuelle und das allgemeine Gericht in eins.

Was die Vorstellung betrifft, die das letzte Gericht mit der Wiederkunft (Parusie, Zweite Ankunft) des Herrn verbindet, so geht es dabei um ein kosmisches Ereignis, das das Offenbarwerden der göttlichen Herrschaft, Wahrheit und Liebe für alle Welt beinhaltet und wo alle heimliche Bosheit, Verweigerung und Lieblosigkeit in der Welt enthüllt wird. Wann jedoch dies geschehen wird, ist uns zu wissen nicht erlaubt, wie die Worte des Herrn bezeugen: „Über jenen Tag aber oder jene Stunde; weiß niemand etwas, auch die Engel im Himmel nicht, auch der Sohn nicht, sondern nur der Vater" (Mk 13,32). Die Orthodoxe Kirche hat sich darum nie auf die Spekulationen eingelassen, die immer wieder im Laufe der Geschichte diesen Termin fixieren wollten. Denn mehr wissen zu wollen, als der menschgewordene Gottessohn Selbst, ist nicht nur töricht, sondern Überheblichkeit. Entsprechendes gilt inbezug auf die Frage nach dem ‚Wie' des Endgerichtes. Darüber äußert Sich der Herr in Bildern, die einzig und allein darauf abzielen, uns vorzubereiten, daß notvolle Zeiten mit vielen Anfechtungen und Verführungen vorangehen werden und daß Ausharren im Beten und Wachen not tut: „Sehet zu, wachet! Denn ihr wisset nicht, wann die Zeit da ist" (Mk 13,33). Ähnlich der Apostel Paulus in seinem frühesten Gemeindebrief: „Inbezug auf die Zeiten und Fristen aber, ihr Brüder, habt ihr nicht nötig, daß euch geschrieben wird. Denn ihr selbst wißt genau, daß der Tag des Herrn so kommt, wie ein Dieb in der Nacht" (1 Th 5,1). Alle diese Aussagen lassen also keine Berechnungen zu, noch geben sie einen Fahrplan der Ereignisse. Einen solchen aufstellen zu wollen, ist müßig und gegen Gottes Wort und Willen, der Sich nicht in die Karten Seiner Weltherrschaft schauen läßt. Uns muß es genügen, zu wissen, daß der Richter, der dann kommen wird, um alle Heimlichkeiten aufzudekken, das Antlitz des Herrn trägt, der für uns Mensch geworden und in den Tod gegangen ist.

Biblische Begründung: Lk 16,19–31; Mt 13,36–43; 24,1–25,46; Mk 13,1–37; Lk 12,35–48; 21,5–36; 1 Th 4,13–5,11; 1 Petr 5,8; 1 Kor 15,21–28.

HALTE FEST: Die Kirche gedenkt der Wiederkunft Christi inmitten der Nacht durch ein Tropar, das an Wochentagen (Montag bis Freitag) im Mitternachtsgebet (Mesonyktikon) und in der Heiligen und Hohen Woche an den ersten drei Tagen im Orthros gesungen wird:

„Siehe, der Bräutigam kommt inmitten der Nacht.
Selig der Knecht, den Er wachend findet!
Unwürdig jedoch, den Er sorglos findet!
Siehe zu, meine Seele, daß du dem Schlaf nicht verfällst,
damit du nicht dem Tod übergeben wirst
und vom Reich ausgeschlossen.
Sei vielmehr nüchtern und rufe:
Heilig, heilig, heilig bist Du, unser Gott;
auf die Fürbitten der Gottesgebärerin
erbarme Dich unser!"

FRAGE 125: Mit der Wiederkunft Christi bekennt die Kirche auch die allgemeine Auferstehung der Toten. Was bedeutet das? Sind es nicht vielmehr die Seelen, die in die himmlische Ruhe eingehen?

ANTWORT: In der Tat findet nach orthodoxem Verständnis im Tod eine Trennung von Körper und Seele statt, wonach der Leib in Staub zerfällt, die Seele jedoch befreit und ins göttliche Licht der Wahrheit getaucht, sich am Ort der Erquickung und Ruhe einfindet und gemeinsam mit den Engeln und den Heiligen den himmlischen Gottesdienst vollzieht. Oder aber sie wird vom Leben der Heiligen getrennt, den Qualen der Gottesferne unterworfen. Darum singt die Kirche bei Totengedenken im Kanon der Entschlafenen als Kondakion und Ikos:

„Mit den Heiligen laß ruhen, o Christus,
die Seelen Deiner Knechte und Deiner Mägde,
wo entflieht aller Schmerz,
alle Trübsal und alle Klage,
wo Leben ist ohne Ende."

„Du allein bist unsterblich,
der Du erschaffen und gebildet hast den Menschen.
Wir, Sterbliche, sind aus Erde geformt
und müssen zurück zu derselben Erde,
wie Du befahlest, der Du uns schufest und sprachst:
Erde bist du und sollst wieder zur Erde kommen!
Dahin werden wir, die Sterblichen, alle gebracht.
So wehklagen wir jetzt und singen als Grablied:
Alleluja, alleluja, alleluja."

Bei der Wiederkunft Christi aber wird die Seele wieder vereinigt mit ihrem auferstandenen, erneuerten und verklärten Leibe. Denn erst dann kommt die Erlösung in Christus zu ihrer letzten Erfüllung. An dieser aber hat der ganze Mensch mit Seele, Geist und Leib, ja die ganze Schöpfung, Anteil, und nichts wird verloren sein, was zu uns gehört. Die Leiblichkeit aber gehört durch Gottes Schöpfungsakt zu uns. Sie ist nichts, was man geringschätzen dürfte. Die Leibfeindlichkeit der ausgehenden Antike (Gnostizismus, Manichäismus) hat in der Orthodoxie nie wirklich Fuß fassen können. Doch wie der auferstandene Leib aussehen wird, wenn er sich wieder mit der Seele vereinigt, davon vermögen wir nur in Gleichnissen zu reden, wie das ja auch der Apostel Paulus tut, wenn er darlegt: „Aber es wird jemand sagen: ‚Wie werden die Toten auferweckt? Und mit was für einem Leib kommen sie?' Du Tor, was du säest, wird nicht lebendig gemacht, wenn es nicht stirbt. Und was du säest, damit säst du nicht den Leib, der werden soll, sondern ein bloßes Korn, zum Beispiel von Weizen oder von irgend etwas anderem. Gott aber gibt ihm einen Leib, wie Er gewollt hat, und zwar jeder Samenart einen besonderen Leib ... So ist es auch mit der Auferstehung der Toten: Es wird gesät in Verweslichkeit; es wird auferweckt in Unverweslichkeit. Es wird gesät in Unehre; es wird auferweckt in Herrlichkeit. Es wird gesät in Schwachheit; es wird auferweckt in Kraft. Es wird gesät ein natürlicher Leib; es wird auferweckt ein geistiger Leib." (1 Kor 15,35–38.42–44).

Auch hier gilt also: „Was kein Auge gesehen und kein Ohr gehört hat und in keines Menschen Herz emporgestiegen ist, das hat Gott denen bereitet, die Ihn lieben" (1 Kor 2,9).

Biblische Begründung: Gen 3,19; Ps 102(103),14; 103(104), 29-30; 145(146),4; Ez 37,1–14; Mt 27,52; Lk 24,39; 1 Kor 15,35–53; Kol 1,18.27; 1 Petr 1,23–24.

FRAGE 126: Hat dieser Glaube nicht auch Folgen für den Umgang des Christen mit seinem Leib und den leiblichen Freuden und Nöten? Welches Verhältnis hat der orthodoxe Christ zu den leiblichen Dingen?

ANTWORT: Der heilige Apostel Paulus schreibt in einem Brief an die korinthische Gemeinde: „Alles ist mir erlaubt; aber nicht alles ist heilsam. Alles ist mir erlaubt; aber ich darf mich von nichts beherrschen lassen" (1 Kor 6,13) und: „Wisset ihr nicht, daß euer Leib ein Tempel des Heiligen Geistes in euch ist, den ihr von Gott habt, und daß ihr nicht euch selbst angehört? Denn ihr seid teuer erkauft worden; so verherrlicht nun Gott mit eurem Leibe!" (1 Kor 6,19–20).

Diese Worte sind nach orthodoxem Verständnis klare Richtlinien für den Umgang mit dem Leib und allen leiblichen Dingen. Mit ihnen wird Genießen und Fasten, Freisein und Gebundensein ausgerichtet auf das alleinige Ziel der ganzheitlichen Hingabe an Gott und den Nächsten.

Gerade auch das Fasten hat also in der Orthodoxen Kirche grundsätzlich nichts zu tun mit einer Verachtung des Leibes und der leiblichen Güter, sondern kommt aus dem Bestreben, die Fesseln der leiblich-seelischen Genußsucht zu sprengen und frei zu werden für ein Leben der Hingabe. Die Fesseln sind daraus erwachsen, daß wir unser Handeln und Denken und all unsere Gewohnheiten danach ausrichten, in allen Lebenslagen und Dingen zu möglichst großem Genuß zu gelangen. So werden wir Sklaven unserer Begierden, süchtig nach Genuß und Selbstbefriedigung. Von dieser Sucht aber müssen wir uns lösen, wenn wir in der christlichen Freiheit leben wollen. Dazu kann uns das Fasten helfen, und in diesem Sinne hält die Orthodoxe Kirche ihre Gläubigen zum Fasten an, nicht nur in den Fastenzeiten, sondern auch in Zeiten persönlicher Buße und vor dem Empfang der Kommunion. Dieses Fasten soll nichts anderes als eine Einübung in die christliche Freiheit sein, und es nimmt im übrigen durch den Verzicht auf Fleischgenuß schon jetzt zeichenhaft das Leben im kommenden Gottesreich vorweg, wo nach Jes 11,6–9 die Schöpfung sich nicht mehr gegenseitig auffressen und zerstören wird. So hat das Fasten nach orthodoxem Verständnis nichts Unfrohes, Erzwungenes und Gesetzliches an sich, sondern ist ein Teil der inneren Freiheit und ein Sich-aufschließen für geistliche Erfahrungen. Wer es nicht anders als gesetzlich versteht und dadurch nur weiter und tiefer in die Versklavung durch die Dinge dieser Welt hineingerät, treibt damit Mißbrauch. Von solchem Mißbrauch sind auch in der Orthodoxie Mönche und Laien nicht immer und überall frei geblieben, vor allem auch, weil in der ausgehenden Antike eine grundsätzliche Abwertung und Verteufelung alles Leiblich-Materiellen sich zu verbreiten begann, wovon sich auch manche Christen anstecken ließen. Aber diejenigen, die tiefer in die christliche Gebets- und Geisteserfahrung hineingeführt worden sind, haben auch immer wieder gelernt und bezeugt, daß es bei allem Fasten und Verzichten auf den Genuß leiblicher Güter nicht um eine Verachtung der guten Gaben der Schöpfung Gottes geht, sondern darum, ihren rechten und heilsamen Gebrauch zu lernen, den Gebrauch in der Freiheit, zu der Christus uns frei gemacht hat.

Biblische Begründung: Gen 1,28; Ps 23(24),1;
Mt 6,16–18.22–23; 12,1–8; Mk 2,18-20; Lk 3,6;
Joh 6,54.63; 1 Kor 3,16–17; 6,12–20; 15,50;
2 Kor 6,16–7,1; Gal 5,1.13; Phil 3,3.7–14.

FRAGE 127: Mit der Auferstehung der Toten bekennen wir in unserem Glaubensbekenntnis auch das „Leben des kommenden Äons“. Was ist damit gemeint?

ANTWORT: Es geht um die Erwartung eines vollkommenen und unvergänglichen Lebens in einer erneuerten Schöpfung. Wir verstehen heute besser als je zuvor, daß die menschliche Genußsucht und der menschliche Egoismus unsere Welt in eine kosmische Katastrophe hineintreiben können und daß nicht nur wir selbst durch unsere Sünden dem Tod verfallen sind, sondern desgleichen auch unsere Umwelt, unsere Erde mit ihren Bäumen und Pflanzen und Tieren, ja die ganze Schöpfung, in und mit der wir leben.

Ihre Zerstörung, an der wir die Schuld tragen, schreitet immer mehr voran. Das erkennen heute auch die Menschen, die dem christlichen Glauben fern stehen. Was sie aber nicht wissen und verstehen, ist, daß uns ein neuer Himmel und eine neue Erde verheißen ist, ein Weltalter (Aion = Weltzeit, Weltepoche von unermeßlicher Dauer), in dem der Tod und die Zerstörung nicht mehr herrschen werden. Was sie auch nicht wissen und glauben, ist, daß der Kosmos, wie er durch unsere Sünde in unseren Tod hineingezogen worden ist und an ihm teilhat, so auch in Christus an unserer Erneuerung teilhaben wird, so daß Gott Selbst, und nicht wir, die endgültige Vernichtung unserer Welt und ihre Neuschöpfung herbeiführt.

Daß dieser unser Äon vergeht und wir einen neuen, unvergänglichen Äon von Gott erwarten, ist schon mit dem jüdischen Messiasglauben aufs engste verknüpft. Dies aber war im Judentum wie in der frühen Christenheit eine tröstliche, frohmachende und aktivierende Botschaft, nicht etwa eine lähmende Schreckensnachricht oder eine bloße Vertröstung auf eine bessere Zukunft, als was sie manchen Außenstehenden heute erscheint. Denn es ist ja die Botschaft von der Herrschaft Christi, „dessen Reiches kein Ende sein wird“, weil Gott Selbst bei Seinem Volke Wohnung genommen hat. „Und Er wird alle Tränen abwischen von ihren Augen, und der Tod wird nicht mehr sein, und kein Leid, noch Geschrei, noch Schmerz wird mehr sein; denn das erste ist vergangen“ (Apk Joh 21,4).

Um dieses Reich des wahren Lebens herbeizuführen, können wir nichts tun, außer daß wir uns selbst innerlich verwandeln lassen, damit wir zur Teilnahme an diesem Reiche bereit und fähig werden. Darum lautet die Botschaft, mit der Jesus Christus Seine öffentliche Wirksamkeit auf Erden begann: „Die Zeit ist erfüllt und das Reich Gottes ist nahe herbeigekommen; tut Buße und glaubt an das Evangelium!“ (Mk 1,15). Sie gilt auch uns heute.

Biblische Begründung: Ps 101(102),26–28; Jes 24,16–20; 51,6; 65,17; Mk 1,14–15; 14,25; Lk 9,2; 10,9; 12,32; Joh 18,36; 1 Kor 15,24; Rm 8,17–39; 1 Th 2,12; 2 Petr 3,3–13; Apk Joh 21,1–7.

VI DIE TUGENDEN UND LASTER

FRAGE 128: Was sind die Tugenden und welche Rolle spielen sie in unserem geistlichen Leben?

ANTWORT: Der Begriff der Tugend[73] geht auf die griechischen Philosophen zurück, die damit die sittliche Tüchtigkeit der Seele bezeichnen, die sich in einer zur Gewohnheit gewordenen guten Art des Handelns und eines positiven Lebenswandels allgemein sichtbar machen.

Vorbild der vollkommenen Tugend ist der Erlöser selbst, der „umherzog, Wohltaten spendete und alle heilte“ (Apg 10,38), „sanft und demütig von Herzen“ (Mt 11,38) und die Fleischwerdung der Liebe selbst war; deshalb verlangt der Apostel Paulus von den Gläubigen, Christus nachzuahmen (1 Kor 4,16). Ignatius von Antiochien (ca. 37 – ca. 107) und viele andere Väter fordern uns auf: „Bemüht euch, Nachahmer Christi zu werden ... in aller Reinheit und Enthaltsamkeit“ (Ign Eph 10,2). Auch die Heiligen werden von den Vätern zur Nachahmung empfohlen. Maximus der Bekenner (ca. 580 – 662) schreibt in seiner „Asketischen Rede über die heiligen Kämpfer (Athleten) des Erlösers“: „Laßt uns nachahmen ihren pausenlosen Wettlauf, die glühende Bereitschaft, die Ausdauer der Enthaltsamkeit, die Heiligung durch die Keuschheit, den Edelmut der Geduld, die Nachsicht des Großmutes, das Mitleid des Erbarmens, das Unerschütterliche der Sanftheit, die Glut des Eifers, das Ungeheuchelte der Liebe, die Höhe der Demut, die Schlichtheit der Armut, die Mannhaftigkeit, die Güte, die Milde“[74].

Wenn die Tugenden nicht aus Liebe zu Gott erworben werden, führen sie leicht zum Pharisäismus, zur Selbstgerechtigkeit und zum Stolz. Auch wenn wir mit Gottes Hilfe jemals Tugenden erwerben, gelten für uns die Worte Jesu: „Unnütze Knechte sind wir; wir haben getan, was wir zu tun schuldig waren“ (Lk 17,10). Die Tugenden sind nicht aus eigenen Kräften selbständig erworbene Errungenschaften, sondern sie werden dem darum ringenden Menschen als Gnadengaben geschenkt. Petrus Damascenus fordert uns auf, „Gott vielmehr zu danken, daß Er das Gebet und das Wissen und die Kraft und die Tugenden und uns und alles um uns aus Gnade gemacht hat“.[75] Nach der Lehre der Kirchenväter bilden die Tugenden ein Ganzes: „Die Tugenden sind miteinander verbunden und halten einander zusammen, wie eine heilige Kette, da die eine von der anderen abhängt wie das Gebet von der Liebe, die Liebe aber von der Freude, die Freude von der Sanftheit, die Sanftheit von der Demut, die Demut vom Dienen, das Dienen von der Hoffnung, die Hoffnung aber vom Glauben und der Glaube vom Gehorsam, der Gehorsam jedoch von der Einfachheit ...“[76] Aus diesem Grunde genügt es nicht, sich nur in einer Tugend zu „spezialisieren“, sondern wir müssen uns in allen Tugenden üben. Makarius lehrt: „Wer sich nur zum Gebet zwingt, ... sich aber nicht abmüht um Demut, Liebe, Sanftmut und die Kette der anderen Tugenden, noch sich dazu zwingt, der gelangt zu folgendem Ende: gelegentlich wird er während des Gebetes auch von der Göttlichen Gnade beschattet, weil Gott auch gut ist und den Bittenden menschenliebend die Bitten erfüllt. Da er jedoch sich nicht daran gewöhnt hat, noch erfahren und geübt ist in den Tugenden, die wir erwähnten, fällt er entweder aus der Gnade, die er empfangen hat, und fällt durch den Hochmut, oder er macht keinen Fortschritt, noch wächst er darin; denn sozusagen Wohn- und Ruhestätte des guten Geistes sind die Demut, die Liebe und die Sanftmut, und in der Folge die heiligen Gebote Christi. Wer also durch diese alle zu Wachstum und Vollendung gelangen will, soll sich die erste zu eigen machen und sich zwingen, sie zu lieben, wie gesagt wurde, und er soll sich bemühen, sein haderndes und widerstrebendes Herz nachgiebig und Gott gehorsam zu machen; denn wer sich zuerst auf diese Weise Gewalt antut und das Widerstrebende der Seele ganz gefügsam und es dieser guten Gewohnheit untertan gemacht hat und mit einer solchen Seele bittet und betet, in dem wächst und blüht das vom Geist gegebene Charisma des Gebetes, das auf der Bescheidenheit der Gesinnung beruht, das er neben der Liebe und der liebevollen Sanftheit erstrebte. Und dann schenkt ihm der Geist auch diese, und er lehrt wahre Demut und ungeheuchelte Liebe und Sanftmut, was er vorher erstrebt hatte, in dem er sich Gewalt antat. Auf diese Weise also gewachsen und im Herrn vollendet, wird er als des Reiches würdig erwiesen.“[77]

Neben der Askese ist das Gebet das Hauptmittel, um die Tugenden zu erwerben. So schreibt Theognostus (gest. im 14. Jahrhundert): „Nichts ist stärker als das reine Gebet aus dem wie aus einer Quelle die Tugenden sprudeln: die Besonnenheit und Sanftheit, die Liebe und die Enthaltsamkeit und der von Gott durch die Tränen geschenkte Beistand und Trost ...“[78]

Biblische Begründung: Phil 4,8; 2 Petr. 1,5

FRAGE 129: Welche sind die wichtigsten Tugenden und was bewirken sie?

ANTWORT: Nach der Tradition der Kirchenväter gibt es sieben Haupttugenden, die vier natürlichen oder Kardinal-Tugenden Klugheit, Maßhaltung, Tapferkeit, Gerechtigkeit und die drei Theologischen Tugenden Glaube, Hoffnung und Liebe. Daneben gibt es noch zahlreiche andere Tugenden, die man jedoch auf eine der Haupttugenden zurückleiten kann. Wir fügen hier wegen ihrer besonderen Wichtigkeit noch die Geduld und die Demut bei.

1. Die Klugheit (phronesis)
Diese dem vernunftbegabten Teil der Seele zugehörige Tugend hilft uns, in jeder Lebenslage zu erkennen, was wir tun sollen und zeigt uns auch den richtigen Weg zur Erlangung des Guten an. Der wahrhaft Kluge ist also jener, der nach dem Sinn des Lebens und nach Gott fragt (Ps 13(14),2), das Wort Gottes aufnimmt (Ps 118(119),104.130), danach lebt und stets den Tod vor Augen hat (Ps 89(90),12). Im Vergleich mit der Schlange (Mt 10,10) betont Christus die Situationsbezogenheit der Klugheit. Auch in schwierigen Fällen kann der Kluge sein Ziel ohne großen Aufwand sicher erreichen, da er die Lage richtig einschätzt, den besten Weg erkennt und die entsprechenden Vorbereitungen getroffen hat, was die törichten Jungfrauen unterlassen hatten (Mt 25,1–13). Der Kluge ist stets wachsam und aufmerksam und läßt sich nicht betrügen, auch nicht von den Dämonen, die ihn mit den Versuchungen vom rechten Weg ablenken wollen.

Gegen die Klugheit sündigt, wer gedankenlos in den Tag hineinlebt, verantwortungslos und töricht handelt, wer seine Talente nicht fördert, seine Zeit mit Unsinn vertreibt, z.B. wahllos Fernsehen konsumiert usw.

> Biblische Begründung: Spr 3,21.22; 9,6; 12,23; 14,15; 16,16; Weis 6,12–15; 8,7; Mt 10,16; 11,25; 24,45–47; 25,1–13; Lk 16,8; 1 Kor 3,18; 2 Kor 3,18; Jak 3,13–18; 1 Petr 4,7.

2. Die Mäßigkeit (sophrosyne)
Diese Tugend zügelt die durch den Sündenfall Adams in Unordnung geratenen Begierden des Menschen, indem sie ihnen Zucht und Maß auferlegt, entsprechend der von Gott gewollten Ordnung. Mäßigkeit ist nicht bürgerliche Mediokrität, sondern der königliche Mittelweg zwischen einer Übertreibung nach links oder nach rechts, die beide ins Verderben führen.

Im deutschen Sprachempfinden ist der Begriff der Mäßigkeit oder Mäßigung, des Maßhaltens, mehr mit der Vorstellung der Enthaltsamkeit und des

Verzichtes verbunden als im Griechischen oder Lateinischen. Tatsächlich betrifft die Forderung nach Maß nicht nur die menschlichen Begierden und deren Erfüllung, sondern auch die Enthaltsamkeit und die Askese, die auch nicht maßlos sein dürfen, sondern dem körperlichen und geistlichen Wohl des Menschen entsprechen müssen. Somit bewahrt uns die Mäßigkeit vor einem leibfeindlichen Manichäismus einerseits und einem Leben der Ausschweifungen andererseits und sorgt für eine gesunde Entwicklung und inneres Gleichgewicht des Menschen. Die Anerziehung und Stärkung der Tugend der Mäßigkeit schon von Jugend an ist besonders wichtig in Zeiten des sittlichen Zerfalles, in denen von allen Seiten zum Ausleben besonders des Geschlechtstriebes und zu uneingeschränktem Genießen aufgerufen wird.

Sünden gegen die Mäßigkeit: Völlerei, Trunksucht, Unzucht, Habgier, Übertreibungen des Geltungs- und Selbstbehauptungstriebes, Übermaß des Zornes, aber auch übertriebene Askese, Vernachlässigung der Gesundheit, Körperfeindlichkeit.

Biblische Begründung: Apg 24,25; Rm 12,3; Gal 5,23; 1 Tim 3,2; 2 Tim 1,7; Tit 2,2.5; 1 Petr. 4,7; 2 Petr 1,6.

3. Die Tapferkeit (andreia)

Die Tugend der Tapferkeit bezieht sich auf den muthaften Teil der Seele und bezeichnet die sittlich geleitete Selbstbehauptung der Persönlichkeit gegenüber drohenden Gefahren, Schwierigkeiten, Übeln oder Angriffen. Der Starkmütige setzt unter Überwindung des natürlichen Sicherheitsstrebens und der gesellschaftlichen Konventionen seine ganze Persönlichkeit ein, um an seinen religiösen und sittlichen Grundsätzen festzuhalten und ihnen Geltung zu verschaffen. Dabei gibt es eine mehr passive Form der Hinnahme, des Aushaltens bis zur Beharrlichkeit und eine mehr aktive Haltung der entschlossenen Inangriffnahme, der Auseinandersetzung, ja des Kampfes. Der Tapferkeit liegt die Tendenz auf Freiheit und Verantwortung zugrunde. Sie ist die Kraft Gottes, die den Gläubigen durch die Hoffnung vermittelt wird. In der Nachfolge Christi hofft der Tapfere durch sein Kämpfen und Dulden am Siege des gekreuzigten und auferstandenen Christus teilhaftig zu werden. Ein leuchtendes Beispiel für die christliche Tapferkeit sind die unzähligen Martyrer, die ihr Blut für Christus und Seine heilige Kirche vergossen haben, und die Bekenner, deren Folterungen nicht zum Tode geführt haben. Im Alltagsleben des Christen zeigt sich die Tapferkeit durch ein mutiges Bekenntnis des Glaubens und ein Eintreten für die guten Sitten, auch wenn Spott oder gar materielle und andere Benachteiligungen die Folge sind. Es ist die Zivilcourage, die gegen Unrecht protestiert, ungerecht Verfolgte beschützt, sich für diskriminierte Minderheiten einsetzt und den Mächtigen dieser Welt die Wahrheit ins Gesicht sagt, wenn es nötig ist. Vorbild für die christliche Tapferkeit ist der heilige Großmartyrer Georg der Drachentöter, dessen legendenumranktes Leben zu einem Symbol für den Starkmut geworden ist.

Sünden gegen die Tapferkeit sind Feigheit, Leugnung des Glaubens oder der Gebote Gottes unter Zwang und Druck oder einfach aus Menschenfurcht, Unterlassung von Hilfeleistung an Verfolgte und Gefährdete usw. Mangel an nötiger Zivilcourage aus Menschenfurcht oder Furcht vor Benachteiligung.

Biblische Begründung: 1 Mak 9,10; 2 Mak 6,27; 7,1–41; Ps 26(27),14; Ps 30(31),25; Lk 12,11; 1 Kor 16,13; Hebr 10,35.

4. Die Gerechtigkeit (dikaiosyne)

Indem die drei vorausgehenden sittlichen Tugenden die Leidenschaften des Menschen ordnen, schaffen sie die Voraussetzungen für die eigentliche, tätige Verwirklichung des Guten durch die Gerechtigkeit. Diese hat deshalb den höchsten Rang unter den Kardinaltugenden. Der Gerechte ist derjenige, der jedem das Seine zukommen läßt, der also seine Verpflichtungen Gott, dem Nächsten und der Gesellschaft gegenüber erfüllt, unabhängig davon, ob er selbst ein Regierender oder Regierter sei. Die Tugend der Gerechtigkeit ist nicht so sehr im juristischen Sinne zu verstehen, sondern als Übereinstimmung des Verhaltens mit dem Willen Gottes, dessen Gericht die Taten der Menschen unterstehen. Der Begriff der Gerechtigkeit nähert sich deshalb dem Begriff der Heiligkeit und Frömmigkeit. Hiob ist das Vorbild des Gerechten im Alten Bunde: „Er war untadelig und rechtschaffen, fürchtete Gott und mied das Böse“ (Hiob 1,1). Die enge Verknüpfung des Begriffes der Gerechtigkeit mit der Erfüllung des Gesetzes dem Buchstaben nach führte im Judentum der Zeit Jesu zu einer Überbetonung der formalen Erfüllung des Gesetzesbuchstabens auf Kosten der Erfüllung des eigentlichen Willens Gottes. Christus bekämpfte diese Gesetzesgerechtigkeit der Schriftgelehrten und Pharisäer durch die Verkündigung des Primates des Gebotes der Liebe und die Rückbesinnung auf den wahren Sinn des Gesetzes, die Erfüllung des Willens Gottes. Im Neuen Bund wird die Gerechtigkeit dem Menschen von Gott auf Grund des Glaubens mitgeteilt, ist also keine Selbstgerechtigkeit, sondern Gnadengeschenk, für das allerdings nur jener empfänglich ist, der sich mit einem Leben nach dem Willen Gottes dafür öffnet. Somit ist die Tugend der Gerechtigkeit im Neuen Testament nicht überflüssig, sondern Voraussetzung für die Bereitschaft des Menschen geworden, auf den liebevollen Ruf der Gnade Gottes zu antworten. Gerade als Christen sind wir aus Liebe zu Gott und zum Nächsten verpflichtet, in unserem eigenen Handeln und im öffentlichen Leben nach

Maßgabe unserer Kräfte für Gerechtigkeit einzustehen und das Unrecht und die Ungerechtigkeit zu bekämpfen. Die Gerechtigkeit schließt die Fähigkeit der Unterscheidung (diakrisis) ein, die uns hilft, in Situationen, wo sich scheinbar verschiedene Tugenden und Pflichten überschneiden, zur Klarheit zu kommen.

Sünden gegen die Gerechtigkeit: Im Grunde ist jede Sünde gegen die Gebote Gottes eine Sünde gegen die Gerechtigkeit, im besonderen sind es die Begünstigung, Schmälerung, Unterdrückung von Einzelnen oder Gruppen, Diebstahl, Raub, Betrug, Hinterziehung von geschuldeten Leistungen an die Gemeinschaft (z.B. Steuern), Schädigung des Gemeinwohles oder Beschädigung fremden Gutes oder öffentlicher Anlagen, auch der Qualität des Lebensraumes und der Umwelt.

> Biblische Begründung: Gen 15,6; Dt 1,16–17; 6,25; 16,18–20; 2 Kön 8,15; 1 Chr 18,14; 2 Chr 9,8; 3 Kön 10,9; Ps 1,7; 23(24),3f; 68(69),29; 71(72), 1–4; Prov 10,11.20f; 11,10.28-13,5; Hiob 4,17; 9,2.20; Tob 12,1–9; Mt 1,19; 5,20; 23,29.35; Lk 1,6; 2,25; 18,9-14; Rm 3,20–4,25; 14,17; Gal 2,16; 3,11; 5,5; Tit 3,5; 1 Joh 2,29; Jak 3,13–15; 5,6; Apk Joh 22,11.

5. Der Glaube (pistis)

Das griechische Wort pistis hat im Deutschen sowohl die Bedeutung von Glauben als auch von Treue. Der Glaube ist also nicht nur ein Fürwahrhalten und Annehmen von vernunftsmäßig nicht beweisbaren Offenbarungswahrheiten nach der Formulierung des Apostels: „Glaube ist die Zuversicht auf das Erhoffte und ein Beweis von Dingen, die man nicht sieht“ (Hebr 11,1), sondern er schließt auch das treue Festhalten am christlichen Glauben als Lebensweg mit ein (vgl. 2 Th 1,4; Apk Joh 13,10; 14,12). Der Glaube ist somit die gelebte Gottesbeziehung, ganzheitliche Gebundenheit des Menschen an Gott. Der Glaube ist der einzige Weg, zu positiven Kenntnissen von Gott und der unsichtbaren Schöpfung zu gelangen, da Gott sich Selbst durch die Propheten und später durch seinen einziggeborenen Sohn der Welt geoffenbart hat. Somit ist der Glaube ein Gnadengeschenk Gottes, sowohl objektiv vom Inhalt als auch subjektiv vom Glaubensakt her, da auch die Berufung zum Glauben Gnade ist (Mt 11,25), aber unser Mitwirken und den freien Glaubensgehorsam erfordert (Apg 6,7). Der Glaube ist die Voraussetzung für unser Heil. Wir werden durch den Glauben gerechtfertigt (vgl. Rm 3,21f), aber nicht durch einen toten Glauben, der sich nur auf den Verstand beschränkt, sondern durch einen „Glauben, der in der Liebe wirksam wird“ (Gal 5,6; vgl. Jak 2,14–28). Abraham ist der Prototyp des Glaubenden (Gen 15,6; Rm 4,1–25).

Da der Glaube der Weg der wahren Gotteserkenntnis und Gotteserfahrung ist, ist es von höchster Bedeutung, daß die Glaubenslehre mit der von Gott geoffenbarten Glaubenswahrheit übereinstimmt. Aus diesem Grunde darf der persönliche Glaube nicht zu einer subjektiven Auswahl von Teilwahrheiten und Meinungen werden, sondern muß identisch sein mit der von der orthodoxen Katholischen (= Allgemeinen) Kirche Christi überlieferten göttlichen Offenbarungswahrheit, die wir rein und unversehrt anzunehmen und weiterzugeben berufen sind. Da wir wissen, daß der Glaube der Weg ist, der uns zu Gott hinführt, müssen wir diesen Weg ganz bewußt und mit aller Konsequenz gehen. Wir können nicht gleichzeitig noch auf anderen Wegen wandern, auch wenn diese zum selben Ziele führen. In der heutigen Zeit des Synkretismus mag das Verbot der Kirche, an Kulthandlungen anderer (= nichtchristlicher) Religionen und an der Kommuniongemeinschaft mit nicht-orthodoxen christlichen Kirchen und Gemeinden teilzunehmen, engherzig und unverständlich erscheinen. Es ist auch kein Anlaß zu Überheblichkeit und Triumphalismus gegenüber den Andersgläubigen, deren Anderssein wir nicht im vornherein verdammen und ablehnen, sondern als eigenen Weg respektieren; aber gerade weil wir sie lieben und achten, müssen wir auch bestehende trennende Unterschiede zur Kenntnis nehmen und eine Verständigung und Überwindung der Trennung im Geiste des Evangeliums anstreben, statt sie zu banalisieren und den leichten Weg des Verdrängens und Zudeckens anstelle der Lösung der Probleme zu wählen. Wahre und dauerhafte Liebe kann nur da entstehen und bestehen, wo auch die aufrichtige Suche nach der Wahrheit gewagt wird. Aus diesem Grunde können wir auch keinen esoterischen oder gnostischen Gruppen angehören, die die Gottheit Christi leugnen und alle Religionen als gleichwertig betrachten und sich auf einen mehr oder weniger deistischen Humanismus beschränken, noch dürfen wir sonstwie unseren Glauben relativieren.

Die kirchliche Hierarchie, in erster Linie die Bischöfe und Konzilien, haben die Aufgabe, die Glaubenswahrheiten zu lehren, zu interpretieren und zu definieren, wenn Unstimmigkeiten und Irrlehren auftauchen, aber auch die Laien haben als Getaufte die Pflicht, für die Reinheit des Glaubens zu kämpfen, wie Beispiele aus der Kirchengeschichte zeigen. Voraussetzung ist, daß auch der Laie durch Gebet und Studium seine Kenntnisse im Glauben vertieft und die nötige Unterscheidungsgabe und Demut besitzt. Der lebendige Glaube veranlaßt uns zur eifrigen Teilnahme am kirchlichen Leben, vor allem an den Gottesdiensten, und macht es uns nicht schwer, die Kirche nach Kräften auch materiell zu unterstützen zumal diese auf freiwillige Gaben angewiesen ist. Der von der Auferstehungsfreude geprägte Gläubige kann seinen Schatz nicht für sich allein behalten, sondern möchte durch sein missionarisches Wirken auch andere daran teilnehmen lassen.

Sünden gegen den Glauben: Indifferenz, Lauheit, Fälschung des Glaubens (= Irrlehre oder Häresie), Abfall vom Glauben (Apostasie), Leugnung des Glaubens, Fernbleiben vom Gottesdienst, Vernachlässigung der eigenen religiösen Weiterbildung und der religiösen Erziehung der Kinder, Lesen glaubensfeindlicher und unsittlicher Werke, bzw. deren Anschauen am Fernsehapparat, Magie, Aberglauben, Teilnahme an Kulthandlungen oder Mitgliedschaft bei anderen (= nichtchristlichen) Religionen und esoterischen Gruppen.

> Biblische Begründung: Gen 15,6; Weish 12,2; Mt 8,13; 15,28; 21,21–22,32; Mk 5,34,36; 9,22–24; 11,23–24; 16,16–18; Joh 6,35–47; 8,24; Rm 1,16–17; 3,21–28; 4; 5,1,2; 2 Kor 5,7; Gal 2,16,20; 3,2–26; Eph 4,5; 6,16; Kol 1,23; 1 Tim 1,19; 6,12; 2 Tim 4,7; Hebr 11,1–40; 1 Petr 1,5–9; 5,9; 1 Joh 3, 23; 5,1.5.10.12–13.

6. Die Hoffnung (elpis)

Erst die durch den Glauben empfangene Offenbarung Gottes ermöglicht die Hoffnung auf die ewige Glückseligkeit, die Wiederkunft Christi, die Auferstehung der Toten, das Gottesreich. Die Hoffnung ist ein gläubiges Erwarten der uns von Gott verheißenen Heilsgüter. Während die meisten Glaubensmysterien bereits stattgefunden haben und in die Geschichte eingegangen oder außerzeitlich-ewig sind, bezieht sich die Hoffnung auf die künftige Erfüllung und Vollendung des Göttlichen Heilsplanes durch die Parusie Christi in den Letzten Zeiten (Eschatologie). Durch die Hoffnung wird die Zwischenzeit zwischen dem Jetzt und der Endzeit überwunden (vgl. 2 Petr 3,12), die Endzeit wird gegenwärtig und die Gegenwart eschatologisch. In der Göttlichen Liturgie wird das ganze Heilsmysterium Christi vom Anfang bis zur Parusie als gegenwärtig dargestellt und erlebt, also auch die erfüllte Hoffnung. Durch die Hoffnung unterscheidet sich der Christ vom Heiden, der keine Hoffnung hat, da er verheißungslos ist (vgl. 1 Th 4,13ff; Eph 2,12). Die christliche Hoffnung ist jedoch nicht nur auf die Endzeit ausgerichtet, sondern auch auf die persönliche Zukunft des Christen: Er hofft auf die Göttliche Fürsorge (vgl. Mt 6,25–34), die dem Menschen alles Lebensnotwendige gibt und ihn vor Gefahren beschützt. Somit gibt die Hoffnung dem Christen das Gefühl der Geborgenheit und erfüllt ihn mit Vertrauen auf Gottes Führung und Hilfe. In Zeiten der Schwierigkeiten und Prüfungen stärkt die Hoffnung den Durchhaltewillen, bewahrt uns vor Verzweiflung und ist eine große Lebenshilfe.

Sünden gegen die Hoffnung sind die Traurigkeit, Mutlosigkeit, Trägheit, Verzweiflung, geistlicher Überdruß (Akedia), die Angst, Sich-Sorgen-Machen, Geiz, Selbstmord, Wahrsagerei in allen Spielarten und Konsultation von Wahrsagern, übertriebenes Sicherheitsstreben, vermessentliches Selbstvertrauen, vermessentliches Vertrauen auf die Barmherzigkeit Gottes (Sündigen im Vertrauen auf Gottes Barmherzigkeit).

Biblische Begründung: Ps 21(22),5; 26(27),1–3.14; Weish 3,4; Jes 25,9; 40,31; Klagl 3,24–26; Rm 5,2–5; 8,20–25; 12,12; 15,4.13; Heb 6,11.19-20; 10,23; 1 Petr 1,3.13.21.

7. Die Liebe (agape)
Alle sittlichen und theologischen Tugenden führen uns zu Gott hin. Die Liebe aber macht uns Gott ähnlich; denn sie ist die einzige Tugend, die Gott zukommt, und zwar in höchstem und vollkommenem Maße: Gott ist die Liebe selbst (vgl. 1 Joh 4,8). Die Liebe ist daher die Krönung aller Tugenden (vgl. 1 Kor 13). So ist es natürlich, daß sie auch das Hauptgebot des Christentums ist. Jesus Selbst hat es so formuliert: „‚Du sollst den Herrn, deinen Gott, lieben, aus deinem ganzen Herzen, aus deiner ganzen Seele, aus deinem ganzen Gemüte' (Dt 6,5). Dies ist das größte und erste Gebot. Ein anderes aber ist diesem gleich: ‚Du sollst deinen Nächsten lieben wie dich selbst' (Lev 19,18). An diesen beiden Geboten hängen das ganze Gesetz und die Propheten" (Mt 22,37–40; vgl. Lk 10,27). Die ganze Schöpfung und die Heilsökonomie sind ein Ausdruck der göttlichen Liebe, deren Höhepunkt der Kreuzestod Christi zur Erlösung des Menschengeschlechtes ist. Darum ist das Kreuz in besonderer Weise das Symbol der Liebe Christi (vgl. Joh 3,16), der sich Selbst dem Vater als Sühneopfer für unsere Sünden dargebracht hat.

Das Wesen der Liebe besteht darin, daß aus zweien eines wird. Die Liebenden nehmen sich gegenseitig vorbehaltlos an, bejahen das geliebte Du in seinem Sosein und schenken sich ihm ebenso vorbehaltlos. „,... Der Mann wird den Vater und die Mutter verlassen und sich seinem Weibe verbinden, und diese zwei werden zu einem Fleische werden (Gen 2,24). So sind sie also nicht zwei, vielmehr ein einziges Fleisch" (Mt 19,6). Die eheliche Liebe ist auf menschlicher Ebene die intensivste Liebesvereinigung, aber sie ist nur ein Teilaspekt in der Erfüllung des göttlichen Liebesgebotes, das die Liebe zu Gott, zum Nächsten und zu sich selbst verlangt.

Die Liebe zu Gott als unserem Schöpfer und himmlischen Vater, der uns das Leben, die Gnade und die Erlösung und unzählige Güter geschenkt hat, ist ein selbstverständlicher und natürlicher Akt für jeden Menschen mit elementarem Dankbarkeitsgefühl. Im Gebet vollzieht sich die mystische Vereinigung des Menschen mit Gott, ganz besonders in der Teilnahme am Mysterium der Eucharistie, wo Christus Sich im Fleisch und Blute jedem Einzelnen schenkt. Die Liebe zu Gott drückt sich aus in einem Leben nach den Geboten Gottes, die nichts anderes sind als Sein heiliger Wille. Wer

Gott wirklich liebt, nimmt auch gerne Opfer auf sich, um Ihm näher zu kommen, oder erduldet Seinetwegen Verfolgungen, um Ihm nicht die Treue zu brechen.

Die Martyrerakten und Heiligenviten legen ein beredtes Zeugnis ab von der glühenden Gottesliebe der Heiligen. Wie tief der Göttliche Eros sein kann, zeigen uns die Hymnen des heiligen Symeon des Neuen Theologen (949–1022).[79]

Die christliche Nächstenliebe fordert, daß wir den Nächsten lieben wie uns selbst. Für unser Verhalten gegenüber unseren Mitmenschen gibt uns Christus eine sehr einfache Regel: „Alles nun, was ihr wollt, daß euch die anderen tun, das sollt auch ihr ihnen tun!" (Mt 7,12). Der Nächste darf für uns nicht der Andere, von uns Getrennte und Fremde sein, denn durch die Liebe wird er zu unserem Bruder. Nicht nur der sympathische Mitmensch ist unser Nächster, sondern auch der Unbequeme, der uns auf die Nerven geht, ja sogar der Feind, der Böses gegen uns sinnt. Christus Selbst hat uns das Beispiel der vollkommenen Feindesliebe und des Verzeihens gegeben (Lk 23,34). Die Werke der Nächstenliebe erstrecken sich über alle Bereiche der zwischenmenschlichen Beziehungen. Zu den geistlichen Werken der Barmherzigkeit gehören das Fürbittegebet, die religiöse Unterweisung, liebevolle Zurechtweisung, Trost, Anteilnahme, Verzeihen.

Leibliche Werke der Barmherzigkeit sind: Gewährung von materieller Hilfe in Form von Nahrung, Kleidung, Almosen, Obdach usw., Krankenpflege, Arbeitsleistungen für Behinderte. Vom freundlichen Gruß bis zum Einsatz unseres Lebens gibt es unzählige Möglichkeiten, unsere Liebe zum Nächsten auszudrücken.

Die von Gott gewollte Liebe zu uns selbst darf nicht verwechselt werden mit der Sünde der egoistischen Eigenliebe (philautia). Wir sollen uns annehmen und lieben so, wie wir sind, und alles Nötige tun zu unserer Vervollkommnung. Wir haben den Auftrag, unseren Körper funktionsfähig und gesund zu erhalten, unsere Talente und Fähigkeiten zur Entfaltung zu bringen zur Ehre Gottes und nach Seinem heiligen Willen und Heilsplan. Vor allem sollen wir die Leidenschaften und die bösen Neigungen in uns bekämpfen und unser religiöses Leben stärken und vertiefen. Mit anderen Worten: Wir sollen mit allen Kräften an unserer durch die Gnade Gottes erfolgende Vergöttlichung mitwirken.

Sünden gegen die Gottesliebe: Prinzipiell ist jede, auch die kleinste Sünde eine Beleidigung Gottes, eine Auflehnung gegen Seinen heiligen Willen. Direkt gegen Gott gerichtete Sünden sind: Gottlosigkeit in allen Formen, Leugnung Gottes, Beleidigung Gottes durch Lästerung, Fluchen, Vernachlässigung des geistlichen Lebens (Gebet, Gottesdienstbesuch, Fasten usw.), Auflehnung gegen Gott, Hadern mit Gott, Teufelskult, Okkultismus, Ketzerei, Stolz.

Sünden gegen die Nächstenliebe: Haß, Neid, Prügel, Mord, Raub, Diebstahl, Verleumdung, Intrigen, Unfreundlichkeit, Beleidigung, Hartherzigkeit, Unbarmherzigkeit, Unversöhnlichkeit, Nachträglichkeit, Rachsucht, Zorn, Unterlassung des Guten, das man tun könnte, Egoismus, Unzucht usw.

Sünden gegen die Liebe zu sich selbst: Vernachlässigung der Seele und des Leibes, Trägheit, Zeitverschwendung, Unmäßigkeit im Essen und Trinken, Drogenkonsum, Verzweiflung, Selbstmord, egoistische Eigenliebe, Verzärtelung des Leibes, Luxus usw.

Biblische Begründung: Liebe zu Gott: Dt 6,5; 11,1.13.22; Ps 17(18),2; 96(97),10; Mt 22,37–40; Mk 12,29–34; Lk 10,27; Joh 14,15.21–23; 15,9–17; Rm 8,37–39; 1 Kor 13,1–3; 1 Joh 3,18–19; 4,11–12.16.20–21; 5,2–3.

Nächstenliebe: Lev 19,18.34; 25,25.35-36; Sir 7,33–35; 28,2; Mt 5,21–26.39–48; 7,12; Lk 10,30–37; Apg 4,32–37; 1 Kor 9,19–23; 13,1–8.13; 2 Petr 7–10; 1 Joh 3,10.14.16.23; 4,7–8,11.20–21.

Liebe zu sich selbst: Lev 19,18; Mt 6,20.31–33; 10,38–39; 11,29; 16,24–26; 22,39–40; Mk 12,31; Lk 9,24; 10,27; 17,33; Joh 12,25; Apk Joh 12,11.

8. Die Geduld (hypomone)

Unter Geduld verstehen wir das vertrauensvolle Harren auf Gott und Seine Hilfe. Sie ist besonders verbunden mit dem Glauben und der Hoffnung, deren Nebentugend sie ist. Hiob, das Vorbild der alttestamentlichen Geduld, muß inmitten schwerster Versuchungen lernen, nicht auf sich (Hiob 6,11; 14,19), sondern auf Gottes Heilswillen zu vertrauen (Hiob 42,2–6). Wer geduldig auf den Herrn harrt (Ps 36(37),9.34; 24(25),8), ist fromm. Im Neuen Testament beinhaltet das Wort Geduld sowohl das Harren auf Gottes Hilfe (2 Th 3,5; Apk Joh. 1,9; 3,10) als auch die Standhaftigkeit in Trübsal (Rm 12,12), Leiden (2 Th 1,4; 1 Petr 2,20) und in jeder Versuchung (Apk Joh 2,2f.19). Besondere Bedeutung bekommt die Geduld als Tugend der Beharrlichkeit im Guten (Rm 2,7; 2 Kor 12,12) im gegenwärtigen bösen Äon und in der bevorstehenden Endzeit (Apk Joh 13,10; 14,12), da sie die Tugend der Propheten und Martyrer ist (Hebr 10,36). Christus Selbst, der das freiwillige Leiden und die Kreuzigung auf Sich genommen hat, ist das Beispiel vollkommener Geduld (vgl. 1 Petr 2,20f). Weil uns der Herr zu Seiner Nachfolge und zum Kreuztragen beruft (Mt 16,24; Mk 8,34), leben wir in Nachahmung der Geduld des Heilandes (Hebr 12,1–3). Der „Gott der Geduld" (Rm 15,5) gibt uns die Kraft (Kol 1.11), uns der Trübsale zu rühmen und durch Geduld zur Bewährung und zur Gottesgemeinschaft zu gelangen (Rm 5,3ff; 15,4; 2 Tim 2,12). Die Kirchenväter sehen in der Geduld eine Grundtugend des christlichen Lebens. Gregor der Große (590–604) nennt sie sogar „Wurzel und Hüterin aller Tugenden“ [80].

Sünden gegen die Geduld: Hast, Ungeduld, Hektik, Gereiztheit, Unfreundlichkeit, Kleinmut, Zorn, Verzweiflung, Charakterschwäche, Aufgabe des Kampfes, Feigheit, Abfall vom Glauben.

> Biblische Begründung: Bücher Hiob und Tob, Prov 14,29; 16,32; Pred 7,9; Sir 1,23; Lk 21,19; Rm 5,3–4; 8,25; 15,1; 1 Kor 13,4.7; 2 Kor. 1,6; 6,4–6; Gal 6,1–2; Kol 3,12-13; 2 Th 1,4; 3,5; Hebr 10, 32-39; 1 Petr 2,20-24; Jak 1,3.4.12; 5,7–10; Apk Joh 13,10; 14,12.

9. Die Demut (tapeinophrosyne)

Das griechische Wort tapeinos bezeichnet einerseits das Niedrige, Geringe, Armselige, Unbedeutende inbezug auf Stellung, Ansehen und Macht, anderseits eine demütige und bescheidene Geisteshaltung. Der äußere Zustand der Niedrigkeit, Armut und Not wirkt sich aus auf die geistige Haltung des Menschen in seiner Beziehung zu Gott und den Mitmenschen: Im Bewußtsein seiner Abhängigkeit von Gott, seiner Schwäche und Sündhaftigkeit bemüht sich der Demütige voll Ehrfurcht um die Erfüllung des Göttlichen Willens (Ps 50(51),19; Prov 15,33; 22,4; Jes 57,15; 66,2; Dtn 3,39); gegenüber den Mitmenschen ist er sanftmütig und bescheiden (Prov 11,2; 16,19; 29,23). Christus Selbst ist das Beispiel vollkommener Demut, „Er, der in Gottesgestalt war, erachtete das Gottgleichsein nicht als Beutestück; sondern Er entäußerte Sich Selbst, nahm Knechtsgestalt an und ward den Menschen gleich. In Seiner äußeren Erscheinung als ein Mensch erfunden, erniedrigte Er Sich Selbst und wurde gehorsam bis zum Tode, ja bis zum Tode am Kreuz. Darum hat Gott Ihn auch erhöht und Ihm den Namen gegeben, der über alle Namen ist, auf daß im Namen Jesu sich jedes Knie beuge im Himmel und auf Erden und unter der Erde und jede Zunge laut bekenne: Jesus Christus ist der Herr in der Herrlichkeit Gottes des Vaters“ (Phil 2,6–11; vgl. 1 Petr 2,23; Hebr 5,8). Christus will den Menschen durch Sanftmut und Demut an Sich ziehen (Mt 11,29). An Seiner Königsherrschaft erhalten nicht die Reichen und Mächtigen Anteil, sondern die Sanften und Demütigen (Mt 5,5). In Seinem Reiche müssen wir uns bis zur Kleinheit eines Kindes erniedrigen, um groß zu sein (Mt 18,4; Lk 14,11).

Die Worterklärung des deutschen Wortes Demut bedeutet Gesinnung des Dienens, Mut zum Dienen. Auch diesen Aspekt der Tugend hat uns Christus gelehrt, indem Er Seinen Jüngern die Füße wusch (Joh 13,4–15) und uns zum Dienste am Nächsten aufforderte (Mk 10,42–45). Zu gegenseitiger Achtung und Unterordnung in Liebe und demütigem Dienst am Nächsten rufen uns auch die Apostelbriefe auf (z.B. Rm 12,10.16; Kol 3,12ff; Eph 4,2ff; 1 Petr 3,8f).

Demut hat nichts zu tun mit einem Minderwertigkeitskomplex, der nichts anderes ist als die Folge einer enttäuschten Selbstüberschätzung und der Unfähigkeit, eigene Schwächen und Mängel annehmen zu können. Demut bedeutet wahre Selbsterkenntnis und Selbstannahme als Sünder vor dem allmächtigen und allbarmherzigen Gott. Sie zeigt uns unsere Grenzen und gibt uns unsere wahre Würde (Mt 23,12; Lk 14,11; 18,14; 1,25). Die Kritiker des Christentums haben die Demut oft mißverstanden und sie als Servilität und Schwäche gedeutet. Daß Demut keine Charakterschwäche, sondern vielmehr eine Charakterstärke ist, erfährt jeder selbst, der gegen seinen Hochmut, Stolz und Egoismus kämpft. Wenn der Demütige bereit ist, anderen zu helfen und zu dienen, geschieht dies nicht aus Servilität, die auf einen persönlichen Gewinn oder Nutzen spekuliert, sondern aus selbstloser Nächstenliebe.

Der Demütige – humilis – ist wie Humus, der daliegt und vom Himmel Tau, Regen und Sonnenstrahlen aufnimmt. Er ist ein nach oben geöffnetes Gefäß, steht mit offenen Armen da, um die Gnaden und den Segen Gottes aufzunehmen. Die Demut ist eine wesentliche Voraussetzung, daß wir die von Gott jedem Menschen angebotenen Gnaden aufnehmen können. Ein stolzes Herz bleibt davon unberührt.

Echte Demut ist eine Sache der inneren Geisteshaltung und des Herzens, nicht der Floskeln und der frommen Reden über die eigene Sündhaftigkeit, denen jedoch die innere Überzeugung fehlt. Dieses von den heiligen Vätern tapeinologia = Demutsreden, demütiges Gerede genannte Tun ist eher eine verkappte Form der Eitelkeit, die stolz ist auf die eigene Demut, und macht die echte Demut in den Augen der Außenstehenden lächerlich.

Sünden gegen die Demut: Ichzentrierung, Stolz, Hochmut, anmaßende Selbstüberhebung, Selbstgefälligkeit, Rechthaberei, dünkelhafte Eitelkeit, ehrgeiziges Streben nach Macht und Ehre, eitle Prahlerei, Sich-zur-Schau-Stellen, verwegene Kühnheit und Vermessenheit (z.B. Rekordsucht im Sport bei Gefährdung des Lebens), mangelnde Dienstbereitschaft.

> Biblische Begründung: Jdt. 8,12–17; Ps 9(10),12.17; 36(37),11; 50(51),19; 68(69),33; 112(113),6-8; Hiob 5,11; 22,29; Pred 10,6; Prov 3,34; 16,19; 29,23; Sir 3,17f; 7,17; Jes 11,4; 13,11; 54,11; Mt 18,1-4; 20,26-28; 3,11 (= Mk 1,7; = Lk. 3,16); Mk 9,33–35; Lk 1,38,48; Rm 11,20; 12,3.10.16; 1 Kor 4,6–14; Phil 2,3–11; Kol 3,12ff; Eph 4,2ff; 1 Petr 3,8f; 5,5–6.

FRAGE 130: Was sind die Laster oder Leidenschaften der Seele? Wie viele gibt es?

ANTWORT: Wie der Mensch durch die Erfüllung der Gebote Gottes sich im Sittlich-Guten üben und durch die häufige Wiederholung gute Gewohnheiten erwerben kann, die durch die Gnade Gottes sich festigen und zu Charakterzügen und Tugenden werden, so kann er auch, verführt durch die Dämonen, durch das Übertreten der Gebote sündigen und durch Wiederholungen sich immer mehr in die Sünde verstricken und in immer größere Abhängigkeit geraten, wodurch der Wille geschwächt und die Umkehr erschwert wird. Dies ist besonders dann der Fall, wenn die durch den Sündenfall der Ureltern in Unordnung geratenen natürlichen Triebe des Menschen sich nicht mehr kontrollieren und vom Verstand nicht mehr entsprechend den Geboten Gottes steuern und beherrschen lassen. Durch diese Verhärtung in der sittlich schlechten Gewohnheit kommt die Seele in einen Zustand sittlich-geistlicher Erkrankung, den man als Leidenschaft (pathos) oder Laster bezeichnet. Manchmal kann ein Mensch so sehr einem Automatismus der Sünde unterliegen, daß die Tat nicht mehr aus freiem Entschluß erfolgt. Trotzdem bleibt die sittliche Verantwortung und Schuld bestehen, wenn der Sünder willentlich in diesen Zustand des Lasters gekommen ist und nicht durch die Reue und Buße versucht, sich davon zu befreien. Auch in schweren Fällen der Knechtschaft durch das Laster sind Befreiung und Heilung durch Gottes Gnade möglich. Zahlreiche Beispiele aus der Heiligen Schrift und aus den Heiligenviten können auch dem größten Sünder Mut und Hoffnung zur Umkehr geben.

Nicht alle Sünden führen in gleicher Weise zur Bildung von schlechten Gewohnheiten, sondern vor allem jene, die in besonderer Weise der ungeordneten Selbstliebe und dem ungezügelten Trieb nach Genuß, Macht und Erwerb verbunden sind. Auf Grund dessen stellten die Kirchenväter sogenannte Lasterkataloge zusammen, wobei spätestens seit Evagrius Ponticus (346–399) die Achtlasterlehre sich durchsetzte, die durch Johannes Kassian (ca. 360–435) auch im Westen Verbreitung fand, wo die Scholastik später die Reihe der sieben Todsünden entwickelte. Die klassische Achtlasterlehre zählt folgende Sünden auf: Völlerei, Unzucht, Geiz, Zorn, Traurigkeit, Trägheit, Hoffart, Stolz. Da diese Sünden nicht nur zu schwer abzulegenden Gewohnheiten führen, sondern meist auch noch eine Reihe anderer Sünden nach sich ziehen, werden sie auch Quell- oder Hauptsünden genannt. Diese Zusammenhänge sollen durch die nachfolgende Beschreibung der einzelnen Laster aufgedeckt werden.

1. Die Völlerei (gastrimargia)

Dieses Laster entwickelt sich aus dem unbeherrschten Nahrungstrieb. Es gibt verschiedene Möglichkeiten der Übertreibungen: entweder die Vielfresserei oder die Feinschmeckerei, bei der es weniger um die Menge als um raffinierte Zubereitung und teure Delikatessen geht. Als verwandtes Laster kann man der Völlerei die Trunksucht beigesellen, die im Lasterkatalog nicht eigens erwähnt wird. Besonders schlimm ist, daß durch den übermäßigen Alkoholkonsum der Mensch seines vernünftigen Denk- und Urteilsvermögens beraubt wird und in diesem Zustand die fürchterlichsten Dinge tun kann. Durch Völlerei und Trunksucht schadet der Mensch seiner Gesundheit, einer Gabe Gottes, die er sorgfältig erhalten soll. Die Ausgaben für überflüssige oder teure Speisen und Getränke könnten sinnvoll für Almosen oder andere Zwecke ausgegeben werden. Durch Fasten, Gebet und durch die Tugend der Maßhaltung kann man dieses Laster bekämpfen.

> Biblische Begründung: Prov 20,1; 23,1–3.29-35; Sir 34,3.12-31; Jes 5,11; Lk 16,19–31; 17,26–29; 21,34–35; Rm 8,5; 13,13–14; 14,17; Eph 5,18; Gal 5,21; Phil 3,18–19; 1 Petr 4,3–5; Jak 5,5.

2. Die Unzucht (porneia)

Ursache dieses Lasters ist der Geschlechtstrieb, dessen Beherrschung besonders in den Jugendjahren sehr schwer sein kann. Trotzdem ist die strenge Haltung des Evangeliums und der Orthodoxen Kirche, die die Erfüllung dieses Triebes nur in der Ehe erlaubt, keine Engherzigkeit und Prüderie, sondern die weise und menschenliebende Erkenntnis, daß echte Liebe von Dauer ist und deshalb eines von Gott gesegneten Rahmens bedarf, indem sie sich voll entfalten kann. Eine Triebbefriedigung außerhalb dieses gottgewollten Rahmens kann wohl das Lustbedürfnis momentan stillen, aber der Mensch kann kein dauerndes Glück finden und jagt deshalb von Abenteuer zu Abenteuer. Oft entstehen dann noch größere Sünden, wie zum Beispiel Ehebruch, Abtreibung unerwünschter Kinder, Eifersuchtsszenen usw. Daß das Laster der Unzucht sehr schlimme Folgen für die Gesundheit haben kann, war längst vor der Ausbreitung von AIDS bekannt. Auf psychischer Ebene kann das Laster zu schweren Neurosen führen. Bekämpft werden die Versuchungen der Unzucht durch Gebet, Fasten, durch die Tugenden der Keuschheit und der Maßhaltung, durch freiwillige Opfer und Meidung aller Gelegenheiten und Reizungen, die zur Sünde führen könnten.

> Biblische Begründung: Gen 19,4–29; Dt 11,2; Prov 7,7—27; Weish 14,26; Mt 15,19; Mk 7,21; Apg 15,20.29; 21,25; Rm 1,29; 1 Kor 5,1; 6,9.13.18; 7,2; 2 Kor 12,21; Gal 5,19; Eph 5,3–5; 1 Tim 1,10.

3. Der Geiz (philargyria)

Der Geiz oder die Geldliebe ist das Ergebnis eines unbeherrschten Erwerbs- und Besitztriebes. Nach dem Worte des Apostels Paulus ist sie „die Wurzel aller Übel; so manche, die sich ihr hingaben, sind vom Glauben abgeirrt und haben sich selbst viel Weh bereitet“ (1 Tim 6,10). Der Geizhals hat kein Vertrauen auf Gottes gütige Fürsorge, sondern glaubt an die Macht seines Geldes, das dadurch zu einem Götzen wird. In extremen Fällen kann der Geiz so groß sein, daß sich der Mensch sogar lebenswichtige Nahrung und andere Güter vorenthält. Der Geizige sündigt auch gegen die Nächstenliebe, denn mit seinem Überfluß könnte er die Not der Armen lindern. Nicht selten werden gerade fromme Menschen, die sonst ein gottgefälliges Leben führen, von diesem Dämon versucht und besiegt. Der Geiz wird am besten bekämpft durch das Almosengeben, die Nächstenliebe und durch eine großzügige Haltung in der Verwaltung des Geldes, die jedoch nicht in Verschwendung ausarten darf. Der Gedanke an Gottes liebevolle Vorsehung ist ebenfalls eine wirksame Waffe gegen dieses Laster.

> Biblische Begründung: Sir 34,5–12; Mk 7,22; Lk 12,15; 16,14; Rm 1,29; Eph 5,5; Kol 3,5; 1 Tim 6,10; 2 Tim 3,2.

4. Der Zorn (thymos)

Der Zorn ist eine Gefühlserregung, die auf eine Beeinträchtigung unseres Selbsterhaltungstriebes oder infolge der Nichterfüllung eines Machtanspruches erfolgt. Wenn dieser Affekt nicht durch den Verstand und die verzeihende Liebe beherrscht wird, können die Folgen, ausgehend von der inneren Erregung über Beschimpfung, Handgreiflichkeit, die dramatischsten Formen bis Todschlag und Krieg annehmen. Der Zornige sündigt vor allem gegen das Gebot der Nächstenliebe. Während der Zorn als Aufflammen einer Gefühlserregung zwar sehr heftig und zerstörerisch sein kann, ist er meist von relativ kurzer Dauer. Er kann sich verlängern und die Form von Groll, Nachträglichkeit, Gehässigkeit und Haß annehmen und auf diese Weise die Beziehungen zwischen den Menschen vergiften. Den Zorn und seine Ableger bekämpfen wir durch die Tugenden der Sanftmut und der Geduld, der Nächstenliebe, der Feindesliebe, durch das Verzeihen gegenüber deren, die uns – vermeintlich oder wirklich – Unrecht getan haben. Ein sehr gutes Mittel ist das Gebet für die Personen, die uns Schwierigkeiten bereiten, und unsere Bereitschaft, ihnen zu verzeihen. Dadurch wird unsere Seele mit Frieden erfüllt, auch wenn die Betreffenden noch nicht bereit sind, sich mit uns zu versöhnen.

> Biblische Begründung: Gen 4,5–7; Lev 19,18; Prov 15,1; Pred 7,9; Sir 25,15; 28,1–12; 30,24; Mt 5,22; Eph 4,26.31; 6,4; Kol 3,8; Tit 1,7; Jak 1,19–20.

5. Die Traurigkeit (lype)
Es handelt sich hier nicht um „die gottgewollte Betrübnis, die Umkehr zum Heil bewirkt, die nicht gereut", sondern um die, von der der Apostel sagt: „Die Betrübnis der Welt dagegen bewirkt den Tod" (2 Kor 7,10). Diese Art von Trauer ist entweder das Ergebnis von Kränkungen, Unrecht, äußeren Schwierigkeiten, die unsere Eigenliebe verletzen und die wir nicht durch Verzeihen, Großmut, Liebe überwinden, oder es handelt sich um Zustände der Melancholie, in die die Dämonen die Seele tauchen und sie an der Liebe Gottes, an Gott Selbst und an der eigenen Rettung zweifeln lassen. Diese Zustände des Gefühles totaler Verlassenheit können so stark sein, daß der Mensch verzweifelt und sogar seinem Leben freiwillig ein Ende setzt. Besonders sensible und melancholisch veranlagte Menschen neigen natürlich mehr zu dieser Sünde als unverbesserliche Optimisten. Diese Art der Trauer muß wirksam bekämpft werden durch die Aussprache mit dem Geistlichen Vater, durch das Gebet, die Lektüre der Heiligen Schrift und der Kirchenväter, das Singen der Osterhymnen, den Gedanken an die Auferstehung und den Triumph Christi, den Umgang mit tiefgläubigen Menschen, die die Freude Gottes ausstrahlen.

Biblische Begründung: Ps 29(30),54; 37(38),7; 1(42),6–7.10.12; 42(43),2; 114(115),3; 117(118),5; 119(120),1; Mt 14,9; 19,22 (= Mk 10,22); Lk 22,45; 23,27; 24,17; 2 Kor. 7,10; 1 Th 5,13.

6. Die Trägheit (akedia)
Die Trägheit kann den Menschen auf allen Ebenen erfassen, wenn er nicht wachsam im Gebet und im Bewußtsein der Gegenwart Gottes verharrt. Er ist dann wie gelähmt und hat einen Widerwillen gegen jede Anstrengung. Besonders schlimm ist die geistliche Trägheit, die Akedie, die den Menschen mit Überdruß am Gebet und am religiösen Leben allgemein erfüllt.

Die geistliche Lustlosigkeit lähmt den Aufschwung aus der Dumpfheit. Ursache der Trägheit können der Einfluß der Dämonen, vor allem des „Mittagsdämons" (vgl. Ps 90,6), der Hang des Menschen zum Genießen und zur Bequemlichkeit, körperliche Ermüdung, Nachlässigkeit im Gebet und Sichverschließen vor Gott sein. Bekämpft wird die Akedie durch Gebet, eine Aussprache mit dem Geistlichen Vater, Lektüre der Heiligen Schrift und der Kirchenväter, physische und intellektuelle Arbeit. Mönche und Menschen, die allein leben, sind der Gefahr dieses Lasters besonders ausgesetzt. Die Grenzen zwischen Akedie und Trauer sind oft fließend.

Biblische Begründung: 3 Kön 19,3-5; Ps 117(118),28; 142(143),4; Prov 1,32; Sir 22,1-2; Jon 4,3.8; Mt 25,26; Lk 24,25; Rm 12,11; Heb 6,12; 1 Tim 5,13.

7. Die Hoffart (kenodoxia)

Die Hoffart oder Eitelkeit schmeichelt der Eigenliebe und der Ruhmsucht des Menschen, der nicht den Ruhm Gottes, sondern den eigenen Ruhm und das Lob der Menschen sucht. Der Hoffärtige sucht teure und auffällige Kleidung und Luxus, um aufzufallen und die Aufmerksamkeit auf sich zu ziehen. Dafür verschwendet er viel Geld, das man für wichtigere Aufgaben und für Wohltätigkeit verwenden könnte. Die ganze Tätigkeit des Hoffärtigen ist auf äußeren Effekt, Lob und Anerkennung ausgerichtet. Dadurch verlieren seine guten Werke ihren sittlichen Wert. Der ganze äußere Aufwand ist Ausdruck der inneren Überheblichkeit. Oft läßt Gott zu, daß die Überheblichen in Sünden fallen, die ihrem Rufe schaden, damit sie durch die Demütigung zur Reue und zu echter Demut kommen.

Die Eitelkeit macht vor den Kirchentüren nicht halt. Viele sonst tugendhafte und fromme Christen nützen den Kirchgang zur Schaustellung ihrer Garderobe, ihres Schmuckes, machen Schenkungen, um sich mit goldenen Lettern auf der Wohltätertafel zu verewigen, engagieren sich im Gemeindeleben, um Lob und Anerkennung zu ernten. Bekanntlich ist auch der Klerus vor den Einflüssen des Dämons der Eitelkeit nicht immer gefeit. Diese kann sich zum Beispiel in prunkvollen Gewändern, pompösen Titeln, Heuchelei und Empfänglichkeit für Lobhudelei und Schmeichelei äußern.

Die Hoffart läßt sich bekämpfen durch Einfachheit in der Kleidung und im ganzen Lebensstil, durch den Gedanken an das Gericht Gottes, daß all unserer Sünden Ihm bekannt sind und allen offenbart werden. Der Gedanke an unsere Sünden hilft uns, das Lob, das man uns entgegenbringt, nicht ernst zu nehmen und Gott zu zuwenden. Auch der Gedanke an die Gebote Gottes, an die Seligpreisungen und an unser klägliches Versagen, wenn wir unser Tun nach diesen Maßstäben messen, bewahrt uns vor dem eitlen Selbstruhm. Dasselbe gilt auch für die Lektüre der Bibel und der Heiligenleben, in denen wir uns spiegeln können und viele Runzeln und Häßlichkeiten an uns entdecken werden, die uns zu Bescheidenheit und Demut führen.

Biblische Begründung: Ps 4,3; 51(52),9; 61(62),10;
Prov 8,13; Gal 5,26; Phil 2,3; 1 Tim 2,9; 1 Petr 3,4.

8. Der Stolz (hyperephania)

Der Stolz oder Hochmut ist die Ursünde, durch die Engel und Menschen gefallen sind (vgl. Sir 10,12–13), er ist ein Streben nach Höhe, die Gott allein gebührt, ein übersteigerter Egoismus, die Du-Losigkeit. Er ist unbeherrschte Eigenliebe, die sich auf verschiedene Weise äußert: als anmaßende Selbstüberhebung, Selbstgefälligkeit, Rechthaberei, dünkelhafte Eitelkeit, Ehrgeiz, Streben nach Macht, Besitz und Ehre, eitle Prahlerei, Sich-zur-Schau-Stellen, verwegene Kühnheit und Vermessenheit. Der Stolze verachtet Gott und die Mitmenschen und macht sich so zum eigenen

Götzen. Er ist neidisch auf fremdes Glück und anerkennt die Leistungen anderer nicht. Um seiner Herrschsucht genüge zu leisten und seine Ziele zu erreichen, scheut der Stolze auch vor Verbrechen nicht zurück. Anstatt die Vergöttlichung durch die Gnade des Heiligen Geistes zu erstreben, sucht der Stolze die Selbstverherrlichung und Selbstentfaltung. Somit ist der Stolz als „Geist dieser Welt“ (vgl. 1 Kor 2,12; 1 Joh 2,16) das genaue Gegenteil des Geistes der Demut und der Liebe, den Christus verkündet hat.

Eine besondere Form der Selbstgefälligkeit und Selbstgerechtigkeit ist der Pharisäismus, benannt nach dem bekannten Gleichnis aus dem Lukas-Evangelium (Lk 18,10–14). Gerade Menschen mit einem sittlich hochstehenden Lebenswandel sind dieser Versuchung ausgesetzt, wenn sie ihre Tugenden nicht dankbar und bescheiden Gottes Gnade und Hilfe zuschreiben und sich nicht mit den eigenen Sünden und Fehlern beschäftigen.

Eine andere Form des Stolzes besteht in der Selbstüberschätzung der eigenen Möglichkeiten unseres Ichs und seiner Grenzen. Im geistlichen Leben äußert sich dies darin, daß wir uns aus Eifer – ohne den Segen des geistlichen Vaters – Askese und geistliche Kämpfe zumuten, die unsere Kräfte übersteigen und deshalb zu gefährlichem Scheitern verurteilt sind oder in den Irrtum führen. Auf der weltlichen Ebene lassen wir Verpflichtungen und Arbeiten auf uns zukommen, die zu Hektik und Streß und gar zum totalen Zusammenbruch führen, da wir unsere physischen Grenzen nicht sehen wollen und im richtigen Moment nicht nein sagen können oder weil wir uns für unersetzlich halten.

Der Kampf gegen den Stolz ist ein harter Kampf, da er ein Kampf gegen unseren Egoismus ist. Gebet, Fasten, das bereitwillige Dienen und Verrichten demütigender Arbeiten für andere, der Gedanke an das Gericht, an die Größe und Güte Gottes und an unsere Kleinheit und Sündhaftigkeit helfen uns auf dem Weg zur echten Demut. Unsere Talente und guten Taten dürfen wir nicht uns selbst zuschreiben, sondern müssen sie dankbar als Gnaden und Geschenke Gottes anerkennen. Die häufige Beichte gibt uns die Möglichkeit, uns unserer Sünden anzuklagen und uns vor Gott zu demütigen und Ihn um Verzeihung zu bitten. Dadurch und durch den Empfang der heiligen Eucharistie schenkt Gott uns die Gnade zum erfolgreichen Kampf gegen dieses schlimmste aller Laster, aber auch gegen die anderen.

> Biblische Begründung: Prov 16,5.18–19; 18,12; 21,4; 29,23; Sir 10,6–18; 11,4; 13,1; Jes 2,11–17; 13,11; Dan 5,2–6.20–30; Mt 23,12; Mk. 7,22; Lk. 1,51; 14,11(=18,11); Rm 1,30–32; 11,20; 1 Kor 4,7; 13,4; Gal 5,26; 2 Tim 3,2; Jak 4,6; 1 Petr 5,5; Apk Joh 18,7–8.

VII DIE SELIGPREISUNGEN

FRAGE 131: Die Seligpreisungen reden davon, wer des Reiches Gottes teilhaftig werden wird. Wie sind sie nach orthodoxer Auffassung zu verstehen und im einzelnen zu interpretieren?

ANTWORT: Die Orthodoxe Kirche hat die Seligpreisungen in der Fassung des Matthäus-Evangeliums mit den Typika[81] verbunden. Nach den liturgischen Vorschriften werden die Seligpreisungen in den Sonntags- und den meisten Feiertagsliturgien anstelle der dritten Antiphon gesungen, während dessen im Kleinen Einzug das Evangelienbuch durch das Kirchenschiff getragen und so das Kommen des Reiches Gottes dem gläubigen Volk im Bild angekündigt wird. Von einigen Gläubigen werden die Seligpreisungen auch anstelle des Dekalogs als Beichtspiegel benutzt.

„Selig, die geistlich arm sind, denn ihrer ist das Himmelreich" (Mt 5,3).

Diese Seligpreisung findet sich bei Lukas in der Variante: „Selig seid ihr Armen, denn euch gehört das Reich Gottes" (Lk 6,20). Dazu dann der Weheruf: „Doch wehe euch, ihr Reichen, denn ihr habt euren Trost dahin" (Lk 6,24).

Bei Lukas steht im Vordergrund aller Seligpreisungen und Weherufe der Gedanke der ausgleichenden Gerechtigkeit Gottes, der jene trösten soll, die jetzt unter einem harten Los leiden, jene aber warnen soll, die ihr Glück rücksichtslos ausnutzen.

Matthäus hat die Worte des Herrn tiefer verstanden. Wenn er von den ‚geistlich Armen' oder besser: ‚den Armen im Geiste' redet, dann geht er davon aus, daß das Reich Gottes nicht erst am Ende der Zeiten durch eine völlige Umkehr der Verhältnisse beginnt, sondern schon jetzt und hier verborgen da ist, und es die Möglichkeit gibt, in und aus der Kraft dieses Reiches zu leben. Das wird deutlich, wenn man sich erinnert, was Jesus Christus an einer späteren Stelle des Matthäus-Evangeliums zu seinen Jüngern sagt: „Wahrlich, Ich sage euch: Ein Reicher wird schwer in das Reich der Himmel kommen. Wiederum aber sage Ich euch: Es ist leichter, daß ein Kamel durch das Nadelöhr geht als ein Reicher ins Reich Gottes. Als die Jünger das hörten, entsetzten sie sich sehr und sagten: Wer kann dann gerettet werden? Jesus aber blickte sie an und sagte ihnen: Bei den Menschen ist dies unmöglich, bei Gott aber sind alle Dinge möglich" (Mt 19,23–26).

Als Reicher ist nicht nur zu verstehen, wer materielle Güter im Überfluß besitzt, sondern ebenso, wer sich der Freiheit, Bildung, Schönheit, Kraft, Gesundheit, Geborgenheit usw. erfreut. Der Reichtum ist darum so hinderlich für das Eingehen ins Reich Gottes, weil er vom Menschen innerlich Besitz ergreift, ihn beherrscht und versklavt, wie er den reichen Jüngling (Mt 19,16–22) versklavt hat, so daß er nicht in die Nachfolge des Herrn treten konnte.

Aber nicht jeder, der arm ist, ist allein dadurch schon innerlich frei, sondern nur der, der sich weder durch Besitzgier, noch durch Neid, noch durch seinen Mangel und Sorgen umtreiben läßt, sondern sich an die Worte des Herrn hält: „Sorget euch nicht um euer Leben, was ihr essen oder was ihr trinken sollt! Ist nicht das Leben mehr als die Speise und der Leib mehr als die Kleidung? ... Suchet vielmehr zuerst Sein Reich und Seine Gerechtigkeit; dann werden euch alle diese Dinge hinzugefügt werden" (Mt 6,25.33). Dies zu verstehen und zu vermögen ist die Chance der Armut, wenn sie innerlich angenommen und nicht nur äußerlich erlitten wird. Es ist daher nicht zufällig, daß man in orthodoxen Ländern seit jeher besonders auch die Kinder und die geistig Behinderten, sowie alle Unmündigen im weitesten Sinne des Wortes unter die ‚Armen im Geiste' gerechnet hat. Inbezug auf die Kinder, hat Christus Selbst ja gesagt: „Wahrlich Ich sage euch: Wenn ihr nicht umkehrt und werdet wie die Kinder, so werdet ihr nicht ins Reich der Himmel kommen" (Mt 18,3). Und was die geistig Behinderten betrifft, so sind sie im alten Rußland vom Volk vielerorts mit Ehrfurcht und Güte behandelt worden, weil man sich der Verheißung, die ihnen gilt, bewußt war. Aber nicht nur das. Als Vorbilder der Demut wurden sie sogar nachgeahmt von Asketen, die als ‚Narren in Christo' (Jurodivyje) zeichenhaft darauf verzichtet haben, sich des Reichtums ihres Geistes zu bedienen.

Das aber bedeutet: Unsere Seligpreisung redet nicht einfach von einer Umkehrung der Weltordnung im Jenseits, sondern bezeugt vielmehr, daß ‚selig' (sc. froh) und ‚im Himmelreich' (d.h. in der Gotteswelt) nur leben kann, wer frei ist von den Sorgen und Leidenschaften, mit denen die Menschen an ihrem Besitz hängen, wenn sie solchen haben, oder ihn ersehnen und erträumen, wenn sie ihn nicht haben.

Biblische Begründung: Mt 18,1–5; 19,13–15.16–26;
Lk 12,13–21; 16,19–21.

„Selig die Betrübten, denn sie werden getröstet sein" (Mt 5,4).

Die Version des Lukas-Evangeliums lautet: „Selig seid ihr, die ihr jetzt weint, denn ihr werdet lachen" (Lk 6,21) und: „Wehe euch, die ihr jetzt lacht, denn ihr werdet trauern und weinen" (Lk 6,25).

Auch hier geht es nicht allein um eine Umkehrung der Weltordnung im Reiche Gottes, noch hat jede Betrübnis als solche Anspruch auf Tröstung im Reiche Gottes. Der Apostel Paulus sagt ja: „Denn die Betrübnis, wie sie Gott will, wirkt eine Buße zum Heil, die man nicht bereuen muß; die Betrübnis der Welt aber bewirkt den Tod" (2 Kor 7,10). Und Serafim von Sarow kommentiert: „Um den inneren Frieden zu wahren, muß man die Traurigkeit fliehen und danach trachten, stets einen frohmütigen Geist zu behalten."[82] Das aber bedeutet: Nicht die Traurigkeit als solche ist anzustreben und wird ‚selig' gepriesen, sondern nur die Traurigkeit, die in der Buße als Umkehr zu Gott und im Weinen der Reue vor Gott besteht. Dieses Weinen vor Gott aber gilt in der Orthodoxen Kirche als besondere Gnade, ja den Tränen der Buße werden von manchen Altvätern eine fast sakramentale Bedeutung zugeschrieben. So wird auch in den Bußkanones und Bußgebeten immer wieder die Gabe der Tränen erfleht, wie beispielsweise im Kanon der Büßerin Maria von Ägypten, wo es heißt[83]:

> „Um der Leidenschaften Glut auszulöschen,
> ließest du immerdar der Tränen Ströme
> aus brennender Seele fließen.
> Ihre Gnade gewähre auch mir, deinem Knecht."

Oder im Kanon des heiligen Andreas von Kreta heißt es in der zweiten Ode[84]:

> „Weder Tränen, noch Umkehr, noch Schmerz habe ich.
> Du Selbst jedoch, Erlöser, gib sie mir;
> denn Du bist mein Gott!"

Und schließlich in den Kommunionsgebeten:

> „Ströme der Tränen gewähre mir, Christus,
> von meinem Herzen abzuwaschen alle Flecken,
> daß ich mit gereinigtem Gewissen
> in Glauben und Ehrfurcht
> zum Empfang Deiner göttlichen Gaben hinzutrete,
> Gebieter!"

Es ist also nicht einfach die Traurigkeit an sich, die die Tränen und den Schmerz so wertvoll in den Augen Gottes macht, sondern vielmehr die Demut und die Umkehr, die in ihr Gestalt gewinnen.

> Biblische Begründung: 2 Kor 7,8–11; Mt 26,75;
> Lk 15,17–24; Jak 4,6; 1 Petr 5,5.

„Selig die Sanftmütigen, denn sie werden das Land erben“ (Mt 5,6).

Auf dieser Erde scheint man nur lebenstüchtig, wenn man sich durchzusetzen vermag. Diese Seligpreisung verheißt irdischen Lebensraum denen, die bewußt darauf verzichten, sich gegen andere durchzusetzen. Die Sanftmütigen sind die, die nicht für ihre Rechte kämpfen und nicht in Sorge sind, von anderen ausgenutzt zu werden und zu kurz zu kommen. Sie allein stehen in der Nachfolge des Herrn, der von Sich sagen konnte: „Ich bin sanftmütig und von Herzen demütig“ (Mt 11,29). Ihnen gilt die Verheißung, daß sie nicht nur den Himmel ererben, sondern auch hier auf Erden das Nötige haben werden, gemäß dem Herrenwort: „Trachtet zuerst nach dem Reich Gottes und nach Seiner Gerechtigkeit, dann werden euch alle diese Dinge zufallen“(Mt 6,33).

> Biblische Begründung: Ps 36(37),11; Mt 7,1–5; 11,29; 21,5.9; Gal 6,1–2; Tit 32.

„Selig, die hungern und dürsten nach der Gerechtigkeit, denn sie sollen satt werden.“ (Mt 5,6).

Lukas liest: „Selig seid ihr, die ihr jetzt hungert, denn ihr werdet gesättigt werden“ (Lk 6,21). „Wehe euch, die ihr jetzt satt seid, denn ihr werdet hungern“ (Lk 6,25).

Der Lukastext nimmt die alttestamentliche Verheißung aus Jesaja auf, wo es von den erlösten Gefangenen Israels heißt: „Sie werden nicht hungern und nicht dürsten“ (Jes 49,10). Der Matthäustext aber führt auch hier weiter. Er preist nicht einfach den Hungernden selig, sondern den, der sich nicht zufrieden gibt mit einer bloß äußerlichen Sättigung seines Magens, der von Gott mehr erwartet: die Sättigung aller Menschen, nicht nur durch Brot, sondern durch Gottes Gegenwart und Liebe für alle Menschen. Denn nur wer in dieser Weise seinen Hunger zum Anlaß nimmt, Gottes Güte für alle zu erbitten, ist bereit für das Reich, in dem der Herr jedem das Verheißene geben wird, und zwar allen weit mehr, als sie erwarten können.[85]

> Biblische Begründung: Jes 49,8–13; Mt 4,2–4; 5,45; 20,1–16; Joh 6,35.

„Selig die Barmherzigen, denn sie werden Barmherzigkeit erlangen“ (Mt 5,7).

Die Barmherzigen sind nicht einfach die, die aus ihrem Überfluß heraus reichlich Almosen geben. Es sind vielmehr die, die da geben, wo man scheinbar nichts von ihnen erwarten kann, sei es, weil sie selbst Mangel leiden, wie die arme Witwe, die ihren letzten Groschen in den Opferstock legte (Mk 12,41–44), sei es, weil sie verletzt und beleidigt worden sind oder übervorteilt werden. Barmherzig sind die, die verzeihen, gütig und versöhnlich sind, wo sie sich im Recht befinden und hart sein könnten. Diese Barmherzigkeit ist jedoch keine besonders lobenswerte Tugend, sondern schlicht die Bedingung, – die einzige, aber unerläßliche Bedingung, daß der Herr auch an uns Barmherzigkeit übt und wir ohne Furcht es wagen dürfen, vor Ihn zu treten mit dem Ruf: ‚Kyrie eleison!‘, Herr, erbarme Dich!

Biblische Begründung: Mt 9,10–13; 18,23-35; Mk 12,41–44; Lk 6,32–38; 10,25–37; Joh 8,3–11; Jak 2,13.

„Selig, die reinen Herzens sind, denn sie werden Gott schauen“ (Mt 5,8).

„Besprenge mich mit Ysop, daß ich rein werde; wasche mich, daß ich weißer werde als Schnee ... Schaffe mir, o Gott, ein reines Herz; und den rechten Geist erneuere in meinem Innersten“ (Ps 50(51),9.12), beten wir jeden Tag im Orthros, in der Terz, im Apodipnon. Was aber ist mit der Reinheit des Herzens gemeint? Die Reinheit des Herzens besteht darin, daß alles Tun und Lassen von aufrichtiger Liebe zu Gott und allen Menschen geleitet wird, ohne selbstsüchtige Hintergedanken, die letztlich doch nur den eigenen Nutzen, die eigene Ehre, den eigenen Genuß anstreben. Solcher Herzensreinheit ist die Schau Gottes verheißen. Denn kein von der Selbstsucht getrübtes Herz, das im Vordergründigen befangen ist, ist durchlässig für das Licht Gottes.

Wie aber kommen wir, die wir unreine Herzen haben, zu der von Gott geforderten Reinheit?

Die Perikope von der Fußwaschung im Johannes-Evangelium (Joh 13,1–15) erinnert uns daran, daß wir diese Reinheit nur durch unser Sein in Christus erlangen können. So sagt auch der Herr in den Abschiedsreden bei Johannes: „Ich bin der wahre Weinstock, und Mein Vater ist der Weingärtner. Jede Rebe an Mir, die nicht Frucht trägt, die nimmt Er weg, und jede, die Frucht trägt, die reinigt Er, damit sie mehr Frucht trage. Ihr seid schon rein um des Wortes willen, das Ich zu euch geredet habe. Bleibet in Mir, und Ich bleibe in euch“ (Joh I5,1–4). ‚In-Christus-Bleiben‘ aber heißt nach orthodoxem Verständnis im Gebet bleiben.So sagt der Abt Hesychios vom Batos-Kloster im Sinai (7./8. Jhdt.) an einer Stelle seiner Gebetsunterweisung: „Wer sein Herz reinigen will, findet eine ausgezeichnete Stütze in der ständigen Anrufung des Namens Jesu gegen alle unsichtbaren Feinde. Wir haben darüber eigene Erfahrungen gesammelt. Seht, wie diese Erfahrung mit dem Zeugnis der Heiligen Schrift übereinstimmt: Beim Propheten Amos heißt es: ‚Sei bereit, Israel, den Namen des Herrn, deines Gottes, anzurufen‘ (Am 4,2). Der heilige Paulus sagt: ‚Betet ohne Unterlaß!‘ (1 Th

5,17). Was ist wertvoller als das Gebet, das alle Güter vermittelt? Es reinigt das Gemüt, indem sich Gott jedem, der glaubt, offenbart. Beachtet aber das Wort unseres Herrn: ‚Ich bin der Weinstock, und ihr seid die Reben. Wer in Mir bleibt und Ich in ihm, der trägt viel Frucht; denn ohne Mich könnt ihr nichts tun‘(Joh 15,5). Wer sein ganzes Streben auf sein Inneres richtet, der ist rein, und nicht nur rein, er ist in Gott versenkt, er schaut Gott, er verkündet Gott, er betet.“[86]

> Biblische Begründung: Ps 50(51),9.12; Mt 23,26; Mk 7,14–23; Joh 13,1-11; 15,1-8; Apg 15,9; 2 Kor 7,1; 1 Tim 1,5.

„Selig die Friedensstifter, denn sie werden Kinder Gottes heißen“ (Mt 5,9).

In älteren Übersetzungen werden an dieser Stelle die „Friedfertigen“ seliggepriesen, was dem Sinn des Textes nicht voll Rechnung trägt.

Im Urtext ist nämlich von denen die Rede, die ‚Frieden machen‘, ‚Frieden stiften‘. Dabei geht es um ein aktives Tun, das persönlichen Einsatz fordert, während man die ‚Friedfertigkeit‘ mißverstehen könnte als ein bloß passives Verhalten. Man sollte also besser von den ‚Friedensstiftern‘ als von den ‚Friedfertigen‘ reden.

Zum Friedensstifter wird man aber nicht einfach durch ‚Aktionen‘ für den Frieden, und noch viel weniger durch gewaltsame Aktionen gegen Andersdenkende. Denn Frieden kann man im Gegensatz zur Grabesruhe niemandem aufzwingen. Man kann Frieden nur durch Liebe und Zuneigung übertragen. Serafim von Sarow sagt an einer Stelle: „Sei im Frieden mit dir selbst und um dich herum werden Tausende gerettet werden.“[87] In diesen inneren Frieden kommen wir aber nur, wenn wir ihn uns schenken lassen. In den Abschiedsreden nach Johannes sagt Jesus Seinen Jüngern: „Frieden lasse Ich euch zurück, Meinen Frieden gebe Ich euch. Nicht wie die Welt gibt, gebe Ich euch: Euer Herz erschrecke nicht und verzage nicht“ (Joh 14,27). Nach Seiner Auferstehung begrüßt der Herr die Seinen mit dem üblichen jüdischen Friedensgruß „Friede euch!“ (Schalom leka!). Diesen Friedensgruß haben auch die Apostel übernommen und ins Griechische übertragen; er ist in unsere Gottesdienste als Segensgruß des Priesters eingegangen: „Friede allen!“

Für uns heißt das: Um Frieden vermitteln zu können, müssen wir uns von dem Frieden ergreifen lassen, der uns in Jesus Christus begegnet, da Er allein ein Herrscher und König des Friedens ist. Denn jeder Friede, der nicht vom inneren Frieden getragen ist, wirkt als repressive Gewalt und verdient diesen Namen nicht. Jede Gewalt aber ruft Gegengewalt hervor. Ein Christ darf, soweit es ihn selbst betrifft, Böses nicht mit Bösem vergelten. Unter gewissen Bedingungen muß er also Gewalt leiden. Wo aber durch das Erdulden von Gewalt diese stabilisiert wird, so daß andere dabei unter die Räder kommen, wird mitschuldig an dieser Gewalt, wer sie bequem und stumpf erträgt, wo er ihr wehren könnte. Dieser Sachverhalt kann in Gewissenskonflikte hineinführen, denen man nicht ausweichen darf. Es gilt vielmehr in einem solchen Fall sachkundig das kleinere Übel zu wählen, wobei dem Schutz des Lebens und der Freiheit der Schwachen ein vorrangiger Stellenwert zukommt.

> Biblische Begründung: Jes 9,6; 53,5; Jer 6,14; Joh 14,27; 20,19.21.26; Rm 1,7; 5,1; 8,6; 14,17–19; Eph 2,14; Hebr 7,2.17.

„Selig, die Verfolgung leiden um der Gerechtigkeit willen, denn ihrer ist das Reich der Himmel.

Selig seid ihr, wenn die Menschen euch schmähen und verfolgen und alles Böse lügnerisch wider euch reden um Meinetwillen. Freuet euch und frohlocket, denn euer Lohn ist groß im Himmel" (Mt 5,10–12a).

Dazu der Nachsatz: „Denn ebenso haben sie die Propheten verfolgt, die vor euch gewesen sind" (Mt 5,12b).

Und die Version des Lukas lautet: „Selig seid ihr, wenn euch die Menschen hassen und wenn sie euch ausschließen und schmähen und euren Namen als einen bösen ächten, um des Sohnes des Menschen willen. Freuet euch an jenem Tag und frohlocket; denn siehe, euer Lohn wird groß sein im Himmel. Denn ebenso taten ihre Väter den Propheten. Wehe, wenn alle Menschen gut von euch reden, denn ebenso taten ihre Väter den falschen Propheten" (Lk 6,22.26).

Ein Kommentar zu dieser Stelle findet sich im 1. Petrusbrief, wo es heißt: „Denn das ist Gnade, wenn jemand, weil er Gottes eingedenk ist, Trübsale erträgt, sofern er Unrecht leidet. Denn was für ein Ruhm ist das, wenn ihr für Verfehlungen gezüchtigt werdet und es erduldet? Wenn ihr aber für Rechttun leidet und es erduldet, das ist Gnade bei Gott. Denn dazu seid ihr berufen worden, weil auch Christus für euch gelitten und euch ein Vorbild hinterlassen hat, damit ihr seinen Fußstapfen nachfolgt. ‚Er hat keine Sünde getan, noch ist Trug in Seinem Munde gefunden worden.' Als Er gescholten wurde, schalt Er nicht wieder; als Er litt, drohte Er nicht; Er übergab es vielmehr dem, der gerecht richtet" (1 Petr 2,19–23, vgl. Jes 53,7.9). Und etwas später lesen wir im selben Brief: „Ihr Geliebten, lasset euch durch die Feuersglut der Leiden bei euch, die zur Versuchung über euch kommt, nicht befremden, als widerführe euch etwas Befremdliches, sondern da ihr an den Leiden Christi teilhabt, freuet euch, damit ihr auch bei der Offenbarung Seiner Herrlichkeit euch freuen und frohlocken möget. Wenn ihr um des Namens Christi willen geschmäht werdet, selig seid ihr; denn der Geist der Herrlichkeit und Gottes ruht auf euch. Denn niemand unter euch leide als Mörder oder Dieb oder Übeltäter oder als einer, der in fremde Sachen eingreift; leidet aber jemand als Christ, so schäme er sich nicht, er verherrliche vielmehr Gott mit diesem Namen" (1 Petr 4,12–16). Die Seligpreisungen laufen also darauf hinaus, uns daran zu erinnern, daß es das letzte Ziel unseres Lebens ist, Christus gleichförmig zu werden und so im Tod wie im Leben Anteil an Ihm zu erhalten, gemäß dem Wort des Apostels: „Denn ihr seid gestorben, und euer Leben ist mit Christus in Gott verborgen. Wenn Christus, unser Leben, offenbar werden wird, dann werdet auch ihr mit Ihm offenbar werden in Herrlichkeit" (Kol 3,3–4).

Biblische Begründung: 1 Petr 2,19–23; 3,14; 4,14;
Mk 12,1–12; 13,9–13; Joh 16,2–4; Jak 5,10.

HALTE FEST: Nach der Kommunion, beim Zurücktragen des Kelches auf den Rüsttisch singen wir:

„Es füllt sich unser Mund, o Herr,
mit Deinem Lob,
damit wir besingen Deine Herrlichkeit.
Denn Du hast uns gewürdigt,
teilzuhaben an Deinen allheiligen, göttlichen, unsterblichen
und lebendigmachenden Mysterien.
Bewahre uns in Deiner Heiligkeit,
den ganzen Tag zu sinnen über Deine Gerechtigkeit:
Alleluja, alleluja, alleluja."

CHRISTUS IN EUCH,
HOFFNUNG AUF HERRLICHKEIT (Kol 1,27)!

ANMERKUNGEN

1 Diese wörtliche Übernahme aus dem Griechischen entspricht dem lateinischen „in saecula saeculorum". Es ist damit nicht die „Ewigkeit" (Aidiotes, aeternitas) als unbegrenzte, unvergängliche Zeit gemeint, die nur dem Dreieinen Gott Selbst zukommt, sondern die Summe aller begrenzten, vergänglichen Zeiträume. Die Übersetzung „von Ewigkeit zu Ewigkeit" oder „in alle Ewigkeit" ist daher mindestens mißverständlich. Theologisch schwerwiegender jedoch ist, daß durch diesen Gebrauch von „Ewigkeit" nicht mehr deutlich zu werden vermag, daß Gottes „Ewigkeit" von anderer Art ist als die „Fülle der Zeiten", die den Geschöpfen geschenkt ist.

2 Sergius Heitz, Mysterium der Anbetung, Band I: Göttliche Liturgie und Stundengebet der Orthodoxen Kirche, (Luthe-Verlag) Köln 1986, 239.

In diesem Tropar wird nocheinmal die Unterscheidung zwischen „Ewigkeit" und „begrenzter Weltzeit", in der wir das Gotteslob darbringen können, deutlich; vgl. dazu oben Anm. 1.

3 Sergius Heitz, Mysterium der Anbetung, Band III: Die Mysterienhandlungen der Orthodoxen Kirche und das tägliche Gebet der orthodoxen Gläubigen, (Luthe-Verlag) Köln 1988, 68.

4 An zwei Stellen weichen wir von der üblichen deutschen Übersetzung des Vater-Unsers ab, indem wir uns exakter an den Wortlaut des griechischen Textes halten:

Erstens: Mt 6,9 steht das Wort für „Himmel" im Plural, während im folgenden Vers sich der Singular findet, da dort von „Himmel und Erde" die Rede ist. Der Plural von Vers 9 muß als Hinweis verstanden werden, daß mit „den Himmeln" kein lokalisierbarer Ort über der Erde gemeint ist, sondern das alles Irdische übersteigende, allumfassende Dasein Gottes.

Zweitens: „Und vergib uns unsere Schulden", auch hier steht im Griechischen ein Plural. Gemeint ist „all das, was wir schuldig geblieben sind"; es ist also nicht von der „Erbschuld" die Rede, sondern von unseren zahllosen großen und kleinen Verfehlungen, durch die wir die geschuldete Hingabe an Gott und unsere Nächsten versäumt haben.

5 Der Begriff „choregos" heißt nach allgemeinem griechischen Verständnis der Sponsor eines Chores, d.h. der Spender, der für die Kosten und Ausrüstung des Chores aufkommt. So etwa bei Xenophon oder Plutarch. Daher wird in den meisten Übersetzungen „choregos" mit „Spender" wiedergegeben. Ursprünglich ist allerdings der „Chorführer" der Anführer eines Reigens oder Chortanzes (Demetr.Byz.b.Ath.14.p.633.B.Hesych.Suid.). In diesem Sinne findet sich der Begriff auch später noch vorwiegend in Mythen und Göttergleichnissen; so etwa bei Plato (legg.2.p.665 A.) oder bei Euripides inbezug auf den Anführer der auf dem Wasser tanzenden Delphine (Eur.Hel.1454)

oder bei Sophokles (Ant.1148) inbezug auf die Himmelserscheinungen. Ob auch diese Bedeutung in unserem Tropar mitzuhören ist, ist unter den Übersetzern umstritten und muß offen gelassen werden. Wenn wir uns nach einigem Zögern für die Übersetzung „Spender“ entschieden haben, so vor allem darum, weil der Begriff „Chorführer“ fremd und als Bild ohne Vorkenntnisse nicht verständlich ist.

6 Innerhalb der EKD hat sich eine neue Öffnung für das Anliegen der Orthodoxen ergeben (vgl. Link, Hans-Georg (Hrsg.), Gemeinsam glauben und bekennen. Handbuch zum Apostolischen Glauben, Neukirchen-Paderborn 1987), während sich auf römisch-katholischer Seite durch die Ansprache von Papst Johannes Paul II. am 7.Nov 1990 die Fronten verhärtet haben, Vgl. Martin Petzolt, Anmerkungen zur Papstansprache zum „filioque“ in: Orthodoxie Heute, Neue Folge Heft 16, 1991, 29–32.

7 „Trinität“ wird von uns ohne Sinnunterschied je nach Kontext mit „Dreiheit“ oder „Dreieinheit“ verdeutscht. „Dreiheit“ ist im Blick auf die unterschiedlichen Personen korrekter, kann aber falsche Vorstellungen wecken, da wir im täglichen Leben oft auch eine Dreizahl verschiedenartiger Dinge mit dem Begriff fassen. Von daher ist „Dreieinheit“ vorzuziehen, wobei allerdings auch hier falschen Vorstellungen Vorschub geleistet werden kann durch eine Überbetonung der „Einheit“ in der „Trinität“.

Was die „unmittelbare Begegnung“ der Gläubigen mit den göttlichen Hypostasen betrifft, so ist nach orthodoxem Verständnis auch hier die Unterscheidung von „Wesen“ und „Energien“ in Rechnung zu stellen, wie unten (Frage 77) ausgeführt wird. Das bedeutet: Der Gläubige begegnet im Gebet unmittelbar Gottes „erfahrbaren Energien“, nicht aber seiner unerfahrbaren, unfaßbaren Wesenheit.

8 „Doxa“, lat. „gloria“, wird meist mit „Ehre“ übersetzt, z.B. „Ehre dem Vater und dem Sohn und dem Heiligen Geist ...“ . Diese Übersetzung ist einseitig und weckt im Abendland, mitbedingt durch gotische und langobardische Einflüsse und deren Weiterentwicklung in der mittelalterlichen Theologie, inadäquate Vorstellungen. Es geht im Bereich der biblischen Sprache (AT-Septuaginta-NT) nicht um das soziologische Phänomen von „Ruhm“ und „Ehre“, sondern um den „kabod“ Gottes, d.h. die göttliche Lichtaureole, die an Reinheit, Schönheit, Lichthaftigkeit alles überstrahlt und für die gefallene, unreine Kreatur wie ein verzehrendes Feuer ist. Da es dafür kein zutreffendes deutsches Wort gibt, übersetzen wir je nach Kontext und bevorzugen im allgemeinen die Begriffe „Herrlichkeit“ oder „Glanz“. Die liturgisch gebräuchliche Formel „Ehre dem Vater und dem Sohn und dem Heiligen Geist“ haben wir in der allgemeingebräuchlichen Form gelassen. Doch auch hier wird man im Bewußtsein halten müssen, daß „doxa“ mehr und etwas qualitativ anderes heißt als das, was wir uns vorstellen, wenn wir „Ehre“ hören.

9 „Gott segnen“ ist für unser Empfinden befremdlich. Nach unserem Empfinden „segnet“ Gott uns, wir dagegen „loben“ Ihn. So werden denn auch diese und entsprechende Stellen meist mit „loben“ oder „preisen“ übersetzt. Aber sowohl im hebräischen Text des Alten Testaments und in dessen griechischer Übersetzung, der Septuaginta, als auch im griechischen Urtext des Neuen Te-

stamentes und deren lateinischen Übersetzungen steht dasselbe Wort (barak, eulogeo, benedico) für Gottes Segenshandlungen an uns und unserem Lobpreis zu Gott. Die Grundbedeutung des hebräischen Wortstammes ist die „Heilskraft, heilschaffende Kraft", die von einem ausgeht, der „baruk" (gesegnet) ist. Gott wird also mit dem Ausruf, Er sei „gesegnet" als der bekannt, von dem „heilschaffende Kraft" ausgeht. In der griechischen und lateinischen Sprache steht dafür ein Wortkompositum, das „wohl reden" oder „gut reden" bedeutet. Im Blick ist dabei aber nicht eine Rede, die „wohl klingt" oder „gut tönt", sondern die die Wohltaten bekennt. „Gott segnen" heißt also: Seine Wohltaten bekennen. Wir können dies nur tun, weil Er in seinem Wort (Logos) uns diese Wohltaten zu erkennen gegeben, geoffenbart hat. Das aber heißt: Wir dürfen Ihn „segnen", weil Er im heilschenkenden Wort zu uns gekommen ist und uns hineingeholt hat in die Gemeinschaft Seines Reiches. Daher ruft auch der Zelebrant zu Beginn jeder Liturgiefeier und aller kirchlichen Mysterienhandlungen: „Gesegnet das Reich des Vaters und des Sohnes und des Heiligen Geistes, jetzt und immerdar und in die Äonen der Äonen. Amen."

10 10. Taufkatechese MPG 33, 673 A – 676 A.

11 Aus der 3. Ode des Kanon Triadikon von Metrophanes von Smyrna im Mesonyktikon am Herrntag der Myrrhenträgerinnen und des hl. Joseph, vgl. Kirchhoff-Schollmeyer, Osterjubel S. 114.

12 Synkretismus = Vermischung von Religionen oder Lehren. Die Irrlehrer, die die galatischen und kolossischen Gemeinden beunruhigten (vgl. Gal 4,3.9–10 und Kol 2,8.20), gehörten vermutlich einer jüdisch-synkretistischen Gruppierung an, d.h. einem Judentum, dem neben christlichen auch heidnische Elemente beigemischt waren.

13 Die Gnostiker (= Wissenden) in den christlichen Gemeinden am Ende des ersten und im zweiten Jahrhundert verbreiteten dualistische Geheimlehren und Mythen zur Erlösung der göttlichen Geistseele aus der Versklavung durch Leib und Psyche. Diese Häretiker (Irrlehrer) wurden von den nachapostolischen kirchlichen Schriftstellern bekämpft (z.B. von Ignatius von Antiochien oder Irenäus von Lyon), denen wir auch die wichtigsten Nachrichten über ihre Lehren verdanken neben Funden aus Ägypten (Nag Hamadi) und überlieferten christlich-apokryphen Schriften. Ihre Lehren und Mythen beruhten auf einem dualistischen (zweipoligen) Weltbild, wonach die Welt eine unglückselige Vermischung von göttlich-gutem Geist und dämonisch-böser Materie ist. Sie anerkennen danach die Welt nicht als gute Schöpfung Gottes, sondern sehen in ihr ein Machwerk eines ‚Demiurgen' (Machers). Sie verwerfen mit dem Schöpfergott auch das Alte Testament. Christus ist für sie ein Gesandter des fernen, fremden Lichtgottes und war als reines Geistwesen nur mit einem Scheinleib angetan (= Doketismus). Sie leugnen die Auferstehung der Toten und vertreten unter dem Deckmantel des Christentums eine Lehre der Selbsterlösung, für die Jesus Christus als mythisches Wesen nur gerade ein Anstoß zur Selbstfindung des im Menschen gefangenen göttlichen Bewußtseins ist. Diese Bewegung des ‚Gnostizismus' oder der ‚Gnosis' – wie man sie auch nennt – führte im 2./3. Jahrhundert zu heftigen Auseinandersetzungen in den

christlichen Gemeinden der ganzen damals bekannten Welt; vor allem Kleinasien, Ostsyrien und Alexandrien waren Zentren gnostizistischer Sekten. Ansätze zum Gnostizismus, die man meist als ‚Prägnosis' bezeichnet, finden sich jedoch bereits in neutestamentlicher Zeit, etwa bei den korinthischen Gegnern des Paulus (vgl. 1 Kor 2,1–4,8; 15,12) oder in der Umgebung der Gemeinden, für die die Johannesbriefe bestimmt sind (vgl. 1 Joh 2,18; 4,1–6; 2 Joh 7–11), obwohl hier ein gnostizistischer Mythos noch nicht ausgebildet erscheint. Ob es einen Gnostizismus gegeben hat, der unabhängig vom Christentum entstanden ist und sich unbeeinflußt vom Christentum entwickelt hat, ist in der Forschung nach wie vor umstritten, vgl. dazu den Forschungsbericht von Kurt Rudolph, Gnosis und Gnostizismus, in: Theologische Rundschau N.F. 1969f.

14 11. Taufkatechese, MPG 33,717 B–720 A.

15 Kilian Kirchhoff-Chrysologus Schollmeyer, Die Ostkirche betet. Hymnen aus den Tagzeiten der Byzantinischen Kirche, Bd. 1, Münster 1962, S. 318.

16 LXX ist das Zeichen für das durch die frühchristliche Kirche rezipierte griechische Alte Testament, die sog. „Septuaginta", d.h. die Ausgabe der ‚Siebzig', die im zweiten vorchristlichen Jahrhundert im hellenistischen Diasporajudentum entstanden ist. Der Aristeasbrief aus der zweiten Hälfte des 2. Jahrhunderts v.Chr. berichtet die Legende, die LXX sei von 72 (oder 70, daher der Name) Schriftgelehrten für die Bibliothek des ägyptischen Königs Ptolemäus II. Philadelphus (285–246 v. Chr.) in Alexandrien übersetzt worden. Sie ist bis heute der maßgebliche alttestamentliche Text für die Orthodoxe Kirche, vgl. dazu Heitz, Mysterium I, XXf.

17 Meistens werden „usia" (Wesen) und „physis" (Natur) sinngleich gebraucht. Doch es gibt einen Unterschied, der gelegentlich zum Tragen kommt: Während nach orthodoxer Lehre von der göttlichen „usia" Ihre „Energien" unterschieden werden müssen (vgl. unten Frage 77), bleibt diese Unterscheidung, wo von der „physis" die Rede ist, unberücksichtigt. Hier geht es vielmehr darum, die „göttliche" von der „menschlichen" Natur zu unterscheiden. Die beiden Begriffe „usia" und „physis" werden also in einem anderen Kontext gebraucht und sind daher nicht einfach deckungsgleich.

18 So schon bei Origenes im 1. Buch seiner Schrift „De principiis", aber auch z.B. bei Basilius dem Großen in der Homilie „quod Deus non est auctor malorum" MPG 31,348. Als Beispiel einer neuen orthodoxen Dogmatik vgl. dazu: Dumitru Staniloae, Orthodoxe Dogmatik I, Zürich – Einsiedeln – Köln 1985, 404ff.

19 Pelagius, ein von den britischen Inseln stammender Mönch, verließ um 410 mit seinem Freund Coelestius Rom und reiste über Karthago nach Jerusalem. Coelestius blieb in Karthago und wollte da Priester werden, was dazu führte, daß die Lehre der Pelagianer vom freien Willen und ihre Ablehnung der Lehre von der Erbsünde Aufsehen erregte. Augustin entwickelte in Auseinandersetzung mit dem Pelagianismus seine extreme Gnaden- und Prädestinationslehre, die im Osten nie anerkannt worden ist. Der Pelagianismus wurde jedoch verurteilt, zuerst im Westen, bereits 418 auf einer Generalsynode von Karthago. Pelagius selbst konnte sich im Osten zunächst noch gegen seine Ankläger

behaupten, da er sich von den extremen Thesen des Coelestius distanzierte, später jedoch wurde er auch im Osten auf verschiedenen Synoden verurteilt. Er starb 454 in Sizilien. Die Ostkirche lehrte inbezug auf den ‚freien Willen' immer differenzierter als die Kirchen des Westens, die die extremen Positionen von Augustin und den Pelagianern im Grunde nie überwunden haben. Die Orthodoxe Kirche hält fest an der Lehre von der Erbsünde, lehnt aber eine Lehre von einer ‚Erbschuld' ab. Für sie ist die Gnadenhaftigkeit des Heils und die von Gott gewährte Freiheit des menschlichen Willens kein sich ausschließender Gegensatz, sondern ein heilsnotwendiges Paradox, das damit zusammenhängt, daß Gott dem Menschen in der persönlichen Begegnung im Heiligen Geist das Personsein schenkt und ihn durch die Theosis in Freiheit zu sich wachsen läßt.

20 Vgl. Augustin, De catechizandis rudibus II,29; Thomas, Summa theologiae Ia, quaest. 92, art. 1; quaest.93, art.4. Dagegen: Basilius der Große in der ihm wohl zu Recht zugeschriebenen Predigt über den Ursprung des Menschen, Hom I,18, MPG 44,276 A-D.

21 Besonders auch in monastische Kreise, die unter manichäischem Einfluß standen. Was die gnostizistischen Gemeinden betrifft,so ist zu beachten, daß ebenso wie sich in ihrer Ethik Rigorismus und Libertinismus fand, auch ihre Einstellung zum Weiblichen variierte: zwischen Verachtung der Frau und Nichtbeachtung der Unterschiede zwischen Mann und Frau.

22 Vgl. zu dieser Frage die informativen Aufsätze von : Evangelos Theodorou, Die Tradition der orthodoxen Kirche in bezug auf die Frauenordination, in: Elisabeth Gössmann-Dietmar Bader (Hrsg.), Warum keine Ordination der Frau? Unterschiedliche Einstellungen in den christlichen Kirchen, Schriftenreihe der katholischen Akademie der Erzdiözese Freiburg, München-Zürich 1987, 26–49; Elisabeth Behr-Sigel, Ordination von Frauen. Ein Versuch des Bedenkens einer aktuellen Frage im Lichte der lebendigen Tradition der orthodoxen Kirche, in demselben Band S. 50–72. Die Übersicht über das in diesen beiden Aufsätzen in Fülle ausgebreitete Material legt den Schluß nahe: Alle einschlägigen Gründe gegen ein Priestertum der Frau in der Orthodoxen Kirche sind im Unterschied zu denen westlicher Kirchen historischer, nicht theologisch-dogmatischer Natur. D.h.: Diese Gründe liegen nicht im „Wesen" der Frau, da sie in gleicher Weise Abbild Gottes und zur Vergöttlichung berufen ist wie der Mann, und auch nicht in einem unterschiedlichen Weg zur Erlösung, sondern allein in historisch-soziologischen Gegebenheiten und Entwicklungen der konkreten Geschichte, in der Gott Mensch, Mann Jesus, geworden ist und seine menschliche Natur aus einer Frau, der Jüdin Maria, genommen hat. Diese Einsicht ist wichtig, und zwar nicht deshalb, weil sie eine Änderung des status quo leichter machen würde, sondern weil ein Beharren auf dem gegenteiligen Standpunkt unweigerlich in die Häresie führt. Aber auch historische Gründe sind in der Orthodoxen Kirche verpflichtend und bindend, wie jeder weiß, der das Leben der Orthodoxen Kirche von innen kennt. Die Orthodoxe Kirche ist zwar keine Kirche des unveränderlichen konservativen Traditionalismus, aber sie ist eine Kirche des Gehorsams gegenüber dem Heiligen Geist, in dem kein Glied „sein Recht" sucht (– es wäre

dies ja sein Verdammungsurteil –), sondern jedes Glied sich leiten läßt von dem Geist, der ein Zerreißen des Leibes Christi nicht zuläßt und dennoch jedem und jeder zu geben vermag, wessen er/sie bedarf. Die Frage, um die es hier geht, ist im übrigen nur dort ein bedrängendes Problem, wo man die Kirche wesentlich als Institution und gesellschaftliche Größe versteht. Diesem Mißverständnis hat die Orthodoxie ohnehin Widerstand entgegenzusetzen.

23 Vgl. dazu auch unten Frage 78.

24 Zum philosophisch-theologischen Denkhintergrund vgl. Frage 76. Neuere Übersetzer fragen, ob man an dieser Stelle nicht formulieren müßte: „Einziggezeugter, der aus dem Vater Gezeugte vor allen Äonen"? Die Berechtigung dieser Nachfrage besteht darin, daß sowohl das griechische „monogenes" wie auch das lateinische „unigenitus" heißen kann: „einziggezeugt" und „einziggeboren", auch: „einziggemacht". Vom rein Sprachlichen her gesehen, gibt es gegen eine Übersetzung durch „einziggezeugter" keine Einwände. Die Intention ist, die überzeitliche, innertrinitarische Zeugung von der Geburt in der Zeit abzuheben. Dennoch spricht einiges dagegen, das gewohnte Bekenntnis in diesem Sinne zu verändern:

1. Heutige Übersetzer stehen in einer langen Tradition alter deutscher Überlieferung dieser Stelle des Glaubensbekenntnisses. Weder im Osten noch im Westen hat man bisher Anstoß genommen daran, daß der Vater nicht eindeutig auf die männliche Eigenart festgelegt worden ist. Es mutet schon etwas seltsam an, daß ausgerechnet heute Theologen, sei es gewollt, sei es lediglich im Effekt, Gottes männliche Eigenschaften festschreiben. Vielleicht wäre diese Hermeneutik starrer Vereinheitlichung doch nocheinmal zu überdenken inbezug auf die Frage, ob nicht auch seelsorgerliche Momente beim Übersetzen mitzuberücksichtigen sind, etwa gegenüber dem nicht ganz geringen Teil der Gläubigen,die ganz einfach dankbar sind,daß Gott wenigstens an dieser Stelle nicht nur mit einem Begriff gewaltsamer männlicher Überlegenheit beschrieben wird.

2. Es ist mit Sicherheit kein Zufall, daß dies in der Tradition, selbst in Zeiten patriarchaler Strukturen, unterblieben ist. Es war nicht ein Mangel an präzisem Denken, hat man doch genau an dieser Stelle in anderer Hinsicht eine Präzisierung des Ausdrucks für nötig erachtet: „geboren/gezeugt, nicht geschaffen/gemacht, wesensgleich mit dem Vater". In dieser „Wesensgleichheit" sollte die Aussage gipfeln, und nicht in einer exakten Vorstellung des Mysteriums ihres Zustandekommens. Dazu war man damals der „negativen Theologie" noch viel zu sehr ganzheitlich verbunden, um nicht zu wissen, daß alle menschlichen Vorstellungen von Gott als Mann und Erzeuger nur Hilfskonstruktionen für die mit Vorstellungen unfaßbaren Glaubenswahrheit sein können, Bilder also, die falsch werden, wenn sie fundamentalistisch verfestigt werden und ihre Transparenz verlieren.

3. Im deutschen Sprachgebrauch gibt der Unterschied von Zeugung und Geburt die gewollte Unterscheidung von „überzeitlich" – „in der Zeit" nicht her.

4. Schließlich ist es vielleicht auch kein Zufall, daß in den Sprachen, die keine Unentschiedenheit zwischen „gezeugt" und „geboren" zulassen, das

Bild der Zeugung nicht so bevorzugt worden ist, wie dies in einer patriarchalischen Gesellschaft zu erwarten gewesen wäre. Wo die Zeugung auf den männlichen Akt reduziert wird, da legt sich die Vorstellung nahe, das Ebenbild des Vaters sei mit der Zeugung allein noch nicht vollendet, dazu brauche es mindestens noch der Geburt. Doch gerade in der vollendeten Ebenbildlichkeit sollte ja die Aussage gipfeln:Christus ist das vollkommene Ebenbild Seines Vaters, durch diesen allein hervorgebracht; darum ist gerade das anstößige Bild der Geburt aus dem Vater in diesem Zusammenhang adäquat.

Fazit: Man kann „monogenes" durchaus auch gelegentlich mit „einziggezeugt" übersetzen, sollte es aber dort nicht tun, wo dabei, vielleicht ungewollt, falsche Akzente gesetzt werden.

25 Nestorius aus Antiochien hatte als neuer Partriarch von Konstantinopel in den Streit eingegriffen, den einige antiochenische Theologen entfacht hatten, dadurch daß sie Maria nicht mehr Theotokos (Gottesgebärerin), sondern Anthropotokos (Gebärerin der Menschheit Christi) nannten. Er schlug vor, entweder beides zusammen zu sagen oder Maria schlicht ‚Christusgebärerin' zu nennen. Patriarch Kyrill von Alexandrien griff in seinem Osterbrief von 429 diese Stellungnahme des Nestorius auf und bezichtigte diesen der Häresie. 430 trat auch Papst Coelestius für das ‚Theotokos' ein und verurteilte Nestorius ebenso. 431 auf dem Konzil von Ephesus wurde Nestorius gestürzt und verurteilt. Da eine Gegensynode der verspätet eingetroffenen Antiochener auch Kyrill verurteilte und beide Urteile vom Kaiser bestätigt wurden, konnte der Streit zunächst nicht entschieden werden. 433 anläßlich der vom Kaiser erzwungenen Union zwischen den Antiochenern und Alexandrinern ließ der Patriarch Johannes von Antiochien jedoch schließlich Nestorius als Häretiker fallen.

26 Der 433 scheinbar geschlichtete Streit zwischen den Anhängern der antiochenischen und der alexandrinischen Theologie brach 448 neu auf, als Eutyches; ein Archimandrit bei Konstantinopel und Anhänger der alexandrinischen Theologie, verklagt und vom Patriarchen Flavian verurteilt wurde, weil er gelehrt hatte, daß der menschliche Leib Christi nur wie ein menschlicher Körper ausgesehen habe, in Wirklichkeit aber von der Gottheit Christi ganz durchdrungen gewesen sei, so daß Christus nur noch eine göttliche Natur gehabt habe. Gegen diese Verurteilung wandte sich Patriarch Dioskur von Alexandrien; auf einer vom Kaiser einberufenen Synode in Ephesus 449 ließ er mit Gewalt Flavian absetzen. Doch diese als Ökumenisches Konzil einberufene Synode wurde nicht anerkannt (Leo der Große gab ihr den Namen ‚Räubersynode') und Dioskur wurde 451 in Chalkedon verurteilt samt Eutyches.

27 Um die 451 in Chalkedon dogmatisierte Vereinigung der zwei Naturen in der einen Person Christi gegenüber jeder nestorianischen oder monophysitischen Aufweichung festzuhalten und zu bezeugen als eine Vereinigung von wahrem Gott und wahrem Mensch (ungetrennt und ungeschieden; unvermischt und unverwandelt) ist einigen orthodoxen Theologen die Tatsache wichtig, daß es im griechischen Wortlaut des Bekenntnisses heißt, Christus habe Fleisch angenommen „aus dem Heiligen Geist *und* Maria, der Jungfrau" und nicht wie

im lateinischen Text „de Spiritu Sancto ex Maria Virgine (vom Heiligen Geist aus der Jungfrau Maria).

Doch scheint uns diese Differenz mit Hinsicht auf die ursprüngliche Intention des lateinischen Wortlautes überinterpretiert. Denn es geht bei der lateinischen Formulierung keinesweg darum, der Menschheit Christi ein anderes Gewicht als Seiner Gottheit zu geben, sondern es entspricht lateinischem Geschmack und dem Bedürfnis nach präzisem Ausdruck, die Wiederholung zu vermeiden und den Vorgang als Aktion zu präzisieren. Sachlich ist dasselbe gemeint.

Zum nachfolgenden Text s. Sergius Heitz, Das Gebet der Orthodoxen Kirche. Orologion und Oktoich, Düsseldorf 1981, 447.

28 Wörtlich: der ‚neue Knabe' gr. neu auch für klein im Sinne von neugeboren.

29 Nach orthodoxer Lehre gehört die Gottesgebärerin ganz und gar auf die Seite der Geschöpfe, auch wenn sie als „Allreine" angerufen und ihr „Sündlosigkeit" zuerkannt wird. Sie ist jedoch im Unterschied zu uns allen durch Christus zur Vollendung gekommen und hat somit das mit der Schöpfung der menschlichen Natur gesetzte Ziel, die Theosis, erreicht, das uns zu erreichen noch bevorsteht. Ihre Reinheit und Sündlosigkeit hat sie denn auch nicht durch eine „unbefleckte Geburt", wie dies die römisch katholische Lehre seit dem Mittelalter verkündet und 1854 dogmatisiert hat. Die Reinhcit kommt ihr vielmehr -wie jedem Heiligen auf doppelte Weise zu: durch ein Sich-Öffnen für Gottes Gnade und durch ein unermeßliches, alle Bemühungen unendlich übersteigendes Geschenk der freien Gnade Gottes. Was die eigenen Bemühungen betrifft, so sind sie deshalb unerläßlich, weil Gott keinem Menschen gegen seinen Willen seine Gemeinschaft aufzwingt. Was die Gottesgebärerin betrifft, so deutet das Fest vom Tempelgang am 21. Nov. im Bilde an, daß die Reinigung der Gottesmutter von früher Jugend an in einem stufenweisen Aufstieg geschah (vgl. unten zu Frage 46). Dieser bildliche Hinweis ist aber weder historisch noch psychologisch auszudeuten, was festzuhalten wichtig ist, z.B. auch gegen neuere Verlautbarungen von Papst Johannes Paul II. Das Geheimnis der Person der Gottesmutter wird weder in der Heiligen Schrift noch in der Orthodoxen Tradition enthüllt. Was im poetischen Bild des Festgeschehens angedeutet wird, ist nur gerade der Hinweis auf diese Wahrheit, deren Bedeutung im Fest der Verkündigung am 25.März vollends klar wird (vgl. unten zu Frage 47). Dumitru Staniloae, einer der bekanntesten rumänischen Theologen, deutet in der Nachfolge von Leontius von Byzanz (1. Hälfte 6. Jhdt.) in Orthodoxe Dogmatik II, Zürich-Gütersloh, S. 70 die eigenen Bemühungen der Gottesmutter auf folgende Weise: „Reinheit bedeutet ungehinderte Empfänglichkeit für Gott, völlige Öffnung für den Dialog mit ihm, Bereitschaft, ihm zu antworten und sich ihm hinzugeben. Die Mutter des Herrn gibt sich dem Logos völlig hin, nicht nur mit Worten, sondern indem sie sich ihm im Gehorsam ganz zur Verfügung stellt. Dadurch kann der Geist das natürliche Gesetz der Empfängnis und der Geburt in ihr ganz überwinden. Wer sich der Begierde hingibt, ist nicht rein, und daher auch nicht mehr völlig für Gott und den Logos empfänglich; er ist nicht mehr in der Lage geistiger Abgeklärtheit und Verantwortlichkeit vor Gott. In ihm vermag die Kraft des Geistes das

Gesetz natürlicher Geburt auch nicht zu überwinden. (...) Wer seinerseits nicht alles für die Reinheit tut, kann vom Geist nicht geheiligt und von ihm nicht völlig durchdrungen werden. Wer sich Gott nicht ganz hingibt, und völlig frei von jeglicher Leidenschaft ist, kann Gott nicht als Person empfangen, um in ihm die vollkommene Personalisierung zu erfahren. Leontius von Byzanz bemerkt, daß auch die Mütter einiger Propheten vom Geist geheiligt waren und daß sich diese Heiligung auch auf die Leibesfrucht auswirkte, die sie unter dem Herzen trugen (Jeremia, Johannes der Täufer usw.). ‚Doch nur die Gottesgebärerin wurde in ganz besonderer Weise vom Geist beschattet, der ihr einwohnte, so daß sie den gebar, der dazu ersehen war, Hypostase des Leibes zu sein, der aus ihr genommen war. Denn sie gebar nicht einen geheiligten Menschen, sondern den Heiligen selbst, der sie, als sie ihn gebar, selbst heiligte.‘ (Adv.Nestorianos MPG 86, Sp.1343 A).“

Diese Heiligung durch den Geist geschieht nun aber in unvorstellbarer Weise weit über alles menschliche Bemühen hinaus, so daß sie in keiner Weise als „Verdienst“ angesehen werden kann. Dies ist wichtig festzuhalten gegen alle scholastischen Spekulationen über merita (de congruo oder de condigno). Was die Gottesgebärerin betrifft, so ist mit dieser Heiligung die Befreiung von der Erbsünde verbunden. Vater Dumitru schreibt in Fortsetzung an den bereits zitierten Text: „Indem der Logos als Hypostase selbst herabstieg und in Maria einging und im Zusammenwirken mit dem Heiligen Geist als Person begann, sich seinen Leib zu bilden, wurde ihr Leib, den sie bis dahin in jungfräulicher Reinheit und in reiner Verfügbarkeit für Gott erhalten hatte, ebenfalls von der Erbsünde befreit und gereinigt, damit die göttliche Hypostase nicht einen Leib erhalte, der von einem Leib herrührt, der sich noch unter dieser Sünde befand, unter dem natürlichen Gesetz der Geburt durch Begierde. Darum mußte die Mutter dessen, der sich seine menschliche Natur aus ihr bildete und der während er sich in ihr bildete, auf sie einwirkte, damit das, was in ihr heranwuchs in ihn, den Gott-Logos eingefügt wurde, vor der Empfängnis, bei der Empfängnis und bei der Geburt, Jungfrau sein. Die Würde Marias als Gottesgebärerin und ihre Jungfräulichkeit gehören zusammen. Wenn mit ihr aber ein solches Wunder geschah, konnte es gar nicht anders sein, als daß sie auch nachher Gott ganz hingegeben war, also Jungfrau blieb. Die, die den Sohn Gottes als Menschen in ihren Armen hielt und an seiner Reinheit teilhatte und durch ihn auch teilnahm an der Befreiung von der Erbsünde als er in ihr Wohnung nahm und sie ihn als Mensch empfing, konnte gar nicht anders, sie mußte Jungfrau bleiben“ (a.a.O. 70f.).

30 Einige Handschriften wie der Codex Sinaiticus und der Codex Vaticanus (beide aus dem 4. Jhdt.) haben die Worte „und Fasten“ nicht im Text oder erst durch eine spätere Hand hinzugefügt. Die Mehrheit der Textzeugen bringt aber den zitierten Text, der (gegen Nestle-Aland, 26. Aufl.) wohl die ursprünglichere Lesart darstellt. Jedenfalls war „Beten und Fasten“ schon in urchristlicher Zeit ein zusammengehörendes Begriffspaar, wie auch im Judentum.

31 Vgl. dazu auch Frage 61 und Frage 126.

32 Dogmatisch kommt hier die Lehre vom ‚Dyotheletismus‘ (d.h. den zwei Wil-

lenskräften in der einen Person Christi) zum Tragen, da Sich der menschliche Wille Christi durch das Abweisen dieser Versuchungen dem göttlichen Willen in Ihm in freier Zustimmung unterordnete. Die Lehre von den zwei Willen in Christus wurde im 6. ökumenischen Konzil von Konstantinopel (dem sog. Trullanum I) 680/81 dogmatisiert, nach dem sog. ‚Monotheletischen Streit'.

33 Zum Problem des ‚historischen Jesus' in der westlichen Theologie vgl. Joachim Jeremias, Jesus und seine Botschaft, Stuttgart 1976. Ferner: Helmut Ristow – Karl Matthiae (Hrsg.), Der historische Jesus in Forschung und Verkündigung, 3. Aufl. Berlin 1964.

34 Ephraim der Syrer, De paradiso IX,26.

35 Die folgenden Worte: „ja, bis zum Tod am Kreuz" sind mit großer Wahrscheinlichkeit ein paulinischer Einschub in den vorpaulinischen, urchristlichen Hymnus.

36 Lk 23,42–43 ist in den Bibelhandschriften nicht ganz einheitlich überliefert. Gut bezeugt sind zwei Lesarten: „Gedenke meiner, Herr, wenn Du kommst in Dein Reich!" und: „Gedenke meiner, Herr, wenn Du kommst in (oder mit) Deinem Reich!" Selbst wenn die erstgenannte Form die ursprünglichere sein sollte – was u.E. nicht zu erweisen ist – so wird doch in der Kirche beim nachösterlichen Nachsprechen dieser Bitte zu Recht die zweite Form gebraucht, da allein diese nach Ostern noch sinnvoll aktualisiert werden kann. Darum findet sich in allen kirchlichen Gebrauchstexten die zweite Form.

37 Zur Vorabbildung des Pas'cha im Alten Testament vgl. Ex 12.

38 Zu den Ostermetten vgl. Heitz, Mysterium I, 564–581.

39 Zum Begräbnisritus in der Osterzeit, vgl. Heitz, Mysterium III, 350–355.

40 Das Österliche Stundengebet s. Heitz, Mysterium I, 582–585.

41 Kilian Kirchhoff – Chrysologus Schollmeyer, Osterjubel der Ostkirche. Hymnen aus der fünfzigtägigen Osterfeier der Byzantinischen Kirche, 2.Aufl. Münster 1961 (Abgek.: Osterjubel) S. 397.

42 Kirchhoff-Schollmeyer, Osterjubel S. 400.

43 Nach Tertullian, De corona 3 und De oratione 23, nach dem Kanon 20 des 1.Ökumenischen Konzils von Nikäa von 325 und nach der Schrift von Basilius dem Großen, De spiritu sancto cap.27 wird an allen Herrentagen des Kirchenjahres und in der Zeit zwischen Ostern und Pfingsten in der Orthodoxen Kirche nicht gekniet und es werden keine Großen Metanien gemacht. In der Osterzeit bis zur Vesper am Pfingstabend sind auch die Kleinen Metanien in den Gottesdiensten nicht überall üblich, vgl. dazu Heitz, Mysterium I, S. 5–7.

44 Vgl. dazu Adolf Rücker, Die feierliche Kniebeugezeremonie an Pfingsten in den orientalischen Riten, in: Odo Casel, Heilige Überlieferungen. Ausschnitte aus der Geschichte des Mönchtums und des Heiligen Kultes, Festschrift für Ildefons Herwegen zum silbernen Abtsjubiläum, Münster 1938, S. 193–211.

45 Der Fundamentalismus ist eine im amerikanischen Laienchristentum des 19./20. Jhdts. verbreitete Bewegung, die mit großer Entschiedenheit für die buchstäbliche Inspiration und die Irrtumslosigkeit der Heiligen Schrift in ihrer buchstäblich-wörtlichen Auslegung eintritt und damit jede kritische Auffassung und Deutung der Bibel als teuflisch bekämpft. Sie geht auf Momente der

nachreformatorischen protestantischen Orthodoxie und des Pietismus zurück und hat heute ihre Verfechter auch in der Evangelikalen Bewegung und in Freikirchlichen Kreisen des Deutschen Protestantismus.

46 Vgl. Wladimir Lossky, Schau Gottes. Bibliothek für Orthodoxe Theologie und Kirche Bd.2, Zürich 1964,123ff.

47 Der Riß des 16. Jahrhunderts in der westlichen Kirche, insofern er innertheologisch begründet ist, ist die Folge des kirchlich-theologischen Bruches des 11. Jahrhunderts zwischen Ost und West und der dadurch bedingten einseitigen Entwicklung der Kirche und der Theologie im Westen. Daher ist das ökumenische Problem unteilbar, d.h. man kann es nicht durch zweiseitige Bemühungen lösen, da sonst der dritte Partner, wer dies auch immer sein mag, sich überfahren fühlt.

48 Vgl. dazu auch die Frage 78, und Fragen 110–111.

49 Ein vom Heiligen Synod in den Laienstand zurückgesetzter Bischof hat seinen priesterlichen Charakter verloren. Zwar prägt die „Amtsgnade" durchaus das menschliche Wesen. Aber eben nicht so wie ein Siegel oder Brandmal, das seinem Träger ohne seine Mitverantwortung von außen aufgedrückt werden kann. Das augustinisch-römisch-katholische Bild des „charakter indelebilis" nimmt die lebendige, personale Beziehung zwischen dem Heiligen Geist und dem Amtsträger nicht ernst. Es ist für das orthodoxe Denken zu juristisch.

50 Der Kanon der Orthodoxen Kirche stimmt im wesentlichen mit dem der westlichen Kirchen überein, nur daß er faktisch offener ist als dieser.

Was das Neue Testament betrifft, so enthält der Kanon offiziell die bekannten 27 Schriften, nämlich 4 Evangelien, die Apostelgeschichte, 14 Paulusbriefe und 7 sog. ‚Katholische Briefe' und die Offenbarung des Johannes. Letztere ist allerdings in der Orthodoxen Kirche im Grunde nur theoretisch anerkannt, denn es werden ihr keine Schriftlesungen für die Gottesdienste entnommen. Dafür gibt es noch einige ‚Apokryphe Evangelien', die in der Alten Kirche insofern eine wesentliche und bleibende Bedeutung erlangt haben, als sie den Festkalender, die Festlegenden und Festikonen von Festen der Gottesmutter bestimmten. In diesem Zusammenhang ist vor allem das sog. ‚Protevangelium' des Pseudo-Jakobus zu nennen, das um 200 schriftlich fixiert worden sein mag. Vgl. dazu die Fragen 45 und 46. Dagegen ist die von uns im Zusammenhang der Koimesis zitierte Schrift ‚Transitus Mariae' (um 400 entstanden) eine sehr späte Niederschrift einer weit älteren Tradition; vgl. dazu Frage 48.

Was das Alte Testament betrifft, so sind neben dem auch in allen westlichen Kirchen allgemein anerkannten jüdischen Kanon, den die Orthodoxe Kirche in der LXX-Fassung übernommen hat und festhält, auch die übrigen Schriften der LXX, die sog. ‚Anaginoskomena' oder ‚deuterokanonischen Schriften' in kirchlichem Gebrauch. Sie werden aufgrund von Konzilsbeschlüssen aus den Jahren 692 und 1672 (Konstantinopel und Jerusalem) als den übrigen Schriften des Kanons gleichwertig erkannt und wenigstens teilweise in kirchlichen Lesungen oder Gebrauchstexten verwendet. Es sind im wesentlichen dieselben ‚Apokryphen Schriften', die sich auch in den deutschen Lutherbibeln im Anhang finden.

Eine Liste der Biblischen Bücher findet sich unten im Abkürzungsverzeichnis.

Ein Wort muß noch zur *Bibelauslegung* (Exegese) und *Hermeneutik* (Verstehenslehre) in der Orthodoxen Kirche gesagt werden:

Die Schriftauslegung ist nach orthodoxem Verständnis keine eigenständige Wissenschaft, wie in der westlichen Theologie, sondern ein Moment des kirchlichen Dienstes. Sie ist also von vornherein ekklesial bestimmt, d.h. man kann sie nur im Kontext der orthodoxen Ekklesiologie recht fassen. Da sich die orthodoxe Ekklesiologie von der römisch-katholischen und protestantischen wesentlich unterscheidet, kann man nicht einfach protestantische oder römisch-katholische Exegese in die Orthodoxe Kirche übertragen. Dies übersehen manche an westlichen Universitäten ausgebildete orthodoxe Theologen, besonders im deutschsprachigen Raum (vor allem auch Griechen!). Sie übernehmen daher weithin unkritisch eine auf protestantischem Boden gewachsene Hermeneutik (Verstehenslehre). Diese setzt u.a. voraus, daß die Heilige Schrift jedem verstehbar ist, der die Sprache mit ihren Grundregeln kennt, etwas von der historischen Situation der Entstehung der infragestehenden Schriftstelle weiß und die historisch-kritische Methode sachgerecht anzuwenden vermag. Wer unter dieser Voraussetzung mit Offenheit als Hörender an die Schrift herangeht, darf nach diesem Schriftverständis darauf vertrauen, im Bibeltext dem lebendigen Wort Gottes (d.h. dem auch ‚für mich' gültigen Wort) zu begegnen, denn in der Schrift ist der Heilige Geist wirksam, der sich selbst auslegt (est ‚sui ipsius interpres') und für jeden, der glaubt, das Heil vermittelt.

An sich müßte jedem orthodoxen Gläubigen sofort auffallen, daß bei diesem Schriftverständis und der auf ihm beruhenden exegetischen Methode die Kirche und ihre Mysterien ausgeblendet worden sind und ein Vernehmen des Gotteswortes außerhalb der Kirche vorausgesetzt wird. Orthodoxe Minderwertigkeitskomplexe machen jedoch leider manche Theologen in dieser Hinsicht blind und lassen einen Bruch entstehen zwischen einer pseudowissenschaftlichen Exegese und der traditionell orthodoxen Bibelauslegung in der Kirche, die sich der Allegorese und der Typologie bedient. Nach orthodoxem Denken ist in diesem Konflikt nicht die kirchliche Praxis, sondern die ‚wissenschaftliche' Theologie zu reformieren, denn diese gründet in einem Heilsindividualismus westlicher Prägung, wie er im Humanismus angefangen und im Pietismus einen Höhepunkt erlebt hat. Die rhetorische Methode der reformatorischen Schriftauslegung, die historisch-kritische Methode der neueren Exegese, aber auch der Fundamentalismus evangelikaler Kreise (vgl. Anm. 48) wurzeln in diesem Heilsindividualismus und setzen voraus, daß die Heilige Schrift selbst (in Absehung von der Kirche) das eigentliche ‚Sakrament' der Vermittlung des Heiligen Geistes ist, der das Wort Gottes je und je zum Verstehen bringt. Diese Einstellung steht insbesondere auch hinter der historisch-kritischen Methode, wo diese überhaupt die Notwendigkeit des Heiligen Geistes für das Schriftverständnis zugesteht (wie z.B. in der lutherischen Tradition bei Rudolf Bultmann und seinen Schülern). Der Geist erscheint da ans Wort gebunden (lutherisch) oder er weht, wo er will (reformiert und spiritualistisch). Beide Auffassungen widersprechen der orthodoxen Pneumatologie zutiefst. Daher kann die Orthodoxe Kirche, wenn sie nicht in Widerspruch zu ihrer Pneumatologie und Ekklesiologie geraten will, der historisch-kritischen Methode nicht die Monopolstellung zugestehen, die sie in der neueren deutschen Exegese hat. Im übrigen ist anzumerken, daß die historisch-kritische Exegese, wie sie an deutschen Universitäten praktiziert wird, weit mehr ein Kind des Humanismus (Erasmus von Rotterdam, Faber Stapulensis) ist als der Reformation, die in ihrer rhetorischen Methode (bei Melanchthon, Luther im Septembertestament von 1522, Heinrich Bullinger, Calvin) der Typologie und der Allegorese Raum gelassen hat. Zu Unrecht beruft man sich auch für die historisch-kritische Exegese auf die sog. Antiochenische Exegetenschule (Lukian von Samosata, gest. als Märtyrer 312; Diodor von Tarsus,gest. vor 394; Johannes Chrysostomus, gest.407; Theodor von Mopsuestia, gest.428, verurteilt 553; Theodoret von Kyros, gest.430, verurteilt 553). Diese Antiochenische Schule, die man nur durch die Werke von Chrysostomus und Theodor von Mopsuestia etwas genauer kennt, hat sich zwar sehr um die Erhellung der historischen Situation der Entstehung von Schrifttexten (insbesondere von alttestamentlichen Texten) bemüht, dies aber vor allem im Dienst der typologischen Schriftauslegung getan, einer Auslegung also, nach der das Alte Testament eine Vorabschattung des Heilsgeschehens in Christus ist. Es wird charakteristischer Weise von der westlichen Auslegungsgeschichte meist unterschlagen, daß wir dieser Schule (Chrysostomus und vor allem auch Theodor von Mopsuestia) die typologisch-allegorische Interpretation der Göttlichen Liturgie zu verdanken haben. Für die Antiochenischen Exegeten bleibt also bei allem Gegensatz zu den Alexandrinern und ihrer allegorisch-pneumatologischen Schulexegese unter stoischem (also individualistischem) Einfluß die Kirche und ihr Gottesdienst der Raum, in dem und auf den hin alle historischen Bemühungen letztlich ausgerichtet waren. In der Konsequenz dieser Ausrichtung unterschieden sie sich gerade von den Alexandrinern. Hier aber liegt der springende Punkt für die orthodoxe Exegese; das ist der Grund, warum in der Orthodoxie sich die historische Methode nicht verselbständigen kann: Diese Exegese ist gehalten durch den gottesdienstlichen Raum der Kirche, in den hinein sie gegeben wird. Das bedeutet: Orthodoxe Schriftauslegung orientiert sich nicht primär am ‚Gestern', sondern am ‚Heute' der Gottesdienstfeier, vgl. 2 Kor 6,2; Hebr 3,4.6–8; Ps 94(95),7–8.

Ganz konkret aber heißt das für die orthodoxe Schriftauslegung: Wissenschaftliche Methoden der Exegese können höchstens gewisse Verstehenshilfen bieten, niemals aber dürfen sie die Schriftauslegung bestimmen, denn sie können die Wahrheit, von der die Schrift zeugt, nicht ans Licht bringen, meistens verstellen sie diese sogar. Die Schriftauslegung wird in der Orthodoxen Kirche bestimmt durch die Tradition des kirchlichen Fastens und Feierns, in der das Heilsmysterium als Ganzes in Blick kommt und aus der heraus jede einzelne Schriftstelle zu interpretieren ist. Es gibt daher keine orthodoxe Schriftauslegung ohne Bezug auf das ‚Heute' des Kirchenjahres, d.h. keine Exegese, die den Text ‚an sich' betrachtet und wie einen toten Schmetterling lehrhaft zur Schau stellt. Denn Gottes Wort läßt sich sowenig auf Vorrat präparieren, wie sich für die Israeliten das Manna auf Vorrat sammeln ließ. Gottes Wort ist nur im Mit- und Nachvollzug des gottesdienstlichen Feierns der Mysterien für den orthodoxen Gläubigen verstehbar. Von daher wird dann auch privates Bibellesen wichtig. Jede orthodoxe Textauslegung hat jedoch ihr Ziel und ihren verborgenen Kontext im liturgischen ‚Heute'. Ohne dieses ist kein Text auszulegen, sonst ist es keine orthodoxe Auslegung. Das besagt beispielsweise für Lk 1,24–39, daß man diesen Text im Lichte der Feier der Verkündigung (des Evangelismos am 25. März) sehen muß, für Mt 2, 1–13, daß dieser Text im Lichte des Mysteriums der Feier der Geburt Christi zu sehen ist. Dabei ist wesentlich, daß sich die alttestamentlichen und neutestamentlichen Texte, Hymnen, Troparien aus verschiedenen Zeiten, Gebete aller Art eines solchen Festes gegenseitig auslegen und ein Ganzes bilden mitsamt der Festikone. Denn, was für die Bibelexegese gilt, gilt auch für die Ikonen. Auch diese sind Texte, die aus dem gesamten Festmysterium interpretiert werden müssen; die exegetischen Regeln sind für sie dieselben, wie für die biblischen Texte. So bilden Heilige Schrift und kirchliche Tradition für den orthodoxen Exegeten ein Ganzes, das immer neu lebendig wird, nie aber abgeschlossen feststellbar ist. Zu diesem Ganzen gehören typologische, allegorische, historische, psychagogische (anagogische) und dogmatischc Aussagen, vgl. dazu Frage 37.

51 Dies entspricht der negativen (apophatischen) Theologie, vgl. dazu Fragen 75 und 76.

Die Orthodoxe Kirche anerkennt Sieben Ökumenische Konzile: das 1. Ökumenische Konzil von Nikäa 325, das 2. Ökumenische Konzil von Konstantinopel 381, das 3. Ökumenische Konzil von Ephesus 431 (durch die Union von 433), das 4. Ökumenische Konzil von Chalkedon 451, dann das 5. Ökumenische Konzil von Konstantinopel 553, das 6. Ökumenische Konzil von Konstantinopel (Trullanum I) 680/81 (ergänzt durch das sog. Quinisextum oder Trullanum II von 692), das 7. Ökumenische Konzil von Nikäa 787. Dazu kommen aber noch einige Lokalsynoden und Reichssynoden von dogmatischer Bedeutung, wie die von 1341 und 1351.

52 Sergej Boulgakov, One Holy, Catholic and Apostolic Church, in: The Journal of the Fellowship of St. Alban and St. Sergius 12,1931, S. 23f. nach Leo A. Zander, Einheit ohne Vereinigung, Stuttgart 1959, S. 261.

53 Zur Legitimität der Bilderverehrung vgl. Susanne Hausammann, Das Bilderverbot und die Anfänge der christlichen Kunst, in: Orthodoxie Heute, NF Nr.16,1991/II,3–12. Was die Ikonen als Symbole betrifft, so ist zu beachten, daß im ursprünglichen, antiken Sinn das Symbol nicht einfach ein mehr oder minder willkürlicher Hinweis auf die gemeinte Sache ist, wie in unserem säkularen Denken, sondern ein wirkungskräftiges Abbild eines geistigen, nicht erfaßbaren Urbildes, das sich im Abbild selbst gegenwärtig setzt. Es gilt also, was K. Delahaye, Maria, Typus der Kirche,in: Wissenschaft und Weisheit 12,1949,80f. folgendermaßen beschreibt: „Symbol bedeutet im antiken Denken also nicht, wie in unserem Verständnis, die Veranschaulichung einer Sache im menschlichen Geiste, sondern die Sache selbst als Ausdruck der sich in

ihr offenbarenden eigentlichen Wirklichkeit. Die Wirklichkeit als Symbol bezeugt somit den offenbarenden Charakter alles Seins. Wir haben im Symbol ein Unterpfand der in sich selbst nicht erfaßbaren intelligiblen Wirklichkeit. In ihm ‚bedingt somit die materielle Konkretheit den realen geistigen Inhalt' . Die Eigenart des symbolhaft Seienden liegt darin, daß das Wesen des eigentlich Seienden, welches selbst durch sich selbst nicht erscheinen kann, in ihm in Erscheinung tritt (...).“ Damit bekommt die Ikone als Symbol einen gleichsam „sakramentalen“ Charakter und wird als transparentes Gleichnis zum Medium der Gotteserfahrung, ja der Schau Gottes. Was die Reliquien betrifft, so haben sie noch einen etwas anderen Charakter als die Ikonen. In ihnen ist die göttliche Wirklichkeit und Heiligkeit noch stärker verhüllt; wenn sie in Erscheinung tritt, dann allein durch ein Wunder. Zwar haben auch die Reliquien die wesentlichen Merkmale von Symbolen: Es geht also auch bei ihnen nicht um das materielle Ding, als das sie in Erscheinung treten, sondern um die geistige Kraft ihrer Eigentlichkeit. Und diese Eigentlichkeit ist die künftige Unversehrtheit und gotterfüllte Heiligkeit. So sind sie Zeugen der Erneuerung des Leiblichen aus dem Geiste am Ende der Tage, wenn „die Posaune wird erschallen und die Toten werden auferweckt werden unverweslich, und wir werden verwandelt werden. Denn dieses Verwesliche muß anziehen Unverweslichkeit und dieses Sterbliche Unsterblichkeit“ (1 Kor 15,52bf.). Die theologisch legitime Verehrung der Reliquien antizipiert die künftige Erscheinung der Herrlichkeit Gottes in Seinen Heiligen und bekundet damit, daß schon jetzt auf verborgene Weise da ist, was dann offenbar werden wird (vgl. Rm 8,16–18). Insofern gilt also die Reliquienverehrung, soweit sie christlich legitim ist, nicht einer „heiligen Substanz“, sondern der Kraft des Heiligen Geistes in Seinen Heiligen. Allerdings hat seit der Antike bis heute in West und Ost auch im christlichen Volk sich immer wieder eine mißbräuchliche Reliquienverehrung eingeschlichen und breit gemacht, die unter dem Deckmantel der Frömmigkeit dem Aberglauben und der Magie verfallen ist, weil sie ihr Heil nicht mehr vom Dreieinen Gott, sondern von einer „heiligen Substanz“ erwartet und somit das erste Gebot verletzt (vgl.auch unten die Fragen 120 und 129).

54 Die orthodoxe Lehre kennt zwar die „Erbsünde“, nicht aber eine „Erbschuld“, wie sie die augustinisch-westliche Theologie mit den ihr eigenen juristischen Denkkategorien ausbildete. Daß „Erbsünde“ nicht primär mit juristischen Kategorien gefaßt werden kann, wird beispielhaft deutlich in der Auslegung, die Vater Dumitru (Staniloae) am Ende des ersten Bandes seiner Dogmatik (vgl. oben Anm.18) der Geschichte vom Sündenfall Gen 3 gibt. Er schreibt (a.a.O. S. 427–429): „Adam und Eva fielen aus der unmittelbaren Schau Gottes heraus und gerieten in eine Welt, die untransparent geworden war, weil Gott sich aus ihr zurückgezogen hatte, so daß sie ihn nicht mehr sehen konnten. Gott bleibt angesichts ihres Falles nicht passiv: sie werden vom Baum des Lebens ausgeschlossen, auch dadurch, daß dieser Baum ihren Blicken entzogen wird, so daß sie keine Möglichkeit mehr haben, ihn zu sehen. Die Welt wird nicht nur infolge der Tat der Menschen undurchsichtig und voller Tod und Verderben, sondern auch durch einen Akt Gottes, der einen Teil seiner Energien dar-

aus zurückzieht. Daß gesagt wird, der Lebensbaum sei irgendwo geblieben, von wo die Menschen vertrieben wurden, bedeutet vielleicht, daß die Welt an sich wenigstens potentiell ein Baum des Lebens geblieben ist, daß sie ihre Transparenz in potentieller Weise behielt, daß die Menschen aber aus der Erkenntnis dieses Sachverhaltes herausfielen. Sie sahen die Welt nicht mehr als ‚Garten', als Paradies vollkommenen Lebens, durch das Gott ‚wandelte' ; sie konnten die Welt nicht mehr in ihrer eigentlichen Bedeutung erkennen, als eine Welt, die zum Unendlichen des persönlichen Gottes geöffnet ist. Es ist bezeichnend, daß die Heiligen, die sich durch Christus über das Verhaftetsein an die Welt erhoben, in der Schöpfung manche Dimensionen und Wirklichkeiten sehen können, die den anderen Menschen, die nichts als diese Welt kennen, verborgen bleiben. Der heilige Symeon, der Neue Theologe, beschreibt die Ordnung der ewigen Welt, die er bereits hier sehen durfte, in Farben unsagbarer Schönheit und Harmonie. Es kann gesagt werden, daß gerade die Menschen, die ganz der Oberfläche dieser Welt verhaftet sind, die Schau ihrer Tiefe in Gott verlieren, den Lebensbaum nicht mehr sehen, von der Welt als Kelch, aus dem göttliches, unvergängliches Leben getrunken werden kann, ausgeschlossen sind. Sie stehen außerhalb der Welt als ‚Garten', durch den Gott wandelt und bleiben fortan in einer Welt, die neben dem Weizen auch ‚Dornen und Disteln' trägt, in einer Welt des Schweißes, in der die wenigen Freuden mit Schmerzen verbunden sind. Nach christlichem Glauben befinden sich die Sünder in der Hölle, in der Finsternis außerhalb der realen Welt. Wir sehen, daß die Neider die Gestalt jener, die ihnen zuwider sind, entstellen möchten,ebenso die Dinge, die ihnen gehören. Sie sehen das Licht, das aus einer anderen Wirklichkeit kommt, nicht. Die Dimension des Unendlichen, die jeder Person eignet, bleibt ihnen verschlossen, ebenso die Transparenz der Dinge für ihre letzte Ursache im persönlichen Gott. Der eigentliche, große Neider, der Satan, kann die Welt als die schöne, geordnete Schöpfung Gottes nicht ertragen und bringt nur Unordnung in sie, und er selbst ist die Verkörperung maximaler Häßlichkeit. Er haßt nicht bloß die Menschen, sondern die ganze Welt. Er versucht die Menschen daran zu hindern, die Schönheit der Welt zu sehen, und ist bestrebt, sie ihnen als einfaches Objekt niederer Lustbefriedigung und als Anlaß zu Streitigkeiten vorzuführen. Er verleitet die Menschen, sich selber auch nur so zu sehen, Gott zu vergessen und sich den Tiefen des Geistes und der Güte zu verschließen. Jene, die sich von ihm nicht verführen lassen, entdecken schließlich die erhabene und wahre Schönheit der Schöpfung, und zwar geschieht das gleichzeitig mit der Entdeckung des göttlichen Geistes, der in sie und in die Schöpfung zurückgekehrt ist. Das Fehlen des Lebens Gottes in der Hölle bedeutet auch einen Mangel normaler Weltzustände, ihre Verwandlung in eine Anhäufung halluzinierender Schatten, die von chaotischen Bewegungen umgetrieben werden. Dieser Zustand bedeutet ein ständiges Leiden unter einem gräßlichen Alpdruck, in der Pseudo-Wirklichkeit des Ich, das nicht mehr von der unverlierbaren Tiefe der Welt als Transparenz der Fülle und des Lebens Gottes weiß. Im Paradies war alles schön, denn alles wies auf die unendliche Liebe Gottes hin, die Adam und Eva verspürten und erwiderten. Nachher erscheint aber alles auch mit häßlichen, vergifteten und monotonen Zügen, und der Sünder entstellt die schöne Welt. Die Schöpfung verliert überhaupt die Gestalt des Guten, das mit dem Bösen unvermischt besteht, sie verliert die Tiefen, die für die unendliche Erkenntnis offen sind, und erhält, vom Sünder bewirkt, ein anderes Aussehen, das durch Schmerz, Scheitern und Unerfülltsein gekennzeichnet ist. Für den christlichen Glauben ist mit der Sünde bzw. mit der Loslösung vom Geiste Gottes zugleich Lebensschwund, seelischer Tod, Krankheit, Verderben und physisches Sterben verbunden. Durch die Sünde bzw. durch den Verlust des göttlichen Geistes wird die Schöpfung als ganze geschwächt, weil sie ihrer vitalen Reserven verlustig geht. Im Zustand der Sünde kann unser Wesen bis zu völliger egoistischer Vereinzelung gelangen, so daß es beinahe nicht mehr weiß, ob es überhaupt noch tatsächlich existiert. Die Verewigung dieses Zustandes in der Hölle ist der ewige Tod, der dem Sterben als der Trennung der Seele vom Leib, der sich auflöst, folgt." Erbsünde ist folglich das, was aus dem Sündenfall des Menschen hervorgeht, nämlich „Ungehorsam, Stolz und unsere egoistische Begierde, die zur Schwächung des Geistes führt. Diese wiederum erzeugt eine Einengung der Erkenntnis von Gottes Schöpfung, indem der Mensch nur noch auf das sieht, was er beherrschen kann und was er zur Befriedigung seiner körperlichen Bedürfnisse braucht, die in Leidenschaften umschlagen. Diese wiederum tragen das ihre dazu bei, daß des Menschen Hochmut wächst, weil er in der Lage ist, sie zu befriedigen. Der Mensch brüstet sich mit der Befriedigung seiner rein materiellen Bedürfnisse und Leidenschaften, und diese werden ihrerseits dadurch gerechtfertigt, daß sie ihm das stolze Gefühl der Autonomie verleihen. Wir müssen aber feststellen, daß wir mit der Beschreibung dieser Erkenntniseinengung hinsichtlich der Schöpfung bereits etwas über die Folgen der Sünde gesagt haben. Gerade dieses eingeengte Weltbild und diese beschränkte Erkenntnis, die den Menschen, ohne daß er es weiß, bestimmen, sind nicht bloß von einer aktuellen Einzelsünde bedingt. (...)Wenn Adam nicht gesündigt hätte, wäre die Menschheit zu einer Art ‚stabiler Bewegung' vorgedrungen, zu einer steigenden Konvergenz und Vereinigung der einzelnen Teile der Schöpfung, zum Einswerden des Menschen mit sich selbst, der Menschen untereinander und aller mit Gott, in einer Bewegung universaler Liebe, wobei alles vom Geiste Gottes durchdrungen worden wäre. Durch den Fall brach indessen in die Schöpfung eine Bewegung ein, die auf Divergenz und Auflösung zielt. Nur in Christus, im menschgewordenen Gott, begannen die auseinanderklaffenden Teile der Schöpfung sich wieder zusammenzufinden, um einer künftigen Transfiguration den Weg vorzubereiten. Denn aus Christus strömt der alles vereinende, ewig lebendige Geist in die Schöpfung ein" (a.a.O. 423f.).

55 Zur Interpretation von Mt 22,1–14:

Man sollte sich nicht vorstellen, der Mann ohne hochzeitliches Kleid (Vers 12–13) sei aus Armut einfach in seinem Alltagskleid gekommen; er hob sich nicht durch ein besonders schlechtes Kleid, sondern durch ein besonders prunkvolles von den anderen Gästen ab. Denn er hatte sein eigenes Kleid demjenigen vorgezogen, das er mit der Einladung geschenkt bekommen hatte. Der Einladende (manchmal der Bräutigam selbst oder

der Brautführer) schenkte nämlich mit der Einladung auch das Hochzeitskleid.

56 Klaus Gamber, Das Opfer der Kirche nach dem Neuen Testament und den frühsten Zeugnissen, 5. Beiheft zu den Studia Patristica et Liturgica, Regensburg 1981, 38.

57 Wer kommuniziert hat, küßt die Hand des Zelebranten nicht. Bis zur Vesper am Abend bei Sonnenuntergang macht er auch keine Großen oder Kleinen Metanien, mancherorts wird auch die Sitte eingehalten, bis dahin keine Ikonen mehr zu küssen, sondern sie höchstens noch mit der Stirn zu berühren.

Dafür wird in manchen Gemeinden oder Familien unter den Kommunikanten der Bruderkuß ausgetauscht.

58 Hans-Joachim Schulz, Die Byzantinische Liturgie. Vom Werden ihrer Symbolgestalt, Sophia Bd.5,2. Aufl., Trier 1980, 43.

59 Den drei Stufen der Mönchsweihe entsprechen verschiedene Gewänder, die sich im Laufe der Jahrhunderte entwickelt haben: Der Rasophor trägt eine Kutte (himation, zostikon, sl.podrjasnik) mit Ledergürtel und darüber eine zweite Kutte mit weiten Ärmeln, das Rason (sl. Rjasa). Sein Haupt ist bedeckt durch einen zylinderförmigen Hut mit dem Mönchsschleier (Kalymmauchion mit Epirriptarion, sl. Klobuk). Außerhalb der Gottesdienste trägt der Mönch eine weiche Mütze (Skuphos, sl. Skufija). Der Mikros'chemos trägt unter dem Rason ein quadratförmiges Stück Stoff mit einem aufgestickten Kreuz. Dieses, Kleines S'chema, Pallion oder Paraman (von Paramandyas) genannte Quadrat, wird auf dem Rücken getragen und durch vorne sich kreuzende Bande, an denen ein kleines Holzkreuz hängt, festgehalten. Über dem Rason wird der ärmellose Mantel oder der Mandyas (sl. Mantija) angezogen. Ursprünglich trugen die Mönche kein Rason, sondern nur das Untergewand und den Mandyas. Heute tragen die russischen Mönche den Mandyas zum Gottesdienst und zum Essen in der Trapeza und bei feierlichen Gelegenheiten. In der griechischen Kirche tragen nur noch die zelebrierenden Mönchspriester und der Kanonarch den Mandyas.

Das Große oder Engelss'chema kennen wir aus den Darstellungen der hl. Mönchsväter auf den Ikonen: Über dem Untergewand (himation) wird das Pallion oder Große S'chema getragen, ein mit Kreuz und Symbolen des Leidens Christi besticktes Tuch, das Schultern, Brust und Rücken bedeckt und etwa bis zu den Knien reicht. Dieses schürzenähnliche Kleidungsstück wird durch den Analabos, eine mit Kreuzen versehene und den Rücken und die Brust kreuzförmig überquerende Kordel an den Körper gebunden, damit es bei der Arbeit nicht hinderlich ist. Darüber kommt noch ein Ledergürtel. Auch der S'chema-Mönch trägt den Mandyas ohne Ärmel und auf dem Haupt das kapuzenförmige „Kukullion der Arglosigkeit als Helm der Hoffnung des Heiles". Anstelle von Schuhen trugen die Mönche früher Sandalen.

Im Laufe der Zeit hat das große Mönchskleid wie alle kirchlichen und liturgischen Gewänder eine Entwicklung durchgemacht und dabei in den einzelnen lokalen Kirchen verschiedene Formen angenommen. Dabei sind die wesentlichen Merkmale erhalten geblieben, aber die Kleider wurden den örtlichen Bedingungen etwas angepaßt, vor allem den klimatischen Voraussetzungen. In den russischen Klöstern trägt der S'chimnik ein Gewand, das den Darstellungen auf den Ikonen sehr ähnlich ist. Allerdings sind die Kapuze und das Pallium zusammengenäht und werden über dem Mandyas und ohne Analabos getragen. Das Kukullion besteht aus einem Mützchen, das unter der Kapuze getragen wird. Analabos und Gürtel befinden sich unter dem Mandyas. Bei den Griechen trägt auch der Megalos'chemos keinen Mandyas, sondern das Rason, und auch die Kopfbedeckung unterscheidet sich nicht vom Rasophoros und vom Träger des Kleinen Mönchsgewandes. Unsere Beschreibung ist natürlich sehr summarisch, da es oft selbst innerhalb der einzelnen autokephalen Kirchen noch von Kloster zu Kloster kleinere Unterschiede geben kann.

60 Deutsche Ausgabe von Bonifaz Miller, Weisung der Väter, Sophia Bd.6,2. Aufl., Trier 1980.

61 Der Mönch Barlaam von Kalabrien (†1350), der Theologe Gregorios Akindynos (†1349) und der Historiker Nikephoros Gregoras (†1359/60) waren mehr vom Humanismus beeinflußt, während die Brüder Demetrios (†1397/8) und Prochoros (†1368/9) Kydones verschiedene Werke Thomas von Aquins und anderer lateinischer Theologen ins Griechische übersetzten und begeisterte Anhänger der Scholastik waren.

62 Wegen des starken Zulaufes von Novizen waren die Räumlichkeiten in der Prophet-Elias-Skite zu eng geworden, die blühende Mönchsgemeinschaft erweckte unfreundliche Gefühle bei den Griechen und bei den türkischen Behörden usw.

63 Die Begründung dieses Herrenlogions zeigt, daß das Verbot, viele Worte zu machen, nicht die Wiederholung einer Anrufung im Blick hat, sondern ein möglichst vollzähliges Benennen und Aufzählen der Bedürfnisse und Wünsche des Beters. Dies ist dort nötig, wo das Beten magisch verstanden wird.

64 Das monastische Streben nach bildlosem Gebet kann nicht mit diesem Gebot in Zusammenhang gebracht werden, da es Teil des monastischen Weltverzichtes ist; vgl. dazu auch Frage 115, sowie Dietz, Philokalie, a.a.O., 135–143.

65 Die Orthodoxe Kirche hält auch heute noch an der einstmals auch im Westen geltenden Regel fest, daß die Liturgie ein Tagwerk ist, d.h., daß es an einem Tag an einem Heiligen Tisch (Altar) nur eine Feier der Göttlichen Liturgie geben kann und daß Priester und Laien auch nur einmal am Tag kommunizieren können.

66 Nach alter orientalisch-jüdischer Sitte beginnt der liturgische Tag mit dem Sonnenuntergang am Vorabend.

67 Während die Griechen am Vorabend eines Festes oder des Herrntages in Gemeindekirchen meist nur gerade die Vesper (den Hesperinos) feiern und den Orthros auf den Festtagsmorgen vor die Liturgie verlegen, pflegen die Slawen Vesper und Orthros zusammen als Vigil (Nachtwache) am Vorabend zu halten, und zwar nicht nur vor hohen Festen, sondern auch vor allen Herrntagen.

68 Irina Gorainoff, Seraphim de Sarov. Sa vie, Entretien avec Motovilov et Instructions spirituelles, Collection Spiritualité orientale et vie monastique n°11, Abbaye de Bellefontaine 1976, 238.

69 Gorainoff, Seraphim de Sarov, a.a.O., 245.

70 Dabei ist jedoch festzuhalten, daß das geistliche Verhältnis von Israel und Kirche keine Schlußfolgerungen politischer Natur für oder gegen den Staat Israel erlaubt.

71 Archimandrit Sophronios, Starez Siluan, Mönch vom Berg Athos, Bd.2: Die Schriften, 2. Aufl., Düsseldorf 1981, 17f.

72 In diesem Zusammenhang muß erwähnt werden, daß die Orthodoxe Kirche ein etwas anderes Missionsverständnis hat als die westlichen Kirchen seit der Karolingischen Zeit. Die Mission geschieht in der Orthodoxen Kirche erst in zweiter Linie durch Predigt und im Aufruf zur Bekehrung, in erster Linie durch Gebet und die Feier der Gottesdienste.

73 Seit Aischylos ist die Zahl der allgemeinen Tugenden auf vier festgelegt. Nach Plato entspricht dem vernunftbegabten Teil (logistikon) der Seele die Klugheit oder Weisheit (phronesis, sophia), dem mutartig-zornigen (thymoeides) die Mannhaftigkeit oder Tapferkeit (andreia), dem triebhaft-begehrenden die Maßhaltung oder Mäßigkeit (sophrosyne). Im Zusammenwirken aller drei Teile entsteht die Harmonie, die durch die alles umfassende Tugend der Gerechtigkeit gegeben ist. In Weisheit 8,7 werden Maßhaltung, Klugheit und Starkmut als Früchte der Gerechtigkeit hingestellt. Von den Kirchenvätern wurde die Vierzahl der Tugenden teilweise übernommen. Anschließend an Philon von Alexandrien (ca. 20 vor Christus – 50 n. Chr.) deutete Ambrosius von Mailand (ca. 339 – 397) die vier Ströme im Paradies (Gen 2,10) sinnbildlich auf die vier allgemeinen Tugenden, die wohl von ihm erstmals Kardinaltugenden genannt wurden. Hieronymus (ca. 342 – 420) sprach von diesen Tugenden als Viergespann, dessen Wagenlenker Christus ist. Gregor I. von Rom (540 – 604), genannt der Dialogist, zählt mit den vier Kardinaltugenden auch die drei Theologischen Tugenden Glaube, Hoffnung und Liebe und die sieben Gaben des Heiligen Geistes auf und betont dadurch gleichzeitig den Gnadencharakter der Tugenden. Auf diese Weise hat sich vor allem im Westen die heilige Siebenzahl durchgesetzt. Diese auf vorchristliche Schemen zurückgehende Systematisierung der Tugenden ist natürlich nicht vollständig und hat daher einen beschränkten Wert; denn die wichtige christliche Tugend der Demut fehlt, um nur ein Beispiel zu nennen. In den Seligpreisungen beschreibt Christus die wichtigsten Tugenden, die das christliche Leben und Handeln prägen und das Liebesgebot und die zehn Gebote konkretisieren. Der Apostel Paulus bringt mehrfach ganze Aufzählungen von Tugenden, z.B. in Gal 5,22: Liebe, Freude, Friede, Geduld, Freundlichkeit, Güte, Treue, Milde und Keuschheit als Früchte des Geistes; in 1 Tim 6,11: Gerechtigkeit, Glaube, Liebe, Geduld, Milde (vgl. 2 Petr 1,5 ff). In 1 Kor 13,13 betont der Völkerapostel ausdrücklich den Primat der Liebe gegenüber Glaube und Hoffnung.

74 MPG 90, 956.

75 Petrus Damascenus, 1. Buch, Vorwort, Philokalia Bd.III, 4.Aufl., Athen 1976, 10 (griechisch).

76 Symeon Metaphrastes, Paraphrase der 50 Geistlichen Reden des hl. Makarius von Ägypten, Kap.16, Philokalia Bd III, 4.Aufl., Athen 1976, 176.

77 A.a.O. Kap 135, Philokalia Bd.III, 5.Aufl., Athen 1984, 227.

78 Theognostus, Über das Tun und die Betrachtung, Kap. 5, Philokalia Bd.II, 5.Aufl., Athen 1984, 255.

79 In deutscher Sprache gibt es folgende Ausgabe: Symeon der Theologe, Licht vom Licht. Hymnen. Deutsch von Kilian Kirchhoff. 2.Aufl. München 1951.

80 MPL 76,1261.

81 In unserem Zusammenhang bezeichnet der Name „Typika" die zwei ersten Antiphone in der Liturgie gewöhnlicher Sonntage vor dem Kleinen Einzug nach slawischem Brauch, also den Vortrag von Ps 1o2 (103),Ps 145 (146) vor den Seligpreisungen (Mt 5,1–12) gegebenenfalls mit den poetischen Zwischentexten. Da diese Typika aber auch das Kernstück eines alten Offiziums für Tage ohne Liturgie darstellen, eines Offiziums palästinensischer Herkunft, ursprünglich mit Kommunion, ist der Name „Typika" auch auf Formulare übergegangen, die die Ordnung eines Gottesdienstes geben, der anstelle der Liturgie gehalten wird, sei es nur mit Lesungen, sei es an Sonn-und Festtagen bei Anwesenheit eines Diakons mit Kommunion.

82 Gorainoff, Seraphim de Sarov, a.a.O., 247.

83 Kilian Kirchhoff – Chrysologus Schollmeyer, Die Ostkirche betet, Bd.2, Münster 1963, 184f.

84 Kirchhoff – Schollmeyer, Die Ostkirche betet, Bd. 2, a.a.O., 168.

85 Vgl. Mt 20,1–16.

86 Matthias Dietz (Hrsg.), Kleine Philokalie, Belehrungen der Mönchsväter der Ostkirche über das Gebet, Klassiker der Meditation, Zürich-Einsiedeln 1976., S. 105f. Vgl. auch Emmanuel Jungclaussen (Hrsg.), Aufrichtige Erzählungen eines russischen Pilgers. Erste vollständige deutsche Ausgabe, Herder, Freiburg-Basel-Wien 1974.

87 Gorainoff, Seraphim de Sarov, a.a.O., 232.

ÜBERSICHT ÜBER DIE VERBREITUNG DER ORTHODOXEN KIRCHE

Die Orthodoxe Kirche als solche gliedert sich in:

das Ökumenische Patriarchat Konstantinopel, den Erzthron,
das Patriarchat Alexandrien (Afrika)
das Patriarchat Antiochien (Syrien, Libanon, Irak)
das Patriarchat Jerusalem (Palästina)
das Patriarchat Georgien (Grusinien)
das Patriarchat Serbien (Jugoslawien)
das Patriarchat Moskau (Rußland)
das Patriarchat Rumänien
das Patriarchat Bulgarien
das Erzbistum Zypern
die Kirche von Hellas
die Kirche von Finnland
die Kirche von Polen
die Kirche in Tschechien und in der Slowakei.

Es werden nicht von allen genannten Kirchen in gleichem Maße als kanonisch anerkannt:

die Auslandskirchen der Russen und Ukrainer,
die autokephale Kirche in Amerika,
die makedonische Kirche,
die japanische Kirche,
die autonomen Kirchen der Ukraine, von Weißrußland und in den baltischen Staaten.

Die bischöflichen Titel variieren je nach lokaler Kirche:

Im griechischen Raum heißen die Diözesanbischöfe Metropoliten. Nur wenige Bischöfe sind Erzbischöfe.

Im russischen Bereich sind die Titel meist an die Person des Trägers gebunden und weisen dann die Abstufung: Bischof – Erzbischof – Metropolit (in seltenen Fällen) auf.

Die größeren lokalen Kirchen haben als Vorsitzenden des Bischofs-Synods einen Patriarchen. Grundsätzlich sind alle Bischöfe gleich; auch der Patriarch; bzw. Ersthierarch, steht als Vorsitzender des Synods nicht außerhalb oder über diesem.

ABKÜRZUNGEN

A) ZUR HEILIGEN SCHRIFT:

AT	Altes Testament
NT	Neues Testament
M	Masoretischer Text, d.h. Text der Hebräischen Bibel
LXX	Septuaginta, Text der Griechischen Bibel, vgl. Anm. 16
Vg	Vulgata, offizieller Text der lateinischen Kirche nach der Revision des Hieronymus (beendet 405), im Tridentinum 1546 verbindlich gemacht und später laufend verbessert

Bücher des AT nach LXX:

Gen	Genesis (1. Buch Mose)
Ex	Exodus (2. Buch Mose)
Lev	Leviticus (3. Buch Mose)
Num	Numeri (4. Buch Mose)
Dt	Deuteronomium (5. Buch Mose)
Jos	Buch Josua
Ri	Buch der Richter
Ruth	Buch Ruth
1 Kön	1. Buch der Könige (M = l. Samuel)
2 Kön	2. Buch der Könige (M = 2. Samuel)
3 Kön	3. Buch der Könige (M = 1. Könige)
4 Kön	4. Buch der Könige (M = 2. Könige)
1 Chr	1. Buch der Chronik (LXX = Paralipomenon l)
2 Chr	2. Buch der Chronik (LXX = Paralipomenon ll)
1 Es	1. Buch Esra (apokryph, Vg = 3. Esra)
2 Es	2. Buch Esra (M = Esra u. Nehemia; Vg = 1./2. Esra)
Est	Buch Esther
Jdt	Buch Judith (apokryph)
Tob	Buch Tobit (apokryph)
1 Mak	1. Buch der Makkabäer (apokryph)
2 Mak	2. Buch der Makkabäer (apokryph)
3 Mak	3. Buch der Makkabäer (apokryph)
4 Mak	4. Buch der Makkabäer (apokryph)
Ps	Buch der 150 Psalmen (immer nach LXX-Zählung zitiert, Zählung von M in Klammern beigegeben)
Od	Oden (Vg = Cantica; Text der Od 1–9 s. Heitz, Mysterium der Anbetung I, S. 243ff.)
Prov	Proverbia (Sprüche)

Pred	Prediger (Ekklesiastis)
Hoh	Hohelied (LXX = Asma, Vg = Canticum seu Cantica canticorum)
Hiob	Buch Hiob (LXX = Iob)
Weis	Weisheit Salomonis (Vg = Sapientia, LXX = Sophia Salomonos, apokryph)
Sir	Buch Jesus Sirach (LXX = Sophia Sirach, Vg = Siracides vel Ecclesiasticus liber, apokryph)
Ps Sal	Psalmen Salomonis (apokryph)
Hos	Hosea (Vg = Osee)
Am	Amos (Vg = Amos)
Mi	Micha (Vg = Michaeas)
Joel	Joel
Ob	Obadja (LXX = Abdiou, Vg = Abdias)
Jon	Jona (Vg = Jonas)
Nah	Nahum
Hab	Habakuk (LXX = Ambakoum, Vg = Habacuc)
Zeph	Zephanja (LXX = Sophonias)
Hag	Haggai (LXX = Aggaios, Vg = Aggaeus)
Sach	Sacharja (LXX = Zacharias)
Mal	Malachja (LXX = Malachias)
Jes	Jesaja (LXX = Isaias)
Jer	Jeremia (LXX = Ieremias)
Baruch	Baruch (apokryph, Vg = Baruch I–5)
Klag	Klagelieder Jeremias (LXX = Thrinoi, Vg = Lamentationes)
Baruch 6	Jeremiasbrief (LXX = Epistoli Ieremiou, Vg = Baruch 6, apokryph)
Ez	Ezechiel (LXX = Iezekiil, Luther: Hesekiel)
Dan 13	Geschichte von Susanna, (LXX = Susanna Vg = Dan 13 apokryph)
Dan	Daniel (LXX = Daniil Vg = Daniel 1–12)
Dan 14	Geschichte vom Bel und dem Drachen (LXX = Bil kai Drakoon Vg = Dan 14 apokryph)

Bücher des NT:

4 Evangelien:

Mt	Evangelium nach Matthäus
Mk	Evangelium nach Markus
Lk	Evangelium nach Lukas
Joh	Evangelium nach Johannes
Apg	die Apostelgeschichte

14 paulinische Briefe:

Rm	Brief des Paulus an die Römer
1 Kor	1. Brief des Paulus an die Korinther
2 Kor	2. Brief des Paulus an die Korinther
Gal	Brief des Paulus an die Galater
Eph	Brief an die Epheser
Phil	Brief des Paulus an die Philipper

Kol	Brief an die Kolosser
1 Th	Brief des Paulus an die Thessalonicher
2 Th	2. Brief an die Thessalonicher
1 Tim	1. Brief an Timotheus
2 Tim	2. Brief an Timotheus
Tit	Brief an Titus
Phlm	Brief des Paulus an Philemon
Hebr	Brief an die Hebräer

7 katholische Briefe:

Jak	Brief des Jakobus
1 Petr	1. Brief des Petrus
2 Petr	2. Brief des Petrus
1 Joh	1. Johannesbrief
2 Joh	2. Johannesbrief
3 Joh	3. Johannesbrief
Jud	Judasbrief
Apk Joh	Apokalypse des Johannes (Johannesoffenbarung)

aus den Neutestamentlichen Apokryphen zitieren wir:

Ps-Jak	Protevangelium des Pseudo-Jakobus, entstanden um 200
Trans Mar	Transitus Mariae, entstanden um 400

B) HÄUFIG ABGEKÜRZT ZITIERTE LITERATURANGABEN:

BKV	Bibliothek der Kirchenväter, 2. Aufl., Kempten 1911ff.
Dietz, Kleine Philokalie	s. Anm. 86
Gorainoff, Seraphim de Sarov	s. Anm. 68
Heitz, Mysterium der Anbetung I	s. Anm. 2
Heitz, Mysterium der Anbetung III	s. Anm. 3
Kirchhoff – Schollmeyer, Osterjubel	s. Anm. 41
MPG	J.P. Migne, Patrologiae cursus completus, series Graece = vollständige Ausgabe der Griechischen Kirchenväter
Nestle-Aland	E. Nestle – K. Aland (Hrsg.), Novum Testamentum Graece, 26. Aufl., 4. rev. Druck, Stuttgart 1981

GLOSSAR

Da in einem Glossar nicht alle für das orthodoxe Verständnis konstitutiven Momente eines Begriffs ausgebreitet werden können, wird der Leser gebeten, die Verweise auf den Text des Katechismus nachzuschlagen, insbesondere dann, wenn sie mit einem * gekennzeichnet sind.

Abkürzungen:

Anm. = Anmerkung; Hinweis auf die Anmerkungen am Ende des Katechismus
Fr. = Frage; Hinweis auf die Fragen des Katechismus
➛ = Verweis auf den angegebenen Begriff des Glossars
gr. = griechisch
hebr. = hebräisch
sl. = slawisch

Abbas Altvater, kommt aus dem Aramäischen und Koptischen und bezeichnet sowohl den erprobten, geisterfüllten Mönchsvater und Seelenführer wie auch später den Abt eines Klosters.

Absolutionsgebete werden bei der Beichte, der Krankensalbung und beim Begräbnis vom zelebrierenden Priester gelesen, und zwar in der Form eines Bittgebetes (= deprekative Form).

Acht-Wochen-Zyklus Jeder Sonntag (Herrntag) des Kirchenjahres ist eine Vergegenwärtigung der Auferstehung Christi, so daß gemäß den acht Kirchentönen im Zyklus von acht Wochen die Texte, die im ➛ Oktoich (Acht-Töne-Buch) festgehalten sind, wiederholt werden.

Adoratio s. Latreia

Agapefeier von gr. Agape = Liebe. Das christliche Liebes- und Gemeinschaftsmahl war urspr. mit dem Herrenmahl (Abendmahl als Vermächtnis des letzten Mahles Jesu) verbunden, wie 1 Kor 11,17–34 und Lk 22,20 bezeugen. Die Trennung von beiden Mahlfeiern geschah wohl vor allem aus den von Paulus in 1 Kor 11 gerügten Mißständen, wurde aber auch dadurch gefördert, daß (wie die Didache zeigt) schon am Anfang des 2. Jahrhunderts in manchen Gegenden aus dem „Abendmahl" die Eucharistiefeier am Herrntag vor Sonnenaufgang geworden war.

Äon Weltzeitalter (* s. Anm. 1).

Akedia Überdruß, geistige Trägheit, Lustlosigkeit, eines der acht Hauptlaster (s. Fr. 130).

Akathistos-Hymnus ein ➛ Hymnus an die jungfräuliche Gottesmutter, in dem der Gruß des Engels (Lk 1, 28) aufgenommen und meditiert, sowie die Gottesgebärerin als Beschützerin der Stadt (Konstantinopel) gepriesen wird. Der Name des Hymnus kommt daher, daß er „nicht-sitzend", also stehend, angehört wird. Der Hymnus wird am Samstag der fünften Fastenwoche (Akathistos-Samstag) vorgetragen, bei den Griechen außerdem jeweils ein Viertel im ➛ Apodipnon (d.h. Komplet) an den Freitagen der ersten vier Fastenwochen. Zu seiner Form, Entstehung und Bedeutung s. Fr. 41.

Es gibt neben diesem berühmten Akathistos-Hymnus an die Gottesgebärerin auch noch entsprechende Hymnen an Heilige, die aber weniger gebräuchlich sind.

Akklamation Beifall mit Rechtswirkung, urspr. bei Herrscherinthronisationen, verbunden mit Proskynesen (Sich-niederwerfen auf Knie und Hände), bereits in den Psalmen auf Gott bezogen; im NT (bes. Phil 2,11) auf Christus übertragen als Ausdruck der Anerkennung Seiner Herrschaft und damit als Bekenntnis zu Ihm. Bei Weihen als Zustimmung des anwesenden Klerus und Kirchenvolkes gibt die Akklamation mit den Worten „Axios, axios, axios" („Würdig, würdig, würdig") der Weihe die Rechtsgültigkeit.

Akoimeten die „Schlaflosen". Mönchsgemeinschaften, die das ununterbrochene Chorgebet üben und sich dabei ablösen.

Akolyth (wörtl. Nachfolger, Schüler, der Gehorchende) d.h. der in der ➛ Liturgie Dienende, vergleichbar dem „Meßdiener" in der römischen Kirche. Der aus der frühen römischen Kirche entstammende Begriff „Akolyth" ist insofern unangemessen, als es in der Ostkirche diesen Weihegrad nicht gibt.

Allegorese eine Schriftauslegung, die dem historisch-buchstäblichen (literalen) Schriftsinn eine tiefere, geistliche (pneumatische) Bedeutung beimißt, ihn also als „etwas anderes sagend" versteht. Im weiter gefaßten Sinn des Begriffs ist jede symbolische Deutung der Schrift eine „Allegorese", wodurch die Schriftauslegung in Gefahr steht, willkürlichem Subjektivismus zu verfallen. Nach orthodoxem Verständnis ist jedoch die Allegorese an die Kirche und ihre Tradition gebunden. *Vgl. dazu Fr. 37 und Anm. 50.

Amtsgnade die Vollmacht, die einem zu einem geistlichen Amt Geweihten aufgrund von Mt 10,1–15 parr., Lk 10,1–12, Joh 20,19–23 von Christus im Heiligen Geist verliehen ist.

Anachoret der (in die Wüste) „Zurückgezogene", der als Eremit (Einsiedler) lebt, was nicht ausschließt, daß sich um ihn als geistlichem Vater Schüler sammeln.

Anagogie „Hinaufführung". Es geht hier um eine geistliche Schriftauslegung (Allegorese) mit der besonderen Ausrichtung, die Seele des zu Unterrichtenden von der irdischen Welt „hinauf" in die himmlische Welt zu führen. Anagogie ist also „Psychogogie" (Seelenführung).

Anaginoskomena Im 39. Festbrief von 367 unterscheidet Athanasius von Alexandrien drei Kategorien von Büchern der Heiligen Schrift: kanonizomena (=kanonische), anaginoskomena (= zur Erbauung gelesene) und apokrypha (= im Verborgenen überlieferte). Die „Anaginoskomena" sind also Schriften, die zwar nicht zum hebräischen ➛ Kanon der Hl. Schrift gehören, aber z.T. schon vom Neuen Testament und den Apostolischen Vätern zitiert und von den Vätern zur Lektüre empfohlen wurden. Sie sind Teil des älteren, alexandrinischen Kanons der ➛ Septuaginta, die von Anfang an der offizielle alttestamentliche Text der hauptsächlich griechischsprechenden Urkirche war. In verschiedenen östlichen und westlichen Lokalkonzilien wurden sie mehr oder weniger vollzählig den kanonischen Schriften gleichgestellt. Für den Osten geschah dies abschließend im Trullanum II 692 (➛ Konzil). In der lateinischen Kirche werden sie seit Sixtus von Siena (1520–1569) als „deuterokanonisch“ bezeichnet. Inhaltlich entsprechen sie etwa den sog. ➛ „Apokryphen“ der Lutherbibel.

Analogie Entsprechung.

Analogion Pult, auf dem im Narthex oder Kirchenschiff die Ikonen ausgelegt sind; auch Lesepult.

Anamnese Gedächtnis im Sinne der Gegenwärtigsetzung (Repräsentation) des ganzen Heilsgeschehens im Heiligen Geist durch die kultische Feier. So wie im Judentum durch die Passafeier die Errettung Israels aus Ägypten vergegenwärtigt wird, so wird in der orthodoxen Liturgie (Eucharistiefeier) Christi Selbsthingabe für uns, Sein Tod, Seine Auferstehung, Seine Himmelfahrt, Sein Sitzen zur Rechten Gottes vergegenwärtigt. Es handelt sich also weder um ein subjektives „Denken an...“ noch um eine „unblutige Wiederholung des Opfers Christi“ (*vgl. Fr. 100).

Anaphora das Eucharistische Hochgebet, das die ➛ Anamnese, die ➛ Darbringung und die ➛ Epiklese enthält.

Anthropotokos inbezug auf Christi Menschwerdung aus der Jungfrau Maria nach einer 451 in Chalkedon endgültig verworfenen Vorstellung: Maria als Gebärerin der menschlichen Natur Christi allein.

Antidoron Rest der Prosphore, aus der die Partikel für die Konsekration herausgeschnitten wurden. Dieses gesegnete, aber nicht konsekrierte Brot (Eulogie) wird nach der ➛ Liturgie an alle, die nicht kommuniziert haben, verteilt und von Orthodoxen nüchtern genossen oder mit nach Hause genommen. Nach neuerem Brauch wird das Antidoron durch die Segnung weiterer Prosphoren vermehrt und auch an die Kommunikanten ausgeteilt, die dieses „Ersatz-Geschenkes“ eigentlich nicht bedürfen.

Antimension die vom Bischof geweihte und unterschriebene, bei den Slawen mit eingenähten Reliquien von Martyrern versehene Altardecke, die bei jeder Zelebration vor dem Cherubim- Hymnus zur Aufnahme der Heiligen Gaben ausgebreitet wird und ohne die eine kanonische Zelebration nicht geschehen kann. Diese Altardecke symbolisiert das Märtyrergrab, über dem seit der Zeit der frühen Christenverfolgungen die Eucharistie zelebriert wurde.

Anti-Pascha der Thomas-Sonntag, d.h. der Sonntag nach Ostern als der zweite Herrntag in der Osterzeit, mit dem die achttägige Osterfeier (die ➛ „Lichte Woche der Erneuerung“) abgeschlossen wird.

Antiphon Einrahmung von Psalmen oder Psalmversen, die entweder durch Wiederholung eines Psalmverses im Wechselgesang geschieht oder durch kurze poetische Zwischentexte. Dabei wird nicht nur der Refrain oder der zu wiederholende Zwischentext selbst als Antiphon bezeichnet, sondern bisweilen das ganze Stück, das durch diese Antiphone bestimmt ist. In diesem weiteren Sinne finden sich z.B. am Anfang der ➛ Liturgie (Eucharistischer Gottesdienst) drei Antiphone.

Antitypa Gegenbilder. In der ➛ Basilius-Liturgie werden Brot und Wein vor der ➛ Epiklese als Antitypa von Leib und Blut des Herrn bezeichnet.

Antizipation Vorwegnahme.

Apodipnon lat. Komplet, d.h. der den Tag abschließende Gebetsdienst „nach dem (Abend)essen".

Apokalypsen Geheime Offenbarungen über das Weltende und das Jenseits.

Apokryphen Es ist zu unterscheiden zwischen den alttestamentlichen Apokryphen und den neutestamentlichen Apokryphen. Die alttestamentlichen Apokryphen umfassen neben den ➤ Anaginoskomena vor allem als ➤ Pseudepigraphen überlieferte ➤ Apokalypsen aus dem häretischen Judentum kurz vor oder nach der Kanonisierung des Alten Testaments. Die neutestamentlichen Apokryphen sind verschiedener Herkunft und Art; großen Teils sind es Schriften, die in gnostizistischen oder sonstigen häretischen Kreisen (➤ Gnosis) als „verborgenes" Geheimwissen verbreitet wurden und in christliche Gemeinden oft nur deshalb Einlaß fanden, weil sie unter dem Namen eines Apostels oder einer anderen kirchlichen Autorität überliefert wurden (➤ Pseudepigraphen). Als die Kirche zur Bekämpfung der Häresien zwischen 180 und 382 mühsam den Kanon der Heiligen Schriften durchsetzte, ging es darum, die häretischen Schriften auszuscheiden. Diesem Sichtungsprozeß fielen auch Schriften zum Opfer, die nicht zur offiziellen Lehre im Gegensatz standen. Einige von ihnen haben über die Hymnographie und Ikonographie in der Kirche weitergewirkt (z.B. das ➤ Protevangelium Jakobi).

Apolytikion Entlassungstropar, d.h. eine den Tag oder das Fest zusammenfassende hymnische Strophe, die am Ende des Abenddienstes (Vesper) und der Morgendienste (Orthros) gesungen und auch in den Stundengebeten nach der ➤ Psalmodie gesprochen wird. Es ist das Tagestropar oder Festtropar (➤ Tropar).

Apophatisch verneinend. Der „apophatische Weg der Gotteserkenntnis" hält das Bewußtsein wach, daß wir mit unseren erdgebundenen Sinnen Gott in Seinem Sein nie in Griff bekommen können. Man kann sich ihm allenfalls nähern durch die Negation (Verneinung = Apophasis) der irdischen Beschränktheiten (z.B. Gott ist un-sichtbar, un-endlich, un-stofflich etc.). Das ist in der orthodoxen Theologie (im Gegensatz zur Philosophie) aber keine logisch-stringente Methode, sondern ein demütiger Verzicht auf eine solche, im Wissen, daß wir von Gott immer nur in *unseren* Bildern und Gleichnissen reden können.

Apophthegmata patrum Aussprüche der Väter. Sammlungen von Sprüchen und Beispielen berühmter Mönchsväter, die im 5./6. Jahrhundert zusammengetragen worden sind.

Apostelfasten eine Fastenzeit, in der an den Wochentagen, außer Montag, Mittwoch und Freitag, Wein und Öl und am Samstag und Sonntag zudem noch Fisch erlaubt ist. Sie beginnt am Montag nach Allerheiligen und endet am Fest des Gedächtnisses der Apostelfürsten Petrus und Paulus (29. Juni).

Apostolische Sukzession Lückenlose Nachfolge im apostolischen Bischofsamt, das durch Handauflegung weitergegeben wird und das sich als Glied einer Kette darstellt, die sich bis zu den Aposteln zurückverfolgen läßt (* vgl. dazu Frage 84).

Apostolische Tradition Paradosis, d.h. Überlieferung, deren Inhalt und Norm Jesus Christus Selber ist, wie Er Sich für uns hingegeben (überliefert) hat und wovon die Verkündigung der Apostel in ihrer durch den Heiligen Geist bevollmächtigten Weitergabe bis heute zeugt (vgl. Fr. 85–86).

Archimandrit urspr. Vorsteher eines Klosterverbandes, Erzabt; später bloßer Ehrentitel als Auszeichnung für einen Priestermönch.

Arianer Anhänger einer Lehre, die im Interesse der Wahrung der alleinigen und ungeteilten Gottheit des Vaters das Gott-Sein Jesu Christi bestreitet und die auf dem Ersten Ökumenischen Konzil von Nikäa 325 verurteilt wurde. Genannt nach Arius (gest. 336), der 325 als Irrlehrer verurteilt worden ist (vgl. Fr. 6).

Artoklasia „Brotbrechung“ im Sinne von „Brotsegnung“ am Ende der ➤ Vesper (des Abenddienstes). Nach der ➤ Litia wird anläßlich einer ➤ Vigil die Segnung von Brot, Weizenkörnern, Wein und Öl vom ➤ Zelebranten im Kirchenschiff vollzogen.

Askese urspr. „Übung“ des Athleten mit Verzicht auf das, was ihn für den Wettkampf untauglich macht. Gleicherweise übt sich der orthodoxe Christ (nicht nur der Mönch) darin, zu meiden, was ihn an der Vergöttlichung (➤ Theosis) hindert und zu erstreben, was dafür förderlich erscheint.

Athonitisches Mönchtum das Mönchtum des hl. Berges ➤ Athos.

Athos („heiliger Berg Athos“), autonome orthodoxe „Mönchsrepublik“ unter dem Protektorat der Griechischen Regierung auf dem östlichsten der drei Ausläufer der Halbinsel Chalkidiki, die zwischen dem Thermäischen und dem Strymonischen Golf in die Ägäis hineinragen.

Auferstehungs-Evlogitaria An Sonntagen, am Lazarussamstag und am Karsamstag werden im Morgendienst ➤ Stichiren (poetische Strophen) gesungen, die als Refrain den ➤ Stichos (Psalmvers) haben „Gesegnet bist Du, Herr, lehre mich Deine Ordnungen“ (Ps 118,12 LXX).

Auferstehungs-Stichiren In der ➤ Vesper (Abenddienst) und in der ➤ Laudes (letzter Teil des Morgendienstes) werden in der Osterzeit und an Sonntagen mehrere Strophen gesungen, die die Auferstehung Christi preisen.

Autokephal eine Territorialkirche mit einem eigenen Oberhaupt (Patriarch, Erzbischof oder Metropolit), die sich selbst verwaltet und einen „heiligen Synod“ (Bischofssynode) hat, dessen Vorsitzender das erwähnte Oberhaupt ist.

Axios – anaxios „würdig“ – „unwürdig“. Mit dreimaligem „axios“-Rufen bestätigen Hierarchie und Volk die Wahl eines zu Weihenden. Wenn „anaxios“ gerufen wird, muß die Weihe abgebrochen und der Fall untersucht werden.

Basilius-Liturgie Zehnmal im Jahr wird die Liturgie (Eucharistiefeier) mit einer sehr alten und ausführlichen ➤ Anaphora gefeiert, deren heute gebräuchliche Version wohl zu Recht im wesentlichen einer Redaktion von der Hand des hl. Basilius des Großen (gest.379) zugeschrieben wird.

Beichtspiegel Wie man in einem Spiegel die Flecken und Runzeln seines Angesichtes erkennen kann, so kann man bei der Vorbereitung auf die Beichte Texte benutzen, die helfen, die eigenen Sünden zu erkennen. Als solche Texte bieten sich u.a. kurze Erklärungen des Vater-Unsers, der Seligpreisungen, der Zehn-Gebote oder Tugend-und Lasterkataloge an.

Bilderstreit 726–843 nahmen byzantinische Kaiser die oft auch von Bischöfen beklagte, abergläubische Bilderverehrung im Volk zum Anlaß, mit staatlichen Bilderverboten und militärischen Gewaltmaßnahmen ihre autokratische Herrschaft auf die Kirche auszudehnen und die Eigenständigkeit der Kirche, sowie insbesondere das Mönchtum zu unterdrücken. Daher gab es vor allem unter den Mönchen und Klosterfrauen viele Martyrer. (* vgl. Fr. 90).

Bitt-Ektenie eines der drei großen, in ➤ Vesper (Abenddienst), ➤ Orthros (Morgendienst) und ➤ Liturgie (Eucharistiefeier) wiederkehrenden Gebeten, das mit den Worten beginnt: „Lasset das (Abend-/ Morgen-)Gebet zum Herrn uns vollenden". Es wird im Mittelstück vom Chor oder Kantor oder Volk beantwortet mit: „Gewähre (es), o Herr!".

Chalkedonensisch Gemäß dem 451 in Chalkedon auf dem Vierten Ökumenischen ➤ Konzil beschlossenen Bekenntnistext wird Christus geglaubt als „wahrer Gott und wahrer Mensch", dessen zwei ➤ Naturen (die göttliche und die menschliche) unvermischt und unverwandelt, ungetrennt und ungeschieden in der einen göttlichen Hypostase (Person) gemeinsam wirken.

Charakter indelebilis eine unauslöschbare Prägung durch ein unwiederholbares Sakrament wie z.B. die Taufe. Die Wirksamkeit dieser Prägung ist gleichsam der Person des Trägers eingebrannt und nicht an sein Amt oder seinen Auftrag gebunden.

Charismen Gnadengaben nach 1 Kor 12 und Gal 5,22–25.

Chirothesie Handauflegung als (niedere) Weihe zum ➤ Lektor und ➤ Hypodiakon (Subdiakon).

Chirotonie Handauflegung bei der Weihe zum ➤ Diakon, ➤ Presbyter (Priester) und Bischof (➤ Episkopos).

Cherub (pl. Cherubim) hebr. Engelwesen, Träger des Gottesthrones (1 Sam 4,4), dargestellt auf der Bundeslade (Ex 25,18), urspr. aus Mesopotamien, wo Mischwesen mit Menschengesichtern, Tierleibern und Flügeln als göttliche Wächter vor Heiligtümern und Thronen von Gott-Königen fungierten.

Christus Titel „Messias" = Gesalbter, gemeint ist der König und Heilbringer der Endzeit.

Christotokos Christusgebärerin, ein Ehrentitel für Maria, der es vermeidet, von ihr als ➤ Gottesgebärerin zu reden, *vgl. Anm. 25.

Chrysostomus-Liturgie die heute gebräuchlichste Form der orthodoxen ➤ Anaphora, die im wesentlichen mit großer Wahrscheinlichkeit auf die Redaktion des hl. Johannes Chrysostomus, der von 397–404 Patriarch von Konstantinopel war, zurückgeht.

Darbringung im weiteren Sinne des Wortes die ➤ Anaphora als Ganze, im engeren Wortsinn die nach den Einsetzungsworten aber vor der ➤ Epiklese (Konsekration) die priesterliche Gebärde der Erhebung der Gaben begleitenden Worte: „Eingedenk also dieses erlösenden Gebotes und all dessen, was für uns geschehen ist,...bringen wir Dir dar das Deine vom Deinigen, gemäß allem und für alles".

Deesis Fürbitte. Auf den Ikonen dargestellt in Form der fürbittenden Gottesmutter rechts von Christus und des fürbittenden Johannes des Täufers links von Ihm, der meist als ➤ Pantokrator (Allherrscher) oder Weltenrichter dargestellt ist.

Dekalog die Zehn Gebote („Zehnworte" nach Ex 20,2–17 / Dt 5,6–21).

Diakon seit neutestamentlicher Zeit Diener am Heiligen Tisch (Altar), bei der

Verkündigung des Evangeliums und bei der Verwaltung der sozialen Gemeindeaufgaben (Versorgung der Armen, Witwen und Waisen), vgl. Apg 6.

Deprekativ in der Form der Bitte.

Diptychen doppelreihige Tafeln (urspr. Wachstafeln, heute Büchlein oder einfach zwei Zettel) mit den Namen der lebenden und verstorbenen Gläubigen, derer in der Liturgie gedacht werden soll (*vgl. Fr. 102). Von diesen privaten Diptychen sind die offiziellen Diptycha einer Eparchie zu unterscheiden. Sie enthalten alle Bischöfe und lokalen Kirchen, mit denen die jeweilige Lokalkirche in kanonischer Gemeinschaft steht.

Diskos Schale mit Fuß für das Eucharistische Brot (lat. Patene).

Doketismus theologische Lehre, nach welcher Christus nur einen Scheinleib hatte, wodurch das wahre Menschsein Christi geleugnet wird (vgl. Anm. 13).

Doxa lat. gloria, sl. slava, Lichtglanz, Herrlichkeit, Ehre. Übersetzung des hebr. „kabod“ in der ➛ Septuaginta (LXX). * Vgl. dazu Anm. 8.

Doxologie Verherrlichung (Gottes).Trinitarischer Lobpreis Gottes am Schluß von Gebeten (= ➛ Ekphonese, z.B. Vater-Unser). Als Doxologie im engeren Sinne wird ein dem lat. „Gloria“ entsprechender Hymnus bezeichnet, der in zwei Formen verwendet wird: als „Große Doxologie“, die bei mittleren und hohen Festen im Morgendienst gesungen wird, und als „Kleine Doxologie“, die an der gleichen Stelle an Wochentagen gelesen wird, sowie täglich im Dienst nach dem Abendessen (➛ Apodipnon).

Dringende Ektenie Fürbittegebet, das in seinem Mittelteil mit dreimaligem „Kyrie eleison“ (Herr, erbarme Dich!) auf jede Bitte bekräftigt wird.

Dualismus zweipoliges Weltbild, wonach die Welt eine unheilvolle Vermischung von göttlich-gutem Geist und dämonisch-böser Materie darstellt, die sich bekämpfen bis zur vollständigen Trennung, resp. zur Vernichtung der Materie (vgl. Anm. 13).

Duleia Dienst, Verehrung durch Verbeugungen. Unterschieden wird die „duleia“ von der „latreia“, der Anbetung, die nur den drei göttlichen Hypostasen (Personen) zukommt.

Dynamis Kraft, Energie.

Dyotheletismus die vom Sechsten Ökumenischen ➛ Konzil dogmatisierte Lehre von den zwei Willenskräften in der einen Person (Hypostase) Jesu Christi (vgl. Anm. 32).

Ehekrönung das vom Priester zu vollziehende Ehesakrament (*vgl. Fr. 106).

Eidolon Idol, Götzenbild, Trugbild.

Eikon Bild als Abbild eines Urbildes. ➛ Ikone.

Einzug, Großer/ Kleiner Term.tech. für den Einzug der Zelebranten im Eucharistischen Gottesdienst (Göttliche ➛ Liturgie). Kleiner Einzug: am Anfang des Wortgottesdienstes mit dem Evangelienbuch (Introitus). Großer Einzug: am Anfang des eigentlichen eucharistischen Teils mit den Heiligen Gaben (vgl. Fr. 100).

Ekklesia /ekklesial Kirche, verstanden als Bau Gottes, Leib Christi und Volk Gottes, nicht primär als weltliche Institution. Die Kirche ist, zeit-und raumübergreifend, jederzeit als Ganze gegenwärtig, wo im Namen des Dreieinen Gottes Gottesdienst gefeiert wird (Mt 18,20;1 Kor 12,3).

Ekklesiologie Lehre von der Kirche.

Ekphonese Trinitarischer Gebetsschluß, der vom Zelebranten in den Gottesdiensten laut gesungen (wörtl. „ausgerufen") wird.

Ektenie „inständiges Gebet" in Form einer Art von Litanei, wobei die Gebetsanliegen (Gebetsintentionen) vom Diakon oder Priester vorgetragen und vom Volk, Chor oder Lektoren durch „Respondieren" mit „Kyrie eleison" oder „Gewähre (es), o Herr!" bestätigt werden.

Energien Gottes Wie die Sonne nicht in ihrem Wesen, sondern nur in ihren Strahlen erfahrbar ist, so ist Gott nicht in Seinem Wesen, sondern nur in Seinen Energien (Auswirkungen) für uns faßbar.

Engelhierarchien Nach den am Ende des 5. Jahrhunderts entstandenen Schriften des Pseudo-Dionysius Areopagita, ist die Engelwelt in eine dreistufige dreigliederige Ordnung unterteilt, so daß neun Engelchöre unterschieden werden, nämlich: Seraphim, Cherubim, Throne; Herrschaften, Mächte, Gewalten; Fürstentümer, Erzengel und Engel (vgl. auch Rm 8,38f.; Eph 1,21).

Enkomia Lobpreisungen; insbesondere werden die ➤ Stichiren zu Ps 118 (119) im ➤ Orthros des Hohen und Heiligen Sabbat (Karsamstag) Enkomia genannt.

Eparchien Diözesen (Kirchenprovinzen, die in Byzanz mit den Reichsprovinzen zusammenfielen).

Epiklese Anrufung Gottes mit der Bitte um das Herabkommen des Heiligen Geistes. In der Göttlichen ➤ Liturgie (Eucharistiefeier) erfolgt die Epiklese, die konstitutiv für die Wandlung der Eucharistischen Gaben ist, nach den Einsetzungsworten und der Darbringung, wobei sie nicht nur das Herabkommen des Geistes auf die Gaben Brot und Wein, sondern ebenso auf die versammelte Gemeinde erbittet. Epiklesen gehören zu allen Weihehandlungen der Kirche.

Episkopat, monarchischer Gesamtheit der Bischöfe, wobei der Bischof als Vorsteher und Leiter der Lokalkirche im Kollegium von ➤ Presbytern (Priester) und ➤ Diakonen als letzte und oberste Instanz die Verantwortung trägt, aber auch die Sorge für das Ganze der Kirchen im lokalen und ökumenischen Synod.

Episkopos Aufseher = Bischof.

Epistel gottesdienstliche Lesung aus den Apostelbriefen oder der Apostelgeschichte.

Epitaphios eine Art Altardecke (urspr. Leichentuch Christi) mit aufgemalter oder aufgestickter Darstellung der Beweinung Christi am Grabe, wovon der Name „epitaphios threnos" (gr.; sl. plaschtschaniza) kommt. Er wird auf einem blumengeschmückten Holzgestell (dem „Grab Christi") am Heiligen und Hohen Freitag (Karfreitag) in einer Prozession, der Grablegung, aus dem Altarraum getragen und im Kirchenschiff zur Verehrung aufgestellt.

Epitimie gr. epitimion. Die vom Beichtvater aus seelsorgerlichen Gründen (nicht als Strafe) auferlegte Buße (vgl. Fr. 104).

Epitrachil (lat. stola) ein um die Schultern gelegtes, vorne zugeknöpftes breites Stoffband, das der Priester zum Zeichen seiner geistlichen Vollmacht trägt und bei der Absolution dem Beichtenden auf den Kopf legt.

Erbschuld die nach röm.-kath. und lutherischer Lehre von Adam vererbte Schuld vor Gott, durch die jeder einzelne Mensch behaftet und zur Hölle verdammt ist, kennt die orthodoxe Theologie nicht, da sie Erbsünde und Erlösung nicht primär juridisch versteht wie die westlichen Konfessionen (zum Sachverhalt vgl. Anm. 54).

Erbsünde bezeichnet die menschliche Grundbefindlichkeit der Gottesferne, in der Gottes Nähe und Sein Heil nicht mehr wahrgenommen werden können. In der Erzählung von Adams Sündenfall und dessen Folgen (Gen 3) wird dieser Sachverhalt veranschaulicht, der mit dem theologischen Begriff „Erbsünde" vom individuellen Einzelakt des Sündigens abgehoben werden soll (vgl. dazu die Fragen 18–24 und Anm. 54).

Eremit der in die Wüste entwichene Einsiedler, wobei die „Wüste" bildlich für „Einöde" genommen werden kann. Ziel des Eremitendaseins ist es, im Gebet zu leben und von den Leidenschaften gereinigt zu werden.

Erleuchtung „photismos" wird die Taufe genannt, weil mit ihr das Licht der Erkenntnis und des Lebens in der Finsternis aufgeht (Joh 1,1–13).

Eschatologie Lehre von den „Letzten Dingen", von der Endzeit, dem Endgericht und der Vernichtung des Bösen am Ende der Tage bei der Wiederkunft des Herrn in Herrlichkeit.

Eucharistie „Danksagung", gebraucht als term.tech. für die Feier der Göttlichen ➛ Liturgie (der lat. Begriff „Messe" ist für die orthodoxe Eucharistiefeier unpassend und sollte nicht gebraucht werden).

Eucharistische Gaben Brot und Wein, resp. Leib und Blut Christi.

Euchiten s. Messalianer

Evangelismos Griechischer Name für das Fest Mariae Verkündigung vom 25. März.

Exapostilarion besteht aus mindestens einem ➛ Tropar und meist einem ➛ Theotokion und wird am Ende der ➛ Oden im Morgendienst gesungen. Es bezieht sich an Sonntagen auf das Morgenevangelium, an Festtagen und an gewöhnlichen Wochentagen auf den Tag.

Exegese Auslegung der Heiligen Schriften mit dem Ziel, aus ihnen den Gehalt für die kirchliche Verkündigung zu erheben (vgl. Anm. 50).

Exegetenschule, alexandrinische /antiochenische im christologischen Streit des 5. Jahrhunderts wirksam gewordene Unterschiede in der Auslegung der biblischen Schriften zwischen alexandrinischen und antiochenischen Theologen, s. dazu Anm. 50.

Exemtion kirchenrechtlicher Akt, der die Ausgliederung eines Klosters oder Gebietes aus der normalen kirchlichen Zuständigkeit festschreibt.

Exorzismus Austreibung des Satans und seiner „Engel", der Dämonen, d.h. der Mächte, die über den Menschen in der Gottesferne die Herrschaft innehaben. Daher ist der Exorzismus und die Absage an den Satan ein Akt innnerhalb des Taufritus.

Fasten ist weder zu verstehen als bloßer Verzicht auf tierische Nahrung, noch als völlige Enthaltsamkeit von Essen und Trinken, sondern wird vielmehr zu den verschiedenen Zeiten des Kirchenjahres sehr differenziert praktiziert, vgl. dazu Fr. 61.

Fasttage Mittwoch und Freitag sind während des ganzen Jahres mit Ausnahme der ersten und dritten Vorfastenwoche, der Osterwoche, der Pfingstwoche und der Tage zwischen Weihnachten und dem Vorabend von ➛ Theophanien Fasttage. In der Osterzeit und an größeren Heiligenfesten ist an Fasttagen Öl und Wein (seltener Fisch) erlaubt. Sonst gilt die Enthaltung außer für Fleisch, Eier und alle Milchprodukte (Laktizinien) auch für Fisch, Fette und Öle, sowie für Wein, bzw. alkoholische Getränke.

Festikone vergegenwärtigende, nach strengen Vorschriften gemalte Darstellung eines hohen kirchlichen Festes.

Festlegende urspr. das, was als Erklärung des Festtages im ➛ Synaxarion (Kalenderlesung nach der sechsten Ode) zu lesen war. Später: alles, was kirchliche Texte und Ikonen vom Festereignis berichten.

Festtropar s. Apolytikion

Filioque Zusatz der abendländischen Kirche zum Glaubensbekenntnis von 381, wonach im dritten Artikel gesagt wird, daß der Heilige Geist vom Vater „und vom Sohn" ausgehe (*vgl. Frage 8).

Friedensektenie das große Fürbittengebet am Anfang von Vesper, Orthros (Morgendienst), Göttlicher Liturgie und sakramentaler Handlungen, das mit den Worten beginnt: „In Frieden lasset zum Herrn uns beten!" und vom Chor, Lektor oder Volk mit „Kyrie eleison!" bekräftigt wird.

Fundamentalismus eine von den USA ausgehende Bewegung in evangelischen Denominationen, die für die buchstäblich-wörtliche Schriftauslegung und die Irrtumslosigkeit der Schrift gegen jede Bibelkritik zu Felde zieht (vgl. Anm. 45).

Gehenna das hebr. Wort für „Hölle", das von „ge-hinnom", einem Tal von Jerusalem, kommt, welches einst durch Kinderopfer befleckt worden war, vgl. Lev 18,21; Mt 18,9.

Geron Altvater. Der Begriff bezeichnet sowohl den Abbas des frühen Mönchtums als auch den geistlichen Vater oder Starzen der Neuzeit.

Gnosis /Gnostiker gr. Erkenntnis, Wissen. Die Gnostiker sind die „Wissenden" von im frühen Christentum verbreiteten Geheimlehren ➛ dualistischen Charakters, die von den Kirchenvätern bekämpft wurden (vgl. Anm. 13).

Gottesschau s. Theosis

Gottesgebärerin s. Theotokos

Gottesmutterfasten eine Fastenzeit auf ➛ Koimesis (Mariae Entschlafen), die am 1. Aug. beginnt und bis zum 15. Aug. dauert. Am Hochfest der Verklärung Christi (6. Aug.) ist Fisch, Wein und Öl erlaubt; an den Samstagen und Sonntagen Wein und Öl, an den übrigen Tagen wird das Fasten gehalten wie an den ➛ Fasttagen Mittwoch und Freitag.

Gottesmutterfeste s. Hochfeste

Gratia increata s. Taborlicht

Große Fasten vierzigtägige Fastenzeit (strenges Fasten wie an ➛ Fasttagen, außer Samstag und Sonntag und einigen Festtagen, wo Wein und Öl erlaubt ist), die mit dem Freitag vor Palmsonntag endet, *vgl. Fr. 61.

Hades Totenreich, Unterwelt, nicht als Ort der Qual und Strafe (Hölle) verstanden, sondern als Ort der Lebensferne, der Existenz als Schatten.

Häresie urspr. Schule, Sekte, im Sinne eines Geheimbundes mit eigener Tradition (vgl. z.B. Gnosis s. Anm. 13). Später von der Kirche verurteilte Sondermeinung, Irrlehre.

Hauptbeugungsgebete urspr. Entlassungsgebete in Vesper (Abenddienst), Orthros (Morgendienst) und Liturgie (Eucharistiefeier), die eingeleitet werden durch den Ruf des Diakons oder Zelebranten: „Beuget eure Häupter vor dem Herrn!“ oder „Beugen wir unsere Häupter vor dem Herrn!“

Heilige und Hohe Woche Karwoche.

Hermeneutik Verstehenslehre, insbesondere inbezug auf die Grundsätze der Schriftauslegung (➛ Methoden der Textauslegung, Exegese), *vgl. Anm. 50.

Herrenlogion (pl. Herrenlogia) Herrenworte, d.h. Aussprüche und Bildreden Jesu, wie sie uns in den Evangelien überliefert sind (z.B. Mt 5,13–16).

Herrnfest s. Hochfeste

Herrntag Sonntag als Auferstehungstag Christi, unseres Herrn.

Herzensgebet das ➛ Jesus-Gebet, das sich mit dem Atem und dem Herzschlag verbunden hat und zum immerwährenden Gebet geworden ist.

Hesychasmus von „hesychia“= Ruhe, d.h. heilige Ruhe in Gott = Gottesversenkung. Der Hesychasmus stellt eine Gebetspraxis im Mönchtum seit dem 4./5. Jahrhundert dar, die im 14. Jahrhundert im sog. ➛ Hesychastenstreit innerhalb der Orthodoxie theologische Anerkennung gefunden hat.

Hesychastenstreit Streit um die Gebetspraxis der Athosmönche im 14. Jahrhundert, wobei der hl. Gregor Palamas (1296–1359) Wortführer der sog. Hesychasten (➛ Hesychasmus) war und auf Konzilien in Konstantinopel (1341 und 1351) gegen seine humanistischen Gegner Recht behielt. Diese Konzilsbeschlüsse wurden ins Synodikon der Orthodoxie aufgenommen und bekamen damit für die Orthodoxe Kirche dogmatische Gültigkeit (vgl. Fr. 77).

Hexapsalm Eingangspsalmen zum Morgendienst; „Sechserpsalm“, nämlich 3,37 (38), 62 (63) und 87(88), 102(103),142(143) werden vorgetragen, während der Priester vor der Heiligen Pforte 12 Morgengebete leise liest.

Hierarchie präzise genommen die Bischöfe, Priester, Diakone, die in der kirchlichen Rangordnung auf Erden die Engelhierarchie widerspiegeln; oft jedoch ist mit „Hierarchie“ nur der Episkopat gemeint.

Hochfeste die wichtigsten zwölf Feste des Kirchenjahres. Dazu gehören sowohl Herrnfeste wie Gottesmutterfeste, wobei das Fest der Feste, Ostern, außerhalb dieser Zählung steht.

Homoioma Abbild, Bildnis, Gleichnis.

Homoios ähnlich, entsprechend, abbildlich.

Homousios wesensgleich. Im Bekenntnis des Ersten Ökumenischen ➛ Konzils von Nikäa 325 wird die Wesensgleichheit von Gott-Vater und Sohn gegen ➛ Arius dogmatisiert (vgl. Fr. 6 und 33).

Horen s. Stundengebet

Hymnus feierlicher Lobgesang. Es gibt bereits biblische Hymnen wie Ex 15,1–20; Dan 3,57–88 (LXX); Phil 2,6–11 u.a.m.

Hypapante Begegnung Jesu Christi im Tempel mit Simeon und Anna oder die „Darstellung Jesu im Tempel“, die am 2. Februar gefeiert wird.

Hyperduleia Verehrung („Dienst“) über alle Maßen. Dieser Begriff ist für die Gottesmutter reserviert, der ja nach orthodoxem Verständnis die „latreia“ (Anbetung) nicht zukommt und die dennoch mehr zu verehren ist als alle anderen Heiligen und die Engel.

Hypodiakon Subdiakon. Er gehört noch zu den Laien, nicht zur „Hierarchie" im eigentlichen Wortsinn.

Hypostase lat. substantia; urspr. sinngleich mit Usie (essentia) verwendet, wenn auch auf aristotelischem statt platonischem Denkhintergrund. In diesem Zusammenhang wurde bei den Homousianern von einer Usie und einer Hypostasis gesprochen. Erst mit den drei Kappadokiern (Basilius dem Großen, Gregor von Nyssa und Gregor von Nazianz) wird es möglich, inbezug auf die Trinität von einer Usie und drei Hypostasen zu sprechen, wie das im Bekenntnis von Konstantinopel 381 vorausgesetzt ist. Jetzt ist die Hypostase eine selbständige Wesenheit, was im lat. mit „Person" ausgesagt wird (vgl. Fr. 1 und 9).

Hypostatische Union Vereinigung der göttlichen und menschlichen Natur Christi in einer göttlichen ➛ Hypostase.

Jakobus-Liturgie ein Eucharistiefeierformular, das mancherorts an den Festtagen des Herrenbruders Jakobus benutzt wird.

Idiorhythmie Mönchtum, das inbezug auf Wohnung, Verköstigung, Kleidung und Privateigentum dem einzelnen Mönch volle Freiheit läßt, was vom kanonischen Mönchtum als Zerfall beurteilt wird.

Jesus-Gebet Aufgrund von Joh 15,4f. und 1 Th 5,17 die Übung einer möglichst häufigen Wiederholung des Gebetsrufes: „Herr Jesus Christus (Sohn Gottes) erbarme Dich meiner, (des Sünders)". Vgl. Fr. 116.

Igumenos Klostervorsteher.

Ikone Eikon = Bild. Abbild, das Anteil am göttlichen Urbild gibt und dessen Verehrung auf das Urbild übergeht.

Inkluse Eingeschlossener (Rekluse, Klausner), d.h. ein Einsiedler, der sich für eine gewisse Zeit oder für immer in seine Zelle einschließt und den Kontakt mit der Außenwelt abbricht.

Inspiration Einhauchung, d.h. Eingebung des Heiligen Geistes, Geistbegabung, Geisterfülltheit.

Intelligibel durch den Intellekt erkennbar, geistig faßbar, der Gedanken- und Vorstellungswelt angehörend, d.h.nicht vorfindlich in der Sinnenwelt .

Jurisdiktion „Rechtsprechungsbereich", d.h. Zuständigkeitsbereich einer Lokalkirche.

Kalybe Einsiedelei ohne Gottesdienstraum (vgl. Fr. 114).

Kanon Richtschnur, Regel, Ordnung. Es gibt einen Kanon von Heiligen Schriften des Alten- und Neuen Testamentes. ➛ Konzilien haben in Kanones ihre Beschlüsse festgehalten. Der Begriff „Kanon" wird auch für die im Nacht- und Morgendienst vorgetragenen Gesänge zum Heiligen oder Fest gebraucht. Ein solcher Kanon hat im Normalfall neun ➛ Oden, wobei außer in der Fastenzeit die zweite Ode fehlt.

Kanonarch Vorsänger, dessen Worte vom Chor wiederholt werden.

Kardinaltugenden Haupttugenden. Nach antikem Schema werden vier Kardinaltugenden gezählt: Klugheit, Maßhaltung, Tapferkeit und Gerechtigkeit (vgl. Frage 129).

Kat'akribeian strenge, genaue Befolgung der ➛ Kanones und Rechtsvorschriften (vgl. Fr. 108).

Kataphatisch bejahend. Die kataphatische Gotteserkenntnis ist eine nicht hinterfragbare Erkenntnnis aufgrund der Offenbarung, die aber nach orthodoxem Verständnis insofern von der ➛ apophatischen (verneinenden) Theologie mitgeprägt ist, als auch die geoffenbarte Erkenntnis bildhaft, d.h. als Abbild eines unfaßbaren Urbildes verstanden werden muß.

Kat'oikonomian gemäß dem Heilswillen Gottes eine keinen Präzedenzfall setzende Abweichung vom strengen Rechtsgrundsatz dort, wo dieser die Nächstenliebe verletzen würde.

Katechetenschule, alexandrinische Um 180 wirkte als erster namentlich bekannter christlicher Lehrer in Alexandrien Pantäus, bald darauf neben ihm Clemens. Aber erst Origenes erhielt um 217 von Bischof Demetrius den Auftrag, den kirchlichen Katechumenenunterricht zu übernehmen. Er überließ ihn aber bald Heraklas und wandte sich wieder dem höheren Unterricht zu, der nunmehr auch ein Institut bischöflichen Rechtes war. Nach seinem Weggang um 230 scheint nur noch die elementare Katechumenenschule in Alexandrien weiterbestanden zu haben.

Katechumene „Unterwiesener", d.h. in die Liste der Taufbewerber eingetragener Taufanwärter, der bereits die Anfänge des Taufunterrichtes mit seiner Anmeldung zum Katechumenat erhalten hat.

Kathisma Der Psalter ist in 20 Kathismata geteilt. In der Vesper (Abenddienst) wird normalerweise ein Kathisma gelesen, im Orthros (Morgendienst) normalerweise zwei bis drei Kathismata. In der Fastenzeit werden die Kathismen verdoppelt, indem man auch in den Kleinen Horen je ein Kathisma liest. Der Name „Kathisma" besagt, daß man sich die Lesungen sitzend anhört. „Kathismen" werden auch die poetischen Zwischentexte zwischen den Psalmlesungen und nach der dritten Ode des Kanons genannt.

Katholisch (gr. kat'holos = gemäß dem Ganzen, sc. der Offenbarung und der Verkündigung) allgemein, umfassend, rechtgläubig.

Kellion (von Cella = Zelle) Kleinkloster mit eigenem Gottesdienstraum (vgl. Fr. 114).

Kniebeugegebete am Pfingstabend, nachdem seit Ostern in der Kirche nicht mehr im Knien gebetet worden war und keine Metanien mehr gemacht worden waren, werden mit sechs langen Gebeten knieend der Heilige Geist und Gottes Gnade für Lebende und Verstorbene erbeten.

Koimesis Entschlafen; Fest des Entschlafens der Gottesgebärerin.

Koinobite (Zönobite; gr. Koinos bios =gemeinsames Leben) Mönch, der im Kloster lebt und dadurch Anteil hat an den täglichen gemeinsamen Gottesdiensten, gemeinsamen Mahlzeiten und der Gütergemeinschaft.

Kollybaden Gruppe von Athos-Mönchen, die in der zweiten Hälfte des 18. Jahrhunderts das Klostermönchtum wieder zur alten Strenge zurückführten.

Kommemorieren das Gedenken eines Ersthierarchen, Mithierarchen oder beliebigen Gläubigen durch den Zelebranten mittels eines Gedächtnis-Teilchens oder einer ➛ Prosphore bei der Zurüstung der Liturgie (➛ Proskomidie), in der Anaphora und durch Namensnennung in den ➛ Ektenien und beim Großen ➛ Einzug.

Kommunionsgebete vor jeder Kommunion werden privat oder in Gemeinschaft von den Kommunikanten Kommunionsgebete gelesen. Die Gebete nach der

Kommunion werden vielerorts als eigener Dienst vollzogen; oftmals müssen sie die Gläubigen aber auch für sich allein beten.

Kommunionskanon Kanon im Nachtgebet (➤ Apodipnon) am Abend vor der Kommunion.

Kondakion alte hymnische Strophe, in der eine Zusammenfassung des Heilsmysteriums, dessen man in den Gottesdiensten des betreffenden Tages besonders gedenkt, gegeben wird.

Konstantinische Wende mit dem Sieg Konstantin des Großen über Maxentius vor Rom (312) und Licinius im Osten (324) wurde das Christentum von einer verfolgten zu einer vom Staat begünstigten Religion.

Kontext der Text, mit dem eine auszulegende Textstelle in Zusammenhang steht (Begleittext). Auch ein historisches Ereignis kann (in übertragenem Sinne genommen) einen Kontext haben: der Kontext ist dann die historisch-gesellschaftliche Situation, in die das Ereignis fällt.

Konzelebration Mitwirkung beim bischöflichen, priesterlichen oder diakonalen Vollzug eines Gottesdienstes.

Konzil Bischofssynode, wobei der Begriff „Konzil" (lat.) mit dem Begriff „Synode" (gr.) austauschbar ist, im allgemeinen Sprachgebrauch aber gerne für die Synoden gebraucht wird, die als „Ökumenische Konzile" den Anspruch erheben, für Ost- und Westkirche verbindlich zu sein. Die Orthodoxe Kirche zählt sieben Ökumenische Konzile: Erstes Ökumenisches Konzil von Nikäa (325); Zweites Ökumenisches Konzil von Konstantinopel (381); Drittes Ökumenisches Konzil von Ephesus (431); Viertes Ökumenisches Konzil von Chalkedon (451); Fünftes Ökumenisches Konzil von Konstantinopel (553); Sechstes Ökumenisches Konzil von Konstantinopel (= Trullanum I; 680/81); Ergänzung zum 5. und 6. Ökumenischen Konzil in Konstantinopel (= Quinisextum oder Trullanum II; 692); Siebtes Ökumenisches Konzil in Nikäa (787) ; Wiederinkraftsetzung dieses Siebten Konzils 843.

Krankensalbung die „Krankensalbung" oder „Krankenölung" ist kein Sterbesakrament; nach Jak 5,14–15 wird sie zur Gesundung des Leibes und der Seele vollzogen. In Klöstern und in manchen Kirchen wird sie vor Ostern und Weihnachten an allen anwesenden Gläubigen vorgenommen.

Kreuzerhöhung: eines der Zwölf ➤ Hochfeste, geht auf die Auffindung des Kreuzes Christi auf Golgata durch die Mutter Konstantins des Großen, Helena, zurück und wird am 14. Sept. gefeiert, *vgl. Fr. 67.

Kreuzesverehrung am dritten Fastensonntag findet ein besonderer Ritus der Verehrung des kostbaren und lebenspendenden Kreuzes statt. Im übrigen wird das Kreuz wie das Evangelienbuch und die Ikonen verehrt und geküßt, *vgl. dazu Fr. 66.

Laktizinien Milchprodukte. Sie gehören neben Fleisch, Eiern und tierischen Fetten zu den an Fasttagen durchgängig nicht erlaubten Speisen.

Latreia lat.adoratio, Anbetung, die nur der Dreiheit Gottes: Vater, Sohn und Heiligem Geist, zukommt.

Laudes Morgenlob. Der Teil des Morgendienstes (➤ Orthros), der mit Ps 148–150 beginnt.

Laudespsalmen (gr. Ainoi) d.h. Ps 148–150.

Lawra urspr. lockere Siedlung von für sich lebenden Mönchen, die sich zu bestimmten Gottesdiensten zusammenfanden; später werden große Klöster mit zugehörenden Einsiedeleien und ➛ Kellien Lawren genannt.

Lehrkonsens Übereinstimmung in der theologischen Lehre, soweit es die Hauptpunkte betrifft.

Lichte Woche der Erneuerung die auf die Osternacht folgende Woche, in der die Türen der Ikonostase immer offen stehen, die Vorhänge entfernt sind, keine Metanien gemacht werden und täglich Liturgie gefeiert wird.

Literal buchstäblich; es geht um den buchstäblichen, historisch exakten Wortlaut der hl. Schrift.

Litia der Begriff (gr. Lite=Gebet, Prozession) hat zwei ganz verschiedene Bedeutungen: 1. Fürbittegebet im Narthex gegen Ende der Vesper bei einer Vigil. 2. Fürbittegebet für Verstorbene nach der Liturgie vor der Entlassung im Kirchenschiff in Form einer gekürzten Fassung der ➛ Pannychida.

Liturgie, Göttliche der Begriff „Liturgie" ist in der Orthodoxie für den Eucharistischen Gottesdienst reserviert. Für diesen Gottesdienst ist das Wort „Messe" ebenso unangemessen wie der evangelische Begriff „Abendmahl", *vgl. dazu Fr. 100.

Logos Wort, Gedanke; insbesondere Christus als Wort Gottes, wobei immer auch Joh 1,1–14 mitgehört wird.

Luzernarium erster Teil der ➛ Vesper, benannt nach dem Hereintragen des Lichtes zum Abendhymnus, was auf jüdische Sabbatbräuche zurückgeht.

Luzernariumspsalmen Ps 140 (141); 141 (142); 129 (130) und 116 (117) mit poetischen ➛ Stichiren (Strophen) gesungen.

Luzifer der gefallene oberste Lichtengel (Jes 14,12; Lk 10,18), damit der Anführer der bösen, gottwidrigen Mächte der Finsternis, d.h. der Satan.

Magnifikat Lobpreis der Gottesmutter Maria (Lk 1,46–55) ➛ Megalynarien.

Manichäismus Anhänger des persischen Religionsstifters Mani (gest.277), der eine synkretistische Religion schuf, die an einem strengen ➛ Dualismus festhielt und zwischen Vollmitgliedern (perfecti) und Mitläufern (Hörer, auditores) unterschied. Sie hatte eine gewisse Anziehungskraft auf christliche Intellektuelle (Augustin).

Manna Ex 16,31 vom Himmel gefallenes „Brot", das weiß wie Koreandersamen war und wie Honig schmeckte. Israel wurde damit nach seinem Auszug aus Ägypten in der Wüste gespeist.

Megalos'chemos oder S'chimonach (russ. S'chimnik). Träger des „großen Mönchsgewandes", der ein besonders strenges Leben führt, *vgl. Fr. 113 und Anm. 59.

Megalynarion der Begriff stammt vom Anfang des Magnifikats (Lk 1,46–55): „Hochpreiset meine Seele den Herrn ..." Megalynarien sind poetische Verse, die an hohen Festtagen anstelle der Biblischen Ode vor den Troparien der Neunten Ode gesungen werden und meist mit den Worten beginnen: „Hochpreise meine Seele ..." Insbesondere wird aber als „Megalynarium der Gottesmutter" das immerwiederkehrende Tropar bezeichnet: „Wahrlich würdig ist es ..." (vgl. Fr. 43).

Menäen Monatsbücher, in denen je für einen Monat des Jahres die mit festen

Daten verbundenen Feste und Gedenktage verzeichnet sind samt den dazu gehörenden Eigentexten und Heiligenviten.

Menologion Sammlung der wichtigsten mit einem festen Datum verbundenen Feste und Gedenktage samt deren Eigentexte für alle zwölf Monate.

Mesonyktikon Mitternachtsgebet, das meist am Morgen, dem Orthos vorgeschaltet, gebetet wird. Es fällt weg, wenn ➤ Vigil gehalten wird.

Messalianer oder Euchiten eine stark ➤ dualistisch geprägte monastische Bewegung, die sich von Mesopotamien aus im syrischen Raum ausbreitete. Seit 390 wurden die Messalianer von Synoden und Bischöfen immer wieder verurteilt. Sie pflegten das immerwährende Gebet, um die in jedem Menschen seit seiner Geburt einwohnenden Dämonen zu vertreiben.

Messias der Gesalbte, gr. Christos.

Metamorphosis wörtl. Verwandlung. Fest der Verklärung Christi, das am 6. August gefeiert wird.

Metanien von gr. metanoia = Buße. Bußgesten. Große Metanie: Sich-zu-Boden-werfen und mit der Stirne den Boden berühren. Kleine Metanie: Sich-verbeugen, daß die Hände den Boden berühren.

Metanoia Buße, Umkehr.

Metapher übertragener, bildlicher Ausdruck.

Methoden der Textauslegung (der Exegese) Der literalen (buchstäblichen) Textauffassung stand schon in der Alten Kirche eine vierfache pneumatische gegenüber: die *allegorische Methode* suchte den tieferen Sinn im Text, indem sie ihn auf die Kirche bezog, die *anagogische Methode,* indem sie ihn auf die himmlische Vollendung des einzelnen bezog, die *tropologische Methode,* indem sie ihn auf das moralische Handeln bezog, die *typologische Methode,* inem sie ihn auf Christus bezog, der bereits im Alten Testament vorabgebildet erschien.

Metropolit Bischof einer Metropole, d.h. einer Hauptstadt, urspr. der Bischof einer Kirchenprovinz, heute im griechischen Raum Diözesanbischof, während bei den Russen „Metropolit" und „Erzbischof" Ehrentitel eines Bischofs sind; in Griechenland und Zypern ist der Erzbischof der Ersthierarch einer Lokalkirche.

Metten von Matutin. Streng genommen handelt es sich um den mittleren Teil des dreiteiligen ➤ Orthros (Morgendienst), in dem die Kanones der Oden gesungen und gelesen werden.

Mikros'chemos Mönch des „Kleinen Mönchgewandes" *vgl. Fr. 113 und Anm. 59.

Mitfest der zweite Tag eines Hochfestes ist oft noch ein Feiertag, der den Heiligen gewidmet ist, die an diesem Fest mitbeteiligt sind: der zweite Tag des Geburtsfestes Christi ist der Gottesgebärerin gewidmet, der zweite Tag des Tauffestes Christi (➤ Theophanien) Johannes dem Täufer, der zweite Tag der Darstellung im Tempel (➤ Hypapante) Simeon und Anna etc. Dieser je zweite Tag wird als „Mitfest" bezeichnet.

Mittpfingsten die Mitte der 50 Tage (➤ Pentekoste) zwischen Ostern und Pfingsten, d.h. der Mittwoch der vierten Woche nach Ostern ist in der Orthodoxen Kirche ein Fest, dessen Evangelium Joh 7,14–30 ist.

Monasterion Kloster.

Monachos Mönch, der Vereinzelte, der Abgesonderte.

Mondjahr es geht hier um den „Kranz" des Kirchenjahres, dessen Feste und Gedenktage auf festen Daten des Jahres liegen , *vgl. zum Kirchenjahr Fr. 50.

Monialin Klosterfrau. Das aus dem Mittellateinischen stammende Wort „Nonne" (Großmutter) sollte inbezug auf orthodoxe Koinobitinnen vermieden werden, da es in einen bürgerlichen Bereich verweist, der dem orthodoxen Mönchtum fremd ist.

Monogenes Inbezug auf Christus der „einziggeborene" oder „einziggezeugte" Sohn des Vaters (Joh 1,14; 3,16) vgl. Anm 24.

Monophysitismus die auf dem Konzil von Chalkedon 451 abgewiesene Lehre, in Christus sei die menschliche Natur in die göttliche verwandelt worden oder mit der göttlichen zu einer göttlichen Natur verbunden, dagegen wurde der Duophysitismus festgehalten, der in Christus zwei unvermischte, unverwandelte, aber auch ungetrennte und ungeschiedene Naturen bekennt.

Monotheletischer Streit die im Sechsten Ökumenischen ➤ Konzil (680/81) beendete theologische Auseinandersetzung um die Frage, ob Jesus außer dem göttlichen Willen auch einen menschlichen Willen gehabt habe. Diese Frage wurde zugunsten des ➤ Dyotheletismus (Zweiwillenslehre) entschieden, was zugleich ein Entscheid für die ➤ Willensfreiheit des Menschen bedeutete.

Myron wörtl. „Duft", eine Mischung von Olivenöl, Balsam und anderen Essenzen, die am Heiligen und Hohen Donnerstag in autokephalen Kirchen von konzelebrierenden Bischöfen geweiht wird, in einigen Lokalkirchen aber auch von Konstantinopel bezogen wird.

Myronsalbung Firmung, Salbung nach der Taufe, die nach orthodoxem Verständnis, wie auch die erste Kommunion, unmittelbar zur Taufhandlung gehört, so daß die Taufe nicht vollständig vollzogen ist, wo Myronsalbung oder Kommunion nicht gespendet wurden. Die Salbung selbst ist aus der Handauflegung (vgl. Apg 8,14–17) erwachsen und bedeutet die ➤ Versiegelung durch den Heiligen Geist (2 Kor 1,21f.; 1 Joh 2,20.27), vgl. Fr. 95–96.

Mystagogie Einführung in die ➤ Mysterien, d.h. in die verborgenen Glaubenswahrheiten.

Mysterium eine verborgene Offenbarung, die sich darbietet, ohne sich zu entbergen. Der Begriff „Mysterium" wird oft mit „Geheimnis" übersetzt, was insofern unzutreffend ist, als ein offenbartes Geheimnis aufhört, Geheimnis zu sein, während ein Mysterium auch nach seiner Offenbarung Mysterium bleibt. Kirchliche Handlungen der Heilsübermittlung (lat. Sakramente) sind Mysterien; sie geben durch ein wirkungskräftiges Abbild am Urbild Anteil. Aber auch das Reich Gottes, sein Kommen, die Menschwerdung Christi, Seine Verkündigung in der Heiligen Schrift wird „Mysterium" genannt. Ebenso die Göttliche ➤ Liturgie, die Verlesung des Evangeliums in dieser und das Gebet. Es gibt also in der orthodoxen Kirche nicht eine feste Zahl von Mysterien (sieben „Sakramenten"), sondern eine überfließende Fülle. *Vgl. dazu Fr. 103.

Mystik ganzheitlicher Erkenntnisweg, der die Stufen 1. der Reinigung (katharsis, purificatio) 2. des Wachsens in der geistlichen Erkenntnis und Erneuerung (meditatio oder contemplatio) und 3. der Schau Gottes (visio Dei oder unio cum Deo) enthält, wobei die letzte Stufe, die Schau Gottes, im Gegensatz zur westlichen Mystik des Mittelalters keine Wesensvereinigung mit Gott bedeutet, denn eine solche kann es zwischen Schöpfer und Geschöpf nicht geben, sondern vielmehr eine gnadenhafte Anteilgabe an den Energien Gottes.

Mythologie Aufnahme und (philosophische oder religiöse) Deutuung archaischer Göttererzählungen.

Nächtliches Psalmengebet term.tech. für den ersten Teil des dreiteiligen Morgendienstes (➣ Orthros) mit ➣ Hexapsalm, ➣ Friedensektenie, ➣ Psalmodie, eventuell ➣ Stufengesänge, evtl. Morgenevangelium und stets Psalm 50 (51).

Narthex Vorhalle der Kirche.

Nestorianismus Lehre des um 415 in Chalkedon verurteilten Patriarchen Nestorius von Konstantinopel und der ihm folgenden antiochenischen und später ostsyrischen Theologie, die sich gegen ein ➣ monophysitisches Auflösen und Vermischen der zwei Naturen in Christus wandte und darum von Maria als Gottesgebärerin nur im uneigentlichen Sinne reden wollte.

Non Gebet der Neunten Stunde (ca. 15 Uhr), das jedoch meistens zusammen mit der Vesper vor dem Abendessen gehalten wird.

Notae ecclesiae Kennzeichen der Kirche.

Oden lat. cantica, Lobgesänge. Im zweiten Teil des Morgendienstes (Orthros) kommen ➣ Kanones der Oden zum Vortrag, wobei der Festtag und die Tagesheiligen besungen werden. Die Grundlage dafür bilden die neun Biblischen Oden (Ex 15,1–19; Dt 32,1–43; 1 Sam 2,1–10; Hab 3,2–19; Jon 2,3–10; Dan 3,26–56; Dan 3,57–88 LXX ; Lk 1,46–55 und 68–79), die allerdings nur noch teilweise und zu bestimmten Zeiten vorgetragen werden , z.B. in der Zeit des Triodions (Vorfastenzeit und Fastenzeit), wo der übliche Vortrag von acht poetischen Oden auf abwechslungsweise je drei (Montag bis Freitag) oder vier (Samstag) Oden beschränkt wird.

Österliches Stundengebet In der Osteroktav (Osterwoche oder ➣ Lichten Woche der Erneuerung) werden die üblichen Stundengebete mit der Psalmodie ersetzt durch österliche Hymnen.

Oktoichos Buch der „Acht Töne", in dem sich die Wechseltexte für Vesper, Orthros und Liturgie in den acht Tönen für alle Tage des Jahres finden. Jeder „Ton" und damit die Serie der wechselnden Texte der Woche beginnt mit der Vesper am Samstag und endet mit der Non am nächsten Samstag. Nach dem achten Ton folgt wieder der erste. Im Griechischen wird das Buch, in dem diese Texte stehen, auch „Parakletike" genannt.

Orarion lat. Stola = Stoffband, das der Diakon, um die Schultern gelegt, trägt und bei den Fürbittegebeten mit der rechten Hand in die Höhe hebt. Es versinnbildlicht die Flügel der Cherubim, deren Abbild der Diakon darstellt.

Orthodoxie der Begriff hat zwei Bedeutungen: rechte Lehre von Gott und rechte Gottesverherrlichung. Die zweite Bedeutung hat Priorität, da die rechte Lehre aus der rechten Gottesverherrlichung (dem rechten Gottesdienst) fließt, was umgekehrt nicht der Fall ist.

Orthros wörtl. Morgendämmerung, Sonnenaufgang. Es ist der Morgendienst mit seinen drei Teilen gemeint: 1. ➣ Nächtliches Psalmengebet, 2. ➣ Kanones der Oden, 3. ➣ Laudes.

Ostermetten in der Osternachtfeier werden die Ostermetten gehalten, wobei dieser Begriff hier nicht nur für den ➛ Kanon der Oden, sondern für den ganzen ➛ Orthros des Ostertages steht.

Osterpsalmen oder Osterstichen Ps 67 (68) 2–4 ; 117 (118),24.

Panorthodox die gesamte Orthodoxe Kirche betreffend.

Pantokrator Allherrscher. Christus als Allherrscher nach Mk 12,35–37 parr.; Phil 2,9–11; Kol 1,15–20; 2,9–15; Eph 1,20–23; vgl. auch Apk Joh 19,6.

Paradigma Gleichnis, Beispiel.

Paradosis s. Tradition

Paradox widersinnig, scheinbar oder unauflösbar widersprüchlich; inbezug auf den christlichen Glauben ist das unauflösbare Grundparadox das Ereignis der Menschwerdung Gottes in Jesus Christus, der doch Gott geblieben ist.

Paraklet Tröster, nach Joh 14,16.26; 16,7–8.12–15 ist der Heilige Geist der Paraklet, den der Sohn vom Vater senden wird.

Parakletike s. Oktoichos

Paraliturgisch: religiöse Volksbräuche und Frömmigkeitsübungen, die nicht durch die kirchliche Tradition gedeckt sind.

Parastasis s. Pannychida

Pannychida (sl.) oder Parastasis (gr.), Totengedenken, bei dem ein „Kanon der Entschlafenen“ wenigstens auszugsweise gesungen wird.

Parochie urspr. die kirchliche Wohnortsgemeinde, d.h. die Gemeinde der Kirchenglieder, die im Zuständigkeitsbereich der infrage kommenden Kirche wohnen. Im erweiterten Sinn: die Kirchenglieder, die sich zu einer bestimmten Gemeinde halten.

Parusie Erscheinung, d.h. Wiederkunft Christi, am Ende der Zeiten.

Pascha (sprich: Pas'cha) Ostern, in der orthodoxen Kirche genannt nach dem jüdischen Fest, dem Gedenken des Durchzuges durchs Rote Meer, an dem Christus gestorben und auferstanden ist und die Seinen durchs Meer des Todes hindurchgerettet hat.

Patriarch Titel des Ersthierarchen der meisten autokephalen Kirchen, vgl. Anhang.

Pelagianer Anhänger der Lehre des von den britischen Inseln stammenden Mönches Pelagius (gest.418), der der Freiheit des Willens beim gefallenen Menschen eine Bedeutung zuwies, die die Notwendigkeit der Gnade und der Menschwerdung Christi fraglich werden ließ. Im Westen hat daraufhin Augustin seine Erbsünden-, Gnaden- und Prädestinationslehre entwickelt, der die Orthodoxe Kirche im Osten sich auf die Dauer ebensowenig anschließen konnte wie den extremen Sätzen der Pelagianer (vor allem des Caelestius) über die Willensfreiheit, von denen sich Pelagius selbst auf zwei Synoden in Jerusalem und auf einer Synode in Diospolis (Lydda) distanzierte. Nicht ganz zufällig hat Nestorius als Patriarch den Pelagianern Gehör geschenkt, so daß erst seit dem Konzil von Ephesus (431) im Osten der Pelagianismus unter den ➛ Häresien (Irrlehren) erscheint.

Pentekostarion (Blumen-Triod) Buch mit den Eigentexten für ➛ Vesper, ➛ Orthros und ➛ Liturgie für die Zeit zwischen Ostern und dem Sonntag nach Pfingsten (Allerheiligen). Diese Sammlung heißt im slawischen Raum „Blumen-Triod“.

Pentekoste der fünfzigste (Tag), d.h. Pfingsten als Fest der Ausgießung des Heiligen Geistes und Gründung der Kirche am 50. Tag nach Christi Auferstehung. Im weiteren Sinne des Wortes die Zeit zwischen Ostern und Pfingsten.

Perichorese (lat. circuminsessio) wechselseitiges Sich-Zusammenfinden im Handeln nach außen, sowohl was die drei Hypostasen der Trinität, als auch was die zwei Naturen in Christus betrifft, d.h. nach außen wirkt nie eine Hypostase oder Natur allein ohne die anderen, vgl. dazu Johannes Damaskenos, De fide orth. III,3f.; MPG 94,993ff.

Perikope Abschnitt des nach der kirchlichen Ordnung für den betreffenen Tag und Dienst vorgesehenen Textes der Schriftlesung.

Phelonion (lat.paenula), Kleid, das die zelebrierenden Bischöfe und Priester an gewissen Stellen des Gottesdienstes tragen.

Philanthropia Menschenliebe.

Philokalia (sl. Dobrotoljubie) „Liebe zur Schönheit“, Sammlung von Texten über Gebet, Askese und Theosis (Vergöttlichung) aus dem 3.–14. Jahrhundert.

Photismos s. Erleuchtung

Physis Natur.

Pleroma Fülle.

Pneuma Geist (Gottes).

Pneumatologie Lehre vom Heiligen Geist.

Potentiell verborgen vorhanden, d.h. möglich.

Presbyter Priester.

Praesanktifikatenliturgie Liturgie der Vorgeweihten Gaben, die am Mittwoch und Freitag, sowie an einigen anderen Tagen der Großen Fasten, ferner an den ersten drei Tagen der ➛ Hohen und Heiligen Woche (Karwoche) gefeiert wird. In ihr fehlt das Eucharistische Hochgebet; die Eucharistischen Gaben wurden am vorangehenden Sonntag geweiht. Diese Liturgie wird dem römischen Papst Gregor dem Großen (gest. 604) zugeschrieben (gr. Gregorios Dialogos), was historisch kaum zutreffen dürfte.

Primat Vorrangstellung.

Priestertum, allgemeines Das Priestertum aller Getauften ergibt sich nach orthodoxem Verständnis aufgrund der Myronsalbung und befähigt dazu, die Mysterienhandlungen der Kirche (Sakramente) mitzuvollziehen und zu empfangen;

Priestertum, besonderes der zu Priestern Geweihten, ergibt sich nicht als Akt der Delegation aus dem Allgemeinen Priestertum, sondern aus einer gesonderten Berufung in der ➛ Apostolischen Sukzession, *vgl. Fr. 111.

Prim erste Stunde, ca. 6 Uhr morgens; faktisch jedoch meist im Anschluß an den ➛ Orthros (Morgendienst) gehalten. Diese Stunde ist ein späterer Zusatz zu ➛ Terz, ➛ Sext und ➛ Non.

Proklamation öffentliche Verkündigung; Bekenntnis.

Proprietäten Eigenschaften, die notwendig zum Wesen einer Sache gehören.

Proskomedie Zurüstung der Eucharistischen Gaben durch den Zelebranten in der ➛ Prothesis vor dem Vollzug der Göttlichen ➛ Liturgie.

Proskynese Große ➛ Metanie als kniefälliger Verehrungs- oder Bußgestus.

Prosphore Brot, aus dem die Teilchen, die für Liturgie gebraucht werden, herausgeschnitten werden.

Protevangelium Jakobi Kindheitsevangelium des Pseudo-Jakobus, ein ➛ apokryphes Evangelium mit Legenden über Maria und Jesu Kindheit.
Prothesis hinter der Ikonostase gelegener Raum (nördliche Apsis) für die Zurüstung der Eucharistischen Gaben.
Protos der erste.
Prototyp Urbild.
Psalmodie Vortrag der Psalmen.
Pseudepigraphen Schriften, die unter einem „Pseudonym", also einem anderen Namen als dem des wirklichen Verfassers, umliefen. Solche Schriften gibt es im Alten Testament (z.B. das Hohelied Salomos), im Neuen Testament (z.B. die Pastoralbriefe), in den ➛ Anaginoskomena und ➛ Apokryphen (z.B. Psalmen Salomonis oder ➛ Protevangelium Jakobi). In der Spätantike und im frühen Christentum lag bei der Übernahme eines Pseudonyms zunächst und zumeist nicht eine Betrugsabsicht vor, sondern der Wille, sich unter eine bestimmte Autorität zu stellen und damit oft auch in aktuellen Auseinandersetzungen von vornherein Stellung zu beziehen. In der Auseinandersetzung mit den ➛ Gnostikern im 2.–4. Jahrhundert führte dies allerdings dazu, daß oft unter einer allgemein anerkannten Autorität (Apostel, Jesus Selbst) Irrlehren in Gemeinden Eingang fanden. Deshalb schied die Kirche durch Aufstellung eines Schriftkanons die Pseudepigraphen mit wenigen Ausnahmen aus.
Rasophoros Rasonträger, d.h der nach einer Probezeit als Novize eingekleidete Mönch, der das Rason, die Kutte mit den weiten Ärmeln, trägt.
Reliquien die sterblichen Überreste von Heiligen oder Gegenstände, die mit diesen in Berührung waren und nun verehrt werden.
Rezeption Aufnahme, Annahme, Übernahme z.B. von Konzilsbeschlüssen. Ökumenische Konzile können nicht einfach als solche einberufen werden, sondern gelten erst als ökumenisch, wenn sie in ihren Beschlüssen von den Lokalkirchen rezipiert wurden.
Sabbat Samstag als Ruhetag nach der alttestamentlichen Schöpfungsordnung. Von dieser Auszeichnung des Samstags zeugt in der Orthodoxie u.a. der Hohe und Heilige Sabbat als der Tag der Grabesruhe Christi, aber auch die Bedeutung, die der Samstag als Liturgietag durchs ganze Jahr hindurch hat. Er ist (außer dem 25. März und allenfalls einem Patronatsfest) der einzige Wochentag, an dem in der Fastenzeit Liturgie gefeiert und das Fasten gelockert wird.
Sakramente s. Mysterien
Säkular weltlich.
S'chema Mönchsgewand (vgl. ➛ Megalos'chemos , ➛ Mikros'chemos).
S'chimnik (S'chema-Mönch) Träger des großen Mönchgewandes, d.h. ein zum Mönch Geweihter.
Seligpreisungen Jesu Mt 5,3–10.
Septuaginta (LXX) jüdische Bibelübersetzung des Alten Testamentes ins Griechische, die nach der Legende von 70 resp. 72 Übersetzern hergestellt wurde und zur Zeit des ersten griechisch-sprechenden Christentums der gültige Bibeltext war. Ihn hat das junge Christentum übernommen und die Orthodoxe Kirche hat ihn bis heute als gültigen Bibeltext beibehalten, da viele Anspielungen ➛ typologischer Art nur aufgrund dieses Textes verständlich sind. Eine histori-

sche-kritische Revision nach dem hebräischen Text ist für die Orthodoxie irrelevant.

Seraph (pl. Seraphim) In Jes 6,2.6 werden sechsflügelige Engelwesen als Wächter und Diener vor Gottes Thron erwähnt, s. ➛ Engelhierarchien.

Sext Gebet der Sechsten Stunde (ca. mittags 12 Uhr), das aber meist zusammen mit der ➛ Terz und den ➛ Typika vor dem Mittagessen oder vor der Liturgiefeier gehalten wird.

Skite Mönchszellen um eine gemeinsame Kirche. Eine Skite stellt eine Verbindung von Elementen des koinobitischen und anachoretischen Mönchtums dar. Der Begriff wird in neuerer Zeit auch für ein Kleinkloster gebraucht.

Sobornost s. Katholizität

Sonnenjahr die Fastenzeit, Ostern, Pfingsten und der Acht-Wochen-Zyklus des Gedächtnisses der Auferstehung Christi sind in ihren Daten von der Sonnenwende im Frühjahr abhängig und müssen für jedes Jahr neu berechnet werden. Dieser Festkranz wird als „Sonnenjahr" bezeichnet.

Spiritualität Frömmigkeitshaltung, die den ganzen Menschen in all seinen Beziehungen in Kirche und Alltag umfaßt, die aus dem Herzen, d.h. aus dem erneuerten Wesen des Menschen, kommt und ein Geschenk des Heiligen Geistes ist.

Starze s. Geron

Sticharion (lat. Albe), das der römischen Tunika entsprechende Gewand der Zelebranten (Bischöfe und Priester), das diese heute als leichtes Untergewand tragen. Für Diakone und Hypodiakone ist es ihr eigentliches Gewand aus schwerem Stoff.

Stichen Schriftverse, die zwischen den einzelnen Strophen (Stichiren) der Luzernariums- Aposticha- oder Laudes-➛ Stichiren stehen.

Stichiren die auf die Schriftverse (Stichen) in ➛ Vesper, ➛ Orthros und ➛ Liturgie (Seligpreisungen) folgenden Strophen zum Lob des Festes, Tages oder Tagesheiligen.

Stufengesänge (gr. Anavatmi) poetische Gesänge zu den Stufenpsalmen (Ps 119–133) in Form von drei (im 8. Ton vier) ➛ Antiphonen zu je drei kurzen ➛ Troparien.

Stundengebet (Horen) die sog. *Kleinen Horen* sind: ➛ Prim, ➛ Terz ➛ Sext, ➛ Non und das ➛ Apodipnon nach dem Abendessen vor der Nachtruhe. Dazu kommen als weitere Gebetszeiten (Horen): das ➛ Mesonyktikon (Mitternachtsgebet), die Typika, der ➛ Orthros (Morgengebet) bei Sonnenaufgang und die ➛ Vesper (Abendgebet) bei Sonnenuntergang.

Styliten Säulensteher. Im 5. Jahrhundert in Syrien, später auch in Konstantinopel und schließlich in Rußland. Bekannt ist vor allem Symeon Stylites (gest. 459), der dreißig Jahre lang auf einer Säule lebte und maßgeblicher Ratgeber mit großem politischem Einfluß auf römiche Beamte und „Barbaren" war.

Symbol Zeichen. Ein Symbol im orthodoxen Sinn ist jedoch nicht ein bloßes Zeichen als Hinweis auf eine Sache (signum- res) , sondern das Abbild eines Urbildes, das sich selbst im Abbild offenbart, indem es selbst Anteil am Urbild gibt, und zwar einem jeden und einer jeden, der/die als Glied der Kirche reinen Herzens Anteil am Abbild hat.

Synaptie Zusammenstellung der Gebetsanliegen, also Synonym zu ➛ Ektenie

Synaxarion Der Begriff bedeutet zunächst ein Martyrologion, d.h. ein Verzeichnis von Feiertagen der Martyrer oder Heiligen, deren Gedächtnisse in einer Kirche mit Eigentexten begangen werden, samt kurzgefaßter Viten dieser Heiligen. Da auch im ➛ Orthros nach der sechsten Ode für den entsprechenden Tag ein Verzeichnis der Gedächtnisse und Heiligen vom Tage gegeben wird, heißt auch dieses „Synaxarion".

Synaxis hat zwei verschiedene Bedeutungen: 1. ➛ Mitfest; 2. Versammlung, d.h. ein Wortgottesdienst etwa bei der Ehekrönung.

Synergeia Mitwirkung beim Heilswerk Gottes, s. ➛ „Willensfreiheit".

Synkretismus Vermischung und Vermengung verschiedener Religionen und religiöser Anschauungen.

Synode s. Konzil

Synodikon der Orthodoxie am Festtag der Orthodoxie, der auf den ersten Fastensonntag fällt, wird anläßlich einer Prozession mit Kreuz und Ikonen wenigstens zum Teil das Synodikon der Orthodoxie verlesen, in dem die Beschlüsse, Erhebungen und Verurteilungen des 7. Ökumenischen Konzils von 787, sowie seiner Wiederherstellung 843 festgeschrieben sind und in dem außerdem der in den Synoden von 1341 und 1351 angenommene, für die Orthodoxie entscheidende „Tomos hagioreitikos" des Gregor Palamas enthalten ist.

Taborlicht es geht hier um die Frage, ob das Licht, das die Jünger bei der Verklärung Christi (Mt 17,1–9 parr.) schauten nur ein psychisches Phänomen begnadeter Menschen war (gratia creata) oder ob die Gottesschau, die ihnen hier zuteil wurde, als eine Offenbarung des ungeschaffenen, göttlichen Lichtes zu werten sei. Gregor Palamas hat in seinem „tomos hagioreitikos" gegen die Humanisten Barlaam und Akindynos die Position der Athosmönche der gnadenhaften Schau des ungeschaffenen, göttlichen Lichtes verteidigt und ist 1341 und 1351 von Synoden bestätigt worden, so daß seine Lehre bis heute in der Orthodoxie Geltung hat, auch wenn sie bis heute vom Westen unverstanden geringgeschätzt wird.

Terz dritte Stunde (ca. 9 Uhr); sie wird meist gemeinsam mit der Sext vor der Liturgie oder den ➛ Typika gebetet.

Theandrisch gott-menschlich. Christus wird als gott-menschliche Person gesehen, wobei der Begriff genauer besehen: gott-männlich heißt, was jedoch für den gemeinten Sachverhalt nicht von Bedeutung ist. Man würde daher besser von „theanthropisch" sprechen.

Theanthropisch s. theandrisch

Theophanien Fest vom 6. Januar, an dem das Gedächtnis der Taufe Christi als Offenbarung der Trinität (Theophaneia = Gotteserscheinung) begangen wird.

Theosis Vergöttlichung, d.h. durch Gottes Gnade Anteil bekommen an Seiner „doxa", d.h. Seiner Herrlichkeit, Güte, Schönheit, Lichthaftigkeit, nicht aber an Seinem Wesen (usia). Daher sollte man Theosis nicht mit „Vergottung" übersetzen. Denn im Gegensatz zur westlichen Mystik bleibt in der Theosis der unendliche qualitative Unterschied zwischen Schöpfer und Geschöpf unangetastet. Angemessener wäre es daher „Theosis" als „Vollendung des wahren Menschseins" wiederzugeben, denn der Mensch trägt seit seiner Schöpfung die Bestimmung in sich, sich immer mehr Gott zu verähnlichen (Homoiosis).

Theotokion ein ➛ Tropar (Strophe) zum Lobpreis der ➛ Theotokos, d.h. der Gottesgebärerin.

Theotokos Gottesgebärerin, Gottesmutter (Maria). Der Begriff ist alt und im 4. Jahrhundert schon sehr volkstümlich. Als er im ersten Viertel des 5. Jahrhunderts von der Antiochenischen Theologie infrage gestellt wird und Patriarch ➛ Nestorius darauf eingeht, bricht der Sturm der Entrüstung los, so daß der Alexandrinische Bischof Cyrill es leicht hat, den Antiochener vom Patriarchenstuhl in Konstantinopel zu stoßen. 431 wird in Ephesus der Sieg der Theotokos gefeiert, was 433 und 451 endgültig bestätigt wird.

Ton (gr. ichos; sl. glas). Wo im Zusammenhang der orthodoxen Kirchengesänge von den „Acht Tönen" gesprochen wird, sind die vier Haupttöne und vier Plagialtöne (Nebentöne) der byzantinischen Kirchenmusik gemeint, die in mancher Hinsicht den „Tönen" des Gregorianischen Gesangs im Westen entsprechen. Jeder Ton ist im wesentlichen durch ein Fünffaches gekennzeichnet: 1. die Folge der Töne in der Tonleiter (die „Gamme"), 2. die beherrschenden Töne, die im Aufbau der Melodie gleichsam den Zettel des Gewebes darstellen, 3. die „Auslaute", mit denen jede Phrase endet, 4. die „Lagen", d.h. die jedem Kirchenton als Muster dienenden melodischen Formen, 5. das „Apechema" (Nachklang), d.h. eine kleine einleitende melodische Phrase.

Totengedenken s. Pannychida.

Tragos wörtl. „Bock", d.h. eine Pergamenturkunde, in der 971/72 die Verfassung des hl. Berges ➛ Athos als Mönchsrepublik von Kaiser Tsimiskes festgeschrieben wurde.

Transfiguration (gr. ➛ Metamorphosis) Verklärung, Verwandlung. Hier: Verklärung Christi. Das Fest der Verklärung Christi wird am 6. August gefeiert.

Transparenz Durchlässigkeit, Durchdringbarkeit. Die Durchläßigkeit des Leiblich-Materiellen für die Lichthaftigkeit des Heiligen Geistes ist ein wesentliches Moment der Theosis.

Trapeza Tisch. Der „Altar" wird „Heiliger Tisch" oder „Thron" genannt.

Triadikon Strophe zum Lobpreis der Heiligen Dreiheit Gottes (Trinität).

Trinität Gottes Dreiheit inbezug auf die ➛ Hypostasen (Vater, Sohn, Geist) und Seine Einheit in bezug auf Seine Usie (Wesen).

Triodion (Fasten-Triod) Buch mit den Eigentexten für ➛ Vesper, ➛ Orthros und ➛ Liturgie für die Sonntage der Vorfastenzeit, die täglichen Dienste der Fastenzeit und die Heilige und Hohe Woche. An den Wochentagen der Großen Fasten werden statt acht nur drei Oden vorgetragen, darum: „Tri-odion". Blumen-Triod ➛ Pentekostarion

Trisagion „Dreimalheilig". Der Ruf „Heilig ist Gott, heilig der Starke, heilig der Unsterbliche. Erbarme Dich unser!" (sl. „ Heiliger Gott, heiliger Starker, heiliger Unsterblicher, erbarme Dich unser!") ist Jes 6,3; 9,5; Ps 41,3 (LXX) entnommen und taucht in den Akten des Vierten Ökumenischen Konzils von Chalkedon (451) erstmals auf, ist aber sicher älter.

Tropar eine poetische Strophe, die im Gottesdienst für sich allein oder zusammen mit anderen (in einer Ode z.B.) nach eigener Melodie (Idiomelon) oder nach bereits vorhandener Melodie (Prosomoion) gesungen wird.

Tropologisch s. Methoden der Textauslegung

Tropos Handlungsweise, Wendung, uneigentliche Redeweise.

Tugend gr. arete, d.h. Tüchtigkeit, Fertigkeit.

Typika Im engeren Sinn bezeichnet der Begriff „Typika" die ➛ Antiphone in der Liturgie gewöhnlicher Sonntage vor dem Kleinen Einzug, also den Vortrag von Ps 102 (103) und 145 (146) mit dem „Justinianischen Hymnus", immer verbunden mit den Seligpreisungen (Mt 5,1–12). Da diese Stücke auch den Kern eines alten Offiziums für Tage ohne Liturgie darstellen, ist der Name „Typika" auf die Formulare übergegangen, die die Ordnung eines Gottesdienstes geben, der anstelle der Liturgie gehalten wird. Es gibt nun verschiedene Ordnungen der Typika. Es muß unterschieden werden zwischen den Typika in Fastenzeiten, an Wochentagen und an Festen, wenn kein Priester die Liturgie halten kann. Anders sind diese Typika, wenn ein Diakon da ist und die Kommunion austeilen kann, als wenn auch der Diakon fehlt.

Typos Vorabbildung. Erklärung einer neuen Sache oder Person durch eine bekannte, die ihre Vorabschattung darstellt.

Usia Wesen.

Vaganten Umherschweifende. Priester und Bischöfe ohne ➛ Antiminsion, d.h ohne feste Einbindung in eine kanonische Jurisdiktion. Diese Weihen anerkennt die orthodoxe Kirche nicht, weil es ➛ Apostolische Sukzession nur innerhalb der ➛ Apostolischen Tradition geben kann.

Vagante Mönche Mönche ohne feste Zugehörigkeit zu einem Kloster und einer kanonischen Jurisdiktion.

Vergöttlichung s. Theosis

Verehrung s. Duleia

Versiegelung s. Myronsalbung

Vesper Abenddienst. Wird an Wochentagen meist gemeinsam mit der Non gefeiert. Wird dagegen ➛ Vigil (Nachtwache) gehalten, so tritt anstelle der üblichen Vesper die sog. „Kleine Vesper", eine verkürzte Form mit Eigentexten und ohne Ektenien mit Ausnahme der Kurzform der ➛ Dringenden Ektenie am Schluß des Dienstes. Die Vigil, die mit dem ➛ Apodipnon beginnt, enthält dann eine um die ➛ Litia erweiterte Form der Vesper, die sog. „Große Vesper", an die sich unmittelbar der Orthros anschließt. Es sind aber auch noch andere Spielarten der Vesper im Gebrauch, z.B. vor höchsten Feiertagen (Ostern, Theophanien, Christi Geburt) eine Vesper mit ➛ Basilius-Liturgie. Dies ist eine sehr altertümliche Form.

Vesperlesungen die alttestamentlichen Lesungen finden in der Vesper statt. Normalerweise sind es an Festtagen drei alttestamentliche Lesungen, an den Wochentagen der Großen Fastenzeit sind es deren zwei. Bei ganz hohen Festen (Ostern, Theophanien, Weihnachten, Pfingsten) sind es bis zu 15 Lesungen.

Vigil Nachtwache. Vor hohen Festen und im slawischen Raum auch vor allen Herrntagen wird Vigil gefeiert, d.h. an die Große ➛ Vesper mit ➛ Litia und ➛ Artoklasia schließt sich der ➛ Orthros unmittelbar an, wobei während des Lesens der ➛ Kathismen die Möglichkeit zur Beichte besteht. In Klöstern beginnt die Vigil mit dem ➤ Apodipnon, an das sich Große Vesper, Orthros und Prim anschließen.

Vorfastenzeit Das Triodion (Fasten-Triod) beginnt mit vier Sonntagen, die auf das Große Fasten vor Ostern vorbereiten: 1 der ➤ Herrntag vom Pharisäer und Zöllner (Lk 18,10–14), worauf eine fastenfreie Woche folgt, 2. der Herrntag des verlorenen Sohnes (Lk 15,11–32), 3. der Herrntag vom Gericht (Mt 25,31–46) oder der Fleischenthaltung, auf den die „Butterwoche" folgt, in der ➤ Laktizinien, aber kein Fleisch mehr gegessen werden, und schließlich der Herrntag der Versöhnung (Mt 6,14–21), an dessen Abend in Kirche und in den Familien ein Versöhnungsritus stattfindet, bevor am andern Tag das Fasten beginnt.

Wasserweihe die Große Wasserweihe findet an ➤ Theophanien, sowohl nach der Vesper am Vorabend, wie auch am Tag selbst nach der Liturgie statt. Sie geschieht im Gedenken daran, daß der Herr Selbst durch Sein Hinabsteigen in den Jordan die Wasser geheiligt hat. – Kleine Wasserweihen werden im Laufe des Jahres gehalten. Das Taufwasser wird bei jeder Taufe durch einen eigenen Segen neu geweiht.

Weihnachtsfasten eine Fastenzeit auf das Fest Christi Geburt beginnt nach dem Gedächtnistag des Apostels Philippus (14. Nov.) und dauert bis zum 24. Dezember. In dieser Fastenzeit ist, außer am Montag, Mittwoch und Freitag, Wein und Öl erlaubt, an Samstagen und Sonntagen außerdem Fisch.

Weißer Montag erster Tag in den Großen Fasten, an dem sich viele orthodoxe Gläubige ganz der Speise enthalten.

Willensfreiheit der Begriff meint nach orthodoxem Verständnis nicht, was protestantische Theologie in der Reformation als pelagianisch bekämpfte: das menschliche Vermögen, kraft des eigenen Strebens das Heil ohne Hilfe der Gnade zu erlangen. Wäre dies möglich, wozu wäre dann Christus für uns gestorben? – Vielmehr: Wie die Gottesgebärerin vom Heiligen Geist nicht vergewaltigt wurde, sondern nach anfänglichem Unverständnis ihre Einwilligung gab, so ist der menschliche Wille an Gottes Heilswerk beteiligt: Durch Gottes Anrede (Wort) erhält er die Möglichkeit, sich für das Wirken Gottes zu öffnen, was mit dem Begriff der „Synergeia" (Mitwirkung) signalisiert wird.

Zelebrant der der Liturgie vorstehende oder sie mitleitende Bischof oder Priester. Wenn von „den Zelebranten" gesprochen wird, können auch die ➤ Diakone und ➤ Akolythen mitgemeint sein.

Zelot Eiferer. Der Name stammt von einer jüdischen Partei zur Zeit Jesu, die das Reich Gottes mit Gewalt aufrichten wollte (vgl. Lk 6,15).

Zeon wörtl. „das Kochende" (Wasser) , das in der ➤ Liturgie nach der Brotbrechung vom ➤ Diakon (oder ➤ Zelebranten) mit den Worten: „Glut des Glaubens; voll des Hl. Geistes. Amen" in den Kelch gegossen wird; vgl. Fr. 101.

Zönobitisch s. Koinobite

Zweinaturenlehre Lehre von der göttlichen und menschlichen Natur in Christus, wie sie 451 ins ➤ chalkedonensische Glaubensbekenntnis aufgenommen wurde.

VERZEICHNIS DER FRAGEN

REGISTER